南开大学中外文明交叉科学中心

资助出版

南开法治文丛

JIEGUO DAOXIANG DE
SIFA JUECE YANJIU

王彬 著

结果导向的司法决策研究

法律出版社 LAW PRESS · CHINA
北京

图书在版编目（CIP）数据

结果导向的司法决策研究／王彬著. -- 北京 ：法律出版社，2025. --（南开法治文丛）. -- ISBN 978－7－5244－0675－4

Ⅰ. D926

中国国家版本馆 CIP 数据核字第 2025F1L681 号

结果导向的司法决策研究
JIEGUO DAOXIANG DE SIFA JUECE YANJIU

王　彬　著

策划编辑　李捷琳
责任编辑　李捷琳
装帧设计　臧晓飞

出版发行　法律出版社
编辑统筹　法律出版社
责任校对　李慧艳
责任印制　胡晓雅
经　　销　新华书店

开本　710 毫米×1000 毫米　1/16
印张　23　　**字数**　327 千
版本　2025 年 9 月第 1 版
印次　2025 年 9 月第 1 次印刷
印刷　北京科信印刷有限公司

地址：北京市丰台区莲花池西里 7 号(100073)
网址：www. lawpress. com. cn
投稿邮箱：info@ lawpress. com. cn
举报盗版邮箱：jbwq@ lawpress. com. cn

销售电话：010－83938349
客服电话：010－83938350
咨询电话：010－63939796

书号：ISBN 978－7－5244－0675－4
定价：98.00 元

凡购买本社图书，如有印装错误，我社负责退换。电话：010－83938349

目录

导　论

一、研究综述

在社会转型过程中，司法裁判要协调法律安定性与社会变动性之间的内在张力，现代司法裁判机关的功能就不能仅仅定位于“依法裁判”，还应当以说得出的方式实现“个案正义”，从而实现“正当的裁判”和“可欲的裁判”。这使法律适用的活动绝非逻辑涵摄模式那样简单，要求裁判者不能只考量既有的法律教义，对现实后果的考量也不可回避。在这样的背景下，“结果导向”的裁判理论研究逐渐兴起。

所谓结果导向的司法决策，即在证成法律裁判时，考量裁判后果并在给定情况下，通过对裁判所导致之效果的期待来调控裁判，根据裁判的不同选项可能对社会的影响，选择对社会最有利的裁判，从而将裁判合理化，该裁判立场或进路又被称为“后果主义审判”。以现有文献来看，后果主义审判往往在两个意义上被使用。

一是将后果考量作为一种整体性的裁判立场，或者可称为后果主义的裁判理论。这一裁判理论将裁判后果作为判断裁判正确性的终极标准,是一种"强版本"的后果考量。这种"强后果主义"的理论态度为有的社科法学学者所持有,在其看来,"后果是评价一切行为和思想的标准",也必然是衡量法律教义是否合理的标准。"一条法教义能否站得住脚,归根到底看它能否给社会带来好处",如果只管法教义背后的这种"实践逻辑",也就是"后果为锚"的准则,而法教义本身就变得可有可无了。[①] 社科法学比较注重法律与经验世界的因果关系,因此,在裁判立场上一般都持有"强后果主义"的立场,并据此来批判法律教义的僵化、法律教义与现实社会结构的脱节,甚至解构法教义学。这表现为,在近年来比较流行的社科法学研究中对司法裁判活动的社会效果分析、政策分析、经济分析以及社科知识在司法裁判中的运用等研究。社科法学的裁判理论与功利主义、法律实用主义、法经济学具有"家族相似性",并具有一定的理论传承关系,这些理论都可以归入"强后果主义"的理论范式之中。比如,功利主义伦理学将行为后果作为行为正当性的评判标准,法经济学将"社会福利的最大化"作为司法决策的评判标准,不一而足。

二是将后果考量作为一种独立的裁判方法,并将之吸收到法教义学的方法论序列之中,这是一种"弱版本"的后果考量,本书也大致采取此理论立场。这种理论将后果考量视为穷尽解释规则之后的补充论证方法,往往称为"基于后果的法律论证""后果主义法律论证"等。[②] 这是以法教义学为旨趣的法学方法论研究在回应外部批判、通过内在反思所实现的理论发展。立足于法教义学的基本立场,法官在裁判中只能进行有限的后果考量。基于法律安定性的要求,必须限定后果考量的适用场域,明确后果考量应该严格遵守的规则。这一研究整体上属于分析性或规范性的研究,侧重对论证逻辑结构的分析或者论证合理性标准的证立。这个意义上的后果考量往往被视为弥补形式正义不足的手段,作为一种实质的价值判断方法而受到推崇。持有"弱后果主义"立场的裁判理论与

---

① 参见桑本谦:《法律教义是怎样产生的——基于后果主义视角的分析》,载《法学家》2019 年第 4 期。

② 参见雷磊:《反思司法裁判中的后果考量》,载《法学家》2019 年第 4 期。

后果主义的伦理学和经济学具有一定的理论亲缘关系，但其之间并不存在必然的逻辑关系。因为司法裁判过程是综合各种价值判断对法律命题进行证立的过程，甚至需要协调各种冲突价值所导致的后果，"弱后果主义"的裁判理论未必都认同伦理学或经济学所提供的后果评价标准。

结果导向的司法决策研究既体现为规范性的立场，又体现为描述性的立场。所谓规范性立场，即立足内部视角，从应然意义上探究"法官应当如何裁判"，法学方法论研究可归入此阵营；所谓描述性立场，即立足外部视角，从实然意义上描述"法官事实上如何裁判"，这种研究往往采取"超越法律"的跨学科立场，从政治学、经济学、社会学、心理学等外部视角对法官行为进行经验性的研究。在司法裁判的研究中，内部视角是对法官裁判活动的同情理解，持内部视角的法教义学往往与法官"并肩"解决疑难案件，力图通过体系化的法律解释和法律论证，在法律内部寻找解决疑难案件的方案；外部视角是对法官裁判活动的功能观察，持外部视角的社科法学往往不对裁判的正当性本身做出判断，而是观察形成司法裁判的条件与结果，研究"司法裁判如何可能"的问题。① 因此，规范性的后果主义侧重对基于后果考量的法律方法进行研究，主张法官在案件裁判过程中应当基于后果考量来解释和适用法律；描述性的后果主义则侧重对目标导向或结果导向的法官行为进行研究，主张法官的实际裁判过程就是结果导向的，司法裁判过程是法官基于后果考量的决策过程，法官往往为达到一定目标或者结果而作出裁判。就研究对象来看，前者侧重对法官的裁判思维进行研究，而后者则将司法过程各个环节中的法官行为均纳入研究视野。

---

① 司法研究中的内外视角之争，可以追溯到精神科学与实证科学在整个人文社会科学研究中的方法论之争。精神科学采取理解者的研究立场，将诠释作为研究方法，将理解如何可能作为研究任务；而实证科学则采取观察者的研究立场，将说明作为研究方法，将揭示客观的因果关系作为研究任务。但事实上，根据语言哲学的观点，诠释与描述分别体现了语言的不同用法或不同层面，这两种研究视角并不存在高下之别。在法理论的研究中，这也正是哈特与德沃金在研究方法上的主要分歧，前者采取外部视角以观察者的身份描述法律，而后者则采取内部视角以理解者的身份诠释司法裁判活动。参见［美］罗纳德·德沃金：《身披法袍的正义》，周林刚、翟志勇译，北京大学出版社2010年版，第163～210页。

描述性和规范性属于两种相互独立的研究立场,持有描述性后果主义立场的学者未必主张规范性的后果主义,但不排除有学者兼采两种立场,即无论是在对现实裁判过程的描述上还是对法官裁判的规范性指引上,都认为后果主义才是更好的裁判进路。就我国学界而言,持有规范性后果主义立场的社科法学学者并不主张在法教义学的框架内进行后果考量,而往往主张“超越法律”甚至是“背离法律教义”或者“无视法律教义”的后果考量,并运用经济学等社会科学理论为法官提供规范性的裁判思路,比如桑本谦的法经济学研究。他主张后果考量优于教义分析,认为法教义学无力解决疑难案件,但他又将“成本最小化原则”等经济学原理奉为解决疑难案件的“规范教义”①。

(一)国外研究

就规范性的研究立场而言,由萨维尼所奠基的法学方法论围绕文本解释而逐渐发展为系统的法教义学,法教义学秉持法律相对自足性的研究立场,力图在法律内部化解任何法律上的疑难问题。② 但事实上,尽管法学方法论为案件裁判提供了一套精细化的解释规则,但是,其难以应对社会变动所涌现的新问题以及法律自身局限所导致的功能不足。在此背景下,法教义学遭到了系统的反思与重构,法律体系的自足性、法律方法的自洽性受到广泛批判,疑难案件的裁判成为法哲学和法学方法论的研究主题。鉴于此,德国法学对传统法学方法论进行反思与修正,“价值评价的正当化”成为其研究主题,“在开放的法律体系内论证”成为其响亮的研究口号。这样,结果导向的法律适用在“法律续造”层面得以承认,③

---

① 参见桑本谦:《“法律人思维”是怎样形成的?——一个生态竞争的视角》,载《法律和社会科学》2014 年第 1 期。

② “法教义学”这一概念往往在两个意义上使用:一是作为知识的法教义学,即由各个领域的法教义或者法律学说的整体所构成。二是作为方法的法教义学,即获得这些知识的活动体现为一种独特的思维方式。作为知识的法教义学因带有地域和领域特征而具有特殊性,但作为方法的法教义学却具有普世性。法学方法论作为法律适用的一般理论同样具有普世性,属于法理论的范畴,在这个意义上,法学方法论可以视为法教义学思维在法律适用领域的贯彻。参见雷磊:《法教义学:关于十组问题的思考》,载《社会科学研究》2021 年第 2 期。

③ 参见[德]卡尔·拉伦茨:《法学方法论》,陈爱娥译,台北,五南图书出版有限公司 1997 年版,第 246 ~ 247 页。

后果考量甚至被纳入解释论的理论框架,“结果取向解释”成为解释者获取解释结论的重要方法,法律论证理论则认为后果考量体现在经验论证和普遍实践论证之中。①

在英美,法律形式主义遭到广泛批判,法律现实主义得以兴起。随着传统的法律形式主义理论的破产,司法过程不再被视为单纯的法律解释和逻辑推理的过程,“规则导向”的司法决策范式受到挑战,逻辑方法在法官决策中的核心地位遭到冲击。受现实主义法学的影响,法律理论更为关注真实的法律世界,法律实用主义者主张后果考量在司法审判中具有必然性和正当性,但又认为应通过社会科学的进路对后果考量进行约束和控制。② 在法律推理理论中,英美法理学出于对形式主义法学“僵化司法”的批判,同时又出于对现实主义法学“无法司法”的忧思,试图在严格司法和自由裁量之间开辟第三条道路。英国法律理论家麦考密克则提出了作为“二阶论证”的后果主义论证。③ 在他看来,“后果主义的法律论证”(consequentialist argumentation)是根据判决结果的预测和评价来进一步证立裁判规则,即法官对摆在其面前的各种可供选择的裁判规则所可能造成的后果予以审慎考量以权衡利弊,这种论证方法是继演绎推理之后的“二次论证”。④ 尽管麦考密克将后果主义的法律论证视为一种规范

① 参见[德]罗伯特·阿列克西:《法律论证理论:作为法律证立理论的理性论辩理论》,舒国滢译,中国法制出版社 2002 年版,第 227 页。

② 参见[美]理查德·A. 波斯纳:《法官如何思考》,苏力译,北京大学出版社 2009 年版,第 210 页。

③ 参见[英]尼尔·麦考密克:《法律推理与法律理论》,姜峰译,法律出版社 2005 年版,第 124~125 页。

④ 在英语世界,关于后果主义审判的名称比较多样。最早提出后果主义法律论证这一概念的首推麦考密克,但是也存在不同的称谓。如实用主义论证(pragmatic argument)、工具主义推理(instrumentalist reasoning)、工具主义论证(instrumentalist argument)、通过后果的论证(justification through consequence)、后果主义推理(consequentialism reasoning)、根据结果的论证(argumentation from consequence)、诉诸结果的论证(argument referring to consequence)等。在中文文献中,有学者刻意区分“结果”与“后果”,认为“结果”具有直接性和即时性,指行为造成的某种事实状态;而“后果”具有间接性和长远性,指行为结果所带来的长远影响。也有学者在判断时点上区分“结果”与“后果”,将“结果”作为对事件结束状态的事后描述,而将“后果”作为事先对“结果”的推测。如果脱离语境,“结果”与“后果”在语义上区分不大,故本书对“后果”与“结果”不加区分,但对裁判后果的体系与分类做出了详细论述。

性的法律方法，但是，他并没有提出具体的后果评价的操作标准，而是笼统地认为常识、道德、便利等都可以作为后果考量的依据，这无疑又为“价值司法”打开了方便之门。整体而言，这些研究呈现为内部视角的规范性研究。

国外法理学界不乏对结果导向裁判思维或司法哲学的批判与反思。在塔玛纳哈看来，结果导向的法律思维实际上是一种法律工具主义的思想倾向，法律工具主义将法律视为一种实现某种特定目标的工具，将法律作为达到某种结果的手段；在司法决策中，法律工具主义则体现为以“方法—目的”为导向，广泛应用利益均衡使法官致力于不受约束的法律工具主义推理。① 德雷克曼教授则对近来在英美法理学界流行的后果主义观点进行了彻底反思，在他看来，后果主义的裁判理论依据后果决策而非依据“权威文本”做出解释，将“对社会是否有利”作为裁判正确性的标准，这完全颠覆了法律解释的传统，会导致司法权向立法权的僭越从而有违分权原则，尤其是隐匿的后果主义并不具备“方法论真诚”而违反裁判伦理，往往通过解释来包装后果进行“司法虚饰”从而未必导向好的后果。② 法律实用主义者波斯纳一直推崇向前看的、反教条的、试验性的、结果导向的裁判风格，对此，德沃金进行了严肃的批判。在他看来，实用主义的裁判理论对结果导向的强调，将法律变成一种与理论无关的“实践型方法”，或者片面强调社会科学对法律的理论价值，而完全无视道德哲学在法律中的理论价值，在其看来，道德理论而非实践后果才能作为法律命题的真值条件。用德沃金的话来说，实用主义的裁判理论“没有关于法律的教义性概念性质的观点，没有关于法律实践应当如何最佳辩护的观点，没有关于法律命题真值条件的观点。传统法理学的一切行头，在向前看的、工具性的、手段—目的的精打细算的劲风之中，统统一扫而空”③。

---

① 参见[美]布赖恩·Z. 塔玛纳哈：《法律工具主义：对法治的危害》，陈虎、杨洁译，北京大学出版社2016年版，第95～96页。

② See Donald, D. L., *Consequentialism and the limits of interpretation: do the ends justify the meaning?*, Jurisprudence, Vol. 9:2, p. 200 – 318(2018).

③ [美]罗纳德·德沃金：《身披法袍的正义》，周林刚、翟志勇译，北京大学出版社2010年版，第25页。

(二)国内研究

在我国,司法裁判到底是规则导向还是结果导向则成为一场广泛而又深入的"法律人思维"之争,从而导致中国法教义学与社科法学的分化与对立。这一论战从对"法律人思维"的反思开始,最终深入法学研究方法之争,甚至导致法律概念论的对立,使中国法学界初步形成针锋相对的两大理论阵营。尽管这场学术争论在某些基本问题的讨论上(如法律人思维是否存在)失之偏颇,却促进了学术共同体的形成,并因对研究方法的探讨促进了中国法学界集体的"方法论意识"觉醒。

国内社科法学学者对教义学法律思维的封闭性和僵化性进行了反思,认为结果导向的司法决策在判决中具有普遍性,进而否定存在独立的法律思维。在其看来,趋利避害是人的本性,结果导向是正常理性人的普遍选择,因而,法律人思维与理性人思维并无区别。[①] 有学者则以"经济学帝国主义"的姿态对该观点进行了强力声援。在其看来,法教义学无力揭示法律背后的逻辑,不足以应对疑难案件。应对常规案件,从"理性人思维"到"法律人思维"是一个进化;而应对疑难案件则相反,由"法律人思维"回归到"理性人思维"才是一种进化。在疑难案件的裁判上,法教义学无力与法律经济学竞争指导权。因为法教义学面对疑难案件是防御性的,在新要件、新概念、新教义、新措辞出现之前,无分析工具可用;而法律经济学却能在疑难案件面前始终保持进攻态势,简单的分析工具一以贯之,以不变应万变,从容不迫地应对法律难题、清除法律神秘、破解法教义学上的"概念黑箱"。[②] 有学者则明确将法教义学和社科法学的关系归为规范式思维和后果式思维的关系。在其看来,社科法学与法教义法学相辅相成,缺一不可。社科法学是法律知识的经验积累,而法教义学是法律知识的理性提炼。在教学和实际运用时,不必每次都追根究底,从社科法学中找理论基础;从各种教义出发,可以大幅降低思考和操作的成本。

---

① 参见苏力:《法律人思维?》,载《北大法律评论》2013 年第 2 期。

② 参见桑本谦:《"法律人思维"是怎样形成的?——一个生态竞争的视角》,载《法律和社会科学》2014 年第 1 期。

社科法学对教义法学的解构仅是完成了第一步,仍有必要找到更有说服力的方法论对法学学科进行建构,必要时应当让证据说话,在后果中权衡价值和利益得失。①

由此可见,在裁判思维上,司法裁判到底是规则导向还是结果导向,已经成为区分法教义学和社科法学的标志,或者说这已经成为两种理论的普遍分歧。② 极端的社科法学论者表现出对法教义学的颠覆和批判,主张法律的开放性和回应性,批判法律的自足性和滞后性,但这种观点夸大了法律本身的局限性。因社科法学学者缺乏对法教义学的精深研究,夸大了法教义学的不足,从而具有颠覆教义、解构法治的危险。不可否认,法经济学在疑难案件的裁判上采取了一种后果导向的思维方式,并且为后果评价提供了可操作性的标准,但是,主张法经济学完全代替法教义学,则以牺牲法律的安定性以及其他法律价值为代价。吊诡的是,主张案件皆从法律经济学的原理出发来裁判,实际上是以经济学的原理教义代替了法律体系的规范教义,则又沦为法律形式主义的翻版,而法律形式主义正是当初法律经济学的批判对象。

社科法学主张结果导向在司法裁判中具有普遍性的观点,受到法教义学理论阵营的广泛质疑。在法教义学的理论阵营中,有学者主张法律人不能拘泥于法律规则和概念逻辑,法教义学已经具备适应社会的灵活性,并主张后果考量的法律方法;但是,在进行社会效果考量时,不能夸大

---

① 参见熊秉元:《论社科法学与教义法学之争》,载《华东政法大学学报》2014 年第 6 期。

② "社科法学"是由苏力发明的名词,这个名词实际上来自美国的"法律与社会科学"研究,即运用社会科学的研究进路而非人文科学的解释模式去研究法律。这种研究强调法学研究的开放性,主张法律与社会学、人类学、心理学、经济学、统计学等跨学科研究;这种研究亦强调法学研究的实证性,主张借用社会科学的研究工具,运用实证研究的方法揭示存在于法律与其他邻接现象的客观因果关系;这种研究还注重法学研究的本土化,主张面向中国问题,提倡针对中国的独有贡献。因此,"社科法学"并非一个学科,亦非一种研究方法,只是为了批判法教义学而提出来的。"社科法学"与法教义学存在截然不同的研究旨趣:就研究立场而言,法教义学以维护"既定法秩序"为当然前提,采取规范性立场,而社科法学则以说明法律在生活世界中的因果关系为自身使命,采取描述性立场;就研究对象而言,法教义学研究的是"规范世界的逻辑关系",而社科法学则研究的是"经验世界的因果关系"。在笔者看来,问题决定方法,两种研究具有不同的问题意识和研究旨趣,并无孰优孰劣之别。关于社科法学的相关介绍,参见苏力:《中国法学研究格局的流变》,载《法商研究》2014 年第 5 期。

“超越法律”的功能与意义,不能因后果考量而否定法教义学作为法律人特有的思维方式。① 有学者则为法条主义正名,主张后果考量是存在于法律方法的一场噩梦,从而对后果主义审判进行彻底的反思与清算。在其看来,我国“法律效果与社会效果相统一”的司法政策,导致部分审判实践过分依赖对各种法外后果的考量,法律规范在司法裁判中的作用有限。社会效果论自身所面临的一些难题,导致它向作为一种方法论的后果主义裁判的转化并不成功。后果主义裁判在大多数时候虽然采取了“依法裁判”的外在形式,却掩饰不住对案件结果产生很大影响的法外因素,这不仅动摇了司法裁判的合法性而且危及了形式法治。相比之下,法条主义正是我们所应追求的一种“法律在场”的司法裁判理论。无论如何,案件必须在法律的名义下被裁判,这正是法治最低限度的要求。② 该学者还主张,后果主义裁判是受社科法学启发而产生的法律方法,社科法学主张以后果主义裁判取代教义学推理,但他们既未提供任何关于后果主义裁判的理论阐释,亦未对后果主义的运作方法进行说明,这导致后果主义裁判沦为口号。社科法学过分夸大了后果推理的适用范围与实践功用,进而将传统的教义学推理与后果推理对立起来,这种理论对后果主义推理的误解不利于法学研究和法治。③ 整体而言,针对社科法学对法教义学的批判,国内论说基本上是对法教义学立场的捍卫,对于后果主义作为裁判立场与规则导向的法教义学立场如何兼容,以及后果考量作为法律适用方法如何纳入法教义学的研究框架,都缺乏实质性的推进。

毋庸讳言,极端后果论者对法教义学的批判往往以对法教义学的误解为前提,完全忽略了现代法学方法论学说的发展历史,忽略了评价法学之后法律论证理论对法教义学的反思与修正。正如黄卉所言:“殊不知现代教义学早已今非昔比,不再是机械的‘法条主义’、‘形式主义’,而是一

---

① 参见孙笑侠:《法律人思维的二元论兼与苏力商榷》,载《中外法学》2013 年第 6 期。

② 参见孙海波:《“后果考量”与“法条主义”的较量——穿行于法律方法的噩梦与美梦之间》,载《法制与社会发展》2015 年第 2 期。

③ 参见孙海波:《通过裁判后果论证裁判——法律推理新论》,载《法律科学(西北政法大学学报)》2015 年第 3 期。

个基于法治要求而坚持现有法律框架,恪守既有法律和法理,同时又通过在立法中植入概括性、兜底性条款等法律技术,容纳了广阔的价值判断的、在必要时刻可以有限度地突破成文法字面禁锢的、开放的法律体系。"①基于开放的法律体系,法教义学完全具有兼容后果考量的可能性,故有学者致力于在理论上协调规则导向与后果考量的关系,缓解法条主义和后果主义两种思维方式的对立。在其看来,法条主义和后果主义作为两种裁判思维都有其适用的场域。法条主义的审判采取一种先解释后演绎的"顺推"模式,而后果主义的审判则采取先对后果进行预测再评价的"逆推"模式。法条主义的审判以存在唯一的法律解释结论和价值共识为前提,在疑难案件的裁判中,这种裁判思维遭遇法律解释的难题和价值衡量的困境;后果主义作为一种结果导向的法律思维,区别于现实主义的价值司法和目的论的法律论证,须经受可预测性、可行性和可欲性的批判性检验才能成立。要实现司法裁判法律效果与社会效果的统一,不能将两种裁判思维绝对对立,需要将两者结合起来。②

出于指导我国司法实践的现实需要,结果导向作为一种裁判技术越来越为我国学者所关注。在法律论证理论中,有学者试图将结果导向的裁判纳入法律论证的理论框架,将后果主义论证作为法律论证的一种形式,作为实现合理司法裁判和证成裁判结论的重要要素,并试图对裁判方法所带来的可能后果进行评估,以及对后果主义审判的论证结构进行解析,明确后果主义论证的可能及其限度。③ 该学者认为,后果导向是司法裁判中普遍且必要的法律适用方法,其逻辑机制在于裁判后果逆向地影响裁判依据的选择。改变按照既定规则的法律推理及论证结构,是基于后果评价的法律适用方法应用的条件,其旨在为疑难案件的解决确立正当的裁判规范。司法裁判的抽象后果或称规范性后果是合理裁判的可依赖后果。既定法秩序内

---

① 黄卉:《论法学通说(又名:法条主义者宣言)》,载《北大法律评论》2011 年第 2 期。

② 参见王彬:《司法裁决中的"顺推法"与"逆推法"》,载《法制与社会发展》2014 年第 1 期。

③ 参见杨知文:《司法裁决的后果主义论证》,载《法律科学(西北政法大学学报)》2009 年第 3 期。

的根据是后果评价的实质衡量中具有优先性的理由,而既定法秩序外的根据以其属性和功能对后果评价的实质衡量发挥着特殊作用。根据该学者的观点,后果主义或结果导向实际上是一种普遍的法律适用方法,存在于法律适用的各个环节中,因此,后果评价既存在于法律解释的过程中,也存在于法律漏洞的填补过程中,还存在于突破既定规则的法律适用过程中。①

在法律解释理论中,有学者主张将后果考察作为法律解释的评估方法,通过后果考察对某种解释方法及其产生的利弊进行客观评估,有助于确保法律解释的合理性。在刑法解释中,后果考察可以作为目的论解释的辅助方法,检验实质化的解释标准并防止任意解释的风险,从而形成一个融汇经验性与规范性、规则适用与效果论证为一体的解释模式,并形成一个价值透过结果取向进入并决定规范解释的过程。② 有学者则将后果取向的法律解释作为一种独立的方法论,不同于规则导向法律解释的思维方式。在其看来,后果取向的法律解释作为一种要素存在于法律适用的推理结构之中,它把对裁判的影响或后果预测纳入法律含义的辐射范围,目标是要探明经得起某种后果评价的法律意旨。司法裁判及其推理对后果取向法律解释的运用确有值得认真对待的肯定理由,就实践运用与作用场景而言,后果取向的法律解释常被运用于多种情形的问题解决及其论证过程上。从具体根据和操作形式上看,后果取向法律解释的运用方法可以厘定为基于禁止性后果而为的解释、基于积极后果而为的解释和基于优势后果而为的解释三种路径。对这种解释思维和方法的运用关键是要秉持法律人应有的法治立场。③ 有学者则将规则综合模式和结果取向模式作为两种并行的宪法解释模式。该学者通过对德国联邦宪法法院宪法解释方法进行考察发现,解释主体综合运用各种解释规则所形成的规则综合模式构成了传统的解释与推论模式,但实际上确定宪法解释结论的是注重解释结论实体正当性的结果取向,而规则综合模式起到

---

① 参见杨知文:《基于后果评价的法律适用方法》,载《现代法学》2014 年第 4 期。

② 参见姜涛:《后果考察与刑法目的解释》,载《政法论坛》2014 年第 4 期。

③ 参见杨知文:《后果取向法律解释的运用及其方法》,载《法制与社会发展》2016 年第 3 期。

的仅仅是论证解释结论的作用。宪法解释是一个融汇解释规则适用与结果取向于一体的过程模式，规则综合模式在个案中的具体确定需要以基于结果取向的解释结论为依托，而结果取向对于解释结论的决定作用也被限定在规则综合模式所容许的范围之内。①

在具体的法律解释方法研究中，有学者将社会学解释方法作为后果取向法律解释的具体形式。在其看来，社会学解释方法着重对社会效果的预测和社会目的的衡量，可谓法律“进化的棱镜”。由于法院所履行的司法权能存在差异，社会学解释方法在司法中的运用在两个层面得以区分，即作为普通法律解释方法的社会学解释与作为宪法解释方法的社会学解释。在内容与性质上，社会学解释方法司法运用的实体理由可厘定为法规范在社会中的新含义、解释结论良好的社会效应和实现新的社会福利三种形态。就转型中的司法治理而言，社会学解释方法的运用对案件裁判具有积极意义，但其操作必须处于必要的界限之内，且应将法律的一致性和可预期性作为可追求的最大社会福利。② 有学者从解释例出发对结果导向的宪法解释进行研究，指出法官通过对后果的预测和考量，而论证对某项法条的排除适用将破坏大众心理预期，危害交易秩序，并据之确立解释理由，该学者旨在说明结果导向是法官进行法律续造的重要方法。③ 有学者则认为在宪法解释中应当进行政治意义上的结果考量，尤其是宪法意图不够明确或者宪法意图明确但严格适用造成明显不合理结果的情况下，结果考量尤为必要。④ 有学者认为，对基本权的解释中蕴含着结果导向的思维模式，基本权利客观面向的推导隐含着结果考量，在当今社会条件下，不再将基本权利局限于防御权的面向，否则无法实现基本权利所欲保障的法益。⑤

结果导向作为一种回应社会的裁判方式，虽然有利于形成合理的司

---

① 参见刘飞：《宪法解释的规则综合模式与结果取向——以德国联邦宪法法院为中心的宪法解释方法考察》，载《中国法学》2011 年第 2 期。

② 参见杨知文：《社会学解释方法的司法运用及其限度》，载《法商研究》2017 年第 3 期。

③ 参见苏永钦：《合宪性控制的理论与实际》，台北，月旦出版社股份有限公司 1994 年版，第 253 页。

④ 参见许宗力：《宪法与法治国行政》，台北，元照出版公司 2007 年版，第 23 页。

⑤ 参见张嘉尹：《论价值秩序作为宪法学的基本概念》，载《台大法学论丛》2011 年第 5 期。

法裁判，避免法律僵化所导致的机械主义司法，但是，结果导向必然会打破法律的封闭性和自足性，为法外因素进入司法裁判打开缺口，势必会损害法律的安定性与权威性，甚至形成解构法治的危险。为此，有学者表现出对结果导向裁判方式的深深忧思，试图为结果导向司法裁判的控制寻找解决之道。在其看来，社会效果的魅惑确立了刑事裁判结果导向的目标自信，结果导向客观上具有有利被告人和不利被告人的双重特质。但其更多地呈现对刑法可预见性的瓦解，对保证司法判决准确的三段论推理模式的颠覆，容易导致当事人及其律师肆意利用和塑造社会舆论，影响刑事裁判的严肃性和独立性。因此，刑事裁判应当做到坚持法律效果决定并引领社会效果，在裁判过程中尊重但更应超越社会舆论，限定公共政策介入刑事裁判的空间和方式，遵循从客观到主观、先事实判断后价值判断的刑事裁判逻辑。[①] 有学者则运用实证研究的方法，以 1983 年至 2012 年最高人民法院的工作报告作为分析样本，研究了“追求社会效果”作为一种司法政策在中国司法实践中的存在样态。该学者指出，“社会效果”是最高人民法院在 20 世纪 80 年代初司法职能转型时期提出的概念，其含义随公共政策的变化而变化。40 多年的政策实践表明，最高人民法院的政策表达和下级法院的实践方法在规范化方面仍需进一步提升。需要在方法论上坚持法律教义与政策资源在司法裁判中的“体”“用”格局，确保在法教义体系内进行政策权衡和结果判断。[②] 但亦有学者为结果导向司法裁判的正当性辩护，在其看来，结果导向的解释方法是解释者把因解释所作决定的社会影响列入解释的一项考量，在有数种解释结论可供选择时，选择对社会影响较为有利的解释结论，在法律规范的目的之内对结果进行预测是可能的，结果取向的解释方法并没有超越法律拘束原则。[③]

（三）现有研究之不足

通过对文献的全景式综述，可以发现，结果导向的司法决策实际上既

---

① 参见王强军：《论刑事裁判中的结果导向及其控制》，载《法学》2014 年第 12 期。

② 参见宋亚辉：《追求裁判的社会效果：1983—2012》，载《法学研究》2017 年第 5 期。

③ 参见刘国：《结果取向解释方法的正当性探究——以宪法解释为例的一种分析》，载《甘肃政法学院学报》2010 年第 2 期。

为法教义学所关注,更为社科法学所瞩目。对于该项研究,国内外法理学界已经取得一定成果,但缺乏系统研究,仍存在以下不足。

1. 实证研究不足。目前学界仍局限于法律思维是规则导向还是结果导向的泛泛争论,局限于对后果主义审判正当性的法哲学争论,缺乏法律方法层面上的技术性研究,无法为法官预测和评价判决后果提供科学性的技术手段,未能对影响司法决策形成的心理机制和制度因素进行实证考察。在国外,政治科学关于"法官如何决策"的经验研究成果,在法学院内几乎没有什么影响;在国内,尚未有学者借鉴政治科学中的司法决策理论,对法官以结果为导向进行司法决策的过程进行经验研究,以及对影响法官进行结果导向司法决策的因素进行实证研究。

2. 学科壁垒严重。结果导向作为一种决策方式,存在于哲学、政治学、逻辑学、经济学、心理学等诸学科中,但是,学界未能以司法裁判为中心,打通各个学科之间的壁垒,而是存在概念混乱和自说自话,未能打通法理学与部门法的学科壁垒,比如,该项研究对刑法学"量刑反制定罪"的研究未能产生充分影响。

3. 基本概念不清。结果导向作为一种思维方式已经引起学界充分重视,社科法学将其作为一种普遍的理性思维方式,法教义学则试图将其纳入法学方法论的理论框架。前者在具体操作层面语焉不详,只是将其作为批判和解构法教义学的工具,这对形式法治的危害和颠覆不言而喻;而后者则试图在建设性的意义上,保持与社科法学的商谈与沟通,但是,未能在既有法学方法论的理论框架下对结果导向的裁判技术进行妥善安置,未能理清后果考量与法律解释、法律论证、利益衡量和漏洞补充的内在关联,未能说明后果评价与价值判断、经验判断的区别与关联,未能提供明确的后果评价的标准,亦未能提出一套系统的理论体系。

4. 研究立场片面。关于结果导向裁判模式的论证,不仅是关于裁判路径的方法之争,更是关于法治的立场之争。社科法学向往通过结果导向的裁判方式实现实质法治,而法教义学则试图约束后果主义的裁判维护形式法治。但事实上,法律的安定性与正当性是法治的永恒矛盾,法治永远是形式法治和实质法治的统一。因此,应该谨防僵化的二元思维,防止对后果主义审判进行非此即彼的片面评价。

5. 研究视角混乱。对于结果导向司法裁判的研究，实际上存在描述性和规范性两种不同的研究路径，这两种研究路径旨趣迥异：前者为"法官如何行为"的社科法学研究，而后者则属于"法官应当如何思考"的规范法学研究。前者采取跨学科的视角研究影响法官行为的各种因素，而后者则更侧重决定法官裁判的规范性因素。事实上，国内关于疑难案件的审判理论，法律界的相关研究存在显著偏向：一是呈现为规范性的裁判方法研究，侧重"法官应当如何判案"的研究而缺乏经验的实证研究，对"法官实际上如何判案"关注甚少；二是这种规范性研究以单个法官的决策过程为分析对象，忽视了疑难案件的判决往往是多个法官决策的结果，无法贴切地描述司法决策的过程。如果对这两种研究视角不作区分，在一些问题的讨论上则会出现"鸡同鸭讲"的尴尬局面。事实上，这两种研究虽然具有不同的问题意识，但并非无法对话和沟通。描述性的研究立场更有利于揭示影响裁判后果的法外因素，从而有利于在制度设计方面寻找防范法官不当裁判的对策与措施，而规范性的研究立场则从建设性的意义上试图为法官寻找兼顾依法裁判和正当裁判的法律方法或司法裁判技术。

二、研究内容

（一）研究对象

在研究对象上，本书试图超越研究立场的对立，既不局限于对法官行为的描述性研究，也不局限于对法官思维的规范性研究，而是将其定位为"结果导向的司法决策"研究。所谓司法决策，是指法官在司法过程中对各种裁判方案的选择。① 此概念从文义上更具包容性，能够更好地体现研究立场的综合性，故本书采此概念。这意味着本书研究既关系到裁判思维正当性的司法哲学研究，也关系到描述性的法官行为研究，还关系到

① 严格来说，"决策"这一概念并非法言法语，而是来自政治学、社会学和心理学中的概念。事实上，在英语和德语中，决策与裁判、决定均用一个单词表达，故"决策"这一概念更具包容性。

规范性的法律方法研究。具体而言,本书主要研究对象为以下内容。

1. 立足内部视角对结果导向的裁判思维进行研究。以规范法学为研究立场,对结果导向裁判思维的逻辑结构和推理机制进行研究,通过对裁判后果的分类与体系进行界定,论证结果导向裁判方法的正当性及其限度,力图将后果考量纳入法教义学的框架,从而证立规则后果主义的裁判立场。

2. 立足外部视角对结果导向的司法决策过程进行研究。以社科法学为研究立场,对我国法官的决策过程进行实证研究。以认知心理学为研究视角,对影响裁判后果认知的心理因素进行分析;以制度主义为研究视角,对影响法官行为的制度因素进行分析,从而为后果主义审判的偏差提供防范对策。

(二)总体框架

1. 第一章"后果主义审判的概念"。此章通过对后果主义审判的知识谱系进行追根溯源,研究后果主义审判的知识论基础,并对不同学科后果论思维之间的亲缘关系进行探究,从而厘定后果主义审判的概念。在知识论上,后果主义作为一种思维方式来自伦理学和实践哲学,在法哲学意义上则受实用主义哲学和法律实用主义的影响,在实践形态上体现为结果导向的裁判方法。此章在对知识谱系进行梳理的基础上,说明伦理学中后果论思维的借鉴意义,并在裁判思维意义上厘清后果主义审判的概念;通过对后果主义审判所依据的后果进行规范性的分类和说明,从而论证后果主义审判的合理性;结合社科法学与法教义学的争论,分析后果主义审判与法教义学的内在关系,并据此证明规则后果主义是一种更为值得认同的裁判立场。

2. 第二章"后果主义审判的逻辑机制"。在法律论证的理论框架下,此章通过对后果主义审判的逻辑结构进行研究,明确后果论证在法律适用结构中的逻辑地位,据此说明教义学思维和后果论思维在司法裁判中的互补和兼容关系,从而超越法条主义和后果主义的二元对立;根据裁判后果的分类,分别解析后果主义法律论证的具体论证型式,运用批判性讨论的分析模型,针对后果主义法律论证的型式提出相应的批判性问题,分析后果主义法律论证作为复合论证模式的内在结构,分析后果论证与目的论证的区别与关联,以及后果主义法律论证在复合法律论证中的地位与功能,并据此说明后果主义法律论证的限制性条件。

3. 第三章“结果导向的法律适用方法”。此章以规范性后果主义为研究立场,以刑事裁判中“量刑反制定罪”的裁判模式为中心,从经典刑事个案的裁判切入,对逆向裁判的思维规程进行规范性的阐释,从而明确后果主义裁判的法学方法论意义;根据后果主义裁判的实践形态,对公共政策、道德理由、民间习惯作为后果考量依据的裁判方法进行分析与说明,明确法律适用中后果考量的法律渊源依据;以结果导向作为解释姿态,在方法论的意义上对结果导向法律解释的特征予以廓清,对结果导向法律解释的实践场景予以说明,对结果导向法律解释的操作规则予以提炼,为法官提供可操作的方法论。

4. 第四章“结果导向的事实认定方法”。此章将采取后果主义的立场,以法律经济学为研究方法,对疑案判决的证明方法与证明标准进行反思与重构,为结果导向的事实认定提供裁判的进路与方法。在证明方法上,以事实推定为中心,借用“汉德公式”中的成本比较方法,确立影响疑案判决的后果考量的具体变量,形成事实推定的“变量函数”;在证明标准上,以刑事诉讼中的“排除合理怀疑”为例证,对道德义务论的证明标准进行检讨,揭示隐含在“排除合理怀疑”中的后果论逻辑,从而为法官在真相与后果之间的权衡提供可操作的标准和路径。

5. 第五章“后果主义审判的偏差及其控制”。此章立足描述性的研究立场,对后果主义审判在实践中的偏差予以说明,从而揭示后果主义审判的现实困境;以认知心理学为研究视角,对影响裁判后果认知的个体性因素和情境性因素进行分析,说明法官对裁判后果形成认知偏差的影响因素;以制度主义为研究视角,以“理性经济人”作为人性预设,研究制度约束和激励条件下法官“趋利避害”的行为逻辑,从而分析法官在裁判后果判断中的行为偏差;从裁判思维角度对法官的认知偏差进行内在矫正,从制度设计方面为法官的策略行为进行外部控制,从而为防范后果主义审判的偏差提供对策。

6. 结论“为后果主义审判辩护”。此章在前述研究的基础上得出全书结论,力图为后果主义审判辩护,实现“规则至上”与“后果考量”的协调。无论是在判决结构的分析上,还是裁判思维规则的建构上,本书都力图将后果考量纳入法教义学的框架,并防范后果考量可能带来的恣意与偏差,从而证成一种规则后果主义的裁判立场。

(三)重点难点

1. 在法学方法论的意义上,对结果导向裁判思维的逻辑结构和推理机制进行研究,对后果的概念与体系进行分类,明确后果评价的标准,说明后果主义审判的正当性及其限度,研究后果主义审判的思维规程与操作规则,这是本书的研究重点。

2. 在描述性的意义上,通过经验实证的方式研究影响法官进行后果导向裁判的政策因素、心理因素和制度因素,这是本书的研究难点。在我国社会转型进程中,在司法体制仍待完善、司法哲学尚未成型、司法环境尤为复杂的前提下,结果导向的司法决策受到法官主体因素和外部环境多重因素的影响,如何将这些因素作为影响法官决策的变量进行科学设定,这既需要研究者熟练掌握社会科学的实证研究方法,又需要研究者深入司法实践进行参与式的体验研究,这对研究者来说是一个极大挑战。

(四)主要目标

本书的研究目标是力图通过规范法学的研究,明确结果导向司法决策的思维规程与操作规则,为法官解决疑难案件提供方法论指导;力图通过社科法学的研究,根据我国本土的制度规则和司法环境设计与案件特征相关的具体变量,研究法官进行结果导向司法决策的影响因素,从而为后果主义审判所造成的偏差提供防范对策。

三、思路方法

(一)基本思路

1. 基于法教义学与社科法学的“科际合作”,试图证成规则后果主义的裁判立场与方法。在研究立场上,本书主张法教义学框架下的后果考量,明确后果考量的适用空间及其限度,在裁判思维意义上论证后果论思维与教义学思维的兼容关系;在研究方法上,本书试图打破法教义学和社科法学的学科壁垒,主张在“规范模糊”或“教义不足”之处,运用法经济学等社科法学的研究方法,弥补法教义学的不足,从而丰富和拓展后果主义审判的方法论。

2. 基于法的发现与证立二分的逻辑前提,研究后果发现的心理机制和后果评价的推理机制。裁判后果的发现属于法官依据直觉进行法律发现的心理过程,对此,需要运用认知科学的理论资源,对法律发现的心理机制和影响法官发现裁判后果的心理因素进行研究;后果论证属于法律发现之后的证立过程,是对裁判评价标准的确证,对此,需要以法律论证理论为研究路径,分析后果主义审判的逻辑构造,明确后果主义法律论证的型式及其限制性条件。

3. 基于法官角色的不同定位,以不同路径展开结果导向司法决策的研究。基于法官作为“法律适用者”的角色定位,探讨法官作为“法律人”进行结果导向司法裁判的思维与方法,明确后果主义审判的思维规程与操作规则;基于法官作为“制度行动者”的角色定位,探讨法官作为“理性人”进行结果导向司法决策的行为逻辑,分析激励法官追求有利后果、规避不利后果的制度因素,从而为防范法官决策中的行为偏差寻找对策。

(二)研究方法

本书属于跨学科研究,将运用价值分析的方法研究后果主义审判的正当性问题,运用逻辑实证的方法研究这种裁判思维的逻辑结构和操作规程,运用法律经济学研究后果预测的技术手段和后果评价的客观标准,运用认知心理学探讨法官发现裁判后果的心理机制,运用理性选择制度主义探讨激励或约束法官进行结果导向司法决策的制度因素。

此外,本书以法律社会学为研究工具,以社会调查为基础,研究影响结果导向司法决策的具体变量,对裁判过程进行实证研究,运用认知科学对法官发现裁判后果的心理机制进行研究,运用政治科学对激励法官做出结果导向司法决策的制度环境进行研究;以个案分析为方法,既选取个案裁判的微观视角,研究结果导向裁判方法在某一个案中的运用,又选取典型法官作为研究对象,研究影响法官决策的认知心理和外部环境。

四、研究价值

(一)创新之处

1. 观点新。本书不仅论证了结果导向裁判思维的正当性,也明确其成立前提与限度;不仅从方法论层面明确这种裁判思维的操作规程,而且从认知科学和政治科学角度论证这种司法决策形成的主观因素和制度因素,从技术层面和制度层面对结果导向的司法决策进行控制。

2. 方法新。本书运用多学科的研究方法,对结果导向的司法决策进行全景式研究,既运用内部视角对后果主义审判的逻辑结构和操作规程进行研究,为法官的司法裁判提供方法论指导,又运用外部视角借助社会科学的理论资源,对这种司法决策形成的心理机制和制度激励机制进行实证考察。

(二)研究意义

1. 澄清理论争议,打破二元思维。对于法律体系的封闭性与开放性、法律方法的自足性与非自足性、司法裁判的主观性与客观性、司法裁判中的规则导向与结果导向等问题,在国内学界存在非此即彼的二元化分歧。本书将在理论上既澄清后果主义与法条主义的区别,又力图实现两种裁判思维的结合,防止将两种裁判思维绝对对立起来。

2. 为疑难案件审判提供方法论指导,为后果主义审判造成的偏差提供防控对策。本书从法律思维的内部视角研究法律效果与社会效果的平衡技艺,为法官裁判提供规范的方法论指导,借助社会科学的理论资源为法官对后果的预测和评价提供科学的外在保障,将“法律效果与社会效果相统一”的司法政策从宏大的政治话语转移到微观的技术论证上来,防止结果导向的裁判思维沦为以主观偏好为导向的现实主义司法和以民意为导向的民粹主义司法,有利于有效规制法官的自由裁量权,提高司法裁判的可预测性、合理性与正当性。

3. 整合国外理论资源,促进司法决策研究的本土化。本书立足于制度主义的外部视角,借用国外政治学中的司法决策理论,立足于我国本土的司法实践,运用实证研究的方法,设计影响我国法官在裁判中进行后果判断或目标预测的变量,研究我国法官的决策行为,为分析我国法官的司法决策提供理论工具。

第一章　后果主义审判的概念

在疑难案件中，法官严格地适用法律可能会出现不合理的结果，此时，为了追求裁判的合理结果，从后果出发进行裁判就成为法官比较青睐的思路，法官从判决结论引起的后果出发去调整裁判理由，追求裁判的合理性，这被称为后果主义的裁判模式。后果主义作为一种法律思维或者裁判模式的兴起，直接造成了对法条主义的严重冲击，因为法条主义难以应对事实与规范在现实生活中不对称的情形。在疑难案件中，规则与后果往往难以协调：一方面，法官必须恪守“依法裁判”的职业伦理，在司法裁判中维护他们对法律的忠诚，履行对裁判合法性的证成义务；另一方面，结果不公正又面临普罗大众的普遍质疑，为追求实质公正，从实质正当性的结果出发去寻求或修正裁判理由，会成为司法回应社会的策略性行为。但是，将“后果”引入司法裁判中是否会违背“依法裁判”的法治立场？规则与后果如何协调？社会效果与法律效果如何统一？这些成为一直困扰我国司法界的难题。

在理论界，对后果主义审判的认识褒贬不一。大致来说，法教义学坚守对法律规范教义的捍卫，对后果主义审判采取排斥的态度,他们既反对法条主义对规则的僵化适用,又反对通过后果将法外因素引入司法裁判之中,而主张通过法律体系内部价值的整体性证立来灵活性地适用法律,从而实现“依法裁判”和“正当裁判”的统一;社科法学则采取开放性的立场对后果主义持完全拥抱的态度,明确主张通过后果证成裁判,主张通过后果取向的裁判方式将法外因素引入裁判中来,从而实现判决的公正结果。可见,何为后果主义审判?后果主义在司法裁判中应当如何定位?后果主义到底是维护法治还是解构法治的裁判立场?这些问题仍然困扰着我国的理论界和司法界。为此,本章在知识谱系上对后果主义这一概念进行正本清源,从而证成一种与法治兼容的后果主义裁判立场。

一、从一则经典案例切入:“杜德利案”的司法裁判

在知识谱系上,后果主义作为一种决策方式来自伦理学,基于行为后果来评价行为的正当性,这已成为后果主义伦理学的核心洞识;随着实践哲学的复兴,司法裁判中的法律推理被视为实践推理的一种,后果论的推理方式亦常见于法官的裁判中,即法官以裁判后果的好坏作为评判裁判正当性的标准。在疑难案件中,法官往往既需要对行为正当性进行道德评价,又需要对裁判正当性进行法律证成。因此,后果主义的裁判思维可以追溯至伦理学中后果导向的行为评价模式。为论述方便,本章将从一则经典的疑难案件说起。

“杜德利案”是在1884年发生于英国的一个奇案,全称为“英王诉杜德利及斯蒂芬斯案”,该案自发生后一直为全世界所关注,法律界争论不休,在普通法世界具有无与伦比的地位。该案不仅涉及法律推理的问题,更涉及法律推理终极关注的伦理学问题。无论是在法理学意义上,还是在伦理学意义上,该案均是展现后果论思维的绝佳素材。该案的具体案情如下:

> 澳大利亚游船“木犀草号”从英国埃塞克斯前往悉尼,途中沉没,四个幸存者困于一救生艇上,所有食物仅为两个罐头。四

人中，杜德利为船长，而帕克为见习船员。帕克年小体弱，很快成为四人中最虚弱之人。一周后，四人食物用尽，命悬一线，船员们均因脱水而全身溃烂。帕克饥渴难耐，偷喝海水，这无异于饮鸩止渴，病情加剧。第十九天后，杜德利提议以抽签方式决定杀死一人作为其他人的食物，但因有人反对而计划搁置。后杜德利说服其他船员，认为无论如何帕克将会先死，且他没有家人，不如杀死帕克，靠其尸体度日。随后，杜德利杀死帕克，其余三人食其尸体。后来，三人获救返航，以谋杀罪被逮捕。经过审判程序，法官根据陪审团认定的事实，判决被告犯有谋杀罪，驳回他们的紧急避难抗辩，被判处绞刑，但最后被女王所赦免。①

该案既是一个疑难案件，又是一个道德困境。在法律论辩上，案件的疑难性争点在于为保全多人生命而杀死一人是否构成紧急避险而成为谋杀罪的阻却事由；如果仅就谋杀者行为的正当性进行道德论辩，该案则陷入“一命换多命”是否具有正当性的道德困境。该案主审法官在判决中首先从法律教义出发，分析了紧急避险的概念。在其看来，无论是法律教义还是理论学说，都无法说明为自救而杀人构成刑法上的紧急避险。接下来，法官进行了后果主义的法律论证。在道德判断上，法官并未采取功利主义的后果论证方式，以“最大多数人的最大幸福”作为后果评价的标准去证成“一命换多命”的行为正当性问题，但是，法官对判决后果进行了合理预测，从而对裁判规则的正当性进行证成。在其看来，法律不能完全脱离道德，裁判者应当考量判决的道德效应，即如果判决承认为自救而杀人作为紧急避险的抗辩事由，则事实上鼓励了牺牲他人保全自己的不道德行为。何况，在该案中，谋杀者以被害人体弱作为牺牲其生命的理由，那么，若判决被告无罪，则事实上承认了“弱肉强食”的丛林法则，会激励人们在遭遇海难之际恃强凌弱。故此，主审法官在判决中写道：

① 参见[美]萨伯：《洞穴奇案》，陈福勇、张世泰译，三联书店 2009 年版，第 8 ~ 10 页。关于该案更细致入微的描述，参见[英]A. W. 布莱恩·辛普森：《同类相食与普通法：“木犀草号”悲剧性的最后一次航程及其所引发的奇特法律程序》，韩阳译，商务印书馆 2012 年版。

> 无须指出因承认这一受人争论之原则而可能导致的可怕危险。谁将是这种必要性之法官？生命的比较性价值将通过何种措施加以衡量？……显然，这一原则让那些将从该原则中受益的人去决定那种将证明他为救自家性命而故意夺走他人性命为正当的必要性何在……很明确的是，一旦承认了这样一个原则，就可能会成为放纵激情和恶意犯罪的合法借口。法官只能尽自己最大能力查明法律，依据自己的判断伸张法律，除此之外，没有确定无疑的道路可走。①

最终，法官作出了有罪判决。从判决的长远后果来看，船员们再遭遇类似的海难，他们并不会选择立即杀人而自救，最起码会等到“山穷水尽”之时，说不准在等待中会出现“柳暗花明”。对判决后果的长远考量，正是法官的良苦用心！

该案的分析与争论实际上体现了伦理学中的两种不同思维方式：道义论思维和后果论思维。作为一种道德判断的思维方法，道义论和后果论风格迥异，在伦理学中各领风骚。从根本而言，两者分歧在于“正当”与“善”孰者优先的问题。后果论是首先确定“善”，由“善”到正当；认为“善”优先于“正当”；而道义论则相反，认为“正当”可以独立于“善”，“正当”优先于“善”，并且首先确定“正当”，才有理由去确定“善”。② 从理论属性来看，道义论和后果论都是人类理性觉醒的产物，道义论属于理性主义的哲学方法，而后果论属于经验主义的哲学方法。对于道义论而言，人的行为动机存在善恶之分，人的行为属性存在合理与否的区别；对于后果论而言，人的行为只存在好坏之别，对人的行为评价结果重于动机。简单来说，道义论主张，行为的正当性在于理由而无关乎结果；后果论则主张，行为的正当性在于结

---

① See [1884] 14QBD 273，判决书译文参见李松锋：《女王诉杜德利和斯蒂芬斯案》，载《苏州大学学报（法学版）》2014 年第 1 期。

② 罗尔斯认为，伦理学的主题即为“正当”与“善”的关系问题，一种伦理学的结构实际上是由这两个关系的概念来决定的。在伦理学文献中，Good 通常被翻译为“善”，笔者认为翻译为“好”更为贴切。See John Rawls, *A Theory of Justice*, Harvard University Press, 1971, p. 21.

果而无关乎理由。对于道义论而言,行为评价自有判断标尺,对就是对,错就是错,道德原则不能因情境而变化,杀人在任何情况下都是不对的,因自救而采取的谋杀行为也概莫能外;对于后果论而言,应当根据结果好坏来取舍做出判断。如果坚持极端的后果论,则为达目的,不计手段。功利主义是极端的后果论版本,按照功利主义的原则,一命换多命是划算的选择;但是,法官所考量的并非仅仅行为选择所产生的功利,而更关注司法决策所产生的长远后果。故在杜德利案中,道义论与后果论虽思维路径不同,但由此所形成的判决结果是相同的,即无论是从被害人的生命权考量,还是从判决所引起的长远后果考量,为了自救而谋杀都是有害且有罪的。

二、伦理学意义上的后果论:知识谱系的考察

"杜德利案"的判决既包含了行为正当性的道德推理问题,也包含了裁判正当性的法律推理问题,事实上,两者都属于实践推理的范畴。实践推理是回答"人们在实践中如何正确地行为"这一问题,而法律实践是人类社会实践的重要组成部分,法律推理无非在法律框架下回答人们如何正确行动的问题。在司法裁判中,法律论辩是普遍实践论辩①的特殊形式,对于具有道德争议的案件而言,道德论证往往是法律论证的价值基点,或者说,法律论证最终将涉及对规则正当性和行为正当性的道德评判问题,法官在司法裁判中势必需要进行道德推理。因此,后果主义作为产生于规范伦理学的一种道德推理方式,无疑能够为法律推理提供理论镜鉴。

(一)典型的后果论:功利主义

在知识谱系上,哲学家伊丽莎白·安斯库姆于 1958 年最早提出"后果主义"这一概念,从而将其区别于传统的功利主义理论,实际上,功利主义在思维方式上是后果主义的典型版本。"大致说来,后果论是一种认为任何行动的道德价值始终在于该行动的后果的学说,是一种认为如果行

---

① 所谓普遍实践论辩,是对有关规范性命题之正确性进行证立的论辩,法律论辩可以理解为一种在受限的条件下(如法律、法教义学和判例)进行的普遍实践论辩之特殊情形。参见[德]罗伯特·阿列克西:《法律论证理论:作为法律证立理论的理性论辩理论》,舒国滢译,中国法制出版社 2002 年版,第 224 页。

动以及诸如制度、法律和实践这些东西能被证明，便依据其后果来证明它们的学说。”[①]随着伦理学界对功利主义的批判与修正，后果主义逐渐发展为一个相对松散的理论阵营，尽管这些理论在具体主张上有所差异，但它们都属于共同的思维范式，用德莱夫的话来说，“后果主义的核心洞见是一致的，即行为和品格的道德属性由后果决定”[②]。随着实践哲学的复兴，后果论由最初道德哲学中的道德判断方式，逐渐发展为各个学科领域的决策方式，这种理论被经济学、法学等广泛应用于依靠实践理性作出决策的论证上。在阿马蒂亚·森看来，“后果论是这样一种理论：一种特定的选择是不是一个行动者已经做出的正确选择，这要看这种决策的相关后果，要看这种决策对世界的相关影响”[③]。

在理论形态上，后果论与目的论密不可分，主张在实践推理中通过手段实现特定目的，而目的则往往表现为具体事态中的后果。功利主义将目的论与幸福论统一起来，即将幸福作为人类行为的唯一目标。英国哲学家约翰·穆勒（又译约翰·密尔）提出：“关于目的的问题，换言之，就是关于什么事物是可欲的（可追求的）问题。功利主义认为幸福是值得追求的，幸福是唯一作为目的而值得追求的，一切其他的事物，只是作为达到这一目的的手段而成为值得欲求的。”[④]从而，古典功利主义成为一种典型的后果论版本，它在思维方式上坚持以下三个观点。

首先，评价行为的对错只根据行为的结果。不同于道义论，功利主义反对从某种普遍的道德律令出发对行为的对错进行评价。道义论认为，行为的正当性评价来自实践理性的绝对命令，有任何后果考虑的行为都是一种假言命令而非绝对命令。道义论更注重律令和戒律背后的权威，以及行为背后的意图与动机。比如，一名窃贼入室盗窃，误将保险箱中的定时炸弹偷出，同时，这位窃贼又是一名拆弹专家，正是因为这名窃贼的

---

① ［澳］斯马特、［英］威廉斯：《功利主义：赞成与反对》，牟斌译，中国社会科学出版社1992年版，第77页。

② ［美］茱莉亚·德莱夫：《后果主义》，余露译，华夏出版社2016年版，第29页。

③ ［印度］阿马蒂亚·森著、应奇编：《后果评价与实践理性》，东方出版社2006年版，第400页。

④ ［英］约翰·穆勒：《功利主义》，徐大建译，商务印书馆2014年版，第15页。

偷盗行为,一场爆炸灾难幸免发生。按照道义论,即使这种“坏心办好事”的行为产生多么有益的后果,对其行为的评价都不会受影响,偷盗就是偷盗,不因后果而改变。可见,道义论将“正当”与“善”分离开来,行为的正当与否关系到其动机是否符合某种正当的道德律令,而与行为本身是否产生好的结果无关。对此,功利主义的观点恰恰相反。在罗尔斯看来,“功利主义的清晰和简洁大都来自这样一个事实,它们把我们的道德判断解析为两类:一类是单独赋予其特征的,而另一类则是依据最大值原则来与第一类联系的”①。古典功利主义就这样将“正当”与“善”结合起来,“正当”与否在于是否符合“善”的意义上的最大化原则,即只有能够最大化增进“善”的行为才是正当的行为。

其次,评价结果时应当根据行为所产生的幸福或不幸的总量。功利主义将趋利避害作为人性假设,并以此作为逻辑起点来构建其道德哲学和政治哲学,并据之制定公共政策和法律制度。功利主义肩负起福利最大化的使命,将趋利避害从个体化的人性预设扩展为集体化的道德和立法原则,追求最大多数人的最大幸福成为衡量正义和评价行为正当与否的终极标准。在边沁看来,“一项行动的总倾向在多大程度上有害,取决于后果的总和,即取决于所有良好后果与所有有害后果之间的差额”②。功利主义不仅将后果的利弊权衡作为人类行为合理性的评判标准,而且将之作为公共决策的出发点,主张法律的设计应当促进所有公民的一般福利。

最后,人们对幸福的感受和计量是无差别的。功利主义在价值判断上是“集合论者”,它假设各种可欲的价值之间是可以通约的,不同的价值之间是可以量化换算的。“对于功利主义者来说,善的这一集合性特征意味着两种可供选择的行为或情形中的一种与另一种相比必然包含着较多、较少,或者同等数量的福利(快乐、幸福、安康、繁荣),并且我们能够

---

① John Rawls, *A Theory of Justice*, Harvard University Press, 1971, p. 25.

② [英]边沁:《道德与立法原理导论》,时殷弘译,商务印书馆2000年版,第70页。

理性地比较这些不同的选项。”[①]功利主义通过对价值的量化和通约，考察快乐或痛苦的强度、持续时间、确定性或不确定性、临近或偏远、丰度、纯度、广度，对幸福的总量和痛苦的总量进行加总，对人的行为的好或坏的倾向进行评价，进而主张，法律应当阻止引起坏的后果的行为来增进社会的总体幸福。

从推理形式来看，功利主义采取了后果主义的推理形式，但是，“它忽略了除效用之外的所有后果，即使这些后果也是事物状态的一部分。这是由于功利主义将后果主义与其他要求，尤其是福利主义合并在一起，并坚持认为事物状态只能通过与之相关的效用信息来加以判断”[②]。从实质观点来看，功利主义是以“效用最大化”作为后果评价唯一根据的理论。若抛开后果评价的实质标准，作为一种思维范式，后果主义实际上是以后果的事态作为评价行为、规则或决策正当性（道德价值）根据的理论形态。它在形式上具备两个基本要素：一是“预先设定价值承诺”的价值论。后果论将价值承诺独立于道德判断，将价值先于道德正当而设定，并将之作为评判行为、规则或决策正当性的根据，故后果主义是一种包含目的论理想的“前道德”或者“非道德”的价值理论。二是“最大化加总排序”的规范论。在诸多行为或决策的方案中，后果主义倾向于选择能够产生某种“最大化后果”的选项，根据后果最大化的程度对选项或方案进行排序，从而确立人们应该如何行为或者决策的规范。

功利主义作为一种极端的后果论版本，引起了伦理学上的思维革命，但是，功利主义因其“片面的深刻”而引起诸多非议与批评，这体现出后果论思维的诸多不足。

首先，后果论具有经验论倾向，注重经验判断而忽视价值判断。对于后果论而言，能够作为道德评价依据的只是行动本身所产生的实质后果，其排除了包括行为动机、条件、背景和过程在内的一切非效果性因素，具

---

① ［美］唐纳德·帕尔玛：《为什么做个好人很难？——伦理学导论》，黄少婷译，上海社会科学院出版社 2010 年版，第 166 页。

② ［印度］阿马蒂亚·森：《正义的理念》，王磊、李航译，中国人民大学出版社 2012 年版，第 204 页。

有强烈的经验主义色彩。对于后果论而言,头顶上的“三尺神明”(先验的道德律令)说不清也道不明,远不如能够为经验所能证明的效果实在,所以,后果论往往不相信也不愿意用某种形式化的道德原则来评价人的行为或进行公共决策,仅将当下的行为结果视为唯一的道德评价依据,完全不考虑该主体的行为动机和客观环境,甚至不考虑长远或间接的可能效果。一个用来批判这种极端后果论的例子是:在某社区发生一连串凶杀案,而最近的一项经验实证的研究显示死刑执行后具有威慑效应会导致犯罪率大大降低,某人违章停车却被执行死刑,理由是为了实现犯罪率降低这一结果。① 尽管执行死刑这一行为与犯罪率降低具有可经验、可证明的因果关系,但依此结果来证明滥杀无辜的行为具有正当性显得如此滑稽。事实上,功利性执法的示范效应所带来的后果更为可怕,这正是极端后果论思维所忽略的长远后果或间接后果。如果为一时的社会安定,允许执法者滥杀无辜、以儆效尤,则会更为严重地损害公共安全,导致人人自危。因此,执行死刑会导致犯罪率降低的经验判断难以证成死刑具有正当性的价值判断,在这里,功利主义实际上犯了哲学上的一个经典错误——“自然主义谬误”:哲学家总是试图从关于这个世界的经验事实中推演出我们应当这么做的结论,试图从“是”推导出“应当”。“人人希望幸福”的事实难以证成“人人应当幸福”的要求,经验事实和道德要求之间并不存在紧密的逻辑关联。②

其次,后果论具有完善论倾向,对目标最大化的追求而无穷递归以至于陷入道德乌托邦。极端的后果论在目的性价值考量与手段性价值考量之间失衡,对手段性价值的轻视造成某种形式的道德理想化偏颇;对道德目的片面重视使价值推理陷入一种无穷递归的窘境,具有道德完善论的理论倾向。后果论以后果作为评价正当性的唯一根据,强调目的重于手

① 参见[美]唐纳德·帕尔玛:《为什么做个好人很难?——伦理学导论》,黄少婷译,上海社会科学院出版社2010年版,第168页。

② 英国哲学家雨果·梅内尔认为,不应通过对幸福的渴望来定义善,或者用关于人类的经验事实来定义。功利主义意义上的幸福与道德判断之间不存在逻辑上的必然联系,而是存在一种松散的逻辑关系,他称为“松散乘系”。See Hugo Meynell, *Freud, Marx and Moral*, Barnes&Noble, 1981, p. 164.

段,不对手段进行价值考量。有这样一个假想案例:一名匪徒在一城市安放了定时炸弹,这一炸弹威力无比,且在短时间内会发生爆炸,匪徒被抓获却拒不交代炸弹安放地点,如若施行残忍刑讯,歹徒则有可能进行招供。按照功利主义的逻辑,只要实现了炸弹拆除,维护多数人生命这一目的,采取什么手段无关紧要;假设炸弹安放后罪犯逃之夭夭,被抓的却是罪犯的年幼女儿,这一无辜的女孩知道炸弹安放处,却拒不告知,那在这种情况下,是否可以对这个无辜的女孩进行刑讯呢?按照功利主义的逻辑,答案应当是肯定的,因为在这个城市中还有大量与女孩一样无辜的儿童,牺牲一人而拯救多数是可欲的功利目标。然而,按照这种逻辑,人们将会放纵本身就是坏的"残酷行为",从而放逐了人们对过程或手段本身的价值评价。可见,后果论在价值推理上采取了"最大化"的方式,也就是说,道德结果越完善,行为就越正当。如果遵循这一理论向度,后果论容易走向完善论,即为了"最大化"某种目标而无穷递归,在道德实践上,可能不顾道德条件和道德环境,而成为道德乌托邦理想主义的激情表达。

最后,后果论具有集合论倾向,在后果评价上进行量化算计而价值通约,从而会否定个体权利以及道德上的各种善。为了实现幸福的量化,功利主义事实上否定了一切快乐的质的区别。密尔曾经区分了高级的快乐和低级的快乐,用密尔的话说:"做一个不满足的人比做一个满足的猪好,做一个不满足的苏格拉底比做一个满足的傻子要好。"①这实际上说明,人类社会可欲的价值实际上存在质的差别,存在高低之分,不能仅做量的计算。功利主义用一种整体的幸福加总作为评价行为正当性或公共决策的标准,容易将总体性的幸福凌驾于个人权利之上。用罗尔斯的话来说:"它只关心在一个社会里如何最大限度地增加所有成员的满足净余额,即增加社会财富的总量,而不关心满足的总量怎样在个人之间进行分配。"②如果将该原则作为司法决策的准则,则会因功利计算损害公平。"福特汽车公司案"就是一个很好的例证:在20世纪70年代,福特汽车公

---

① [英]约翰·穆勒:《功利主义》,徐大建译,商务印书馆2014年版,第10页。

② John Rawls,*A Theory of Justice*,Harvard University Press,1971,p.25.

司生产的一款汽车在设计上具有缺陷，即如果被后面的车辆撞上时，油箱有可能发生爆炸，福特汽车公司的工程师们已经意识到该危险，但是，公司管理人员经过分析后，认为修补油箱所获得的利益（包括挽救生命和阻止的伤害）并不值得他们在每辆车上安装安全装置。福特汽车公司实际上进行一种功利主义的计算，根据事故发生的概率并依据法律对伤亡引起的定价进行加总，与安装安全设备的花费进行比较，不安装安全设置则是一种更为划算的选择。福特汽车公司的计算实际上犯了一个功利主义的错误，将幸福或痛苦进行加总计算，依此进行后果考量，实际上否定了人的生命、个体权利等各种价值。

（二）后果论的分化：行为后果主义与规则后果主义

功利主义用公共福利来定义善，用"实然"去界定"应然"，混淆了事实与价值的差别；功利主义将最大多数人的最大幸福作为行为取舍的根据，对一切道德行为都进行量的精打细算，这实际上不符合人们的常识和道德直觉。固然，人具有趋利避害的本性，"两害相权取其轻，两利相权取其重"符合人的理性选择，但是，人作为社会性的动物，在公共生活中形成了对人的行为进行约束的社会规范和道义规范，并经过历代传承内化为人们的道德常识或道德直觉，因此，依据功利主义方法所做出的选择往往是反常识或者是反直觉的。经过对古典功利主义思想的批判与修正，这种极端的后果论思维后来又分化为行为后果主义（行为功利主义）和规则后果主义（规则功利主义）。

无论是行为后果主义还是规则后果主义，均以后果作为价值判断和行为选择的根据。但是二者之间存在极大差异。"行为后果主义依据行动自身所产生的好或坏的效果来判定行动的正确或错误；规则后果主义则根据在相同的具体境遇里每个人的行动所应遵守准则的好或坏的效果来判定行动的正确或错误。"①根据行为功利主义，人们应当实施在可预见的范围内能够在整体上产生最大善的行为；根据规则功利主义，人们应

---

① ［澳］斯马特、［英］威廉斯：《功利主义：赞成与反对》，牟斌译，中国社会科学出版社1992年版，第2页。

当选择在整体上产生最大善的原则或规则。可见，规则后果主义修正了行为后果主义仅仅凭借后果来评价行为正当性的观点，它不再仅仅注重具体行为所产生的当下后果，而是更为注重符合规则"类"的行为所产生的长远性效果。"规则后果主义采纳如下观点：一个行动是道德上正确的，当且仅当：第一，它符合一套规则（或者其中的某个规则）；第二，与服从其他规则相比，对这套规则的充分服从能够最大限度地促进某个指定的价值。"[①]在其看来，行为的正当性并不在于其产生了最好的后果，而在于其产生了一套带来最好后果的规则。

在"杜德利案"中，如果贯彻行为后果主义的思维方法，为保全多数人生命而杀死一人的行为则是符合当下功利的，那么谋杀行为将因后果符合功利而具有正当性；但是，根据规则后果主义的观点，法官要对行为遵守某种道德规则所产生的长远效果进行考量。尽管在杜德利案中存在"同类相食"的海事习惯，法官若在判决中认可了此类习惯，则会为海难中的谋杀行为提供理由，会激励人们遭遇海难时进行弱肉强食，这种后果肯定是不可欲的。从该案判决思路来看，法官更为注重的其实是遵循某种道德规则所产生的长远效果。所以，按照规则后果主义的观点，"既定行为的对错取决于它是否遵守了有效的道德规则；依照规则后果主义，如果（大致上说）对这些规则的普遍遵守会促进后果主义者实现其最高目标，也就是给所有相关者带来最大的积聚性后果，那么这些规则就可以是有效的"[②]。

规则后果主义吸收了道义论对后果论的批评，在追求可欲后果的同时兼顾道德秩序的安定性。在规则后果主义看来，"把人们的道德行为交给个人自行处理，不提供任何指导，不努力建立某种社会安定和道德秩序，就像行为功利主义者倡导的那样，听凭个人偶然性的当场决定，——这是愚蠢的和危险的"[③]。行为后果主义则更为看重人的行为的情境性，

---

① 徐向东编：《后果主义与义务论》，浙江大学出版社 2011 年版，第 9 页。

② ［美］汤姆·雷根：《动物权利研究》，李曦译，北京大学出版社 2010 年版，第 211 页。

③ ［美］雅克·P. 蒂洛、基思·W. 克拉斯曼：《伦理学与生活》（第 9 版），程立显、刘建等译，世界图书出版公司北京公司 2008 年版，第 42 页。

认为无法用统一的规则去指导不同情境下人们的道德行为,对行为正当性的选择取决于理性人在具体情境下的权衡和算计。但规则后果主义不赞同用个案中的例外情形去否定一般性准则的效力,反对用个案性后果否定遵守规则带来的普遍性后果。在规则后果主义看来,“从不要伤害他人、不要违背诺言等道德规则的特殊例外条款的规定中,人们能够得到功利。如果这是正确的,那么,规则后果主义被迫以他们自己的规则选择标准去赞同那些有着例外条款的规则。同类的推理将有利于所有处境下的特殊例外,在这些处境中,如果遵守某些规则,将不带来最好的后果。一旦所有的例外条款增加了,规则后果主义将具有行为后果主义所有的同样行为含义。这将是致命的摧毁”①。

在对行为后果主义的批评中,“山姆案”经常被作为例证而成为经典虚拟案例,该案例能够很好地诠释规则后果主义。在该案中,山姆身体正常、性格和善,一日山姆去医院拜访他唯一的亲戚,他来到的医院同时发生了五桩紧急医疗事件。这五个病人都是身居要职、备受爱戴的伟人,并分别需要五种不同的器官,他们的死将会带来许多人的极大痛苦,但山姆的死却不会受到任何人的哀悼。为此,医院的管理人员将山姆引诱到一间手术室,将其五个器官摘除,分别移植给这五个富有名望的病人。② 这种做法从行为功利主义的观点来看似乎是允许的,但是,根据规则功利主义的观点是错误的。假设人们普遍接受了“允许医生为最大化效用,而不经健康人同意就可以进行器官移植”这一规则,这个规则带来的后果将是病人害怕他们会成为器官移植的来源而不愿去医院就医,从此,整个医疗行业就会遭到破坏,人们在患病时就得不到医治,这反而更会损害更大的社会功利。因此,遵从“尊重个体生命,进行器官移植或器官捐献必须经过允许”这一规则能够带来更好的后果。不能因为某些例外情形能够带来一时的功利而否定这个规则的普遍性,否则会带来更为糟糕的后果,这

---

① [美]休·拉福莱特主编:《伦理学理论》,龚群主译,中国人民大学出版社 2008 年版,第 223 页。

② 参见[美]唐纳德·帕尔玛:《为什么做个好人很难?——伦理学导论》,黄少婷译,上海社会科学院出版社 2010 年版,第 169 页。

正是规则功利主义所主张的观点。

规则后果主义在后果评价上使后果主义理论变得更为精致,这个理论具有两个关键性特征:“其一,这种理论评价任何特定行为的正当与错误,不是直接根据行为所产生的后果,而是间接地由每个人拥有一系列的欲望、倾向与规则所产生的后果来判定。其二,它评价行为的正当性,不是根据行动者本人持有那些欲望、倾向与规则所产生的最好的总体后果,而是根据每个人持有它们所产生的最好的总体后果。”[①]在这个意义上,规则后果主义具有以下理论贡献。

首先,规则后果主义协调了后果论与道义论在思维方式上的冲突,对行为正当性的评价提出了“可普遍化”的要求。在伦理学上,无论是道义论还是功利论,都无法解决“人们为什么要遵守道德规则”的问题。在康德式的道义论看来,人们之所以遵守道义规则,来自不证自明的“绝对命令”,康德的证成方式在逻辑上犯了“武断终止”的错误。边沁式的行为后果主义将个体的利益权衡作为行为正当性的标准,但是,忽视了社会关系中人们行为的相互性,更不利于道德秩序和法律秩序的稳定。正所谓“人同此心,心同此理”,人们在做出一种选择时肯定会对他人形成影响甚至是有损他人的利益,所以,对行为的正当性评价就需要“换位思考”,即这种行为是否在每个人都如此选择的情况下都会产生好的后果。规则后果主义不仅主张后果的“可欲性”,更追求规则的“普遍化”。根据规则后果主义,“问题不在于什么行为具有最大功利,而在于哪一种准则具有最大功利”[②]。规则后果主义将功利原则与公平原则协调起来:一方面,人们遵守规则在于人们接受了制度安排所产生的利益,人们既是规则的服从者又是规则的受益者,社会共同体的每一个正式成员都具有遵守规则和从规则受益的权利和义务;另一方面,制度安排(法律或者道德)本身是公平的,它没有将任何人排除在外,通过遵守规则所产生的利益具有普遍性。

---

① [英]布拉德·胡克:《规则后果主义》,载徐向东编:《后果主义与义务论》,浙江大学出版社2011年版,第147页。

② [美]弗兰克纳:《伦理学》,关键译,三联书店1987年版,第81页。

其次,规则后果主义对后果进行了即时性后果(直接后果)和长远性后果(间接后果)的区分。行为后果主义作为一种经验论的思维方式,主张运用经验论证考察事态中的因果关系,但是,它只看到了用经验可以证明的直接后果,却忽略了遵从或违背某个准则所带来的长远后果。在这个意义上,道义论与后果论并不存在根本的冲突。道义论思维虽然强调规则或道义本身的至上性,但是,规则或道义的确立遵循后果主义的逻辑,因为道义论者始终绕不过维护道义所要实现的根本性或长远性目标问题,其所维护的道义的终极目标与后果论也是大致重合的。正如西季威克所说:"我们发现,当康德转而考察德性行为追求的目的时,他阐明的唯一目标的终极目的就是通常所理解的合理仁爱的目标——人的幸福。"①如果将康德所追求的"至善"作为价值论理想的话,我们甚至可以按照后果主义的逻辑理解道义论,将康德式的伦理学视为"至善后果主义",只不过康德将"至善"作为德性与幸福的综合,将之作为一种终极的道德理想,但这一"理想的道德世界"并不是通过经验的方式加以把握的。② 因此,行为者实施某一行为或决策所产生的即时效果与其所欲实现的终极目标应该统一起来,在司法语境下遵循或违背规则所引起的长远后果更值得法官进行考量,而这需要判断者具备一定的后果预测能力。

最后,规则后果主义对后果进行个案性后果和系统性后果的区分。行为后果主义主张在具体情境中进行后果考量,反对规则后果主义用遵守规则的后果来评价行为的正当性,并指责规则后果主义造成了"规则崇拜"。事实上,行为后果主义对个案后果的过度强调,虽在某种程度上能够应对"例外情形",但是,这种论证方式经不起"滑坡论证",即无法应对不断违反规则导致的"无限递归"的推理。比如,根据行为后果主义的观点,允许医生为救人私摘死者器官,虽然该行为在个案中所带来的后果是可欲的,但违反了"未经死者家属同意,医生不得进行器官移植"这一规则。一旦打开了违反规则的缺口,则势必会允许更为严重的违反规则的

① [英]西季威克:《伦理学方法》,廖申白译,中国社会科学出版社1993年版,第400页。

② 有学者按照后果主义的逻辑理解康德,将其视为"至善后果主义"。参见张会永:《论一种康德式的至善后果主义》,载《哲学研究》2018年第6期。

行为，那么违反规则的后果必然是对整个医疗秩序的破坏。因此，规则后果主义更注重"类"的行为所引起的总体性的系统后果，而非某个行动者采取某种行动所引起的个别后果。

(三)伦理学上的后果论在司法裁判中的应用价值

伦理学上的后果论是一种评价行为正当性的逆向思维方式，它反对从某种先验的道德准则出发，主张从后果出发来对行为的正当性进行评价。在描述性的意义上，后果论说明了"为什么在对立的社会行为模式之间做出这种选择而不是那种选择"，因为在"具体的社会情境中，适用这项还是那项规则获致的后果会大为不同，正是这种后果的差异决定了区别的内容"①。在规范性的意义上，后果论则要求在数个决策方案中，应当选择对社会最为有利的选项。在司法的语境下，法官对行为的评价并非仅仅伦理学上的正当性判断，而是包含了正当性、合法性与合理性的"三位一体"的整体判断。在规范性的意义上，法官根据后果所进行的评价，就包含了行为所引起的后果、遵循(违反)规则(法律、道德)所引起的后果以及裁判结论可能引起的后果等综合的后果考量。因此，作为伦理学思维的后果论对于司法裁判具有直接的借鉴意义。

首先，后果论思维有利于解决司法裁判中的道德判断问题，为法律命题的外部证成提供裁判方法。具有道德争议的案件类似于伦理学上的"道德悖论"，在伦理学上，"道德悖论"意味着非常态下的道德抉择，应用伦理学所研究的"道德悖论"问题往往为制度环境恶劣状态、道德规范相互冲突状态和人命之间抉择的极端状态。道德悖论的解决单纯依靠某种道德原则或者道德理论是无法解决的，后果论则为道德悖论的解决提供了一种可操作的理论方案。有道德争议的案件的裁判为规范伦理学应用于司法场域提供了一种可能，即法官如何在司法裁判中运用伦理学立场证立道德命题，综合运用道义论和后果论的不同论据，并协调两种不同论据的逻辑关系，构建理性的论辩规则形成"规范性共识"，通过理性的论

① [英]尼尔·麦考密克:《法律推理与法律理论》，姜峰译，法律出版社 2005 年版，第 98 页。

证来形成赢得大多数人道德上能够接受的解决方案。[①] 在现代法治环境下，尽管法官很少遭遇到伦理学家所思考的“道德悖论”案件，但是，经常会遭遇具有道德争议的案件，比如，诈骗救妻案、非法行医救人案等，这样的案件往往存在法律与常识、道德和舆论之间的冲突。从法教义学的视角来看，有道德争议的案件的司法裁判需要法官立足法律体系内部协调规范冲突，甚至需要法官“超越法律”作出裁判。这要求法官不但要深入法律体系的论证脉络对规范性命题进行内部证成，甚至会不断延伸至普遍实践论辩（道德论辩）的领域，在外部证成的层次上运用后果论思维，伦理学的知识资源从而可以直接应用于法律论证领域。

其次，后果论思维将价值蕴含于事态之中，避免了法官脱离事态进行抽象的价值判断，为法官在裁判过程中协调价值判断和经验判断提供思维路径。司法裁判是将规则应用于事实的过程，这一过程既需要法官对案件事实全面洞察，又需要法官对法律价值深刻体悟，还需要法官超越法律“在开放的体系内论证”。法律适用是法官目光在事实与规范之间流连往返的过程，这意味着法官必须在案件的事态中理解法律规则和把握法律精神，而后果论思维则避免了法官脱离事实去理解法律的情形。后果主义主张，手段为目标服务，通过手段实现某种可欲的后果；而后果是事务的一种状态，这种状态来自我们所关注的所有影响决策的因素，如行为、规则或倾向……对于事务状态的基本认识可以包含丰富的信息，并注意到我们认为重要的所有特征。[②] 价值内在地包含于事态之中，要实现某种内在价值，就是要去促使包含了这种价值的事态得以实现；如果一个行动促进了更好可能事态的实现，那么行动的正确性取决于行动所促进的后果事态的比较。将后果论运用到法律之中，就意味着立法者或司法者对活动的后果，至少是意欲实现甚或深思熟虑的后果负责。[③] 在裁判

---

① 参见王彬：《法律论证的伦理学立场》，载《法商研究》2016 年第 1 期。

② 参见［印度］阿马蒂亚·森：《正义的理念》，王磊、李航译，中国人民大学出版社 2012 年版，第 201 页。

③ 参见［英］尼尔·麦考密克：《修辞与法治——一种法律推理理论》，程朝阳、孙光宁译，北京大学出版社 2014 年版，第 103 页。

过程中,法官运用后果论思维可合理预测裁判结论所引起的结果,并根据法律体系内的价值判断,对不同的后果进行评价,得出相对合理的裁判结论,从而将经验论证和价值论证统一起来。

最后,后果论在哲学上分化为行为后果主义和规则后果主义,这一分化为法官在司法语境下协调法的一般性与个别性的关系提供了理论框架。后果论和道义论、行为后果主义和规则后果主义的分歧体现为特殊性与普遍性的矛盾,人们在实践中的境遇往往具有个别性。后果论作为一种经验主义的思维方式注重事态的具体性和事件的个别性,但是,这种思维方式却容易导致人在具体处境下的"自利行为"而忽视了对规则的遵守,为应对例外情形导致规则权威性的失落,规则后果主义协调了道义论和后果论的冲突,这为后果主义审判中法官如何处理一般与例外的关系提供了可借鉴的理论框架。对于司法裁判而言,规则后果主义是一种更可欲的裁判立场,该立场既避免了道义论思维导致的规则僵化性,又克服了行为后果主义对规则权威性的消解。尽管在道德哲学中,规则后果主义面临"规则边界不确定"的质疑,但是,在法律领域这个问题可以得到某种程度的缓解,因为法律规则的边界相对明确。比如,在道德领域,"不得偷盗"是一条道德准则,为满足家人的基本温饱而偷盗,因符合后果的可欲性可能被视为这一道德准则的例外情形,但基于道德情境的复杂性,偷盗的"正当理由"可能千差万别,这会导致道德准则的边界越发模糊,从而破坏道德秩序的稳定性。对于盗窃犯罪的例外情形,法官可根据刑法中的"期待可能性理论"作出大致判断,合理运用自由裁量权进行定罪量刑。[①] 因此,在常规案件中,法官往往能够在文义射程之内应用一般性规则进行司法裁判;在非常规案件中,法官会遭遇法律适用的例外情形,合法性与正当性会出现分裂甚至是冲突。基于规则后果主义的裁判立场,法官为应对例外情形须创设裁判规则,但必须考量这一规则所引起

---

① 参见童德华:《刑法中的期待可能性论》,法律出版社2015年版,第199页。尽管我国的刑法并未明确吸收"期待可能性理论",但是,司法解释对该理论有一定吸收,我国《人民检察院办理不起诉案件质量标准(试行)》(2008年试行)第一、(三)4.规定,因生活无着偶然实施盗窃等轻微犯罪的犯罪嫌疑人,人身危险性不大的,可以依法决定不起诉。

的制度性后果,并根据法内价值对该后果进行评价,从而达致合法性与正当性的统一。

综上所述,尽管后果主义作为一种实践哲学理论存在诸多问题无法解决,其中到底应该最大化何种后果一直模糊不清,如何选择后果评价标准的问题始终悬而未决。[①] 但是,这并不妨碍将后果主义作为一种思维范式引入司法决策之中,因为对一种社会制度所引起的整体性后果的计算和评估非法官力所能及,对人类行为正当性伦理标准的探索亦非法官职责所在。事实上,符合实践理性的后果评判具有多种形式,在社会的不同发展阶段对不同的后果评价标准有所侧重,现代法律体系基本吸收了人类所追求的各类良善价值,而后果主义无疑为法官在司法决策中的价值判断和选择提供了可借鉴的思维路径和决策方式。

三、裁判思维意义上的后果论:理论形态与实践表征

对于重大事项的决策,人们总是要权衡利弊、审慎思考,在这个意义上,后果论思维是符合人类本性的理性思维。在司法裁判中,法官要在诸多备选项中选择相对合理的决策方案,这同样需要法官对决策方案所产生的直接的或间接的社会后果做出评估,通过综合的权衡做出选择与判断,因此,后果论思维并非对"法律人思维"的解构和颠覆,其作为"理性人思维"本身就深嵌在法律人的思维结构之中。[②] 事实上,无论是在大陆法系还是在普通法系,后果主义作为一种裁判思维普遍存在。在理论形态上,它体现为法律实用主义的裁判哲学;在实践表征上,它则体现为结果导向的法律适用方法。

---

① 继功利主义之后,后果评价问题的探讨在伦理学界和经济学界从未停止,其中经济学家阿马蒂亚·森所提出的后果评价原则更精致,也更符合现代社会。在森看来,评价优良后果的最重要标准是人的自由发展,而人的自由发展所依靠的不是哲学思辨意义上的"自由",而是"实质自由"(substantive freedom),即尽可能地增加人们在各个维度上的可行能力,使人们发挥自己的潜力,过上有尊严的生活。参见[印度]阿玛蒂亚·森、[美]努斯鲍姆主编:《生活质量》,龚群译,社会科学文献出版社 2008 年版,第 35 ~61 页。

② 参见桑本谦:《"法律人思维"是怎样形成的?——一个生态竞争的视角》,载《法律和社会科学》2014 年第 1 期。

(一)理论形态:作为裁判哲学的法律实用主义

在哲学意义上,实用主义与后果主义的关键区分在于,实用主义是一种注重成效的思想观念,而后果主义则是目的导向的思维方式。实用主义主张在谨思慎行的实践磨砺中逐渐形成评判标准,往往拒绝在形而上学意义上探讨真理的终极标准;而后果主义往往具有某种终极的伦理理想,要求行动者在实践中将正面价值最大化、负面价值最小化。也就是说,后果主义往往具备包含目的论理想与规范性理论的双重结构,但是,实用主义仅包含后者。作为裁判哲学,法律实用主义虽然要求法官在判决中追求对社会整体有利的结果,但是,法律实用主义基本上没有提供终极性的裁判评价标准,对于法官应该最大化什么,法律实用主义一直语焉不详,而只是要求法官在裁判中始终保持务实的姿态,追求更好的裁判。阿蒂亚认为,在法律实用主义的背后总会存在无法公开进行理性论辩的"隐性理论",而这一"隐性理论"正是后果主义所包含的目的论理想。[①] 因此,法律实用主义与后果主义在理论品性上存在重大差别。后果主义在理论位阶上是更具一般性和普遍性特质的"元理论"(metatheory),在哲学品性上具备价值论和规范论的双重结构;而法律实用主义只是关于法律人如何思考和决策的"规范性理论"(normative theory)。尽管作为裁判理论的法律实用主义与作为哲学理论的后果主义存在关键区分,但是,在某种程度上,尤其在思维范式意义上仍然可以将法律实用主义视为后果主义在裁判领域的理论翻版,这具体表现为以下方面。

1. 工具主义的法律概念论

在哲学上,实用主义哲学背离了传统理性主义哲学的方法论,并不关心"真理是什么",而更关心真理的效用,主张通过真理的实践效用检验真理。基于人类理性有限性的忧思,实用主义哲学在认识论上反对基础主义,反对将人们的认识建立在某种恒定的形而上学的基础之上。相反,

---

① 参见[英]P. S. 阿蒂亚:《英国法中的实用主义与理论》,刘承韪、刘毅译,清华大学出版社 2008 年版,第 120 页。

实用主义采取了一种不可知论的立场，采取一种试验性的态度来看待一切问题。作为一种意义理论，实用主义哲学反对根据概念所指涉的客观事实来确定概念的意义，而是主张通过探究概念的效果来确定概念的意义。在皮尔斯看来，“考虑一下你的概念的对象具有什么样的、可以想象的、具有实际意义的效果。那时，你关于这种效果的概念就是你关于这个对象的概念的全部。”①实用主义哲学反对将意义探究的过程作为纯粹的思辨过程，而是将观念与行动紧密联系起来，主张通过行动来检验观念。“一个概念，即一个词或其他表达式的理性意义，完全在于它对生活行为产生一种可以想象的影响。”②实用主义主张根据人的目的性来判断概念效果，强调手段与目标的统一性，将意义探究与行为目的相联系，将真理作为“有用的共同体的信念”，主张行动和经验是检验真理的标准，从而将认识论问题与规范论问题结合起来。因此，实用主义哲学不仅是探究“何者为真”的认识论哲学，更是“知行合一”的实践哲学。

在法律的概念论上，法律实用主义深受哲学实用主义的影响，将法律视为改造世界和进行社会实践的工具，更为关注法律实施的效用。对于“法律是什么”的法哲学追问，实用主义者在法律的概念论上采取了一种工具主义的立场。他们并不喜欢从宏大叙事的道德哲学和极度抽象的政治哲学中追寻法律本身的正当性，而是主张法律的正当性就在于实践合理性。在罗蒂看来，对于法律、道德或者是科学的探讨，应当抛弃将概念表或者命题集合与某些实体相对应的唯实论的观念，相反，用语系统的意义在于它的效用，而且，用语系统是探索性或试验性的。③ 因此，法律实用主义并不从先验的道德原则中去证成法律真理，而是从改造社会的实践效用中去认识法律。“所有的实用法理学都意味着它反对法律是基于持久不变的原则、通过对这些原则的工具化使用而实现的，它认为法律是

---

① 涂纪亮编：《皮尔斯文选》，涂纪亮、周兆平译，社会科学文献出版社 2006 年版，第 12 页。

② 涂纪亮编：《皮尔斯文选》，涂纪亮、周兆平译，社会科学文献出版社 2006 年版，第 4 页。

③ 参见［美］罗纳德·德沃金：《身披法袍的正义》，周林刚、翟志勇译，北京大学出版社 2010 年版，第 29 页。

实现社会目标的工具。”[①]法律实用主义实际上主张法律的不确定性，它反对在语义学意义上探讨法律命题是否为真，而主张“含义的关键在于运用”，从效用意义上判断法律命题的真值。

2. 实效主义的裁判方法论

实用主义哲学在方法论上提倡一种彻底的经验主义，从可供观察之结果而非逻辑前提来评判命题，主张将科学方法延伸至社会领域。“在实用主义看来，我们的观念、原则、实践和制度，都只是探索这个不确定的社会与政治世界的工具。”[②]无论是思想还是制度，在实用主义哲学看来无非人类应付和改造环境的工具，其意义在于能够通过行动产生效果，从而根据后果来确定真伪。在实践理性领域，实用主义哲学反对应用形式逻辑，而是主张从假设出发、通过后果验证假设的“探效逻辑”。对于法律决策而言，法律实用主义则明确宣称：“在实用主义意义上合理的司法决定、法令、规则或者其他各种法律决策是那些在总体上能够带来最佳效果的法律决策。如果你从经济学的角度来考虑，这些效果可以理解为边沁意义上的效果或者现代经济学意义上的效果。”[③]

在实用主义哲学看来，形式逻辑是基于前提的逻辑，从既定前提出发并运用逻辑规则推演并不产生新的知识，形式逻辑只具有检验思维的批判性功能，却无法产生有效的行动方案。基于此，“形式逻辑不是社会科学和生活所使用的逻辑，每当我们希望在社会科学中应用形式逻辑时，形式逻辑虽被抬高成了最高的科学，但往往又会掉落到毫无价值的地位”[④]。探效逻辑是基于目标的逻辑，是根据目标选择最佳解释或者寻求最佳手段的逻辑方法，其推理方向与形式逻辑完全相反，是从结果到原

---

① [美]理查德·A. 波斯纳：《法律、实用主义与民主》，凌斌、李国庆译，中国政法大学出版社 2005 年版，第 85 页。

② Jack Knight & James Johnson, *The Priority of Democracy: A Pragmatist Approach to Political-economic Institutions and the Burden of Justification*, American Political Science Review, Vol. 101:4, p. 47 – 129(2007).

③ [美]理查德·A. 波斯纳：《法律经济学与法律实用主义》，陈铭宇译，载《北大法律评论》2013 年第 1 期。

④ [美]约翰·杜威：《哲学的改造》，张颖译，陕西人民出版社 2004 年版，第 76 页。

因、从事实到假说、从目标到工具的推理过程。作为一种假设性、试探性的推理方法,探效逻辑既可以作为认识世界的手段而产生新知,也可以作为社会改良的工具来探究行动方案,因此,探效逻辑既可以作为发现的逻辑,又可以作为正当化的逻辑。

作为发现的逻辑,探效逻辑表现为由果及因的溯因方法,这被作为科学发现的一般逻辑程序。公认的科学发现逻辑模式是:“确定问题,选择初始假说,收集额外事实,形成精炼的说明性假说,从精炼的假说中演绎出结果,检验演绎出的结果,应用该理论。”①在科学的发现过程中,“探效”的过程是寻求最佳解释或说明的推理过程,是一个不断收集事实、提出假说再用事实验证假说的发现过程。溯因推理作为一种从结果找原因的方法,是在不断尝试中逐渐实现所假设目标的过程,并通过不断验证来修正信念的过程。信念状态的改变既是认知主体适应表征的心理根源,也是溯因推理作为“发现的逻辑”的有力证明。溯因推理的目标是验证假设,是在一定的语境下基于判断、证据对假设所做出的适应性说明,是利用已知信息不断建构解释而寻求最佳说明的过程,在这个意义上,溯因推理也是需要经过批判性评估的逻辑分析方法。

在实践理性领域,探效逻辑则是根据目标寻求最优手段的正当化逻辑,是根据目标证成行动方案的探究方法。实用主义大师杜威将探效逻辑分为五个阶段:“第一阶段是疑难;第二阶段是假设;第三阶段是比较;第四阶段就是决断:比较后所得的各种价值之中,选择一种最有效果的定为计划——就是如何去做的方法。到了第四步决断的时候,人们都以为思想的阶段可算了结,好像就是达到目的的时候,实际上还有最要紧的第五阶段:实行,即把决断的一个计划实行到事实上去。”②在实践理性领域,“探效”的过程实际上是根据预期目标来试探性地选择行动方案,并通过对行动方案的预期效果与实际效果进行比较,从而选择最优行动方

---

① [美]欧文·M.柯匹、卡尔·科恩:《逻辑学导论》,张建军等译,中国人民大学出版社2007年版,第567~571页。

② 袁刚等编:《民治主义与现代社会——杜威在华讲演集》,北京大学出版社2004年版,第322~323页。

案的正当化过程。相较于"发现的逻辑",作为正当化手段的探究方法,其目的并非对因果性问题的说明,而是对规范性问题的证成。这实际上是将逻辑的方法延伸至实践理性领域,试图刻画实践推理的逻辑形式。

人类生活的本质是面向未来、具有目的性的探索过程,经济学家庇古甚至将探索未来作为所有社会科学的目标,"已经过去的事件均不具有任何内在的重要性。认识过去的事件的价值仅仅在于它能够引导我们形成对于未来的正确的判断"①。法律作为实践理性,同样是人们面向未来、改造社会、满足社会需求的工具,那么,司法裁判的过程就可以视为根据法律目标通过效果的判断与比较来选择最佳决策方案的过程,基于目标而推理的探效逻辑在法学领域就更具应用价值。因此,在实用主义哲学看来,法律逻辑的本质是探效逻辑而非形式逻辑,通过对探效逻辑的发展,实用主义的哲学方法论深刻地影响了法律实用主义的裁判方法论。

在裁判立场上,法律实用主义反对形式主义的司法判决,追求裁判的实践合理性,主张从裁判的系统性后果出发寻求裁判理由。法律实用主义将法律推理视为实践推理的一种,反对将法律推理与形式推理相混同。在对待先例这个问题上,形式主义的法律推理将先例视为既定的前提,而实用主义的法律推理则将先例视为达致目标的手段。在对待立法意图这个问题上,形式主义是拘泥于语义(semantic)的理论,认为正确的决策是从权威性文本中演绎出来的,而不去关注决策实施所产生的效果。形式主义和实用主义的法律推理是不同的,"其差异就在于是否乐意直面新的问题,而不是完全坚持以昔日的经验为基础回答新问题"②。因此,法律实用主义反对向后看的、从既定法律规则进行演绎的裁判进路,而是主张向前看的、经验主义的裁判进路。

在裁判标准上,在法律实用主义看来,裁判的实践合理性高于逻辑有效性,法官应当"以合乎情理作为司法裁判的指南"。在法律实用主义看

① ［英］庇古:《福利经济学》,金镝译,华夏出版社2007年版,第3页。

② ［美］理查德·A.波斯纳:《法理学问题》,苏力译,中国政法大学出版社1994年版,第137页。

来，检验判决的合法性并不在于语义学意义上的客观性，也不是通过存在于实存结构中的立法意图来保障的，而是通过裁判后果的可欲性来保障的。因此，法律实用主义者主张在全盘考虑下追求对“整体社群最佳的判决”，而反对受“过去的政治决定”的约束。[①] 在疑难案件中，法律实用主义是一种把判断诉诸事实和后果，而非概念和一般原则的理论态度。[②] 它主张法律推理不能从先验的道德原则和抽象的法律概念出发，而应当更为关注裁判所能带来的后果。这种裁判思维并不关心“法律是什么”，而更为关心“法律能够影响什么”；法官应当参照裁判引起的社会影响来“造法”，来适应社会变化和推动法律变迁，而不是从抽象的道德原则、传统的司法意见中进行形式化的法律分析，去固守僵化的法律，或者以解释之名通过“司法虚饰”而行“造法”之实。“法律实用主义的核心是实用主义审判，其核心在于强调法官所关心的后果，因此将政策判断置于其上，而非基于概念主义与普遍性。但这并不是特案审判（只考虑结果对当事人双方的影响）的同义词，明智的法律实用主义告诉法官，要考虑体系的、制度的后果，同时也要考虑手头案件的判决效果。”[③]

在思维方式上，法律实用主义主张一种语境论的个案情境化思维。通过事实性的后果去证成规范性的价值判断，这虽然遭遇到哲学上从“是”推导出“应当”的批评，但是，这种思维方式是将价值安放在每一个后果中去语境化地理解价值问题。“语境化的进路坚持以法律制度和规则为中心关注，力求语境化地（设身处地地、历史地）理解任何一种相对长期存在的法律制度、规则的历史正当性和合理性。……这一进路反对以抽象的、所谓代表了永恒价值的大词来评价法律制度和规则。”[④]知识本质上是语境性的，法律知识附着于司法实践中，并非超越时空的先验命题，而是会随着经验的变化而变化。法律实用主义因此坚持法律意义的

① 参见［美］德沃金：《法律帝国》，李冠宜译，台北，时英出版社2002年版，第56页。

② 参见［美］理查德·A.波斯纳：《法律、实用主义与民主》，凌斌、李国庆译，中国政法大学出版社2005年版，第73页。

③ ［美］理察·波斯纳：《法官如何思考》，李忠谦译，台北，商周出版2010年版，第305页。

④ 苏力：《语境论——一种法律制度研究的进路和方法》，载《中外法学》2000年第1期。

语境论，主张法律的含义因个案情境的不同会有所不同。在法律解释问题上，否定法律条文所表达的语义或逻辑对个案裁判具有决定性作用，而认为法律所体现的目标和精神对司法裁判起决定性作用，从而在解释效果的评判和认定上依赖于社会共同体的同质化程度。实用主义提供了个别化而非普适的法官行动指引，在个案中的效用则取决于社会在规范上的同质程度。“社会的看法越是一致，对于认定后果好坏（以及有多好和多坏）的一致性就越广，实用主义所提供的指导作用也就越大。”①

3. 能动主义的法官角色论

在法官角色的定位上，法律实用主义将法官设定为“社会工程师”的角色，主张法官通过其裁判来回应社会的发展和人们的权利诉求，通过司法解决社会上不断涌现的新问题。因此，法律实用主义者从来不讳言他们就是司法能动主义者。

法律实用主义反对僵化地适用法律，而注重通过司法裁判对社会问题的解决，甚至是对社会整体价值观的引领。因此，法律实用主义并不简单地将司法的功能理解为对立法者意志的执行，而主张通过能动性甚至是创造性的司法实现对社会的良性治理。波斯纳坚决反对将法官视为“忠实代理人”的“门第进路”，在他看来，“服从法律仅仅是诸多美德之一，不考虑规则的内容，不考虑其他相关的社会价值和道德价值，就不可能对服从法律的分量做出恰如其分的估计”②。因此，实用主义的法官经常策略性、试验性地对待法律，当法律的安定性与变动性发生冲突时，法律实用主义者则往往倾向于弹性地解释法律。正如德沃金所言，“实用主义的法官准备好修正自己的实践，即随着经验而改进自己的策略，扩大或限缩他视之为法律权利者的范围”③。

事实上，法律实用主义者并不主张法官可以背离“依法裁判”的义务和职责，但在疑难案件的裁判中，法律实用主义者更为强调法官应当“更

---

① ［美］理察·波斯纳：《法官如何思考》，李忠谦译，台北，商周出版 2010 年版，第 307 页。

② ［美］理查德·A. 波斯纳：《法理学问题》，苏力译，中国政法大学出版社 1994 年版，第 177 页。

③ ［美］德沃金：《法律帝国》，李冠宜译，台北，时英出版社 2002 年版，第 163 页。

好地裁判”,这实际上隐含着对法官精英角色的深度认同,体现了法律实用主义在法官角色上的司法能动主义主张。法律实用主义对法官能动性角色的强调意味着对传统民主观念的批判和超越,这其实需要在政治哲学中寻找正当性的理据。法官为何应当“依法裁判”?这一问题背后的正当性理据来自民主理论。多数主义的民主理论将法律视为立法者意志的持久表达,而立法者意志则是作为人民代表的立法者通过多数决方式产生的,从而具有不可置疑的民主正当性。按照这种理论,司法裁判的正当性来自法官对立法者意志的恪守,通过“依法裁判”从而获得民主意义上的正当性,法官要通过严格的“解释主义”进路实现对立法意图的追寻,通过形式主义的法律推理获得裁判结论。

但是,在法律实用主义看来,这不但无益于实现民主价值,而且会将法官造就为僵化的法律适用者的角色,甚至法官以追寻“立法意图”之名行造法之实。因此,法律实用主义试图用精英民主理论超越古典民主理论,从而为能动主义司法裁判的正当性进行辩护。事实上,古典民主理论比较适合于简单社会,“为现实共同利益做出政治决定的制度安排,其方式是使人民通过选举选出一些人,让他们集合在一起来执行它的意志,决定重大问题”①。在简单社会,通过多数决的民主决策往往能够形成“共同意志”。但是,在价值多元的现代社会,所谓的“共同意志”往往是通过压制即“反民主”的方式形成的,古典民主理论所预设的共同利益或人民意志是不存在的,民主的价值和功能也不在于多数人的统治,而更在于每个公民都切实享有民主的权利,从而,精英民主理论取代了古典民主理论。精英民主理论基本思想在于:民主是一种权力为众多团体分享的多头政制,是多重对立的少数人统治。

精英民主理论将民主视为平等的政治竞争,从而对多数的怀疑走向了对少数的信任,主张精英和民主相互兼容、相互协调和相互保障。在其看来,“民主只是一种选择政治领导人的制度性安排,通过这种方法赋予

---

① [美]约瑟夫·熊彼特:《资本主义、社会主义与民主》,吴良健译,商务印书馆 1999 年版,第 370 页。

政治精英以决定政策的权利,而民主并不意味着人民间的平等,其目的也不在于通过广泛的参与来提升人性潜能”①。精英民主理论并不空谈人民的自我统治,而是主张政治精英通过其专业技能来实现对国家和社会的治理;但精英民主理论并非主张少数人的统治,而是强调政治精英的民主责任。他们坚持官员行动要有民主的或者慎议的血统或者根基,他们希望法官像其他官员一样对持久的民意做出响应,为此目的,他们希望法官服从于那些防止他们恣意行使权力的控制。②

既然法律实用主义采取了精英式的民主观,那么,他们也将法官作为政治精英去对待,法院可以为了回应民意而公开制定公共政策,这就需要在制度上赋予其自由裁量权,从而为能动主义司法进行辩护。在波斯纳看来,美国的司法审判事实上践行了实用主义的裁判哲学,法官往往通过对制度运作后果的预测在裁判中制定公共政策,进行一种全盘考虑并注重系统后果的实践推理,通过能动司法回应社会的发展、人民的诉求。但是,在他看来,这并非意味着司法的专制,法院的自由裁量权往往受到制度因素、物质因素和公共舆论的约束和控制。“国会对联邦法院的预算和管辖权的控制,是一个具有实践性而非概念性特点的制约司法自由裁量权的因素,再一个因素是当现任法官的决定使公共舆论敌视在任法官时,公共舆论对法官任命具有的反馈作用。”③对于结果导向的能动司法,法律实用主义通过司法对民意的回应来证成司法的民主性,通过对系统性后果的验证对结果导向的司法决策进行合法性的验证;将结果导向的司法决策过程视为公共政策的制定过程,将法官的裁判作为具有政治责任的决策者的判断,从而公开地支持能动主义的审判实践。

在这个意义上,结果导向的裁判风格往往与特定的制度结构和制度文化相适应,往往与民主观念已经健全、法治观念相对成熟的法律文化更

① 谈火生:《民主审议与政治合法性》,法律出版社2007年版,第136页。

② 参见[美]理查德·A.波斯纳:《法律、实用主义与民主》,凌斌、李国庆译,中国政法大学出版社2005年版,第246页。

③ [美]理查德·A.波斯纳:《法律、实用主义与民主》,凌斌、李国庆译,中国政法大学出版社2005年版,第247页。

为匹配。在这样的制度结构和法律文化下,法官被赋予社会精英的角色而拥有更大的自由裁量权,司法部门被给予充分的信任,既被赋予纠纷解决的职能,同时又通过司法裁判的系统性影响担当规则制定者的角色。

(二)实践表征:结果导向的法律适用方法

1. 大陆法系

大陆法系的法律适用是围绕法律解释而展开的,自萨维尼以来,大陆法系就形成了语义、体系、历史和目的等相对完善的法律解释体系,并提出了系统的解释要素、解释规则和解释原则。但是,随着法律解释学内部关于解释目标、解释立场的反思,法律解释学中的主观说、客观说以及折中说等学说众说纷纭,无法达成共识,法律解释学仍然无法解决法官运用各种解释规则形成不同结论的问题,解释规则的排序问题或者解释元规则(关于解释规则的规则)缺位问题成为各种解释学说中"最具争议性的问题",这也被称为法学方法论的"根本问题"。

出于对解释规则不确定性的反思,法官究竟是适用解释规则形成结论还是根据解释结论选择解释规则,成为争论不休的问题。事实上,如何根据解释规则形成解释结论在解释学和语言哲学上都难以说清,但是,根据解释结论选择解释规则在司法实务中却容易得到验证。由阿图尔·考夫曼教授主持的慕尼黑研究计划"最高法官改判的论证理论视角",确认了结果评判论证最经常地出现在德国高等法院的判决中。① 在这样的背景下,结果导向的法律解释在德国法学界就备受瞩目,这种根据解释结论选择解释规则的做法,被称为法律解释的结果取向,该过程是一个"价值"透过结果取向"进入"并决定"规范"解释的过程。所以,在大陆法系背景下,后果主义审判即为"结果导向的法律适用",即"在证成法律裁判时,考量裁判的后果并在给定情况下,根据解释的后果来修正解释。简单地说,古典法教义学通过处理过去的事实并借助给定的规则来控制裁判,

---

① 参见[德]乌尔里希·施罗特:《哲学诠释学与法律诠释学》,载[德]阿图尔·考夫曼、温弗里德·哈斯默尔主编:《当代法哲学和法律理论导论》,郑永流译,法律出版社 2002 年版,第 384 页。

而后果取向则通过对裁判所导致之效果的期待来调控裁判”[①]。

在大陆法系背景下，结果导向的法律适用体现在如下法律方法中：

首先，后果考察是目的论解释的辅助方法。后果论证属于一种目的论的方法，主张手段要为某种价值或目标服务，但是，后果论证还要考察解释结论和解释结论所引起的结果之间的因果关系，并考察该后果是否符合法律的某种价值目标。在德国法学方法论中，将后果论证作为目的论意义上的价值评价，后果考察被作为目的论解释中的步骤。

其次，结果考量运用于社会学解释中，后果考量是对社会效果进行预测和考察的解释方法。所谓结果取向的解释方法，简单说，即解释者把因其解释所作决定的社会影响列入解释的一项考量，在有数种解释可能性时，选择其社会影响较为有利者。

最后，结果考量运用于利益衡量的方法中。当对法律存在复数解释的情况下，需要对当事人双方利益以及当事人双方所代表的群体利益、制度利益和公共利益进行衡量，并寻求一种利益最大化的解释结论；在利益衡量的过程中，实际上是对裁判结论所引起的后果进行比较和权衡，从而选择一种能够使社会福利最大化的裁判方案。

2. 普通法系

在普通法系，结果导向的法律适用亦普遍存在于法官的裁判过程中，约翰 · E. 西蒙尼特教授通过对 28 个典型案例的考察，说明结果导向的判决模式普遍存在，并通过考证说明，在美国 25 个州的上诉法院的判决意见中，可以发现“结果导向”这样的词汇。[②] 根据美国学者尼古拉斯 · S. 泽波斯的经验研究，美国联邦最高法院经常援引公共价值将其作为权威论据，经常运用后果考量的方法来证成其判决结论。据统计，在 28.8% 的案件中，美国联邦最高法院以后果衡量的方法来论证裁判结果。[③] 无

---

① 张青波：《理性实践法律：当代德国的法之适用理论》，法律出版社 2012 年版，第 264 页。

② See John E. Simonett, *The Use of the Term “result-oriented” to Characterize Appellate Decisions*, William Mitchell Law Review, Vol. 10:2, p. 188 (1984).

③ See Nicholas S. Zeppos, *The Use of Authority in Statutory Interpretation: An Empirical Analysis*, Texas Law Review, Vol. 70:5, p. 1073 – 1144 (1992).

独有偶,麦考密克通过对英国判例的随机考察,发现这种结果导向的判决理论普遍存在于普通法系的司法过程中:在某些案件中它甚至因为这种法官的判决模式而成为控辩双方的一种论证手段和辩论规范,并以此构成了以往对依法或依规则裁判的理解的颠覆。① 后果主义审判之所以在英美法世界普遍存在,这源于对形式主义法学的全面反思。受现实主义法学的影响,英美法理学更为看重法律在特定语境中的实践后果,而不看重对法律的概念分析。在法律思维上,形式主义法学所主张的演绎推理程序受到批判,影响法官裁判的法外因素得以普遍考量。在法律文化和制度结构上,普通法系的法官往往被赋予"社会工程师"的角色,法官较为重视判例对后世和社会的影响;法官具有极大的自由裁量权,往往能动地适用法律、创造法律甚至是突破法律,以追求更好的社会效果。在这样的背景下,后果主义在英美等国发展成为一种系统的法学方法论。

在普通法系背景下,后果主义作为法律方法具有如下实践表征:

首先,后果主义论证是法官确认基本法律价值的法律方法。在宪法裁判中,宪法原则往往表现为高度模糊的价值性条款,对基本价值条款的效力确认是法官进行宪法裁判或司法审查的前提,在这样的案件中,法官通过后果主义论证避免了对价值条款的抽象判断,而是将价值寓于事态之中,通过对裁判理由所可能导致的后果进行审慎权衡形成基本法律价值的确认。麦考密克对英美两国的宪法裁判进行考察后指出:"在涉及法律制度内'承认规则'的范围和限制这一基本问题层面上,后果论辩从中发挥的作用是何等的不可或缺。"②

其次,后果主义论证是修正先例、推翻先例和创新先例的法律方法。在疑难案件中,法官无先例可循或者遵循先例将产生不合理结果,在这种情况下,法官应当像"立法者一样思考",在个案中对裁判的系统性后果进行合理评价和客观预测,通过案例创新实现对同类案件的示范效应。

① 参见[英]尼尔·麦考密克:《法律推理与法律理论》,姜峰译,法律出版社2005年版,第125~137页。

② [英]尼尔·麦考密克:《法律推理与法律理论》,姜峰译,法律出版社2005年版,第183页。

在开创性案例的裁判中,法官可以利用经验去支持或否定先前判决中的后果论理由,并立基于更具一般性的法律论辩和证明理论形成对先例的背离和修正。①

再次,后果主义论证是弥补演绎推理局限性的二次论证形式。演绎性证明是法官解决常规案件的论证形式,但是,这一证明形式无法解决法律适用中的疑难问题。演绎推论通过将法律规则作为大前提,将案件事实作为小前提,并通过"逻辑涵摄"的方式完成推论;但是,作为推论大前提的法律规则往往存在复数解释,一个案件事实可能会对应两个以上的裁判规则,根据不同的法律标准可能对事实形成不同的分类,这些都是演绎性证明无法解决的。在这样的情形下,"法官需要对备选的裁判规则进行权衡,后果主义论辩就会成为法律论证的一个关键因素"②。法官将通过对一般性裁判规则所可能导致的后果进行权衡,从而选择更具优势的裁判规则。

最后,后果主义论证是法官创制公共政策的重要形式。在美国,为适应经济、社会的发展和回应公民新型权利诉求,美国联邦最高法院积极能动地参与社会治理,实际上在扮演着公共政策制定者的角色。在具有里程碑意义案件的裁判中,美国联邦最高法院需要对社会中所存在的广泛而又深刻的利益冲突进行协调,在实际上进行着重大价值的分配。在这些案件的裁判中,美国联邦最高法院的司法决策往往是结果导向的,其关注的并不是法律原理的逻辑或语义分析,而更为看重其政策判断所引起的制度性效果,通过其司法决策引领社会发展甚至是时代发展的潮流。

四、后果主义审判的合理性:基于"后果"的界定

无论是在大陆法系还是在普通法系,后果主义审判的目的都在于追求个案裁判在实践中的合理性和正当性,这有利于法官摆脱法条主义或

① 参见[英]尼尔·麦考密克:《法律推理与法律理论》,姜峰译,法律出版社 2005 年版,第 132~135 页。

② [英]尼尔·麦考密克:《法律推理与法律理论》,姜峰译,法律出版社 2005 年版,第 146 页。

形式主义思维的禁锢,通过司法裁判能动性地回应社会的变动与发展,在这个意义上,后果主义审判具有其合理性。

(一)后果主义审判具有强烈的现实问题的关怀意识

后果主义从对法条主义的反思与批判中发展而来,将司法裁判的过程不再视为“封闭体系下的法律推论”,而更为看重裁判结论给现实世界带来的可能影响,从而使司法裁判具有强烈的现实问题的关怀意识。后果主义审判所考量裁判对现实世界的影响,并非仅指“规范性后果”,还指“事实性后果”。前者是司法裁判结论意义上的后果(result),而后者是影响意义上的后果(consequence)。规范性后果属于“法内后果”,是一个法律决策在法律体系内所引起的可能的结果;事实性后果属于“法外后果”,指司法裁判对社会可能引起的影响或者在法律体系之外所产生的结果。

规范性后果是通过法律解释方法或者法教义学分析所产生的解释结论或逻辑蕴含性后果,这是司法裁判正当性证明的必要构成部分。司法裁判所蕴含的规范性后果“是去证明它和有效确立的法律规则不矛盾,……是去证明它为既定法律原则所支持,或者因和既定法律规则极其相似而受到支持——此时某个稳定的原则支持了这一相似的相关性”①。规范性后果能够在法律体系内部通过逻辑推演和语义解释而得出,但是,在后果主义审判看来,这仍然悬而未决,必须进一步考量事实性后果,即考察通过经验方法论的工具得以观察的裁判结论对经济或社会带来的可能影响。② 后果主义审判将法官的视角从对法律意图客观性或价值客观性的追求扩展到社会科学中来,主张司法裁判并非仅仅通过语义解释和逻辑推理就可以确定,还需要通过社会科学来验证司法裁判的客观性,因此,

---

① Jack Knight & James Johnson, *The Priority of Democracy: A Pragmatist Approach to Political-economic Institutions and the Burden of Justification*, American Political Science Review, Vol. 101:4, p. 47 – 129(2007).

② See Flavia Carbonell, *Reasoning by Consequences: Applying Different Argumentation Structures to the Analysis of Consequentialist Reasoning in Judicial Decisions*, Cogency: Journal of Reasoning and Argumentation, Vol. 3:2, p. 81 – 104(2011).

后果主义所主张的"后果"并非通过语词的相互指称或者逻辑上的蕴含关系就可以确定的,而是指能够通过经验证明的事实上的可能后果。

形式主义的解释理论更为注重规范性后果,试图在法律体系内部实现某种客观的法律意图,这反而有可能是法律人应对复杂现实世界所采取的"鸵鸟政策",或者是实现某种政治意图的"应对策略"。比如,在亚利桑那州诉合众国(Arizona v. United States)案中,波斯纳批评了文本主义者斯卡利亚的法律解释方法。[①] 该案涉及亚利桑那州限制非法移民的合宪性问题,斯卡利亚在该案中连篇累牍地讨论州权力的宪法解释问题,运用文本主义的解释方法,坚决反对非法移民,却对驱赶移民所导致的现实客观后果不做考察。波斯纳指出:"斯卡利亚完全没有提供经验证据支持他对移民的指控;现有经验证据显示,如果真将非法移民全部赶走,亚利桑那的经济可能受到严重负面影响。"[②]

实质法治是法治发展的成熟阶段和高级阶段,在实质法治背景下,司法裁判的目标并非仅追求形式合理性,而是追求形式合理性和实质合理性的平衡。为了该目标的达成,法律就不能仅仅作为封闭的公理体系,司法裁判就不可能是在封闭体系下的逻辑推论。在实质法治背景下,法律必然是用来回应现实和改造社会的工具,司法者必须具备强烈的现实关怀意识。在司法裁判中引入后果取向的预测、衡量与论证,则为法律之外的现实因素引入司法裁判开掘了一条畅通的渠道,为追求司法裁判的妥当性提供了必要的支撑。"如果说法律解释体现了司法的智慧,各种备用的解释方法使司法在形式合理性和实质合理性之间获得了一个闪传腾挪的空间。"[③]在这样一个自由裁量的空间内,后果考量为法官提供了裁判尺度和行动指南。一方面,法官根据法律解释的形式要素确保司法裁判的合法性;另一方面,法官则根据后果的预测和评价选择最佳的解释结论,使司法裁判经受社会公众和公共理性的现实检验,从而对司法裁判的实质合理性进行正确的把控。

---

① See Arizona v. United States,132 S. Ct. 24292,2511(2012).

② Richard. A. Posner,*Reflections on Judging*,Harvard University Press,2013,p. 218 – 219.

③ 桑本谦:《法律解释的困境》,载《法学研究》2004 年第 5 期。

(二)后果主义审判有助于化解疑难案件中的价值分歧

人们之所以在道德问题上难以达成共识,是因为人们往往立足于不同的道德立场,具有不同的道德偏好和道德情感,这导致在日常生活中往往形成"公说公有理,婆说婆有理"的价值相对主义窘境。就法律上的价值判断而言,价值分歧同样无法避免。法教义学尽管摆脱了概念法学的桎梏,抛弃了将法律适用视为精密概念计算和逻辑推演的观点,而主张通过法律论证实现价值判断的正当化,但是,法律体系内部仍然存在"价值不可通约"的哲学困境,故法教义学的代表人物拉伦茨也不得不承认,"可以想象,当法官最后终于在两个均可认为正当的判断中作出抉择时,他事先已经考量过各该判断的后果"①。然而,通过科学意义上的论辩却容易解决事实上的争议问题,因为科学论辩能够通过可验证的手段解释和预测一些经验事实,从而有助于人们达成共识。"科学话语趋于合流,但是,道德话语总是趋于分流。"②后果主义的司法裁判借助社会科学进行后果考量,借助经验论证将价值问题转化为事实问题,从而有助于化解价值分歧。

在"罗伊诉韦德"案中,关于妇女隐私权与胎儿生命权孰具有优先性的争议,不仅是一个法学上的权利冲突问题,更是一个宗教、伦理和道德上的价值分歧问题。③ 该案中的道德、宗教争议不仅导致大法官之间的分歧,甚至导致了美国社会分化为"自由派"和"生命派"两大阵营,他们之间的争论陷入白热化的胶着状态,难以达成共识。为此,法官并没有从

---

① [德]卡尔·拉伦茨:《法学方法论》,陈爱娥译,台北,五南图书出版有限公司1997年版,第175页。

② [美]理查德·A. 波斯纳:《道德和法律理论的疑问》,苏力译,中国政法大学出版社2001年版,第60页。

③ 该案案情为:一名化名罗伊的美国妇女针对得克萨斯州的一项禁止堕胎的规定提起诉讼,该法令规定,除非为了维护孕妇生命,州内禁止一切堕胎手术。罗伊主张,该法令剥夺了她在妊娠期间的选择权,她因为贫穷无法到其他允许堕胎的州实施手术,又不能中止妊娠,导致其分娩后因无力抚养只能将孩子送给他人收养。得克萨斯州政府辩称,生命开始于受孕而存续于整个妊娠阶段,胎儿的生命权不能未经正当程序而被剥夺。最后,美国联邦最高法院作出最终裁决,宣布得克萨斯州法令限制了妇女的选择权而违宪。See Roe v. Wade 410 U. S. 113 (1973).

某种先验的道德原则出发去论证某种权利的优先性，亦未陷入某种神秘的神学理论去探讨生命何时开始，而是运用了医学上的研究成果将孕妇的孕期分为三个阶段，来分别平衡妇女的堕胎利益和胎儿的生命权。如果立足于后果主义的立场，支持妇女堕胎权的正当性甚至能够产生意外的积极后果，选择堕胎的妇女往往因生活困难、遭人强暴等社会因素而不得已而为之，降生在这样家庭中的孩子事实上更容易犯罪。这一后果主义的论证进路虽无法在实证意义证明有多少犯罪分子当年属于应被堕胎之列，但是，这种假设性的经验推理无疑具有很强的说服力。饶有趣味的是，有学者通过事后因果关系的解释论证了罗伊案判决的正当性，运用数据分析和定量研究说明罗伊案判决与20世纪90年代中期犯罪率的下降具有因果关系。①

(三)后果主义审判有助于形成引领未来的示范效应

司法作为定分止争的手段，裁判结论必然给当事人带来一定的影响，裁判结论给当事人带来的直接影响即裁判的直接性后果，体现为司法裁判给当事人带来的直接约束力。相较于直接性后果，后果主义审判更为看重司法裁判所形成的潜在性后果，潜在性后果则指司法裁判所引起的直接后果之外的更为长远的可能后果，是一种间接的后果，或称隐藏性后果。② 一般而言，法官不能将司法裁判带给当事人的个别后果作为调整裁判的理由，“如果法官只考虑裁判对于诉讼当事人所带来的后果，那么与诉诸法律规则——该规则基于功利主义的理由被认为是最可欲的——的裁判实践相比，这就很有可能导致一种更加严重的、深远的不可欲后果。”③因此，真正的后果考量是考量一般性裁判规则可能产生的长远性后果，而并不仅仅指对特定个案或特定当事人的影响。但是，如果司法

① See John Donohue & Steven D. Levittm, *The Impact of Legalized Abortion on Crime*, Quarterly Journal of Economics, Vol. 116:2, p. 379 – 420(2001).

② See MacCormick, *On Legal Decisions and their Consequences: From Dewey to Dworkin*, New York University Law Review, Vol. 58:5, p. 239 – 251(1983).

③ [美]理查德·瓦瑟斯特罗姆:《法官如何裁判》，孙海波译，中国法制出版社2016年版，第215页。

裁判对当事人所产生的直接影响或个别后果,已然为既有的教义学说所容纳,法官对此类后果的考量则不违背依法裁判原则。例如,在离婚案件的裁判中,法律规定了“儿童利益最大化原则”,这是立法者对法官的明确授权,要求法官在具体个案裁判中考量裁判对儿童未来利益的可能影响。

司法裁判之所以要考量更具全局性、系统性和一般性的后果,是因为,在法治社会,司法裁判一旦做出,对人们的行为不仅仅具有指引功能,同样也存在激励效应。基于激励效应所产生的裁判后果,往往是人们根据裁判规则所做出的理性选择,是司法裁判在社会中所形成的长远的系统性影响。司法裁判是“人们行为选择之依据,而人们会选择做出何种回应,在某种程度上总是一个开放性的问题”①。在这个意义上,司法裁判不仅仅影响个案当事人的利益分配,而且会影响潜在当事人的利益格局。潜在的原告或被告会根据其对裁判所形成的一般性规则的理解或期待,在社会生活中调整自己的行为,从而使一般性的裁判规则改变不同社会群体之间的利益分配。这就要求法官具有“向前看”的未来正义意识,深度考察司法裁判对人们未来行为的激励。法官不仅要关注司法裁判的即时效应,还要将眼光放得更为长远,关注司法裁判对类似案件所带来的更为潜在的社会影响,从而使司法裁判形成引领未来的示范效应。

直接性后果与潜在性后果的区分,具有重要的方法论意义。首先,这有利于开拓法院塑造社会规则的功能,实现“通过司法的社会治理”,使法院以积极姿态参与到社会的政治、经济、文化生活中去,成为这个国家和社会的塑造者。后果主义审判要求法官树立一种整体意识和大局意识,将司法裁判作为法治系统工程中的一部分,认识到司法与社会、政治、经济之间的内在联系,通过裁判形成良好的社会效应。在成熟的法治社会,法院是法律帝国的首都,而法官则是法律帝国的王侯,法治秩序的形成往往离不开法院塑造力和影响力的充分发挥,这需要通过后果主义审

---

① MacCormick, *On Legal Decisions and their Consequences*: *From Dewey to Dworkin*, New York University Law Review, Vol. 58:5, p. 239 – 251(1983).

判形成影响性裁判,一个能够产生积极影响的里程碑式的裁判不仅能够妥善、有效地解决个案纠纷,更能够带来长远的良性法治秩序。

其次,这有利于确立司法裁判的示范效应,从而降低社会成本,提高诉讼效益,从长远来看,有利于树立法律和法院的权威。法官在裁判中通过后果考量促进社会所推崇的积极价值,使裁判结论引起的潜在后果符合社会公众的普遍道德诉求,那么,通过司法的社会治理则会形成善法之治,法院的裁判将会得到更大程度的认可,从而有效地塑造社会公众对法院角色的深度认同。在“彭宇案”中,法官若在正确事实推定、遵照程序规范和推理规则的基础之上,对判决的潜在性后果进行正确预测,那么,法官的判决就不会引起公众对判决合理性的质疑,就不会激励诬陷且减少救助行为。①

最后,这对法官素质提出了较高的要求,要求法官须具备一定后果判断和预测的能力,还应具备一定的道德意识,对法律所蕴含的积极价值具有深刻的认识。事实上,法治是道德性的规则之治,法律是一套具有道德性的规范体系,法官在法律适用中的分歧并非仅仅关于法律概念的语义分歧,更是隐含在语词背后的价值观念之争中。法官应当通过法律论证寻求道德上最佳、后果上可欲的裁判,无论是道德论证还是后果论证,都应当成为裁判法理学的一部分。用德沃金的话来说,“法理学是任何判决书的无声序言”②。

在“深圳悬赏广告酬金纠纷案”中,该案承办法官就具有深谋远虑的“后果意识”,从而使该案产生积极的示范效应。该案案情如下:

---

① “彭宇案”案情为:2006 年 11 月 20 日上午,原告徐某兰在南京市某公交车站等车,有两辆公交车同时进站。原告准备乘坐后面的公交车,在其行至前一辆公交车后门时,被告彭宇第一个从该公交车后门下车。原告摔倒致伤,被告发现后将原告扶至路边,在原告的亲属到来后,被告又与原告亲属一起将原告送往医院治疗。原告被诊断骨折并住院治疗,产生各种费用损失。对于原、被告是否发生碰撞进而导致原告受伤的问题,双方发生意见分歧:原告认为其是和第一个下车的被告发生碰撞倒地受伤的,而被告认为其并未和原告相撞,其所做系做好事,该案一审法院运用事实推定认定被告彭宇撞人导致原告受伤。参见南京市鼓楼区人民法院民事判决书,(2007)鼓民一初字第 212 号。

② [美]德沃金:《法律帝国》,李冠宜译,台北,时英出版社 2002 年版,第XVIII页。

原告陈某与被告陶某、徐某均居住在深圳市某小区，其中陶某、徐某系夫妻。陶某、徐某的5岁女儿佳佳在小区走失，路上遇到陈某骑车经过，向其哭诉求援，陈某遂将佳佳带回自己家里照顾。因突闻老家的父亲病危，陈某立即携佳佳及其孩子一起赶往老家。当晚，陈某丈夫在小区内看到陶某悬赏8万元寻找女儿佳佳的寻人启事，即打电话告知了在老家的陈某。之后，陈某电话联系佳佳的父母陶某、徐某，确认了其捡到佳佳并带回老家的情况，并于当天启程乘坐长途客车送佳佳返回深圳。后来，深圳警方根据陶某报案，在客车上将陈某及佳佳截获，并对陈某以涉嫌拐卖儿童罪立案刑事拘留。经过侦查，公安机关以"没有犯罪事实"为由撤销案件，释放陈某。随后，陈某向陶某、徐某主张寻人启事承诺的酬金被拒，遂提起诉讼。①

该案承办法官从案情实际出发，在对原告和被告的权利义务进行法律分析的基础上，从案件产生的长远社会效果切入，作出了正确的裁判，真正实现了法律效果与社会效果的统一。在法官看来，如果原告拿到了被告给付的酬金，将会激励不良居心之人挟持儿童以获得酬金，从而形成负面的示范效应。法官把握了原告证明自己"做好事不为钱"的心理，建议把酬金捐给社会公益，并同步推出了相关新闻报道，扩大了该案的积极影响，从而得到原、被告双方的一致认同。该案的裁判要旨将法官裁判的"潜在性后果"予以充分说明，强化了该案的说理依据。该案的裁判要旨如下：

陈某捡童三日后归还，履行了悬赏广告对指定行为的约定义务，已构成债权的权利基础。驳回酬金诉求既有悖于法律规定，也会对社会诚信带来挑战；支持悬赏酬金，又会给拐卖儿童的犯罪分子或有不良目的者以可乘之机，陡增见义勇为变成逐利恶行的风险。法院对本案的态度和认识及处理，会直接影响

① 参见广东省深圳市龙岗区人民法院民事判决书，(2011)深龙法民一初字第6631号。

社会道德伦理的价值取向。[①]

在“悬赏广告”类案件中，因拾得人与悬赏人之间的信息不对称，拾得人基于隐蔽的“信息知识”容易做出逆向选择，从而带来“悬赏广告”的道德风险。也就是说，拾得人的信息知识仅仅为自己所知而具有隐蔽特征，失主无法根据可观察的信息知识对拾得人做出判断，也就不能对悬赏中的实际拾得人给出符合其类型的赏金，这样，自私型的拾得人则会为了获得更为高额的悬赏金故意拖延或者不予归还，从而产生道德风险。[②]因此，法官在裁判中应当具有引领未来的“后果意识”，对裁判结论所可能形成的道德风险等长远影响深谋远虑，通过裁判释放积极信号引导人们做出正确的行为，避免案件裁判结论对大众行为形成逆向激励，从而满足社会大众对司法裁判的功能期待，通过司法裁判的长远影响实现司法与社会的良性互动，使法院通过个案裁判参与社会治理，甚至通过个案裁判实现社会整体价值观的塑造从而引领社会发展的方向。

轰动一时的“武松打虎著作权纠纷案”亦能够生动说明“直接性后果”与“潜在性后果”区分的方法论意义。在该案中，山东景阳冈酒厂在其注册商标中使用了画家刘某的部分“武松打虎”组画，但并未经刘某同意，这属于侵犯著作权的行为。后经该厂多年苦心经营，该商标成为驰名商标。数年后，该酒厂侵权行为被刘某继承人发现，并起诉到法院要求停止侵权、赔偿损失。一审、二审法院均认定侵权成立，并遵照原告诉求判令被告停止使用。该案法官尽管对著作权人的权利、侵权人的责任进行了正确认定，但是，并没有正确处理著作权和商标权的冲突问题。事实上，该商标被酒厂经营为驰名商标，其商标因承载了使用者的劳动亦具有一定正当性。法官判令停止使用虽然保护了著作权人的权益，却忽视了该判决带来的潜在性后果。所以，通过形式推理所得出的裁判结论有可能是逻辑上正确的裁判，但在后果评价上未必是最“好”的裁判。一方面，

① 参见广东省深圳市龙岗区人民法院民事判决书，(2011)深龙法民一初字第6631号。

② 参见黄少安、李振宇：《悬赏广告的法经济学分析》，载《经济研究》2002年第5期。

被告实际上在该作品之上添附了相当大的经济价值,判令被告停止使用不符合诉讼效益要求。另一方面,通过对判决的结果进一步预测,如若判令被告停止使用该驰名商标,原告若许可他人使用该商标,客观上会使新商标权人获得不该获得的而又是被告损失的财产利益,甚至会导致有商家借此制造“山寨产品”,扰乱市场秩序。因此,与其判决停止侵权,不如在经济补偿上加大些力度,使两者各得其所。[①] 从潜在性后果的考量出发,法院应当判决被告继续使用原告的作品,如此,被告的商誉可以继续维持,商标不会被撤销,而原告也可以获得额外的许可费用,这才是更符合诉讼效益并能够带来更佳社会效果的思路。

(四)后果主义审判有助于对人们行为形成正向激励

法条主义的裁判重视法律的权威,以维护法律的安定性为根本宗旨,但是,法条主义往往只注重法律对行为人的单向指引,却忽略了行为人之间在规范约束下的相互影响和博弈行为。根据法律对行为的影响方式,可以将裁判所应考量的法律后果区分为决定性后果与适应性后果。所谓决定性后果是指一条法律规范的效力与适用所产生的一切后果以及由此产生的间接后果,而所谓适应性后果则指权利主体为了能够在一条法律规范适用中获得利益或避免损害而对自身行为的改变或调整,这涉及法律规则对权利主体行为的影响或激励。

对于决定性后果与适应性后果的划分,可以追溯到“人们为什么遵守法律”的法哲学追问。根据实证主义法学的观点,人们之所以遵守法律,往往在于法律本身的强制力或威慑力。[②] 但是,这种观点忽略了人们在

---

① 关于该案的分析,参见孔祥俊:《法官如何裁判》,中国法制出版社 2017 年版,第 17 页。

② 尽管法律实证主义的理论目的是维护法律的权威性,他们并不主张根据规则实施的效果来判断规则本身的正当性,但是,也不能笼统地将法律实证主义归结为道义论思维。在边沁看来,对于法律理论的性质,应当区分“说明性法学”和“审查性法学”,前者描述实然世界,后者论证应然原则。参见[英]边沁:《道德与立法原理导论》,时殷弘译,商务印书馆 2000 年版,第 360 ~ 361 页。根据边沁的视角,许多法律实证主义者又是后果主义者。他们在法律的实然描述上坚持实证主义,主张“法律来源于主权者命令”“低级规则受制于高级规则”等观点;但是,在法律的规范性评价上,他们又主张高级规则应符合后果主义。比如,边沁和奥斯丁主张“最大化最大多数人的幸福”这一功利主义目标,哈特在法律的终极来源或标准上反对“自然权利说”,也坚持功利主义的标准。

“法律框架”内的自利行为。人们的行动选择往往是根据目标做出的，法律对人们行为的指引功能，应当从人们根据法律所确定的目标来判断，而这个目标往往是自利性的。正如霍姆斯所说：“如果你想了解法律而不是其他什么东西，那么你就一定要从一个坏人的角度来看法律，而不能从一个好人的角度来看法律，因为坏人只关心他所关心的法律知识能使他预见实质性结果，而好人则总是在比较不明确的良心许可状态中去寻找行为的理由——而不论这种理由是在法律之中还是在法律之外。”①

法律经济学则将“坏人”视角进一步发展，提出了“理性人”的人性预设。基于理性人的人性预设，在法律的指引作用下，理性人会在法律的框架内实现自身利益的最大化。为最大化自身利益，人们对待法律的态度也往往取决于守法行为、违法行为以及规避法律行为的成本和收益。当规避法律的收益大于其成本时，人们会选择风险较低的规避行为；当违法收益明显大于违法成本时，违法行为甚至会成为群体性选择。在波斯纳看来，人类行为均趋向于效用的最大化，当罪犯行为的预期效用大于任何一种合法的替代行为的预期效用的时候，罪犯就会选择从事犯罪活动。②在法律规则的约束下，人们为自身效用最大化成为相互博弈、相互影响的主体。“在具有策略和利益相互依存性的博弈问题中，各博弈方的得益既取决于自己选择的策略，还与其他博弈方选择的策略相关，因此，博弈方在决策时必须考虑其他博弈方的存在和策略选择。”③所以，法官在做出裁判时，不能仅考量适用法律规范直接产生的“决定性后果”，还应当考量在法律规范约束下人们之间相互博弈所产生的“适应性后果”。更为重要的是，对于因博弈行为所产生的消极性后果，法官应当具备充分的防范意识。

法官对裁判规则所可能导致的“适应性后果”的考量，意味着法官对

---

① Oliver Wendell Holmes, *The Path of the Law*, Harvard Law Review, Vol. 10:8, p. 457 – 478 (1897).

② See Michell Polinsky, *Economic Analysis as a Potentially Defective Product: A Buyers Guide to Posner's Economic Analysis of Law*, Harvard Law Review, Vol. 87:8, p. 1655 (1974).

③ 柯华庆：《法律：工具、实用与实效》，载[美]罗伯特·S. 萨默斯：《美国实用工具主义法学》，柯华庆译，中国法制出版社2010年版，第11页。

裁判可能带来的错误激励应当事先防范。一是法官应当尽量避免裁判可能产生的“逆向激励”,即人们出于自身利益最大化的考量,可能做出与法律规则指引方向相反的行为。例如,为了保障就业公平,防止性别歧视,《劳动法》规定了针对女性就业的特殊保障措施,但是,这有可能会造成就业中对女性的“隐性歧视”,因为法律对女性就业进行政策倾斜,实际上提高了雇佣女性雇员的成本,雇主为趋利避害就会采取策略规避法律而尽可能不雇佣女性,这反而造成了女性就业的困难。二是法官应当防范裁判可能产生的“道德风险”。根据法律规则或裁判规则所释放的信号,人们会出于自利的考虑,倾向于做出虽不违法但是“缺德”的行为,从而造成社会道德的整体滑坡,带来社会成本的巨大浪费。无论是“彭宇案”还是“深圳悬赏广告酬金纠纷案”都生动地说明,司法裁判的示范效应将会对社会治理产生深远影响。套用一句格言来说,一次犯罪并不可怕,可怕的是一次错判,因为一次犯罪只是污染了水流,而一次错判却污染了水源!因此,法官在裁判中应当具备充分的“后果意识”,深入社会生活实践去观测人们做出理性选择行为的逻辑,从激励效应和道德风险的视角去判断备选决策方案所可能带来的长远后果。

在“高空坠物案”的法律论证中,法官通过考量“适应性后果”来调整裁判理由则会使裁判结论更具有可接受性。在原《侵权责任法》出台之前,在加害人不明的情况下,关于“高空坠物”或“高空抛物”所形成的侵权责任认定,法律对此并无明确的规定。从“北大法宝”数据库的典型案例分析来看,法院的裁判思路基本上分为两类:一类是法官基于保护弱者的政策考量,类推适用原《民法通则》第126条等法律条款,根据过错推定原则判决不能证明自己没有过错的被告承担责任。在具体责任承担方式上,有的判决根据建筑物责任规定,由建筑物所有权人共同承担全部责任,有的判决按照共同危险行为,由业主承担连带责任。另一类是根据民事诉讼法“谁主张,谁举证”的举证原则,以被告不适格为理由判决驳回原告的诉讼请求,或者根据过错责任原则判决被告不承担责任。事实上,在第二类裁判思路中,法官仅仅对法律规范所形成的“决定性后果”进行了考量,只看到法律规范对人们行为进行指引所形成的直接后果,而忽略了在法律规范之下人们行为之间的相互影响。在原《侵权责任法》出台之后，在责任主体相对明确的情况下，法院一般按照过错责任原则来裁判，在侵权责任主体不明的情况下，法院一般按照该法第 87 条来进行处理，即在无法确定侵权责任主体的情况下，由不能证明自己没有责任的业主承担补偿责任。在同类案件中，“刘某某诉四川宜宾成中房地产开发集团有限公司等不明抛掷物、坠落物损害责任纠纷案”是一个说理比较充分的案例。该案承办法官对该条款的立法意图进行了解释，对案件裁判所形成的“适应性后果”进行了充分考量。在承办法官看来：

> 依照侵权责任法第 87 条规定，判决可能加害人承担补偿责任的主要目的是分担受害人损失，警示建筑物使用人加强安全防范意识。同时警示建筑物管理人加强安全管理，避免因疏忽大意或管理不到位造成危险行为和危险后果发生。根据该条规定，因无法查清具体侵权人，才从法律上推定不能证明自己是侵权人的建筑物使用人系补偿责任人，其基础只是让没有实施致害行为而仅仅具有嫌疑的建筑物使用人承担补偿责任。补偿责任并非建立在侵权行为之上。故不能按照传统的多数人侵权承担按份责任或者连带责任来处理。①

从该案的裁判说理来看，法官适用原《侵权责任法》第 87 条判决建筑物使用人承担补偿责任，并适用“举证责任倒置”规则，由具有嫌疑的建筑物使用人通过举证来免除补偿责任。这样判决的后果是各个被告在未来会谨慎小心自己的行为，尽量注意阳台上或窗户上的杂物，想方设法改善条件避免成为过失者或“无辜者”，并监督其他居民，防止自己被无辜牵连。通过对这种“适应性后果”的考量，判决带来的社会效应是大幅度地降低了高空坠物事件发生的概率，从而最大限度地维护了公共利益。

---

① 四川省宜宾市中级人民法院民事判决书，(2017)川 15 民终 1877 号。

五、后果主义审判的正当性：法教义学框架下的后果考量

法官对后果的考量往往会将法外因素转化到判决中来，使判决能够符合实质公正而具有社会可接受性，从而后果主义审判通过一种动态的司法调适机制，避免了法律的僵化性和滞后性，维护了判决的实践合理性。但是，后果主义审判容易以后果之名带来法官恣意裁判的危险，以社会效果取代法律效果导致对法治的消解。那么，结果导向的司法裁判是否会因此动摇了司法裁判的合法性而危及形式法治呢？或者说，规则至上的法治价值与后果导向的裁判思路必然是不相容的吗？

（一）法教义学与社科法学的对立

对于这样一个问题，中国的法理学界基本上呈现一种非此即彼的对立态势。法教义学坚守最低限度的法治观念，作为一种“权威拘束”型思维和体系化思维，法教义学坚守法律的安定性和权威性，矢志不移地表达着对法律的忠诚，试图通过体系化思考化解法律难题。为此，法教义学坚守法律自身的原理，遵循逻辑与体系的要求，以概念、规则和原则等基本要素制定法律，并通过适当的法律解释规则和法律续造规则阐释法律和发展法律。在司法裁判中，法教义学坚持“解释＋体系化思维”的作业方式，在法律体系内部实现充分的法律解释，实现逻辑判断的一致性和价值判断的融贯性，主张在法律体系内部化解一切问题。即使对于疑难案件，法教义学仍然宣称：无论如何，案件的裁判必须以法律的名义而不能依据所谓的“后果”来进行。在法教义学看来，法治理念在裁判领域的核心要义是，只有依据法律作出的裁判才具有证立国家强制力的道德力量，后果主义无法解决司法裁判权威正当性的难题，从而是一种没有法治观的裁判理论。① 在坚守“依法裁判”或者形式法治这一基本前提下，法教义学对社科法学所主张的后果主义进行严厉的诟病，在他们看来，不受规则、教义等权威拘束的后果主义审判将会以“后果”之名而带来社会效果论的异化，消解法律的安定性和权威性，从而最终解构法治。

---

① 参见王琳：《后果主义裁判立场批判》，载《西部法学评论》2016 年第 6 期。

与法教义学不同，社科法学以实用主义的态度对待法律，主张法律实际上是改造社会的工具，对于无法适应社会现实的法条甚至采取怀疑的态度；社科法学主张法律体系是动态的、实践的体系，极为重视法律对社会经济环境变动的适应，裁判者只有运用经验知识和价值判断才能恰当地解决个案，坚决反对封闭法律教义对法律发展的不当限制，在其看来，很多案件的裁判都不是教义分析的结果，法官的政策性判断和政策考量对案件的判决起着支配作用。因此，社科法学普遍采取后果论式的思维，注重从后果出发，逆向分析、解释和评判法律条文和法律问题；注重对因果关系的解释，更为关心法律文本背后的形成原因以及法律可能导致的后果；[①]对于疑难案件的处理，社科法学表现出对法教义学的深度怀疑，更倾向于一种"就事论事"的功能主义考量，对于法院的功能，相较于实现"规则之治"，社科法学更为看重"纠纷解决"。在社科法学看来，法教义学解决常规案件是有效的，法官通过反复适用法律教义降低了论证的负担，但对于疑难案件的裁判，法教义学必须不断地改造已有教义，不断地更新概念工具，不能过度依赖逻辑——体系的教义学方法，而应该以开放的心态吸收社会科学知识，为疑难案件的裁判寻求新的智识支持。

事实上，社科法学罔顾西方法学的发展史，将法教义学刻画为一种墨守陈规、僵化司法的刻板形象，从而对法教义学进行无情地批判；社科法学因注重经验世界中因果关系的解释，从而关注裁判可能导致的社会后果，故而在裁判理论上尤为推崇后果主义。[②] 在苏力看来，趋利避害是人之本性，人们在决策过程中必然去追求最好的结果，法官同样具有权衡利弊、追求最佳结果的人性。苏力以人性的普遍性又推导出后果考量在决

---

① 关于社科法学基本立场的总结，参见侯猛：《社科法学的传统与挑战》，载《法商研究》2014 年第 5 期。

② 严格来说，社科法学具有后果论的思维方式，但不能将后果主义作为社科法学统一的裁判理论。社科法学实际上是一个关于"法律与社会科学"的松散理论阵营，虽然这个理论阵营都普遍关注法律与其他邻接现象的因果关系，但是，它们并没有统一的裁判理论。在这个理论阵营中，有的研究根本就不关注司法裁判，即使关注司法裁判，他们的研究立场也不统一。比如，法律和行为科学采取描述性立场研究司法决策，关注影响法官行为的外部因素；而法和经济学则往往采取规范性立场，运用成本—收益等分析工具，试图为司法裁判提供方法论支持。

策行为中的普遍性,进而主张后果主义审判的正当性。在他看来,结果导向的司法决策普遍存在于法官的裁判中,而这并不是源于长期的正统法学教育训练,而是植根于人们内心的普遍理性所致。苏力甚至用大量的案例来说明,很多伟大而又智慧的裁判实际上是法官进行后果权衡而做出的理性选择,这与他们的法律素养并无直接关系,他甚至认为"法盲"也能作出好的裁判,因此彻底否定了法律人思维的存在。[①] 苏力作为社科法学的领军人物,其论证具有一定的代表性,他颇具趣味性的论证因挑战常识和撼动正统而备受追捧,但这一看似逻辑严密的论证实际上隐藏着逻辑错误。

在裁判理论上,法教义学与社科法学之所以对后果主义裁判的正当性存在分歧,根本原因在于他们对"规则"的不同态度和对"后果"的不同理解。在对待"规则"的态度上,法教义学始终坚持规则至上的理念,对现行法秩序保持合理确信,将法律作为价值导向的体系,坚信在法律内部化解裁判疑难问题,反对超越法律甚或违背法律的"后果考量";而社科法学则试图以"后果"消解"规则",主张法律的目标应当是追求最佳的后果,为了最佳的后果应当超越法律,法律应当及时回应社会需求而具有开放性。在"后果"的理解上,法教义学并不反对后果考量,而是主张法律体系内的价值判断,主张任何后果考量应当在法教义学内部进行证立;而社科法学所理解的后果,是脱离法律拘束的社会效果,并主张在法律内部无法实现"可欲的后果",为了实现某种"可欲的后果",不必拘束于法律教义,而应当通过后果考量突破法律教义并发展法律教义。整体而言,法教义学注重法律体系内部的后果,而社科法学则更为看重法律或裁判对现实世界的可能影响。"我们必须尊重规范后果和实用后果的二阶性——在司法裁判中,通过以规则为基础的法教义学方法获得规范结果是主导,而将注重实用后果的社科法学方法作为特殊和例外。"[②]在某种程度上,对"后果"的不同理解导致了法教义学与社科法学的二元对立。

---

① 参见苏力:《法律人思维?》,载《北大法律评论》2013 年第 2 期。

② 陈辉:《后果主义在司法裁判中的价值和定位》,载《法学家》2018 年第 4 期。

事实上,主张“规则至上”的法教义学与主张“后果导向”的社科法学之间存在深深的误解,在这场学术争论中,社科法学犯了“稻草人”的逻辑谬误,它对法教义学的批判实际上是以对法教义学的误读与曲解为前提的。① 不可否认,每一条法律教义都是从大量的实践经验中总结而成,正因为人们在日常的生活实践中反复适用某条规范才会将之上升为不加反思而尊奉的法律教义,正因如此,法教义学作为一种规范性的学问,并不太关注也无须关注规范形成背后的实践经验,而是采取一种“内部视角”关注规范应该如何适用的问题,法教义学因而能够为司法裁判提供有效的解决方案。与法教义学的理论兴趣不同,社科法学更为关注法律教义形成和运作的过程,倾向于运用“外部视角”观察和分析与法律相关的社会现象,社科法学因而以经验研究见长,尤其是对规范教义无法适应的经验保持着浓厚兴趣。为此,社科法学批判法教义学无经验实证的基础,从而否定法教义学的科学性。吊诡的是,向来注重实证研究的社科法学在对法教义学的批判中有意或无意地忽略了面向本国法学研究或法律实践的“规范实证”,没有从本国部门法教义学的研究实践中去廓清本国法教义学的面貌,没有认真梳理并批判任何一条法律教义或者权威通说的“来龙去脉”,而是试图在西方法哲学的故纸堆中寻找只言片语来拼接甚至歪曲法教义学,从而对之进行大力鞭挞和批判。

社科法学和法教义学属于两种不同品性的知识形态,因具有不同的问题意识而承担着不同的学科使命。在法律教义的提炼和适用上,社科法学并无研究方法上的优势;在个案分析上,社科法学虽然因开放的视野带来崭新的智识愉悦,但往往因脱离规范或超越规范而无法为法官提供有效的解决方案,从而无法为司法裁判提供直接的智识支持。但是,在法律教义“无力之处”或者“不及之处”,社科法学则能够打破稳定的规范预期,通过分析规范背后形成的因果关系,能够为形成新的法律教义提供经

---

① “稻草人谬误”是逻辑学中的一种谬误。为反驳对方的立场,而歪曲、夸大或者以其他方式曲解之,使得被攻击的不是对方的真实立场,而是更容易被批判或拒绝的立场,就犯了稻草人谬误。参见[美]布鲁克·诺埃尔·摩尔、理查德·帕克:《批判性思维:带你走出思维的误区》,朱素梅译,机械工业出版社 2012 年版,第 134 页。

验实证的支持。社科法学实际上是在为法律教义的"例外情形"或者"空白情形"背书,在这个意义上,社科法学更适合服务于立法工作,为更新教义或者修正教义提供支持。"为了配合这项目标,法律家也一再进行法律事实的研究,并且也运用(从事此等研究所必要的)社会学的方法,诸如调查统计以及对机关、社团的咨询等。然而,为了将所获得的认识转化为法律方案,其仍然需要应用精确的法学知识。"①

(二)法教义学的自我进阶

在社科法学那里,法教义学其实被误解为一个特定的"法条主义"版本:法条穷尽了法律的全部内涵,只能作为裁判的唯一依据;法律适用是将事实涵摄于法条之下的逻辑推导过程,这一过程排除了法条之外的任何自由裁量。这一饱受社科法学诟病的"法条主义"版本实际上源于德国的概念法学和美国的机械法学(严格的法律形式主义)。这实际上是自然科学思维在法学中的反映,受欧几里得几何学的影响,法学家试图对法律进行公理化和体系化的改造:一是宣称法律知识的出发点来自不证自明的前提,试图通过法律知识的公理化来捍卫法律的确定性;二是主张法律知识来自合乎演绎逻辑的推导,通过形式逻辑使法律知识的获得都来自确定的大前提,从而杜绝法律适用者的创造,确保法官对法律的忠诚,捍卫"依法裁判"的底线即法治价值。事实上,"法条主义"更多作为一个批判性概念而存在,并没有人主动承认自己是法条主义者,尽管有人为法条主义辩护,但是其所辩护的法条主义与"论敌"批判的"法条主义"显然又不是一个事物,这使"法条主义"成为"稻草人"式的指称概念。②社科法学所批判的"法条主义"版本早已为法教义学所扬弃,他们所理解的"法条主义"实际上是法教义学和社科法学所共同批判的对象。

以德国法学为例,在经历过概念法学、利益法学、自由法学、评价法学等"范式转换"之后,法学方法论日益走向成熟。概念法学将法律适用作

---

① [德]卡尔·拉伦茨:《法学方法论》,陈爱娥译,商务印书馆2003年版,第114页。

② 作为一种学术现象,批判或捍卫法条主义的学术争论反映了我国学术研究中二元思维的普遍存在,社科法学与法教义学的交锋,关于"法律人思维"是否存在的争论,都是如此。参见王国龙:《捍卫法条主义》,载《法律科学(西北政法大学学报)》2011年第4期。

为"概念计算"或"逻辑推演"的观念已为法学家所普遍抛弃。利益法学反对概念法学将法律作为"金字塔"式概念体系的观点,而将利益衡量引入到法学判断的核心;评价法学则发展了一套在法律体系内做出价值判断的程序和方法,"价值判断的正当化"已经成为法教义学的研究主题。经过评价法学所改造的法教义学抛弃了"法作为封闭体系"的陈腐观念,如何在开放的法体系内做出正当化的价值判断,已经成为法律论证理论的研究主题。在研究方法上,法教义学不断引入利益衡量、价值评价等方法,尤其是不断拓展法学方法论在"法律续造"领域的研究空间,不断完善法外理由向法内转换的思维机制,并未因追求高度的体系化而导致"概念的自我繁殖"。从法教义学的发展历史来看,法教义学独断论的色彩日益消除,而逐步具有了法律体系内的反思与批判功能。

从法教义学的形成机制来看,法教义学具有强烈的实践品格。法教义学并没有因追求概念清晰、逻辑严谨、解释精密、体系完整的学术目标而走向"自我封闭",而是一直秉持实践导向的研究立场。"作为法律和司法实践的桥梁的法教义学,在对司法实践进行批判性检验、比较和总结的基础上,对现行法律进行解释,以便利于法院适当地、逐渐翻新地适用法律,从而在很大程度上实现了法安全和法公正。"①在法教义学与司法实践的互动过程中,学界通过法律评注对法律作出系统解释,通过对法院判决的持续讨论加深法学与司法的对话,从而为司法实践中所有法律问题的解决提供论证模型。同时,法教义学中的概念和规则往往依附于判例系统性、延续性地运行过程中,判例通过稳妥地、渐进地发展和演化法律,不断为法教义学体系输入新问题和新素材,从而使法教义学面向司法实践保持着知识输入的开放性。正如批判者所言,通过体系性的推导关系来解决问题的办法,有时候会让个案中的正义性,为了服从体系本身的逻辑自洽也不得不被牺牲掉了。还有些时候,体系性的方法在简化问题解决思路的同时,也减少了解决的可能性。② 对此,法教义学保持着自我

---

① [德]乌尔弗里德·诺依曼:《法律教义学在德国法文化中的意义》,郑永流译,载《法哲学与法社会学论丛》,中国政法大学出版社 2002 年版,第 15 页。

② See Roxin, Strafrecht AT, 2006, § 7A, Rn. 38ff.

反思，与社会生活不断沟通，在注重解释精细化和逻辑自洽性的同时，通过不断回应司法实践提升法教义学解决个案裁判的理论能力。因此，法教义学实际上是一种“体系走向封闭但认知保持开放”的法律教义形成机制。一方面，作为方法的法教义学坚守裁判立场上的“体系封闭性”，尽量阻隔法律系统之外的道德、社会因素对裁判的干扰，将法律拘束原则作为首要的裁判原则，而力图在法律体系内部化解法律问题；另一方面，作为知识的法教义学秉持运作机制上的“认知开放性”，通过保持与司法实践的互动，努力从鲜活的生活世界中汲取营养。

就法教义学的工作任务来看，法教义学兼具体系性与回应性的学术品性。根据欧陆学者的权威界定，“法教义学的任务通常被界定为(i)对于法秩序内容的探究，以及(ii)法律概念与法律规范的体系化。这些任务也是彼此关联的：法秩序的内容无法独立于体系化的方法，反之亦然”①。简言之，法教义学的工作任务为对现行有效法律的解释与体系化。法律解释是法教义学的核心工作，通过法律解释可弥补法律文本与理解之间的距离，这必然会融入价值判断和政策考量等目的性因素。因为，所有在法条中被应用的概念最终都是规定功能的概念。它们全都为特定规整目的服务，该目的将决定各概念的内容及形式。② 法教义学通过“体系化建构”确保法律系统的独立，但是，法教义学所进行的体系化工作并非建构纯粹价值无涉的、封闭式的概念体系。经过从概念法学向利益法学的转型，法教义学体系中形成了范畴式的概念建构和目的论的概念建构两种基本功能—方法体系，基本对应法教义学中知识体系和价值判断的双重功能。③ 范畴式的概念建构是一种纯粹形式化的知识建构：一方面，通过对实证法中相关概念的知识建构，形成一种去除价值判断的、形式化的概念；另一方面，将实证法素材进行学术上的分析和加工，

---

① See Aulis Aarnio, Robert Alexy & Aleksander Peczenik, *The Foundation of Legal Reasoning* Ⅲ, Rechtstheorie, Vol. 12, p. 423 (1981).

② [德]卡尔·拉伦茨：《法学方法论》，陈爱娥译，商务印书馆2003年版，第357页。

③ 参见李忠夏：《宪法教义学反思：一个社会系统理论的视角》，载《法学研究》2015年第6期。

形成模式化的知识结构和思维分析框架。前者通过一种要件式的思维建立概念与事实的对应关系,避免了法律适用过程中重复性的价值判断;而后者则通过实证法的知识体系建构,对在法律运行过程中发展出来的理由和标准进行不断储存,形成"价值判断的知识化",确保通过判例形成的原理和规则能够反复适用,降低法官在个案裁判中的论证负担,从而实现"同案同判"。如果说形式化的知识建构是为了形成稳定的规范化预期,那么,目的论的概念建构则是通过为价值判断提供可操作的标准确保个案正义的实现。相较于范畴式的概念建构,目的论的概念建构则融入了实质价值判断的内容。在目的论的概念建构上,法教义学则发展出一系列"开放体系的方法",通过对价值、目的、利益和后果的考量,将法律系统的外部知识转化到法律内部中来,并通过体系化的方法对实质性的价值判断进行控制和约束。

不仅如此,法教义学在转型过程中也逐渐具备反思性的学术品性。继评价法学之后,法教义学的任务并非仅限于对现行法律的释义,还在于提出理由来支持规范上的主张,也包括提出理由来反思和修正规范上的主张。这意味着法教义学不仅包括解释论,还包括立法论,即法教义学不仅解决现行法律如何应用的问题,还包括基于某种理由如何修正和完善法律的问题。对于法律适用而言,法学方法论不仅包括法律解释问题,还包括法律续造(法官造法)问题。法教义学就并非局限于概念演算和逻辑推演,而是必须面向经验知识。对于立法论而言,法教义学须通过实证研究从经验事实中提取反思和修正法律的理由;对于法律续造而言,经验实证是法官进行法律论证的重要方法。在这个意义上,法教义学并不排斥社科法学,而是存在与社科法学进行"科际合作"的需求。

因此,在法律概念论上,社科法学对法教义学存在深深误解;在法学方法论上,社科法学对法教义学存在空白认知。社科法学所批判的将法律作为"金字塔式的概念体系"或者"封闭的公理体系"的主张,实际上并非现代法教义学的理论宣称。在这样的误解下,法教义学支配下的法律适用活动就仅仅立基于形式逻辑,实质性的价值判断和目标就无法在法律适用中得以证立,更无法通过后果考量将法外价值带入

"封闭的法律体系"中来。事实上,近来的法律论证理论已经将后果考量作为一种论证方法,如何通过后果考量证立法律体系内的价值判断,如何通过后果考量确立法外价值向法内的转化机制,已经为法律论证理论所关注,结果导向的法律适用方法已经为法教义学支配下的裁判方法论所吸收。

法教义学已"今非昔比"。法教义学已经在批评者的怀疑与反思中,在与司法实践的互动和发展中实现了"自我进阶"。法教义学所维护的法律教义不再是封闭的公理体系,也非独断的法律信条,而是相对开放的价值体系。法教义学已经具备了将政治、经济、道德等实质性裁量因素转换为法律话语,整合进法律体系的能力。正如拉尔夫·波舍尔所说,"将其他话语领域的论辩整合进法律论证场域是法律家的特殊使命,而不能由哲学家、经济学家或者政治学家代劳"①。也就是说,特殊利益的论证必须与制定法意图或目的相关联才能转化为法律论证,法外实质因素必须通过教义学的论证机制才能真正进入司法场域。因此,法教义学"尽管有其适用的限度,但是,它具有一个弹性的、多元的和动态的内在结构,能够容许法官运用实质性的解释和价值判断来澄清争议,从而推动自身的不断发展和纠纷的解决,法教义学从而能够处理错综复杂的疑难案件。"②

法教义学并非不关注经验知识和价值判断,而是更为致力于价值判断的"类型化"和"教义化"。法教义学通过发展法律教义、凝聚法律共识、节省思维成本,通过法官中立地适用法律教义,避免个体化的价值判断,从而维护法律的安定性。法教义学通过教义学论证的方式对后果考量进行证立和限制,确立法律系统与其他社会系统循环流转且持续运作的沟通机制,从而实现法教义学对社会长远发展趋势的回应。"因为法教义学是一种认知上开放但运作上封闭的系统,它要通过将教义融贯性与

---

① [德]Ralf Poscher:《裁判理论的普遍谬误:为法教义学辩护》,隋愿译,载《清华法学》2012 年第 4 期。

② 孙海波:《法条主义如何穿越错综复杂》,载《法律科学(西北政法大学学报)》2018 年第 1 期。

效用性、回应性相结合来满足相冲突的规范期待。”①在疑难案件中，法律教义亦非绝对，当法律教义遭遇案件特殊情形的挑战时，法律教义亦可发生变迁，但是法官必须承担论证负担。所以，现代法教义学并非反对后果考量，而是主张通过后果考量引入经验知识和价值判断；现代法教义学已经发展成一套兼容法律安定性和裁判正当性的调适机制，并为社科法学知识进入司法裁判提供了通道，法教义学从而具有与社科法学兼容的可能性。

（三）后果考量的教义控制

社科法学与法教义学在“后果”的理解上存在深刻分歧，这导致在后果主义审判价值定位的争论上出现了“鸡同鸭讲”的尴尬局面。社科法学因总是在法律与社会、道德、政治等其他邻接现象的因果关系中理解法律，因而后果主义是社科法学普遍的思维范式。与社科法学不同，后果考量仅仅是法教义学所主张的一种法律方法而非普遍的思维范式。在评价法学之后，法教义学开始将法学作为价值导向的科学，承认了法律漏洞的存在且提供相应的“法律续造”方法，后果考量成为与法律解释、法律推理等并列的法律适用方法。简言之，法教义学并非不关注后果，而社科法学则普遍地关注后果。

之所以有此差别，是因为社科法学与法教义学所理解的“后果”有所不同。一般而言，社科法学所主张之后果是裁判结论对社会能够产生深远影响的“法外后果”或者“间接后果”，即社科法学更为关注裁判结论所产生的系统性的社会影响；而法教义学所理解之后果乃通过法律解释或法律续造所产生的“法内后果”或“直接后果”，即法教义学所主张之后果是通过逻辑推导能够产生的“蕴涵性后果”，或者通过法律解释所产生的“解释性后果”以及通过法律续造符合法律价值的“规范性后果”。不可否认，法教义学亦承认超越法律的续造，并不排斥法外后果在裁判中的运用，但是，无论是“法内后果”还是“法外后果”，法教义学都主张其必须经

---

① See Christine Parker et al., *Introduction*, in Chritine Parker eds., Regulating Law, Oxford University Press, 2004, p. 1.

受法律价值的检验。可以说,社科法学注重对后果的“发现”,而法教义学注重对后果的“证立”。

然而,社科法学主张“超越法律”的后果考量,有意淡化了法律教义对司法裁判的约束。社科法学实际上过分强调了法律的不确定性,夸大了事实与规范之间不对称的情形,从而对死扣法条、维护教义的裁判模式具有天然的反感。这完全忽视了社会生活中大量常规案件的存在,有意忽略了法教义学训练对于解决常规案件的有效性,而是选择性地拿所谓的“难办案件”说事,策略性地选择个别的“智慧法官”作为例证,对美国现实主义的司法裁判青睐有加,从而在强调社会后果的时候,夸大了“超越法律”的功能和意义,彻底否定了“将奉现行法秩序作为基本信条”的法教义学方法。这样,社科法学所主张的后果主义裁判一方面错误地将自身与法条主义对立起来,并意图排斥、抵制甚至取而代之;另一方面后果主义裁判过分依赖法律之外的各种后果,导致裁判中的法律因素遭到排挤、排斥甚至隐退,使案件的裁判最终所依据的不是法律而是法律之外的其他因素。①

社科法学只是所有运用社会科学进路研究法律的所有学科的统称,尽管在这一阵营里门派林立、观点纷杂,但是都普遍地关注后果。社科法学中的实证研究普遍采取描述性的研究立场,将法律规范作为社会规范的一种,关注法律规范与其他社会现象之间的客观性的因果关系,故社科法学所关注之“后果”实际上是经验实证意义上的结果,其研究更多的是对法律与家庭、宗教、社群等社会邻接现象的因果关系的说明,因此,其所关注的后果往往是描述性的而非规范性的。但是,经验世界中的因果关系并不能等同于规范世界中的逻辑关系,即使某种因果关系能够通过统计分析的方法得以预测,这也无法验证理论的效度而只能说明理论的力度,也就是说,客观的因果关系只有在法律规范的体系框架内理解才有意义。对于法律科学而言,将统计意义上的因果关系作为规范理由,则会导

---

① 孙海波:《“后果考量”与“法条主义”的较量——穿行于法律方法的噩梦与美梦之间》,载《法制与社会发展》2015 年第 2 期。

致以经验论证取代规范论证。“后果是一些事实，是一些自身没有规范意义的事实。你不可能从‘是’中推出‘应当’。价值必须寄托在每个后果之中。”[①]以后果、经验、利益等为分析工具的经验论证往往以“真/非真”作为评判标准，这并不同于法律系统内部的“合法/非法”的评判标准，事实上为真未必等同于规范上有效。何况，对后果、经验、利益的探测往往因缺乏整全性视角而会遭遇认知难题，又会因认知群体观察视角的差异、利益诉求的差别以及同一事实对不同群体造成后果的分殊而带来后果评价的多元化。这决定了这些分析工具的使用只有符合法律系统的功能定位才会具备规范性意义，也就是说，后果考量等经验论证方法必须因应法教义学的要求，才是真正意义上的“法律方法”而实现“方法的内在化”。“后果作为经验事实之一种，在引入到法学体系当中后，一方面要在特定的规范框架内才会具有决定意义，另一方面需要在法律系统之内进行一种对后果的再评价。至于采用何种方法、该方法如何定位并如何运用，端赖于法律系统的功能要求，此所谓方法的功能取向。”[②]

社科法学内部立场的多元性导致其缺乏统一的方法论，在后果确证和后果评价上缺乏统一性，无法为后果主义的司法裁判提出规范性的评价标准，这最终导致社科法学内部的共识仅限于对法条主义的批判，在法官如何根据后果进行裁判的方法论层面缺乏理论建树。社科法学的代表性学者侯猛也不得不承认，在重大、轰动、疑难案件中，法官会先考虑后果，这个后果并不只是案件对于当事人的影响，而是案件对社会经济生活的影响……需要说明的是，社科法学内部不同的研究进路，对于后果的考虑有所不同。例如，法律经济学注重的是财富或社会福利的最大化；法律社会学注重的是社会结构和秩序的稳定性；法律人类学注重的是当地人的感受。[③] 在法律适用过程中，如果无法为后果考量提供统一的评价标准，后果的多元性将加剧裁判的不确定性。吊诡的是，社科法学从法律的

---

① ［美］理查德·A. 波斯纳：《法官如何思考》，苏力译，北京大学出版社 2009 年版，第 219 页。

② 李忠夏：《功能取向的法教义学：传统与反思》，载《环球法律评论》2020 年第 5 期。

③ 参见侯猛：《社科法学的传统与挑战》，载《法商研究》2014 年第 5 期。

不确定性命题出发来反对法教义学,将目光投向更为生动的"生活世界",试图摆脱法律教义的束缚,而主张后果考量在法律适用中的普遍存在,但是,社科法学所主张的后果考量却又因后果的多元化而加剧了裁判的不确定性。所谓公众意见、媒体舆情、意识形态、性别意识、宗教观念等各种法外因素就会以后果之名注入司法裁判之中,法治价值最终将因后果之名而消解殆尽。因此,不能让后果考量使司法裁判成为脱缰野马,必须发挥法教义学对后果考量的约束和验证功能,由法教义学来证立并限定后果考量的适用。

(四)规则至上与后果考量的协调

法教义学与社科法学之间的关系,十分类似于伦理学中道义论和后果论之间的关系。对最佳结果的追求需要人们在长期的经验中通过反复试错累积而成,而法律规范教义则是在长期积淀的经验基础上通过理性淬炼而成。正如经济学家熊秉元所说,"社科法学,可以说是教义学法学的基础;而教义学法学,可以说是社科法学的简写或速记。"[①]法教义学与社科法学并非互不兼容,而是相互补充的。法教义学以法的安定性为构成要素,以法的融贯性为制度目标,从而维护了最低限度的法治概念,最大限度地追求法律体系内部的价值协调,并试图通过开放的法律论证机制为法外的实践理由向法内转化提供程序和方法,这有利于规则至上的维护和融贯法律体系的建构。社科法学则将说明法律与其他社会现象的因果关系为己任,始终从法律的社会效果出发去研究法律本身的合理性问题,这有利于促进法律对社会变动的适应,使法律成为一种与时俱进的动态发展机制,通过对法律与其他邻接现象因果关系的说明,为法律的发展与完善提供政策建议和立法建议,并对疑难案件中的裁判效果进行科学预测,在这些方面,社科法学往往比法教义学更具学科优势。

无法否认,法教义学与社科法学存在迥异的研究旨趣。概括而言,前者关切的是何种理由能够证成规范上的主张;而后者则更为关注何种因

---

① 熊秉元:《论社科法学与教义法学之争》,载《华东政法大学学报》2014 年第 6 期。

素影响法律制度的运作以及法律制度的运作效果。前者侧重于“证立”，而后者侧重于“说明”，但是，这无法推导出二者水火不容、毫无瓜葛。对于司法裁判而言，尽管影响裁判的因素无法完全成为证立判决的理由，但是，在一定条件下，原因能够转化为正当化的理由，这实际上是经验陈述与规范论证的关系。事实上，法教义学虽以体系化的解释工作为己任，但是，法教义学本来就具有经验的面向。如阿列克西所言：“几乎所有的法律论证形式——如同几乎所有的实践论证形式——都会包含经验陈述。”[①]对于法律解释而言，唯有诉诸经验论据才能拉近规范与事实的距离，释放法律的意义；对于法律论证而言，诉诸经验论据对因果关系进行说明，能将某些原因转化为证立规范的理由。无论是法律解释还是法律论证，这些经验陈述均可以在法教义学的框架内完成。

因此，在学科的功能意义上，法教义学并不排斥社科法学，这使法教义学框架下的后果考量成为可能。这意味着后果考量在司法审判中不可避免，但是后果考量最终要接受法律价值的检验和法律教义的约束。然而，这并不意味着“法教义学包打一切”。一般而言，法教义学主张在法律体系内部对裁判后果进行证立与评判，尽最大可能地在法律内部化解问题，法教义学从而对部分疑难案件的裁判仍然有效。但是，在疑难案件中，法官在进行后果判断时实际上是一种不确定状态的司法决策，也就是说，法官的决策受到信息加工能力有限的约束，完全借助法教义学的方法论无法实现对各种后果理性的“通盘考量”。在这样的不确定状态下，法官就不可避免地出现认知偏差。借助法学与社会科学的“科际整合”，通过社会科学的引入，将系统性后果（行为后果和法外后果）的预测诉诸社会科学研究，则能提高后果判断的准确程度，这在某种程度上为社科法学与法教义学的兼容与合作提供了桥梁和契机。

就裁判目标而言，“规则至上”与“后果导向”也应该协调起来。基于依法裁判的要求，司法裁判应当维护服从权威、民主原则、形式正义、法律

---

① ［德］罗伯特·阿列克西：《法律论证理论：作为法律证立理论的理性论辩理论》，舒国滢译，中国法制出版社 2002 年版，第 232 页。

安定性等一系列重要的价值或制度安排;基于个案正义的要求,司法裁判应当维护社会可接受性、实质正义、个案正当性、合理性等一系列重要的价值或制度安排。裁判目标的不同导致了裁判思维的差异,在某种意义上也导致了法教义学与社科法学的对立。“一种是向后看的、以‘输入’为导向的、强调形式理性的、基于规则的教义式推理,而另一种则是向前看的、以‘输出’为导向的、强调实质理性的、基于政策的思考方式。”[①]在应然意义上,司法裁判应当兼顾“依法裁判”与“个案正义”的裁判目标,这需要努力实现教义学论证与后果考量的平衡。一般而言,法官作为适法者角色应首先通过教义学论证维护依法裁判的底线伦理,依法裁判在任何个案裁判中都具有“初始优先性”;但是,在例外情形的案件裁判中,为实现个案正义,法官须基于“更强理由”进行“超越法律的法律论证”,在这种情况下,后果考量作为论证方法就有必要纳入到法教义学体系中来。但是,法教义学具备相对稳定的体系,对于法律规范的解释往往受到法律通说的约束,其他场域的话语不能直接进入法律论证中来,否则,这会严重破坏法律的自治性与安定性。因此,来自社会科学的后果考量必须经过特定的程序与方法进行转化与整合,“来自其他话语场域的论证能否被整合进法律,完全取决于特定法律文化的法律素材和方法论构造”[②]。

将后果考量纳入法教义学的框架,能够缓解法教义学与社科法学在功能上的对立。随着风险社会的到来,社会的复杂性程度在不断提高,社会的变迁发展需要法律系统的不断调试和自我更新。法律决策就不能仅仅是面向过去的、对确定性状况的消极回应,而更应该是面向未来的、对不确定性状况的积极调控。这样,法教义学的任务也应该随之发生变化,能够具备适应这种从不变性向可变性、从确定性向偶然性的变化的功能。这既需要法教义学通过概念涵摄、演绎推理、体系化建构等传统法律方法

---

① Duncan Kennedy, *Legal Formality*, Journal of Legal Studies, Vol. 2:2, p. 351 – 353 (1973).

② [德]Ralf Poscher:《裁判理论的普遍谬误:为法教义学辩护》,隋愿译,载《清华法学》2012 年第 4 期。

实现法律知识的系统化、稳定化,使法律系统成为一个自我指涉的、相对封闭的独立系统,又需要法教义学通过开发类型评价、后果考量、目的论建构等“开放体系”的方法,实现外部知识通过论证程序到法律系统中的输入和转化,使法律系统成为一个“自创生的”、面向社会的开放系统。将这两种异质化的方法统合起来:一方面,体系化建构等传统方法使法教义学保持相对的独立性,使法律系统实现“稳定化规范预期”的功能;另一方面,后果考量、目的论建构等开放体系的方法则使作为知识的法教义学保持一定程度的开放性,借助与社科法学的科际合作将来自现实社会的知识源源不断地吸收到法律系统中来,使法律系统不断地与社会相适应,从而在封闭性的基础上实现开放性。在这个意义上,与其说社科法学与法教义学是相互对立的,毋宁说两者是相互补充的。正如自由法学派代表人物康特罗维茨所说:“没有社会学的教义学是空洞的,而没有教义学的社会学是盲目的。”①具体到裁判方法上,没有经验知识(社科法学)支持的后果考量是空洞的,而没有法律教义(法教义学)约束的后果考量则是盲目的!

六、小结

法律作为实践理性,其适用目标应当是追求一种可欲的裁判结果,从实践哲学的视角来看,法官在裁判过程中对最佳结果的预测与判断无可厚非。但是,无论是在道德哲学还是在裁判理论上,后果主义都具有背离道义或颠覆规则的风险;在司法语境下,法官虽应具有“正当裁判”的追求,但更应恪守“依法裁判”的伦理,这意味着法官的裁判始终要受到法律教义和法律精神的约束。所以,必须对后果主义审判进行方法论意义上的约束和控制,对后果主义审判所依据的“后果”进行规范性的限定,从而使法官的裁判符合法治的要求。故此,“受约束的后果主义”或者“规则后果主义”是一种更值得认同的裁判立场。

---

① Kantorowicz, Rechtswissenschaft und Soziologie: Ausgewalte Schriften zur Wissenschaftslehre, 1962, S. 122. 转引自雷磊:《法教义学的基本立场》,载《中外法学》2015 年第 1 期。

第二章 后果主义审判的逻辑机制

长期以来,法律形式主义一直是法律界主流的意识形态,与之相关的是,逻辑涵摄被视为法律适用的基本模式。随着法律公理体系的迷梦破灭,法律形式主义作为一种司法哲学或思维范式被弃如敝履,为法律形式主义者所推崇的"涵摄模式"遭遇到前所未有的批判,"司法三段论"因此成为僵化司法的代名词。受现实主义法学及其利益法学的影响,法官作为裁判机器的观念逐渐被打破,"先有结论,再找理由"的后果主义审判模式因更符合法律人的直觉和经验而倍受青睐,这造成了对法律形式主义甚至是法教义学正统地位的冲击。在这样的理论背景下,后果主义逐渐被提升为一种新的审判模式或者法律思维范式,力图取代法律适用的涵摄模式。诚然,思维范式的转换往往反映了理论对实践的回应,但是,对于某种思维范式是否成立,不能仅仅凭借经验就做出判断。逻辑是人类思维的基本原则和条件,任何论断都必须经受逻辑的检验;对于后果主义的裁判模式能否替代逻辑涵摄模式而成为独立的法律适用模式,同样需要在逻辑层面进行分析和论证,对此,有必要解析后果主义审判的逻辑机制,去探析后果主义审判的思维规程和适用条件。为此,本章将运用法律论证的理论资源分析后果主义法律论证在法律适用结构中的地位、后果主义法律论证的型式、后果主义法律论证与其他论证型式的逻辑关联,并采取批判性思维的研究进路分析后果主义法律论证的成立条件,从而最终对这一问题做出回答。

一、后果主义法律论证的地位

要正确处理逻辑涵摄与后果考量在法律适用中的关系,就必须先明确隐含在其背后的前提性理论。这一前提性理论构成了理解法律适用结构的基础,即法律论证结构中内部证成与外部证成的区分。

(一)内部证成与外部证成的区分

法律适用的过程实际上是对某一法律命题进行证立的过程。从论证理论的角度来看,可以将法律适用称为法律论证。所谓法律论证,简单地说就是提出理由(前提)以证立某个法律命题(结论)的活动。[①] 在法律论证理论中,涵摄模式或者司法三段论之所以有争议,在于该法律适用模式仅关注推理形式及其规则,而对推理的前提关注不够。正如波斯纳所说:“司法三段论表面上的严谨往往只是一种假象。对前提的选择在很大程度上取决于法学家的直觉,这会使结论变得不确定。”[②]在这样的问题意识之下,如何从前提获致结论与前提本身的正确性问题就被区分为两个问题,即法律论证中一阶证成与二阶证成的区分,或者叫作内部证成与外部证成的区分。[③]

内部证成与外部证成的区分,实际上来自法学界对逻辑涵摄模式的

---

① 参见颜厥安:《法、理性与论证——Robert Alexy 的法论证理论》,载《政大法学评论》1994 年第 25 期。

② [美]理查德·A. 波斯纳:《法理学问题》,苏力译,中国政法大学出版社 1994 年版,第 55 页。

③ 内部证成与外部证成的区分,在法律论证理论界已经被普遍接受,理论家们用不同的术语表达了对这一区分的认同。这一区分最早由波兰学者卢勃列夫斯基提出,被法哲学家阿尔尼奥和阿列克西所吸收,在此基础上提出系统的法律论证理论。See Jerzy WrOblewski, *Legal Decision and Its Justification*, in H. Hubien eds. , Le RaisonnementJuridique, Akten des Weltkongress fur Rethchs-und Sozialphilosophic, Bruylant, 1971, p. 412. 与此异曲同工,英国法学家麦考密克提出了一阶证成和二阶证成的区分,麦考密克试图维护演绎推理在法律适用中的核心地位,在他看来,演绎证成属于一阶证成,而后果主义论证则属于二阶证成。参见[英]尼尔·麦考密克:《法律推理与法律理论》,姜峰译,法律出版社 2005 年版,第 101 页。

反思。逻辑涵摄的目的是建立规范与事实之间一一对应的关系,在涵摄模式看来,法律命题的证立意味着将事实命题涵摄于法律文义的射程之内,从而完成自上而下的逻辑推论。正是受这种观念的支配,“以事实为根据,以法律为准绳”被视为正确适用法律的基本要求。但是,这仅反映了一种狭隘的法律证立的观念。法学作为一种规范科学,本质上是一种关于实践理性的学问,要为人们在实践中的正确行动提供规范性的理由或者评价标准,因此,不能仅根据形式逻辑的标准去证立一个法律命题,法律命题的证立更关涉规范和评价的实践推理领域。这意味着法律命题的理性标准存在两个层面:一为形式理性,即前提与结论之间的推论关系必须满足形式逻辑的要求;二为实质理性,即法律推论前提的适当性问题,这关涉到实质性规范与评价性主张的可接受性问题。

因而,对法律论证的评价至少包含了两个维度:内部证成涉及从既定前提到结论进行推导的逻辑有效性问题,外部证成则关涉前提本身的正确性问题。值得注意的是,这一区分是规范性的而不是描述性的,这意味着,内部证成与外部证成的二分,为评价法律论证的正确性提供了理性重构的工具,但是,这并非对法官真实论证活动的描述,而是对法律论证结构的规范性分析。

在司法实务中,对内部证成与外部证成进行区分意义重大,我们可以以发生在我国某一地区的“玻璃娃娃案”为例予以说明。该案案情如下:

> 甲患有先天性成骨不全症(俗称“玻璃娃娃”),肢体重度残障,全身骨骼松软易碎、行动不便、无法行走,均以轮椅代步。甲经相关机构鉴定而被分配至景文高中就读,并被作为特别帮扶对象。2000 年 9 月 13 日下午,该班原计划于操场上体育课,但因有雨,体育老师将上课地点改在地下室,甲亦同意至地下室看同学上体育课。因地下室未提供电梯无障碍设施,平日负责照顾甲的同学当日请假,另一同学乙征得甲同意将其抱下楼。因雨天楼梯地板湿滑,乙于此过程中自楼梯跌落,造成甲头部受伤、颅骨破裂及四肢多处骨折。甲被送至医护室,其间甲意识清

> 楚，身体无明显外伤，教师与家长联络，但家长电话声称不要救护车送医，自己大约10分钟后到达学校后自行送医。教师遂遣回救护车，待家长50分钟到达学校后将甲送医，甲因颅内大出血，于当晚不治身亡。

该案虽然事实简单清晰，但法官对法律论证的结构缺乏正确认识，导致法律适用的混乱。

首先，法官缺乏对外部证成的正确认识，没有对其所选择的大前提与案件事实的相关性进行充分的论证，这导致法律适用呈现涵摄或演绎空洞化的趋向，使法官用形式化的逻辑外衣掩盖了实质性的价值判断。

就该案而言，乙的行为到底属于侵权行为还是合同行为抑或无因管理行为，关涉到外部证成中大前提的选择和证立问题，但是，法院未能对此进行充分论证。比如，地方法院未对侵权行为法与该案案件事实的相关性进行论证，而是直接根据侵权行为的构成要件对乙之行为展开了分析，以要件事实裁剪案件事实，就乙是否应承担侵权赔偿责任问题展开了逻辑推导。故地方法院的法律论证实际上仅仅包含以三段论为核心的内部证成，而忽略了对裁判前提进行证立的外部证成。再如，上级法院基于关于管理人急迫危险而为管理之免责规定，判决乙的行为免责。但是，该案中乙是征得甲之同意的“无偿施惠”行为而非无因管理行为，且乙抱甲下楼并非为免除本人之生命、身体或财产上的“急迫危险”。故法院实际上是以错误的前提展开了逻辑推导，从而判决结论亦不正确。

事实上，逻辑推导无法解决案件事实与法律前提本身的相关性问题，这属于外部证成的任务。可见，内部证成与外部证成的区分，有利于法官在法律发现过程中确立“论辩意识”，通过外部证成选择并证立与案件事实最具相关性的大前提。

其次，法官对内部证成与外部证成不做区分，这导致法官在裁判说理时向法律体系外部逃逸，用法外理由取代了法内理由，混淆了普遍实践论辩与法律论辩。

在外部证成的过程中，法官须先穷尽法律体系内部论据，方能将法律论辩延伸至普遍实践论辩，通过“法外求法”的方式在普遍实践论辩的层次上证立裁判理由。地方法院却因缺乏对法律论证结构进行区分的意识，在裁判说理中直接诉诸法外的实质论据：“为发挥同学间彼此照顾之美德，其行为并无可非难性。”但是，“美德”并非法律论据而是法外理由，故不能作为阻却不法的理由。同时，如果对法律论证结构不做清晰界分，则会导致法官凭借内心的“法感觉”进行裁判，法官在裁判说理时诉诸抽象的衡平原则，而不会依据可辩驳、可证立的规范性理由对法律命题进行理性证成。上级法院在判决书中写道：“被上诉人于事故发生时，仅系未成年人，如课以善良管理人较重注意义务，则显失衡平。乙之过失注意义务，仅应以同年龄、具有相应智慧及经验之未成年人所具注意能力为标准，以及处于热心无偿助人且攸关公共利益之特性，应从轻酌定，以免伤及青少年学生爱心之滋长。”从该段内容来看，法院诉诸抽象的衡平原则取代了对规范性理由的价值衡量，用超越法律的后果考量取代了对裁判前提的理性证立，这实际上是错误的外部证成。因此，内部证成与外部证成的区分，有利于裁判说理的逐步深化，使法官沿着法律体系化的脉络，从法律论辩走向普遍实践论辩，从而实现规范性命题的深度证成。

最后，法官不应选择并不妥切的法律规范直接展开逻辑推导，而是应该对裁判后果进行预测和评价，选择能够产生最佳后果的裁判理由，通过法律续造创设裁判规则，并将之作为法律推论的大前提，然后再通过演绎性证明完成推论。

在该案中，法官通过对判决后果的预测和评价进行了后果主义论证。法官指出，为了“不伤及青少年学生爱心之滋长”，应科以“无因管理者”较低的注意义务。但是，法官错误地将“无偿施惠”行为等同于“无因管理”行为，没有在正确的法律发现基础之上进行后果考量。事实上，“无偿施惠”等情谊行为属于“法外空间”的范畴，这属于道德调整的领域，但是，法律调整的边界并非固定的而是不断流动的，当“好心办坏事”的“无偿施惠”行为引起损害后果时，该行为应该经受法律的评价，而法律对此并未明确规定因而属于法律漏洞。所以,该案中的后果考量实际上应该属于穷尽规则基础上的"法律续造",即基于保护善良帮助人的后果考量,通过外部证成创设以下裁判规则:除非救助者出于故意或重大过失致害,否则不能要求救助者对被救助者承担赔偿责任。[①] 这一裁判规则与"紧急型无因管理"的规定体现了相同的法律目的。为了保护善良管理人的"良善动机",对于为了免除本人急迫危险实施无因管理行为而导致本人的损害,只有无因管理人在存在故意或重大过失的情况下才承担责任。因此,尽管其在该案中无法作为大前提直接展开逻辑推导,但是,可以通过类推适用挖掘其背后所隐含的规范意旨,并据之进行外部证成来创设针对该案的裁判规则。这一规范意旨体现了无因管理人与本人之间的利益衡平,为鼓励人们从事紧急型无因管理,避免更大的损害,该条款对紧急型无因管理人的利益优先保护。根据同样的利益衡平,对进行无偿施惠或见义勇为的帮助人也应予以鼓励和保护。另外,该案中甲之死亡与其家属拒绝及时就医治疗存在必然的因果关系,故应免除甲的责任。

整体而言,"玻璃娃娃案"的司法判决说明:法律适用并不反对逻辑,但是反对逻辑的误用;法律适用离不开价值判断,但是不能将价值判断凌驾于逻辑判断之上。为此,有必要严格区分内部证成与外部证成,逻辑涵摄属于内部证成,而后果考量作为价值判断的方法则属于外部证成。

(二)作为内部证成的逻辑涵摄

内部证成与外部证成的区分,说明涵摄模式是法律适用的基本模式,确切地说,涵摄模式是内部证成的逻辑形式。这一法律适用模式之所以长期以来为法学界奉为圭臬,是因为其坚定地捍卫了法律适用的逻辑有效性。也就是说,在涵摄模式中,演绎推理始终处于核心地位,这是因为

---

① 对此,国外存在立法上的先例。美国侵权法将保护善良救助人、鼓励见义勇为的法律称为"好撒玛利亚人法",对于救助人造成被救助人损害时,专门规定减轻救助人的责任。如《佛蒙特州法》第519条b款规定,救助人在存在重大过失,接受或者预期接受报酬时才对救助行为对被救助人造成的损害承担赔偿责任,救助者在救助过程中因一般过失对被救助者造成的损害不承担责任。See Epstein Richard Allen, *Cases and materials on torts*, the 9th ed, Austin: Wolters Kluwer Law and Business/Aspen Publishers, 2008, p. 575 – 576.

只有具有逻辑有效性的法律论证才具有形式上的有效性,才能实现法律规则的效力。正如麦考密克所言,“一个演绎性判断,亦即一个结论性命题隐含于另一个或者若干个命题当中,后者是前者的‘前提’。无论前提和结论内容是什么,只要从形式上前提中包含着(或者等同于)结论,一个演绎性判断就是成立的。”①这意味着涵摄模式在形式逻辑意义上确保了法律结论从前提中推论而来,在推论过程中并未产生任何新的知识,从而体现了法官“依法裁判”的职业伦理,维护了“法律拘束”的基本法治原则。

然而,如果将逻辑涵摄模式作为唯一正确的法律适用模式,逻辑涵摄则由技术性的法律方法异化为一种独断的司法意识形态,即法条主义或者是法律形式主义。法条主义者完全无视司法判决的外部证成,而将内部证成视为法律适用的全部过程。为了捍卫法律的自治性和安定性,他们坚决维护形式推理的有效性,坚信法律推理的大小前提均能够在法律体系内部得以证立,主张任何疑难问题都能在法律内部得以有效化解,而无须求助于任何外部的价值判断。作非贬义地使用时,形式主义可以指一种强烈的确信——但也许可以证明这种强烈性是合理的,即可以通过法律分析的常规手段来获得法律问题的正确答案,所谓常规手段主要是细心阅读文本,发现其中的规则,然后从规则中演绎推导出具体案件的结果,或者形式主义可以指仅仅运用逻辑从前提推导出法律结论。②

法条主义或法律形式主义作为司法意识形态,事实上隐含着对法律确定性和完备性的坚信不疑,在这一理论前提下,涵摄模式被视为唯一且独断性的法律适用模式,这实际上具有深刻的历史背景。近代以来,为了限制国家权力的可能滥用和无限扩张,为维护法律保障公民权利的社会功能,法律至上、罪刑法定等成为建构法治国家的根本原则。在这样的背景下,为了确保法官对法律的严格服从和绝对忠诚,保障法律的客观性品格,实现法律对人权的基本保障,需要通过严格的逻辑来约束适法者的自

---

① [英]尼尔·麦考密克:《法律推理与法律理论》,姜峰译,法律出版社2005年版,第20页。

② 参见[美]理查德·A.波斯纳:《法理学问题》,苏力译,中国政法大学出版社1994年版,第51页。

由擅断,司法三段论因而成为法律推理的基本模式。正如日本法学家我妻荣所说,人权宣言所宣示的刑事裁判的原理,以及近代立宪国家的一切裁判的原理,即“依法裁判”的精神,在法律逻辑的合理性与裁判的逻辑形式的贯彻下,得到最完全的体现。① 但是,司法三段论极大限制了法学家们的司法想象,法官长期以来被设定为“自动售货机”或者“法律喉舌”的角色,这一司法角色实际上是以法律的确定性为逻辑前提的,并完全无视法官在法律适用中实际上的能动性和创造性。然而,法律的确定性和完备性仅仅是法条主义者一厢情愿的理论想象,并不符合司法裁判的实际。

首先,法律具有不确定性。法律的不确定性来自语言的开放结构和人类认识能力的局限性,在语言哲学看来,语言在本体论意义上具有开放结构,而且这一开放结构无法避免。人类往往通过命名来认识事物,但是,人类对事物的认识不可能用专名而是用分类来进行,原因在于具体事物无限但人类认知能力有限,事物无限性与认识有限性的紧张关系导致人们只能对典型事物进行命名,并通过范畴化的处理对事物进行分类,对事物的命名实际上是通过类型思维对典型个例进行归类而构建起来的。“对于绝大多数事物来说,特别是那些我们熟悉的事物,我们只能从整体上进行把握,后来才考虑特定的属性。”②毋庸置疑,事物的属性与特征往往是无限的,事物与事物之间的属性关联是连续的,但是,人类所创立的范畴之间却是离散的、孤立的,现实中的事物只是“或多或少”而非“全有或全无”地体现某个范畴所反映的特征。

事实上,范畴与范畴之间、概念与事物之间并不存在绝对的同一性,而只存在“家族相似性”。在维特根斯坦看来,家族相似性是指“一组构成 AB、BC、CD、DE 关系的成员,每个成员至少有一个元素与其他一个或

---

① 参见[日]我妻荣:《债权在近代法中的优越地位》,王书江、张雷译,中国大百科全书出版社 1999 年版,第 397 页。

② [德]弗里德里希·温格瑞尔、汉斯尤格·施密特:《认知语言学导论》,彭利贞等译,复旦大学出版社 2009 年版,第 37 页。

几个成员相同,但没有一个元素为所有成员所共同具有"[①]。这样,在日常生活中,概念作为人们认知事物的工具,其实无法为人们带来完全确定的知识,试图用概念分析的方式建立范畴与事物之间绝对的一一对应的关系实际上是不可能的。因此,"概念界定不再是纯粹描述性的,而是带有规范性的意味。界定者做出什么样的筛选决定了被界定的范畴具有哪些共享的具体特征;而做出什么样的筛选,又往往不仅取决于界定者所拥有的经验性知识,还取决于他个人的价值观念。"[②]法律概念作为对事实或行为的描述与评价,同样就具有不可避免的不确定性,法律概念的意义空间只能呈现为摇摆不定的"波段宽度"。正如拉伦茨所说:"法律经常利用的日常用语与数理逻辑及科学性语言不同,它并不是外延明确的概念,毋宁是多少具有弹性的表达方式,后者的可能意义在一定的波段宽度之间摇摆不定,端视该当的情况、指涉的事物、言说的脉络,在句中的位置以及用语的强调,而可能有不同的意蕴。"[③]正是在这个意义上,法律解释并非意味着在法律的"文义射程"之内确立了概念要件与事实要素之间一一对应的关系,而往往是借助法官的经验知识和价值判断独断性地宣示了法律文义的边界。

在司法实践中,法律人往往借助要件分析的方法对整体性的法律概念进行分解,以此来确定法律的"文义射程"。但是,对概念要件的分解并未消解法律的不确定性,更没有阻断对概念本身的再解释,反而使法律适用陷入一种连锁推理的悖论。[④] 以"玻璃娃娃案"为例,若判决乙承担侵权责任的话,那么可以将"侵权责任"分解为具有侵权行为、存在损害

---

① Rosch & Mervis, *Family Resemblances: Studies in the Internal Structure of Categories*, Cognitive Psychology, Vol. 7:4, p. 575(1975).

② 陈坤:《"开放结构"与法律的客观性》,载《法制与社会发展》2016 年第 1 期。

③ [德]卡尔·拉伦茨:《法学方法论》,陈爱娥译,台北,五南图书出版有限公司 1997 年版,第 193 页。

④ "连锁推理悖论"说明,概念解释会陷入连锁性的无穷解释,因为任何概念都是一种模糊的"类",最典型的是"谷堆悖论",即要回答多少粒谷子才能成为谷堆,这往往难以通过解释确定概念的边界,一粒谷子不能成堆,再加一粒亦不成堆,以此类推,多少谷粒才能成堆,无法界定清晰的界限。参见[英]蒂莫西·A. O. 恩迪科特:《法律中的模糊性》,程朝阳译,北京大学出版社 2010 年版,第 77~126 页。

后果、侵权行为与损害后果之间具有因果关系、行为人具有主观过错等要件。在该案中,乙是否具有过错是判断侵权责任的关键要件,而“过错”这一要件往往被解释为行为人是否尽到了合理注意,但是,这一解释无法避免“多么合理才算合理”的追问,从而使法律解释陷入连锁性的无穷解释。为走出连锁推理的悖论,法官最终只能借助个体化的生活经验或者价值判断,独断性地宣示法律规范的含义。正如霍姆斯所说:“逻辑形式背后是一种对立法依据相关价值和重要性的判断,这种判断经常未形诸于文或潜藏在意识里,但却是整个诉讼程序的根基和精髓。”①因此,逻辑涵摄并未解决法律推论大前提本身的正确性问题,它作为内部证成只能确保推理的形式有效性却无关乎“实质正确性”,而隐藏于形式逻辑背后的法律解释成为决定案件裁判结论的关键,这恰恰说明,独断性的法律解释仅仅通过宣示的方式来解决推论大前提的“正确性”问题,在没有形成“解释性共识”的前提下,通过逻辑涵摄模式而完成的法律推论往往是悬而未决的。

其次,法律具有未完成性。法律一旦被制定出来就意味着立法工作的完成,法官必须严格地遵守代表人民意志的立法作品,并通过严谨的逻辑涵摄确保立法者意志在裁判中的贯彻。法律作品是社会契约的结果,是人民意志的体现,而民选的立法机关是人民代议机关,法律作品中的立法者意图即人民意志,法官只有服从,其裁判才具有民主的正当性。这种逻辑看似天衣无缝,但问题是,何谓法律的完成呢?法律作品一定是立法意图的完美体现吗?

法律实证主义与自然法的争论说明,至少可以从两个层面去评价法律的完成状态:一是形式层面,这涉及法律自治的完善标准,这往往为法律实证主义者所主张。比如,法律规则应当具有行为模式与法律后果等完善的逻辑结构,法律规范之间应当避免矛盾,法律规范的语义应当清晰。这种形式化的完善标准最终定位于客观的立法者目的以及融贯性的

---

① Oliver Wendell Holmes, *The Path of the Law*, Harvard Law Review, Vol. 10:8, p. 457 – 478 (1897).

法律原则体系。因此,运用形式标准对法律完善性的评判是借助立法意图和法律价值的客观性来完成的。二是实质层面,这个标准往往以抽象的正义确信作为完善标准,这往往为自然法思想所主张。尽管实质标准能够从超越实证法的层面对法律的不完备性进行审视,从而为法官根据正义观念所进行的"超越法律"的法律续造进行正名,但又往往因正义标准的不确定性最终将法律的完善诉诸法官的统治。这一理论上的争论揭示了司法裁判所面临的一对永恒的矛盾,即法律安定性与裁判正义性之间的二律背反,而这一悖论恰恰来自法律本身的不完备性。正如拉德布鲁赫的经典名言:

> 正义与法的安定性之间的冲突应当这样来解决,实在的、受到立法与权力来保障的法获有优先地位,即使其在内容上是不正义和不合目的的,除非制定法与正义间的矛盾达到如此不能容忍的地步,以至于作为"非正确法"的制定法必须向正义屈服。在制定法的不法与虽然内容不正确但仍属有效的制定法这两种情形之间划出一条截然分明的界限是不可能的,但最大限度明确地作出另一种划界还是可能的:凡是正义根本不被追求的地方,凡是构成正义之核心的平等在制定实在法时有意被否认的地方,制定法就不再仅仅是"非正确法",毋宁说它压根就缺乏法的性质。①

拉德布鲁赫所谓的"法性"的缺失实际上从形式和实质两个层面揭示了法律的不完备性:一是形式上的不完备,即立法者在制定法律时根本未预测到的情形以及立法者只预测到一般情形而忽视例外情形的情况,这实际上构成了"法律漏洞";二是实质上的不完满,即规范内容与正义确信之间存在冲突,严格地适用法律规则会导致"合法但不合理"的情形,这实际上构成了"不良规则"。这两种情况意味着法律推论的大前提

① [德]G.拉德布鲁赫:《法哲学》,王朴译,法律出版社2005年版,第89页。

存在空白、冲突或者不合理，如果一味地运用涵摄模式进行逻辑推论，实际上是在以逻辑的外衣隐藏法官的实质性价值判断。因此，在法律不完备、逻辑涵摄的大前提存在空白或者争议的情况下，司法裁判需要借助外部证成才能完成。

最后，法律具有可辩驳性。法律形式主义背后实际上隐藏着一种观念，即法律规范是可以不经过论证就可以直接适用的，或者通过语义学以及认识论意义上的真值概念就能够确保推论前提的正确性，这实际上否定了法律本身所固有的可辩驳性。然而，语言哲学上的语用学转向说明，一个命题的真值性判断并非通过一种主客相符的认识论模式达成的，亦非通过语义所指与能指的符合性而实现的，而是通过主体之间的交流与对话才得以确定的。“语用学转向的最大后果就是，一种科学的语用思维在整个思维领域逐渐树立起来。现代哲学追求的已经不再是传统意义上的理论建构，而是一种活动，是在生活世界中有规则的语言游戏，因此是参与者间的对话和交流，而不是单纯的主客体模式，可以说，语用思维构成了当代思维的基本平台。”①在语用思维的主宰下，语言是意义的“存在之家”，语言的意义只有在使用和交流中才能释放出来，用哲学解释学的话来说，就是意义的释放实际上是读者意图、作者意图和文本意图三者“视域融合”的过程。无论是语言哲学还是哲学解释学，均主张在语言具体的使用语境中去追寻意义，这已经成为两者所共享的命题。自此，人们对法律的认识亦发生了很大的变化，法律的不确定性已经成为法理学界的共识，法律适用的过程并非对确定性的文本意图或者立法者意图的探寻，而是在个案情境中诉讼主体之间、法律论辩参与者之间运用理性规则进行对话和交流的过程，从而通过理性的对话和交流所产生的“规范性共识”才是法律适用的前提。法律规范就不是可以直接适用的大前提，经过交流、对话和论证形成的“个案规范”才是法律推论的前提。在这样的理论背景下，受到逻辑哲学和语言哲学影响，哈特将“可辩驳性”引入法理学中

① 殷杰：《论“语用学转向”及其意义》，载《中国社会科学》2003 年第 3 期。

来,从而使“法律的可辩驳性”成为当代法理学界的共识性命题。在哈特看来:

> 法律概念还有另外一个特征……这一特征使得“除非”一词必不可少,正如在解释或定义任何法律语词必须加上“及其他”一词。……法庭裁决的主张或控告通常在以下两个方面受到挑战或反对。其一,主张或控告赖以存在的事实基础遭到否定……其二,虽然主张成立的所有条件都在,但在特定的案件中,由于出现了使案件需要重新审视的例外情况,那么主张或控告就不能成立了。这样的后果是:原先的主张、控告都变得无效了或者是“减弱”了,以致剩下了一个更弱的主张。①

法律的可辩驳性意味着由于答案未知,人们对于法律命题的认识处于意见纷呈的状态,但是,这并不意味着法律命题无所谓正确与错误之分,否则就走向了相对主义而彻底瓦解了法治。这恰恰意味着法律命题必须通过理性的方式加以证成,并非仅仅通过逻辑涵摄的方式就可以实现,还要通过论辩性的外部证成才能达成,即法律命题的可辩驳性恰恰意味着其也具有可证成性。“所谓可证成性是指最终获得的答案是具有客观的、可以理性地予以接受的理由的,而如此答案的获取只有通过可论辩性的论辩方法才是可能的。”②

法律之所以具有不确定性、未完成性和可辩驳性,是因为法律自身具有如下难以克服的局限性:(1)法律语言的模糊性;(2)规范之间有可能发生冲突;(3)可能存在这样的事实,即有些案件需要法律上的调整,但却没有任何可以实现有效的规范适合用于调整;(4)在特定案件

---

① H. L. A. Hart, *The Ascription of Responsibility and Rights*, Proceedings of the Aristotelian Society New Series, Vol. 49, p. 171 – 194(1948 – 1949).

② 季涛:《论疑难案件的界定标准》,载《浙江社会科学》2004 年第 5 期。

中,所作出的裁判有可能背离规范的条文原意。[①] 要克服法律的局限性,法律推论得以成立的大前提必须经过解释、权衡乃至论证才能成立,在此前提下,才能顺利地完成大小前提之间的逻辑涵摄。这是因为,“三段论的功能只是表明某个推理过程无误,而不是确立这一过程的真值,逻辑如同数学那样探讨的是概念间的关系而不是概念与事实的对应关系,而法律制度则不能不关心经验真值问题”[②]。涵摄模式仅代表了法律适用的内部证成,而对法律规范的解释、对冲突规范的权衡、对不良规则的矫正、对法律漏洞的补充以及对法律命题的证立等诸多复杂的外部证成活动,并不是仅通过逻辑涵摄就能够得以完成的。

形式逻辑无法代表法律适用的全部,但是,也不能因此否定逻辑,不能否定逻辑涵摄在法律适用结构中内部证成的地位。首先,内部证成需要从既定的或者共识性的前提中进行逻辑推导,而不是根据法官个体化的主观判断来展开推导,从而有利于约束法官的自由裁量权。正如逻辑学家苏珊·哈克所说:“形式逻辑工具在法律理论中的应用非常有限,不过这并不意味着,无法得出理性的、合理的或者有意义的结论,或者仅仅能够从社会和经济原因做出解释。我们不能从一个极端走到另一个极端。法律的生命不在于逻辑,不过这并不等于法官的裁判只能是专断的和反复无常的。”[③]其次,内部证成通过演绎推论确保裁判的内部一致性,通过从法律内部的前提中进行推论,维护法律的安定性;内部证成通过最大限度地展开逻辑推导,为识别和批判裁判中的谬误提供了逻辑分析的工具,维护法律的一致性。最后,法律推论前提的争议或分歧必然导致对前提本身的论证,在内部证成的过程中,能够澄清何种前提需要通过外部加以证成,从而明确启动外部证成的条件。

---

① 参见[德]罗伯特·阿列克西:《法律论证理论:作为法律证立理论的理性论辩理论》,舒国滢译,中国法制出版社 2002 年版,第 2 页。

② [美]理查德·A. 波斯纳:《法理学问题》,苏力译,中国政法大学出版社 1994 年版,第 69 页。

③ Susan Haack, *On Logic in the Law*: “*Something, But Not All*”, Ratio Juris, Vol. 20:1, p. 1 – 31(2007).

(三)作为外部证成的后果考量

内部证成并不能确保法律判断是完全理性的结果,原因在于推论的前提往往存有争议。尽管最大限度地逻辑推导能使法律裁判尽可能地符合“可普遍化”的要求,能够使某些争论达到无人再争论的程度,但是,逻辑推导无法代替价值判断,因为,逻辑推导实际上是以“价值共识”为前提的。在存有价值争议的情况下,法律论辩势必突破内部证成而延伸至外部证成,甚至会突破实在法的约束而进入普遍实践论辩的领域。因此,在疑难案件中,外部证成是不可避免的。

在疑难案件中,对裁判规范的证立是进行法律推理的前提,外部证成因而是法律论证中不可或缺的部分。外部证成关涉“价值判断如何证立”的问题,它要求人们运用理性论辩规则对规范性命题进行理性的证立。① 这关涉两个最基本的维度:一为法律论证的正当性,即论证的结论必须在法律制度内部存在正当性根据,能够获得制度性论据的支持并与法律体系的内部价值相协调;二为法律论证的可接受性,即论证的结论能够为一个理性人所接受,法律论证的结论在法律制度之外存在得以成立的依据。前者需要借助一致性论证和融贯性论证实现,而后者则通过后果主义论证完成。因此,后果主义法律论证是在逻辑推论前提不明或者存在争议的前提下,为证立裁判规则而进行的外部证成。

1. 后果主义法律论证通过对后果的预测和评价实现裁判的实质合理性,形成良性的示范效应并促进法律的优化发展

在法律适用复杂的疑难案件中,后果考量作为一种裁判思维,是为了应对法律安定性与社会变动性的内在矛盾,法官基于经验论证对裁判后果进行合理预测,使法律的进化适应社会的变动。在事实与规范无法一

---

① 到底何为理性的证立,形形色色的论证理论提出各种标准而聚讼纷纭。正如勒迪希所指出的,“单单根据在逻辑上推出正确结论的技艺,法官还根本不可能作出任何判决,因此,他也必须在逻辑证明的前提条件尚未事先给定的领域要懂得如何理性地加以论证。有这样一些领域存在,这一点是十分清楚的;但尚不特别清楚的是每一次理性地进行论证的方法”。参见 J. 勒迪希:《法官认识的程序理论》,1973 年版,第 116 页。转引自[德]罗伯特·阿列克西:《法律论证理论:作为法律证立理论的理性论辩理论》,舒国滢译,中国法制出版社 2002 年版,第 30 页。

一对应的情况下，法律存在法意模糊、规范冲突、法律漏洞等诸多不足，法官若试图在封闭的法律体系内展开推论，来维护形式逻辑在裁判推理中的核心地位，这无异于"在囚笼中跳舞"。形式逻辑并不产生新的知识，基于形式逻辑裁判疑难案件只会导致法律的封闭和僵化，无益于法律体系的不断完善。在这种情况下，法官实际上需要通过对裁判后果进行合理预测，选择能够引起更佳后果的解释结论或者创制裁判规则进行"超越法律的续造"，合理预测裁判规则所引起的结果，并据之选择最佳的裁判理由，从而形成对后案的良性示范效应。

根据规则后果主义的裁判立场，法官并不需要在每次司法决策之前对所有法律规则都进行后果评价。立法机关作为民主决策机关，已经在立法决策过程中对法律规则的整体性社会后果进行充分考量，而且在司法决策过程中信息资源相对缺失，法官无法对某一法律规则的后果进行全面的整体性评估。相反，既有法律规则和司法先例是体现有益后果的经验浓缩，在法律具有确定性的前提下，法官通过法律解释或遵循先例做出司法裁判，反而能够避免盲目试错的决策成本，这就是法官为何需要"依法裁判"的后果主义理由。但是，在疑难案件中，法官应当"像立法者一样思考"，在个案裁判中通过法律续造创设裁判规则，并对司法决策所产生的系统性后果进行完整全面的评估，这样既能实现个案裁判的正当性，又通过个案裁判不失时机地对法律体系进行适当调整，使法律系统朝着有利于社会整体福利的方向发展演化。

事实上，在推崇"法官造法"的英美法系，普通法正是在个案裁判经验的不断积累中演化而成的，这使普通法成为在群体选择过程中不断优化更新的规范体系。一方面，法官在疑难案件的裁判实践中，会借助后果主义法律论证发展或创设适切的裁判理由。尤其是，上诉法院的法官在遭遇疑难案件时往往具有改进效率的个人激励，[①]从而使普通法在发展演化过程中不断实现"帕累托改进"。在普利斯特看来，在普通法系，即

① See Richard Posner, *Judicial Behavior and Performance: An Economic Approach.*, Florida State University Law Review, Vol. 31, p. 1259 – 1279 (2005).

使法官本人并不支持效率优先,那些缺乏总体效率的法律也会导致更多的上诉,所以它们被挑战和修改的概率也较大,经过漫长时间的演化,法律体系就会向着促进效率的方向发展。[①] 另一方面,法官会在"遵循先例"的实践基础上从判例中不断提炼一般命题形成"法谕"(oracles of law),从而将杂乱无章的先例体系化,尽可能为后案法官顺利展开逻辑推演提供明确的前提。普通法就这样在法官的持续改造中不断优化,如黑尔所说,"普通法宛如阿尔戈英雄的船舰,尽管经历了漫长的旅程,最初造船的所有材料几乎都换过了,但却仍然是原来的船"[②]。普通法之所以具备历久弥新的发展机制,实际上离不开法官在个案裁判中的后果考量,更离不开法律职业共同体对群案进行提炼、评注、编纂等体系化工作,从而确立了法律发展中逻辑与经验之间的沟通机制。普通法的发展说明,面向未来的后果主义法律论证为法律适应社会的变动开启了沟通路径,通过法官的经验预测和后果评价,将来自社会系统的经验知识源源不断地输入法律系统之中,从而促进法律的优化发展。

2. 后果主义法律论证是对形式正义局限性的有力矫正,与形式正义的基本理念并不矛盾

形式正义是实现法治的底线要求,但它本身存在严重的缺陷。在形式主义的法治观看来,追求法律的安定性和权威性,才能使公民按照可预测的法律进行行为,才能有效地约束政府从而防止公权恣意妄为。因此,形式正义要求严格地实行"规则之治",追求同案同判,抵触能动司法。在司法过程中,逻辑推理方法是实现形式正义的基本手段。但是,在疑难案件中,法律的安定性与裁判的正当性往往处于二律背反的紧张关系中。如果一味追求形式正义,逻辑推理往往成为掩盖实质价值判断的手段,严格地遵循先例则忽略了裁判隐含的理由和裁判可能产生的后果。"如果一种制度认为哪怕只有一个先例也要顽固地遵循,那么这种制度就是有

---

① See George Priest, *The Common Law Process and the Selection of Efficency Rules*, Journal of Legal Studies, Vol. 6, p. 65 – 82(1977).

② Sir Matthew Hale, *Sir Matthew Hale's Criticism on Hobbes's Dialogue of the Common Laws*, in Sir William Holdsworth, a History of English law, Methuen, 1956 – 1972, p. 504.

缺陷的,它的缺陷是它排除了这样一种可能性:可以利用经验去加强或削弱证立先前判决的后果主义理由。”①因此,后果主义法律论证通过明确的论证形式和论证规则,将法律之外的论据引进到司法裁判中来,为实质价值判断提供思维方法,从而能够弥补形式正义的不足,为法官进行“法外求法”提供了可控的路径与方法。

同时,后果评价与形式正义乃至程序正义的法治理念并不矛盾。在一般意义上,事态的评价必然包含过程的评价和后果的评价,而这两者之间是无法割裂的。某些极端的形式主义法治观主张“不计后果”地遵守规则,恰恰是因为这些规则会产生有益的后果,并且形式主义者更为看重“法律权威性得以维护”这一后果。程序正义论者之所以主张人们应该遵守一套既定的程序去行动,也是因为程序正义有利于提高法律运行的可预测性,减少行动者的思考成本,并避免机会主义者的投机行为。用经济学的话语来讲,“当法律实施的短期收益与长期收益发生冲突时,后果主义往往坚持对远期收益进行贴现折算并最大化两者之和;当法律实施的误差损失和交易成本之间发生冲突,后果主义往往谋求两者之和的最小化”②。因此,立足于后果主义的立场,维护法律的形式正义和程序正义价值,反而更有利于实现法律运行的系统性的、长远性的积极后果,不过形式正义论者和程序正义论者所主张的后果并非个案意义上的,而是总体意义上的期望后果。在这个意义上,后果主义与法教义学也不矛盾。法律教义形成机制的背后渗透着后果主义的逻辑,法教义学的存在价值并不在于维护僵化的教义,而在于避免逐案考察和论证法律教义成立的理由,从而符合“节省论证成本”这一后果主义的理由。但是,当过度追求法律安定性而导致个案公正性的损害时,形式正义和程序正义所主张的损益均衡体系将被打破,个案中的后果考量将不可避免,这实际上要求法官超越甚至突破法律教义。

---

① [英]尼尔·麦考密克:《法律推理与法律理论》,姜峰译,法律出版社 2005 年版,第 135 页。

② 桑本谦:《法律教义是怎样产生的——基于后果主义视角的分析》,载《法学家》2019 年第 4 期。

3. 司法裁判中的后果论证应受逻辑一致性和连贯性的制约，使之符合形式正义的要求，从而实现形式正义和实质正义的统一

当法律解释有疑义或者在裁判规则的选择上有分歧时，后果论证是对裁判规则正当性和可接受性的"二阶证成"，因此，后果论证是对演绎证明的补充论证，并非终局性的论证形式。通过法律解释若能够达成共识性的裁判规则，那么，法官能够完成从前提到结论的形式推论；但是，在疑难案件中，法官要对某种解释结论进行证立，或者对通过法律续造所创制的裁判规则进行证成，法官须对裁判的后果进行考量和权衡，根据后果的可欲性对裁判规则进行"二阶证成"。在二阶证明程序中，法官诉诸裁判规则使其裁判正当化，而诉诸后果论证来证成裁判规则正当化。所以，二阶证立必然涉及证明这些选择的正当性；这些选择处在相互对立的可能的裁判规则之间。并且，这些选择只能在一个有效的法律体系的特定语境之内做出；那个特定的语境对这个证明过程施加了某种明显的限制。① 这种限制意味着后果论证受逻辑判断一致性的检验，后果论证实际上是通过对裁判后果的考量来证立针对个案的裁判规则，并以此作为裁判推理的大前提来涵摄案件事实，从而完成一致性的逻辑推论。所以，后果论证是对形式论证的补充和支持而绝非替代，它只是证立推论大前提的"外部证成"，仍需接受形式逻辑的检验。

出于对形式正义的维护，后果主义法律论证还应当符合连贯性的要求。根据形式正义的要求，法律体系必须在逻辑上自洽，即法律的编制体系和上下文的关联在逻辑上具有一致性和无矛盾性，在同一个法律体系内不能发出相互矛盾的指令或行为要求，否则，法律将无法整合社会行动，更无法形成社会秩序。因此，基于法律论证的连贯性要求，在裁判中根据某一法律规则所考量的社会后果不能产生与同一法律体系内另一法律规则相互矛盾的结果。

综上所述，无论是逻辑涵摄还是后果论证，都不是独立的裁判模式，

---

① ［英］尼尔·麦考密克：《法律推理与法律理论》，姜峰译，法律出版社 2005 年版，第 101 页。

都无法代表法律适用的全部过程，其均为法官进行法律适用的裁判方法。随着法律形式主义的破产，那种将法官作为法律精确复写机器的观念应当遭到抛弃，但是，这并不意味着涵摄模式作为一种法律适用方法应被彻底否定；同理，随着法律现实主义以及社科法学的兴起，法律的开放性得以重视，裁判结论与社会后果之间因果关系的分析应当进入法官的视野，后果导向的裁判思维应该予以肯定，但是，这并不意味着后果论证在裁判中能够“包打一切”，否则，这将重新陷入法律形式主义的理论陷阱，导致法律方法的意识形态化而滑向另外一个理论极端。如果说文本主义法律解释方法的意识形态化，导致法律形式主义只强调依法裁判而罔顾实质正义的理论陷阱，后果主义则通过对目的论或后果论等法律方法的异化，而落入法律现实主义逃离法律拘束而恣意裁判的理论陷阱。“假如有任何解释方法应该被贴上意识形态的‘工具’这一标签的话，那么是目的主义或后果主义这类方法，通过目的主义或后果主义，词语和文本的寓意可以被替换成抽象的‘目的’或者需要再解释的‘后果’。”[①]同时，后果主义法律论证逻辑地位的证成，恰恰说明了后果论思维与教义学思维的兼容关系。简单来说，根据后果的考量并不意味着对法律教义的违背，恰恰相反，后果考量是法教义学框架内价值导向的思考方式。

二、后果主义法律论证的型式

通过对法律论证整体结构的分析，可以从宏观意义上明确后果论证在整个司法裁判中的逻辑地位；那么，对法律论证的具体型式进行分析，则是从微观视角去认识后果论证在法律适用过程中所运用的推论规则。所谓论证型式（argument scheme），是因频繁使用而固化的推理模式。[②]在形式逻辑中，论证形式（logic form）实际上代表着各种演绎的、必然的推理规则；自非形式逻辑复兴以来，前提和结论之间的推论关系不再被视为绝对必然的关系，而是存在或多或少的支持关系。这样，论证型式即指

---

① Antonin Scalia & Bryan A. Garner, *Reading Law*: *The Interpretation of Legal Text*, Thomson/West，2012，p. 16 – 17.

② 关于论证型式的专门研究，参见武宏志：《论证型式》，中国社会科学出版社 2013 年版。

论点和论据之间必然的或者或然的关系以及论证该关系成立的相应推论规则。基于后果的论证(argument from consequence)则是人们在论辩实践中较为常用的论证型式,根据这一论证型式,论点的正确性往往在于采纳此论点在实践中会引起可欲的后果,即命题的正确性是由该命题的实效来决定的,因此,基于后果的论证又被称为实效论证(pragmatic argument)。[①] 后果主义法律论证是后果论证在法律领域中的应用,作为根据裁判后果对法律命题进行证成的论证方式,对裁判后果的分析和评价是该类论证得以成立的关键。如果根据法律实效对裁判后果的评价进行大致分类,裁判后果可以分为能够促进法律目标实现的积极后果、不利于法律目标实现的消极后果以及具有相对比较优势的优益后果。这样,根据裁判后果对后果论证型式进行分类,可将后果主义的法律论证分为:基于积极后果的法律论证、基于消极后果的法律论证和基于优益后果的法律论证。[②]

(一)基于积极后果的法律论证

1. 后果主义法律论证的正面型式

基于积极后果的法律论证,是一种正面的论证型式,也是后果主义法律论证的一般形式。后果主义的裁判说理之所以具有说服力,就在于裁判结论将会产生正面的、积极的社会后果;而相反的决定将产生负面的、消极的社会后果。因此,在后果主义的法律论证中,裁判后果的可欲性是证立法律命题的关键所在。在“电梯劝阻吸烟案”中,法官进行了基于积极后果的法律论证。该案的基本案情为:

---

① 在以范·爱默伦的研究为代表的语用论辩理论中,论证型式被分为征兆论证、类比论证和因果论证三种基本类型,基于后果的论证(又称工具主义论证)被视为因果论证的子类型。See Frans H. van Eemeren Bart Garssen · Erik C. W. Krabbe A. Francisca Snoeck Henkemans Bart Verheij · Jean H. M. Wagemans, *Handbook of Argumentation Theory*, Springer, 2014, p. 276.

② 该分类来自沃尔顿对结果论证的研究,沃尔顿认为,结果论证作为一种基于结果可接受性的论证方式,其后果可被区分为可接受的积极后果与不可接受的消极后果。See D. N. Walton, *Argumentation schemes for presumptive reasoning*, Erlbaum, 1996, p. 75 – 77. 但事实上,在司法场域中,法律解释的结论因价值冲突问题还可能存在竞争关系,据此,笔者将法律论证分为基于积极后果的法律论证、基于消极后果的法律论证和基于优益后果的法律论证。

> 田某(上诉人、一审原告)系段某配偶。段某与杨某(被上诉人、一审被告)先后进入某小区电梯内,因段某在电梯内吸烟,二人发生言语争执。段某与杨某走出电梯后,仍有言语争执,双方被该小区物业公司的工作人员劝阻后,杨某离开,段某同物业公司工作人员一同进入物业公司办公室。后段某猝死。事发后,田某以侵犯段某生命权为由将杨某起诉至郑州市某区人民法院,要求承担损害赔偿费用40余万元。一审法院作出判决,认定杨某的行为与段某的死亡之间无必然因果关系,也没有过错。根据原《侵权责任法》第24条中的公平原则,判决杨某补偿田某15,000元,驳回其他诉讼请求。①

二审法院经过审理,认为杨某的劝阻行为与段某的死亡结果之间不存在法律上的因果关系,且不存在过错,被告杨某不承担任何侵权责任。二审法院认为,一审法院根据原《侵权责任法》第24条判决杨某承担补偿责任,属于法律适用错误,遂撤销一审法院判决,驳回上诉人田某的诉讼请求。在判决中,二审法院以"维护社会公共利益"这一积极后果作为证立裁判结论的理由,大大增强了该裁判文书的说服力。二审法院认为:

> 保护生态环境、维护社会公共利益及公序良俗是民法的基本原则,弘扬社会主义核心价值观是民法的立法宗旨,司法裁判对保护生态环境、维护社会公共利益的行为应当依法予以支持和鼓励,以弘扬社会主义核心价值观。根据郑州市有关规定,市区各类公共交通工具、电梯间等公共场所禁止吸烟,公民有权制止在禁止吸烟的公共场所的吸烟者吸烟。该规定的目的是减少烟雾对环境和身体的侵害,保护公共环境,保障公民身体健康,促进文明、卫生城市建设,鼓励公民自觉制止不当吸烟行为,维护社会公共利益。本案中,杨某对段某在电梯内吸烟予以劝阻

① 参见河南省郑州市金水区人民法院民事判决书,(2017)豫0105民初14525号。

> 合法正当，是自觉维护社会公共秩序和公共利益的行为，一审判决判令杨某分担损失，让正当行使劝阻吸烟权利的公民承担补偿责任，将会挫伤公民依法维护社会公共利益的积极性，既是对社会公共利益的损害，也与民法的立法宗旨相悖，不利于促进社会文明，不利于引导公众共同创造良好的公共环境。①

在这里，抛开民事诉讼法上的程序问题争议，仅就侵权责任法上的实体论证思路进行分析。② 在笔者看来，二审法院判决并无不当，法官在判决中采用了正确的后果主义法律论证思路。

首先，正确的法律适用是进行后果主义法律论证的前提，法官必须考虑法律解释结论所引起的裁判后果，而不能径行根据裁判后果创立裁判理由。在该案中，二审法院纠正了一审判决错误的法律适用，是在正确法律发现前提下的后果考量。一审法院适用了原《侵权责任法》第 24 条，适用公平原则判决杨某对段某的死亡承担补偿责任。公平原则的适用应当以法律上的因果关系成立为前提，在双方均无过错的情况下由双方合理分担责任，事实上，杨某的劝阻行为并未超过必要限度，其与段某的死亡结果之间并不存在法律上的因果关系。一审法院对公平原则的滥用，实际上是“和稀泥”的裁判行为，这严重损害了司法公信力。二审法院则在确定法律因果关系的基础上进行了正确的法律适用，严格适用原《侵权

---

① 参见河南省郑州市中级人民法院民事判决书，(2017)豫 01 民终 14848 号。

② 在民事诉讼法学界，该案引起了学者热议。代表性的观点有：吴泽勇认为，该案二审判决虽遏制了公平原则在实践中的滥用，但在程序上存在瑕疵。二审法院超越了上诉请求范围进行判决，违背了“上诉不利禁止原则”，且该案情形并不属于最高人民法院《关于适用〈中华人民共和国民事诉讼法〉的解释》(2015 年)第 323 条第 2 款规定的“社会公共利益”，不构成超越上诉请求进行判决的例外情形。参见吴泽勇：《实体正义实现了，程序正义有隐忧：评“电梯劝烟猝死案”二审判决》，载微信公众号“法学学术前沿”2018 年 1 月 26 日推文。陈杭平认为，二审法院的判决并无不当，“损害社会公共利益”作为判决理由可以起到补强论证的功能，具有一定的正当性。因为该案引发公共舆论，可将裁判所引起的社会效果纳入公共利益考量；在此类案件中，法院长期“和稀泥”导致司法公信力降低，二审法院判决具有回应司法信任危机、重建司法公信力的长远意义；一审法院适用法律错误明显，二审法院具有职责做出纠正。参见陈杭平：《再评“电梯劝阻吸烟案”二审判决：返回法规范本身》，载微信公众号“法学学术前沿”2018 年 1 月 27 日，https://mp.weixin.qq.com/s/N1dseUJvubBIjgVgFJ35Og?poc_token=HGfMtWaja5QHvzmmf5MLHm6UckhlD8CKbxb3ELsf。

责任法》第 6 条中的过错责任原则，这有利于对司法实务的纠偏和司法公信力的重塑。

其次，原《侵权责任法》第 24 条属于高度模糊条款，赋予法官极大的自由裁量权，法官完全有权力根据裁判后果选择法律适用。该条规定，受害人和行为人对损害的发生都没有过错的，可以根据实际情况，由双方分担损失。事实上，该条款中“可以根据实际情况”这一规定十分模糊，在法律条款高度模糊的情况下，法官完全有权力根据法律解释结论所引起的后果选择法律推理的前提，故对该条款可选择适用。根据原《侵权责任法》第 6 条的反向解释，行为人无过错则无须承担责任。在该案中，证据证明段某的死亡与杨某的劝阻行为并不存在法律上的因果关系，根据过错责任原则，杨某则不应承担赔偿责任。两种法律解释结论所引起的后果显而易见：原《侵权责任法》第 24 条的适用会导致缠讼闹访的裁判风险，行为人分担的补偿数额往往视当事人缠讼闹访的程度而定，这不仅浪费司法资源，而且严重损害司法权威。而第 6 条的适用则会产生正向的社会激励，不仅避免了缠讼闹访的裁判风险，而且能够激励人们在公共场合敢于劝阻吸烟，自觉维护社会公德。

最后，二审判决体现了法官对潜在和长远的社会后果的考量。无论是让劝阻者承担全部责任，还是让劝阻者承担补偿责任，都会向社会释放消极的信号，可能会激励人们“各人自扫门前雪”的利己行为，进而无视社会公德甚至会出现道德滑坡。如果让被劝阻者自担风险，则不仅有利于匡正社会风气，维护公共利益，而且有利于建立规则意识，重塑司法权威。这正是该案判决所欲维护的更为长远和潜在的积极后果。

如果将法官的裁判说理进行逻辑意义上的提炼，那么，基于积极后果的法律论证的型式可以表示为：[①]

---

① 菲特丽斯教授忽略了司法决策中法律解释和法律续造的区分，其论证型式只是阐明了法律解释情形下的后果论证。See Eveline T. Feteris, *Prototypical Argumentative Patterns in a Legal Context: The Role of Pragmatic Argumentation in the Justification of Judicial Decisions*, Argumentation, Vol. 30:1, p. 61 – 79(2015).

1. 在个案中,采取某个决定 X,会导致某个后果 Y。
2. 根据目标 Z,后果 Y 是可欲的。
3. 因此,应该采取决定 X。

在该论证型式中,决定 X 既可以表示法律解释,也可以表示法律续造;而后果 Y 既可以表示裁判所引起的直接后果,也可以表示长远的间接后果。可见,基于后果的法律论证是根据裁判结论与裁判后果之间的因果关系来证立某个法律命题的合理性,这往往是对规范性命题而非描述性命题的证立。有必要说明的是,在因果论证型式的运用上,必须严格区分规范性命题和描述性命题。① 对于规范性命题,需要论证某种行动的合理性,往往会根据采取该行动所产生的效果来进行论证,如在法律适用的领域,根据裁判结论来论证某个规范性的法律命题是否合理;对于描述性命题,要验证某种假设是否合理,则往往根据该假设与结论之间的因果关系来验证,如在事实认定的领域,刑侦人员运用溯因推理进行刑事侦查。但是,如果根据某种效果的规范性评价来论证某个描述性命题正确与否,那么,则会导致"诉诸后果"的非形式逻辑谬误。因为在运用这一论证型式时,导致了事实与价值的混淆。比如,在如下论证中:分析能力强不能作为男性特征,如果将其作为男性特征,这将会赋予男性在求职和晋升中不应有的便利。在这里,"分析能力强是男性特征"是一个判断真假的描述性命题,该命题的真假不应该靠提出不理想的后果来评价,不能诉诸"不应给予男性求职或晋升便利"这一规范性命题来评价。②

---

① 在语用论辩理论中,命题被分为描述性命题(descriptive proposition)、评价性命题(evaluative proposition)和规定性命题(prescriptive proposition),这一命题分类也是语用论辩理论中关于论点(standpoint)的基本分类。传统的论证理论认为,评价性命题往往是内在规定性的,规定性命题实际上是要求人们选择有价值的行为的命题。在法学语境下,规定性命题和评价性命题的内在关联更为明显,因为对人们行为做出规范或要求的命题都可以转化为合法与否的评价性命题,反之亦然。故在法学语境下,可以将规定性命题与评价性命题统称为规范性命题(normative proposition)。See Eemeren F. H. van & R. Grootendorst, *Argumentation, Communication and Fallies: A Pragma-Dialectical Perspective*, Mahwh N. J.: Lawrence Erllbum, 1992, p. 159.

② See Eemeren F. H. van & R. Grootendorst. Argumentation, *Communication and Fallies: A Pragma-Dialectical Perspective*, Mahwh N. J.: Lawrence Erllbum, 1992, p. 162.

2. 后果论证与目的论证

(1) 目的论证与后果论证的区分

基于积极后果的法律论证包含了对裁判结论和裁判后果之间因果关系的预测,还包含了根据一定目标对裁判后果的评判。在这个意义上,后果论证往往被视为目的论证的特殊形式,但是,这两者是不尽相同的。在法学方法论中,目的论证为法官根据法律的客观目的或者立法者主观目的对解释结论证立的法律论证方法,往往发生在为某个法律命题背后的价值进行辩驳的复合论证中;基于后果的法律论证则是通过对裁判结论与裁判后果之间因果关系的经验判断,并根据一定的价值准则对后果的可欲性进行评价,从而对裁判结论进行证成的论证方法。

举例来说,在公共卫生紧急状态下,对于是否应该公开感染者姓名、具体家庭住址等个人信息的问题,可以运用目的论和后果论两种论证方法。根据目的论证,不公开感染者姓名、具体家庭住址等个人信息,是为了保护感染者的隐私权,这符合维护公民人格尊严的基本目标;而根据后果论证,如果公开感染者姓名、家庭住址等个人信息,则有可能导致有些感染者因害怕遭遇歧视在感染后而不敢向政府报告,从而导致疫情的恶化,而这个后果不利于公共安全。所以,应该仅向公众披露与疫情有关的个人信息,同时加强对公民个人信息的保护。从论证步骤来看,与后果论证相比,目的论证缺少了对因果关系进行经验判断的描述性分析环节。目的论证的型式为:①

1. 在个案中,决定 X 是目标 Z 的手段。
2. 目标 Z 是可欲的。
3. 决定 X 应该实施。

在哲学意义上,目的论与后果论作为实践推理的方式不尽相同。首

---

① 在非形式逻辑中,根据目标的论证是实践推理的重要型式,佩雷尔曼为此指出了该论证型式的三种变体。See Chaïm Perelman & L. Olbrechts-Tyteca, *The New Rhetoric: A Treatise on Argumentation*, University of Notre Dame Pess, 1991, p. 167 – 195.

先,目的论思维是根据正义理念进行推理的思维方式,是根据手段与目标之间的关系进行实践推理;而后果论思维是按照因果律进行推理的思维方式,原因与结果之间的关系往往借助说明的方式来完成,这需要做出经验判断。“实现一个目的的可能性问题必须与该目的内容的正义性问题严格区分开来。前者依照经验法则——因果律位于其中——考虑实际事件,后者旨在对意志意识的内容形成系统认识。”①目的论思维通常采用“为了目标 A,采取行动 B”的推理形式,目的论解释则是对目标 A 与行动 B 或现象 B 之间关系的阐释,这一关系首先是人们基于主观确信形成的“意向性关系”,而非客观的“必然性联系”。手段往往服务于待实现的目的,目的意味着人们所向往的东西即将为人们所获得;而因果关系是某种客观的必然性联系,结果是这种必然性联系中即将形成的东西。因此,手段虽外在于目标并服务于目标,但不能将手段与目标之间的关系完全等同于因果关系;手段—目的关系的判断属于价值判断的范畴,而因果关系的判断属于事实判断的范畴。当然,手段与目标之间的“意向性关系”往往是人们基于既往经验总结出来的,处于人们所认同或预测的某种因果机制之中,这导致手段—目标关系往往依附于某种因果关系之上。“意向性必须与充分的规律性和一致性协同运用,以便适应我们完整的计划和期待,即意向内容必须是一个因果相关的方面,而且它必须例证一种可计划的规律性。”②

其次,目的论与后果论作为规范性命题的证立方法,应分别属于不同的证立模式。目的论属于“规范性”的证立模式,其论辩规则是为特定目的而规定相应手段的规则。“规范性”证立必须将那些尚未证成的目的预设为前提条件,但是,这一证立模式预设的目的过于抽象,或者本身包含着待证立的规则。论证者在运用目的论证时,往往已经确定所要实现的目标,并假设手段与目标之间存在因果关系,然后通过经验实证的手段对之进行验证。后果论属于“经验性”的证立模式,根据这一证立模式,

---

① [德]施塔姆勒:《正义法的理论》,夏彦才译,商务印书馆 2012 年版,第 107 页。

② [美]约翰·R. 塞尔:《意向性:论心灵哲学》,刘叶涛等译,上海人民出版社 2019 年版,第 159 页。

按照一定的规则可以产生的特定结果与我们实际拥有的规范性确信相吻合，这使现行的实践成为理性的标准。[①] 论证者在运用后果论证时，往往先通过经验实证的方式来确定因果关系，发现采取某种措施或做出某个决策会导致何种后果，然后再根据某种价值标准对该后果做出评价。因此，运用两种证立模式的思维过程是有差别的。

最后，目的论为评价人们的行为提供正当性的标准，但未提供实践慎思的决策程序；而后果论包括了"最大化加总排序"的思维方法，为人们在审慎权衡中选择最优结果提供指导。作为实践推理的后果主义包含两个部分，"一部分详细说明内在价值是什么，另一部分则详述如何达至、提升和聚合价值"[②]。在这个意义上，对"善"的不同界定会产生不同的目的论，目的论往往承认价值评价的多元化，而后果论则往往坚持价值标准的一元论。

在法学中，目的论思维将法律作为实现特定目标的工具，故解释结论最终服务于特定的法律目标，目的论解释被称为解释规则中的"黄金法则"。也就是说，目的论解释是法官在裁判中最后使用的解释方法，是对其他解释规则进行验证的终极标准，这实际上是根据法律目的对解释结论进行评价的过程。在经典的法律解释理论中，目的论往往被区分为主观的目的论和客观的目的论。主观的目的论是指历史上"立法者的目的"；客观的目的论则是指现行有效法秩序框架内客观上"符合理性"的目的，不依现在的或过去的任何个人的目的。无论是主观的目的论还是客观的目的论，"目的论解释所涉及的目的，不是通过经验所发现的目的，而是通过规范来区分特征的目的。这样一个通过规范来区分特征的目的，应该在这里理解作是一个应然要求的事态或应然要求的事件"[③]。在这个意义上，目的论指向的是规范体系蕴含的实质的价值与利益，是基于

---

① 参见［德］罗伯特·阿列克西：《法律论证理论：作为法律证立理论的理性论辩理论》，舒国滢译，中国法制出版社 2002 年版，第 227～232 页。

② ［美］茱莉亚·德莱夫：《后果主义》，余露译，华夏出版社 2016 年版，第 31 页。

③ ［德］罗伯特·阿列克西：《法律论证理论：作为法律证立理论的理性论辩理论》，舒国滢译，中国法制出版社 2002 年版，第 299 页。

法律体系内部价值秩序层面的考量。后果论所考察之后果是对法律适用所可能产生之直接后果或间接后果的预测,是对裁判结论外部效果有效性的考察,后果的发生并非完全是立法者的预设,而是受到社会环境的制约,是裁判者对法律运行实然状态的评估。正是基于此,有必要在法律论证中将目的论解释与后果考察区分开来。德国刑法学家普珀明确主张:"为了让法律适用者留意到这些进一步的实践后果,有必要在目的论的解释方法之外,另设一个对于解释后果的特别审查,也就是所谓的'后果考察'。"①

人们之所以容易将目的论证和后果论证相混淆,或者将后果论证归于目的论证,②是因为忽略了法律后果和现实后果之间的区分。所谓法律后果,是解释或适用法律条款推论得出的结果;所谓现实后果,是司法裁判对个案当事人的微观影响或对社会整体性、全局性的宏观影响。法律后果往往是满足一定事实构成作为"条件程式"或者由法律规范直接确定的无条件的规范性后果,直接的法律后果往往与特定的法律事实构成相联系,并体现为一般或个别行为义务的产生。③ 法律后果往往通过逻辑推论得出,这是法官在裁判中遵循"法律拘束原则"所形成的结论。若法官完全根据后果来选择裁判理由,则有可能违反法官的裁判义务。在法官的裁判中取向于判决的后果,趋于和法官根据法律裁判的义务(法律拘束)相冲突。因为法律通常使法官负有义务,根据已发生的而非将要或应该发生的作出裁判。他的裁判是条件式的,而非目的式的纲要化。④根据法律拘束原则,法官必须尊重法律后果,但问题是,法官在裁判中往往遭遇复数的法律解释,存在多种可能的法律后果,在这种情况下,法官的思考方式就不可能是"条件式"的而是"价值导向"的,为选择适当的法律后果,法官必须进行目的论式的思考,对后果的评价就不可避免。

---

① [德]英格博格·普珀:《法学思维小学堂:法律人的6堂思维训练课》,蔡圣伟译,北京大学出版社2011年版,第77页。

② 雷磊持该观点,参见雷磊:《反思司法裁判中的后果考量》,载《法学家》2019年第4期。

③ [德]齐佩利乌斯:《法学方法论》,金振豹译,法律出版社2009年版,第41~42页。

④ 参见[德]乌尔弗里德·诺依曼:《法律论证学》,张青波译,法律出版社2014年版,第13页。

在这种情况下,法官的思维程式可被刻画为:当在案件 C 中相关法律规则 N 可以作一个以上的可信解释(X,Y,Z…)时,如果法官通过这样的论据来证立其采纳解释 X(而非 Y 或 Z)决定,即解释 X 形成的后果优于其他解释(Y 或 Z)形成的后果,那么他就是使用了后果论证。[①] 这个意义上的后果论证是作为解释规则的元规则而存在的,即通过对后果的评价来决定解释规则本身的排序问题。在运用不同解释规则得出不同结论的情况下,法官通过对解释性后果的评价来安置法律体系中的解释要素,这实际上是根据法律内部的理由来选择更具合理性的法律后果。"对规范目的和功能的分析清楚表明立法者是如何塑造法律规范所涵盖的生活领域。但是,必须弄清楚在纯粹的'如何'背后隐含的'为什么',也就要弄清楚事实构成与法律后果之间的这种联系所要达到的经常是多层面的目的是什么。"[②]对于法律后果的确定或选择,法律目的往往充当实质的评价标准,这种形式的后果论证实质上就是目的论证。因为根据法律后果所进行的司法决策,并没有诉诸经验判断预测解释结论与现实世界可能发生的因果关系,而是根据法律所蕴含的目的对解释性后果进行比较和选择,仍然是通过"向后看"的方式从既定的法律体系下推论得出确定的法律知识,这对法律的自主性并未形成挑战。因此,目的论证是在复数法律解释的情况下,根据法律内部的理由对更为合理的解释结论进行选择,这是对解释结论正当性的证成,而非对裁判后果适应性的考量。但是,目的论证构建的多种可能性容易导致价值判断凌驾于逻辑判断之上,从而对法律的安定性形成冲击,为此,需要针对目的论证确定价值判断的评估标准和审查标准,从而达至法律安定性与裁判正当性的内在统一。

根据现实后果的法律论证,是在裁判结论与现实后果之间因果关系考量的基础上做出的,这才是真正意义上的后果论证。后果论证是对法律适应性或可能性的考量,从而会对法律的自主性形成冲击。在法律自

---

① See Péter Cserne, *Consequence-Based Arguments in Legal Reasoning: A Jurisprudential Preface to Law and Economics*, in Klaus Mathis eds. ,Efficiency,Sustainability,and Justice to Future Generation,Springer,2011.

② [德]魏德士:《法理学》,丁晓春、吴越译,法律出版社 2005 年版,第 61 页。

主性与社会变动性发生冲突时,司法决策需要考察变动的社会系统对法律系统的现实需求。这需要法官在司法决策中采取"向前看"的方式,预测和评估裁判对社会可能引起的影响来强化或补充法律论证,使法律系统能够通过司法决策随社会环境的变化而对自身做出修正,从而增强法律回应社会的能力。虽然后果取向的司法决策在短期内能够增强现代法律的应变性,但是,有可能因对现实后果的考量将法外因素吸收进来,从而形成对法律自主性的挑战。"当目标或关注结果成为裁判案件的最高准则时,法律体系受规则约束的本质就会减损。"[①]这样,一种潜在的解构规则甚或破坏法治的力量就会生成。为此,需要对结果导向的司法决策加以反思性控制,后果论证所考量的现实后果就必须经受法律价值的验证和评估,从而解决法律自主性与裁判适应性之间的矛盾。

以最高人民法院某司法解释为例,该司法解释规定:"行为人明知是不满十四周岁的幼女而与其发生性关系,不论幼女是否自愿,均应依照刑法第二百三十六条第二款的规定,以强奸罪定罪处罚;行为人确实不知对方是不满十四周岁的幼女,双方自愿发生性关系,未造成严重后果,情节显著轻微的,不认为是犯罪。"[②]该司法解释严格贯彻了犯罪构成理论,尤其是强调犯罪的主观方面必须具有犯罪的故意或过失,从而在定罪上坚持主客观相统一的原则。这种"要件思维"实际上坚持了法律的封闭性或自主性,试图建立构成要件与案件事实一一对应的关系,从而在法律教义的概念框架内化解问题。但是,这种"法条主义"的裁判思路既忽略了隐含在构成要件之中的目的论考量,也无视司法决策所造成现实影响的后果论考察,从而既不利于维护裁判的正当性,也无益于促进裁判的适应性。根据目的论证,这一司法解释不符合"保护幼女这一弱势群体"的法

---

① [美]布赖恩·Z.塔玛纳哈:《法律工具主义:对法治的危害》,陈虎、杨洁译,北京大学出版社2016年版,第319页。

② 参见2003年1月8日最高人民法院审判委员会第1262次会议通过的《关于行为人不明知是不满十四周岁的幼女,双方自愿发生性关系是否构成强奸罪问题的批复》,该司法解释自2003年1月24日起施行,被2013年2月26日最高人民法院发布的《关于废止1997年7月1日至2011年12月31日期间发布的部分司法解释和司法解释性质文件(第十批)的决定》,以"与刑法的规定相冲突"为由废止。

律价值和公共政策。我国《刑法》第236条第2款明确规定:奸淫不满14周岁的幼女的,以强奸论,从重处罚。该条款正是这一公共政策的直接体现,基于幼女认知能力和行为能力的不足,刑法理应对幼女的人身权利进行特别保护;而若以“明知对方为幼女”作为入罪要件,则不利于对幼女的特别保护。从后果论的角度考察,这一司法解释则明显加重了检察院的举证负担,并有可能导致一些有钱或有势的男性利用自身的条件,诱使幼女与其“自愿”发生性关系,但获得豁免,从而导致选择性执法进而有违社会公正。①

因此,对法律自主性的片面强调必将导致法律体系的全然封闭,而无法实现法律系统与社会系统之间的能量与信息交换,这种自主性的法律系统势必会因欠缺回应社会的能力而遭到抛弃。根据现实后果的司法决策则能够同时整合过去与未来、输入和输出的双重视域,兼顾法律的安定性和适应性,为社会所需要。后果论证考察司法裁判可能产生的现实影响,对法律实施的现实效果进行评估,使司法裁判不断回应社会的现实需求,增强法律系统的回应性和适应性,从而使法律系统通过后果考量不断自我调整而优化发展。在事实与规范相对称的简单案件中,“面向未来”的司法决策蕴含着对裁判示范性影响的“通案考量”,这种“先例效应”的论证超越了法律解释中的“个案考量”,起到了对法律解释进行补强论证的效果;在存在复数解释的案件中,法官可通过考察解释结论对现实世界的可能影响,选择最符合法律规范目的的解释结论,从而对解释结论进行深度证立;在法律存有漏洞的案件中,法官则应像立法者一样思考,通过对司法裁判的系统性影响进行评估和考察,创设裁判规则从而为“法律续造”提供支持。

(2)目的论证与后果论证区分的意义

对后果论证与目的论证进行区分,这对于裁判说理而言意义重大。

其一,在论证型式上对后果论证与目的论证进行区分,防止了目的解

① 参见苏力:《司法解释、公共政策和最高法院——从最高法院有关“奸淫幼女”的司法解释切入》,载《法学》2003年第8期。

释向后果考量的蜕变,从而对司法恣意形成有效防范。法学方法论在理论上对何为“法律目的”未能做出清晰界定,这使目的论证作为一种说理方法操作性不强,导致“立法者的主观目的”“法律的客观目的”“事物的本然之理”等均以目的的名义出现在裁判说理之中,法官想运用的任何普遍实践论证都被冠以“目的论”之名,目的的多义性和不确定性加剧了裁判的恣意。法律目的的不确定性导致法律解释的异化,突出表现为法官往往以目的解释之名,而行后果考量之实,完全依据裁判的实质合理性标准做出裁判,将之作为证成法律解释论点的理由,借助法律解释的外衣将法外因素输入裁判中来,这使法律解释完全成为自由裁量的策略,难以形成具有系统性、连贯性、同质性的裁判,从而既不利于维护法律的权威性,也难以促进裁判对社会变动的适应。在论证型式上对两者进行区分,则有利于确立法条构成与规范功能的对应关系,在个案的事态中把握法律目标,通过法律解释和经验判断等多种方法来确定法律的目的,进一步提升法律目的条款或立法者目的的确定性,尤其是通过经验实证的方式来验证法律目标能否得以实现,避免了裁判者在说理中假借目的之名自由擅断而不对手段—目标关系进行证立的情况。

其二,后果论证型式通过明确裁判后果的评价标准和法律目的的确定标准,明确了法官所负担的论证义务,使后果考量成为一种理性的论证方法。完全后果导向的裁判容易以社会效果的名义进行纯粹的实质合理性的评价,导致常识、公众意见、法感情、公平感等法外因素成为后果考量的依据,从而使裁判违背“法律拘束原则”。“如果评价的理由仅仅是出于法感情或者选择型的目标设定,而不是在法条的评价关系中找寻可论证的支撑的话,那么,这种评价的理由就是模糊和任意的,而且缺乏学术上的说服力。”[1]后果论证型式明确将法律上的价值或目标作为评价后果的依据,防止道德话语、政治话语在裁判中不当适用,从而防范裁判出现“后果决定论”的倾向。

---

① [德]克劳斯·罗克辛:《刑事政策与刑法体系》,蔡桂生译,中国人民大学出版社2011年版,第14页。

其三,在后果论证型式中,对后果的层次化分类能够指导法官对法律目的进行层次化的把握,实现法律目的的精准化。法律目的是包含了立法者主观目的、法律整体目的、法律规范目的等多元化、层级化的目标体系,为了确定法律目的,法官需要在整体法律体系和局部法律条文之间、法律规范构成与个案事实之间进行目光往返流转的"解释学循环",为此,法官不仅需要在理论上融贯地掌握法律目标体系,更应该在实践中有经验地感知法律目的的实现状态,而这完全可以通过对后果的层次化把握来精准地确定法律目的。比如,对即时性后果和长远性后果的区分,有利于法官对法律的近期目标和远期目标进行把握;对个别性后果和系统性后果的区分,则有利于法官协调个别规范功能与法律整体目的的关系。

其四,目的论证与后果论证的区分,有利于明确法律解释和法律续造的界限。根据法律目的选择解释结论的论证实际上是通过目的论解释来妥当安置法律解释的要素,这并未超越法律解释的范畴,也防止了法官假借目的解释之名行"造法"之实,防止法官逃避从事法律续造的论证义务。根据法律现实后果适当调整裁判理由,则有利于法官在"开放的体系内论证",将未能获得法律权威资料支持的政治、经济目标吸收到判决中来,从而促使法律不断优化发展。在这种情况下,法官有可能参照"法外目的"对后果进行考量,即考察法律实施所促进的政治、经济或社会目标,这样,司法裁判有可能从法律论辩延伸至普遍实践论辩。但是,此时的后果考量仍有必要纳入法教义学的体系框架之内,防止后果论证脱离现行有效法秩序的约束而沦为纯粹的普遍实践论证。这实际上是根据法律内部的价值对司法裁判外部效果的有效性进行检验,从而通过后果考量将法律体系外部的功能目标转化为法律体系中的"内部价值",为法外的政策目标融入法内目的提供重要的通道。在刑事裁判中引入刑事政策,实际上就贯通了政策考量和目的论思考。"刑事政策意义上的合目的性要求,指向的是政策效果与社会效果的考虑,涉及解释结论的外部效果的有效性考察。刑事政策的考量因素,实际上是处于刑法体系之外,其若想对刑法体系发挥作用,必须经历一个'对体系进行激扰—体系展开自我反思—体系予以转译与吸纳’的过程。”①

(3)目的论证与后果论证的内在关联

在司法决策过程中，“法律后果”与“现实后果”之间存在密切的联系，目的论证与后果论证往往结合使用。在这个意义上，后果论证与目的论证的区分是相对的。

从语义上分析，目的是某个行动所追求的目标，而后果则往往是采取某个行动所形成的事态；也就是说，目的是某种可欲的理想状态，而后果则是该理想状态的实现程度。“从现实司法方法的应用和法律解释理由的选择上看，后果取向的解释最直接地体现在基于目的——评价方法的法律解释论点的构建上。在司法实践中，由于案件裁判所需要的法律解释常常被冠以推动某些被公众所期待的利益实现或某种特定的法益保护之目标，法律解释目的论解释中的‘目的’合理性与正当性阐释就需要借由后果导向的论辩来完成。”②在法律解释的过程中，目的本身存在多种构建的可能而无法作为法律解释的起点，在目的设定如何正当化的问题上，后果考量能够发挥相应的功能，解释者可通过后果考量来证成目的的选择，从而保证其所阐明的目的是从法律体系内部推论得出。

这是因为，手段与目的之间的证立关系可以借助手段与目的之间的经验联系，这需要考察手段在具体事态运用中所产生的效果，无论是主观的目的论还是客观的目的论往往借助经验论证，这需要结合“后果考察”来使用。③ 对于主观的目的论而言，解释者需要结合个案事态中的后果来判断立法者主观目的的实现程度；而对于客观的目的论而言，解释者需要从功能视角来确定法律目标在个案中的实现形态。“客观目的解释要求考察法律规范的合理目标与社会功能，这一标准的应用预设了要识别

① 劳东燕：《功能主义刑法解释的体系性控制》，载《清华法学》2020 年第 2 期。

② 杨知文：《后果取向法律解释的运用及其方法》，载《法制与社会发展》2016 年第 3 期。

③ 基于后果的论证既是普遍实践论证的形式，也是法律论证的形式。在这个意义上，阿列克西将法律中的目的论解释视为普遍后果论述的一个变体。参见[德]罗伯特·阿列克西：《法律论证理论：作为法律证立理论的理性论辩理论》，舒国滢译，中国法制出版社 2002 年版，第 357 页。

规范之合理目标与功能。在德国,这一问题通常表达为‘法律的意义与目的’这一程式。”①

在法律运行过程中,评价后果论证的价值或目标未必能够直接从既有的权威性资料(法律、判例、法学通说等)中推导或重构出来,后果论证中的“后果”未必是某种规范目的所欲实现的状态,而可能是实施某个规范或做出某个解释结论所产生的附随后果或间接后果甚至是“意外后果”。在这种情况下,对后果的评价离不开目的论证或“原则论证”,这必须以价值标准的证成为前提,对价值标准进行证立的“次级论证”则使法律论证升级为复合的论证结构,并有可能使法律论辩延伸至普遍实践论辩,在普遍实践论辩的层次上证成支持某种后果的价值标准。

总而言之,后果论证与目的论证之间的关系并非非此即彼,而是相互支持、相互约束的。通过后果论证来确立个案事态中的法律目的,能够避免目的论证的泛化,防止法官以模糊的目的或者主观目的做出价值判断;而通过目的论证来约束后果论证,则能够防范后果论证的异化,防止法官以后果之名将影响裁判的法外因素不当地吸收进来。正如一位德国刑法学家对刑事裁判的批评,“对刑法发展的典型批评是,现代刑法正以一种不恰当的方式为结果主义的思维所左右。这尤其体现在现代刑法抛弃了对刑罚目的的传统理解,转而诉诸考虑立法和刑事判决中的实践结果”②。

3. 解释性论据与政策性论据

对裁判后果可欲性的评价,需要对法律或裁判所产生的社会功能进行考察,即判断裁判结论是否满足社会发展的目标。政策往往被视为促进某种社会目标而采取的“行动指南”,政策性论据因而在后果主义论证中被频繁使用。政策实施本身是功能导向或者目的导向的,这导致在法

---

① D. Neil MacCormick & Robert S. Summers, *Interpreting Statues: A Comparative Study*, Ashgate Publishing, 1991, p. 88.

② [德]埃里克·希尔根多夫:《德国刑法学:从传统到现代》,江溯等译,北京大学出版社2015年版,第28页。

学语境下“政策”在两种意义上使用:一是存在论意义上的政策,这类政策是作为法律替代品的某种规范性渊源,是具有实体内容的具体措施;二是方法论意义上的政策,在这个意义上,“政策”指的是一种合目的性的观念,按照这种观念,法律是实现某种社会目标的手段,法律的解释和适用也必须体现政策的动态变化。“政策论证”就是指功能导向或目标导向的论证方法。[①] 在这个意义上,“政策论证”是“后果主义论证”的代名词。[②]

出于对法律系统自主性的维护,有些学者对解释性论据和政策性论据进行严格区分,从而拒斥司法决策中的后果考量。德沃金严格区分了原则论证和政策论证:“政策论证通过展示一个决策是否促进或者保护某个共同体的目标来正当化这个决策,而原则论证则通过展示该决策是否维护一定个体或集体的权利来正当化这个决策。”[③]在德沃金看来,政策论证会导致法官为迎合社会发展需要而滥用自由裁量权,这会导致司法裁判丧失民主的合法性,毕竟法官并非民选代表,无权对社会整体利益进行通盘考量。基于民主的论证,政策考量应该通过立法程序而非司法程序进行。根据“法律不可溯及既往”的法治原则,法官适用法律只能采取“追溯式”(ex post facto)的方式适用法律,政策考量则会导致法官以面向未来的方式根据不确定的知识进行决策,使司法裁判与之前的判例不相融贯,从而不能实现法律对人们的平等对待。[④] 在德沃金看来,法律体系作为涵盖所有个体权利的“无缝之网”总能够为权利的成立寻找到根据,法官只要通过原则式的裁判、整全式的解释就能够实现裁判的“唯一正

---

① 参见陈兴良:《刑法教义学与刑事政策的关系:从李斯特鸿沟到罗克辛贯通中国语境下的展开》,载《中外法学》2013 年第 5 期。

② 根据麦考密克的观点,关于政策问题的论辩可以在三个层面展开:“手段—效果论辩——x 的实施是否确实导致 y? 手段—可行性论辩——如果不考虑功效如何,是否存在其他理由证明 x 不具可行性,或者有理由证明 x 来实现 y 不可行性? 还有一个层面是目标—可欲性论辩——无论用什么手段,实现 y 都是可欲的吗?”在麦考密克那里,“政策论证”与后果主义论证基本上是一致的。See MacCormick, *Legal Reasoning and Legal Theory*, Oxford, 1978, p. 262 - 263.

③ Ronald Dworkin, *Hard Case*, Harverd Law Review, Vol. 88, p. 82(1975).

④ See Ronald Dworkin, *Hard Case*, Harverd Law Review, Vol. 88, p. 84 - 88(1975).

解”。因此，司法裁判应该以法律规范为基础清晰界定个体权利的边界，而不能逐案考察（case by case）司法裁判所可能产生的效果或影响，将司法裁判的正当性基础建立在对社会整体功利的维护上。

但是，法律作为实现社会目标的工具价值，与法律体系所维护的道义价值之间并不必然冲突，并不存在德沃金所主张的“原则”与“政策”的截然二分。一方面，根据政策目标来促进社会功利，未必以牺牲个体权利为代价；另一方面，法官未必能够通过法律中的解释性要素来清晰划定人们的权利边界，司法过程中法官对权利的界定往往离不开政策性因素的考量。正如麦考密克所言：“原则与政策并非是清晰界分并相互对立的，而是不可避免地紧密联系的。阐明某个政策目标的可欲性等于是在阐明某项原则，而陈述一项原则也等于是在设定一个可能的政策性目标。”①

例如，在“老人擅自上树摘杨梅”案中，法官即可运用“政策性论据”来深化证成法律解释的结论。该案属于事实明确、法律清晰的简单案件，但原告属于弱势群体，导致该案成为棘手的“难办案件”，该案经过再审并推翻了一审、二审的判决才得以结案。在该案中，村委会作为管理者对偷摘杨梅者是否负有安保义务是该案的关键争点。对于该争点，法官在判决中指出：“村委会作为该村景区的管理人，虽负有保障游客免遭损害的义务，但义务的确定应限于景区管理人的管理和控制能力范围之内；村委会并未向村民或游客提供免费采摘杨梅的活动，杨梅树本身并无安全隐患，不能要求村委会对景区内的所有树木加以围蔽、设置警示标志。”②故老人未经管理者允许偷摘杨梅而坠树身亡，对此管理者无任何过错。根据后果论证，若基于对弱者的同情由村委会进行赔偿，则会加大管理者对景区的管理成本，甚至会滋生为索取赔偿而故意违反景区管理规定的机会主义行为，这一后果明显是不可欲的；而严格根据法律来确定责任，则能够防范“违法成功大快朵颐，违法失败有人买单”的恶性局面出现。

---

① MacCormick, *Legal Reasoning and Legal Theory*, Oxford, 1978, p. 264.

② 李某月、李某如违反安全保障义务责任纠纷再审民事判决书，(2019)粤01民再273号。

尽管该案在法律的文义射程之内就可获得确定的裁判结论，但是，法官在再审判决中并未拘泥于解释性论据进行裁判说理，而是对法律解释所可能产生的示范效应进行合理预测，为防范当下社会中所涌现的机会主义行为提供了实质的“政策性理由”。从而，司法判决通过后果考量既维护了法律的安定性，同时也增强了法律对社会的适应性；既合理地确定了个体的权利边界，同时又维护了社会的整体功利。

在这个意义上，解释性论据（以法律文本为基础）和政策性论据（以社会目标为导向）之间并不存在明确的界分，政策性论据为解释规准的选择提供实质性理由，为法律解释进行补强论证。在法律解释的过程中，通过考察“解释性后果”对现实世界的可能影响，使司法决定不再囿于“文本中心”的抽象解释而具备了“情境相关性”，从而法官能够选择对当下而言最佳的解释结论，政策性论据的使用因此也不应限定于疑难案件。[①]在简单案件中，政策性论据通过对具体个案情境中法律目标或社会目标的考量，实现对法律解释结论的强化证成或深度证成，从而增强司法裁判的可接受性。“（结果导向的法律解释）体现法律决定的情境相关性，因为在不同的，尽管是可以类型化的情境当中，也应当考虑不同的目的以及与这些目的相关的数量及其格局。”[②]在疑难案件中，“政策论证”是法官进行价值判断的重要法律方法，在“权威性理由”缺失时或者需要偏离“权威性理由”时，“政策论证”通过考察政策论据中的目标理由实现对裁判的实质证成。当解释性论据无法实现裁判的证成时，政策性论据则是弥补法律漏洞的渊源，法官可通过预测裁判规则对现实世界的系统性影响来论证法律续造的合法性。“通过对裁判效果或影响的评估选择最佳的裁判方案，这不仅有利于提高裁判质量，而且有利于增强法律适用的合

---

① John Bell 认为“政策论证”应该限定于疑难案件中。他延续了 Dworkin 关于“简单案件”和“疑难案件”的二分法，他认为，在疑难案件中，法官可通过价值判断来行使自由裁量权，来证成针对个案的“规则”或“标准”，而“政策论证”是法官在进行价值判断时常用的论证方法。See *Policy arguments in judicial decisions*, Clarendon Press, 1983, p. 22 – 24.

② ［德］齐佩利乌斯：《法学方法论》，金振豹译，法律出版社 2009 年版，第 87 页。

法性。”[①]

4. 一阶的后果论与二阶的后果论

如前所述，后果论证需要借助一定的价值标准对裁判所可能形成的后果进行评价，这往往需要诉诸目的论证。在主观的目的论解释中，法官能够从立法历史资料中通过“发生学解释”对立法者的目的进行确证，并对社会后果的可欲性进行评价。在这种情况下，法官既要“向前看”，又要“向后看”。一方面，法官要对裁判所可能引起的后果进行合理预测；另一方面，又要对历史上的权威性资料进行回顾性分析，推导或重构立法者的目的，从而对司法裁判可能形成的后果是否符合立法者的预期目标进行评价，这实际上是法官在法律体系内部依据“权威性理由”所进行的规范性判断。在客观的目的论解释中，何为“符合理性”的目的仍然需要理性的证成，否则，会因评价标准的实质化带来恣意裁判的风险。此时，后果主义的法律论证应当对后果评价的标准进行“深度证成”而不能“武断终止”。因为，“任何理由都可以从包含进一步正确性和目标性理由的前提集中推出”[②]。

对此，法官应当根据“实质性理由”对客观的目的论进行证成。实质性理由是根据自身内容支持法律结论的理由，而与理由的提出者无关。实质性理由既可以是道德上的，也可以是经济或政治的。在法律论证中，一类实质性理由（目标理由）是依据其所证立的裁判预期会实现良好的社会目标，根据目标理由对裁判可能形成的后果进行评价，即判断该后果是否符合社会发展的长远目标因而具有可欲性。另一类实质性理由（道义理由）是其正当性并不来自预期的效果，而是来自裁判的证立方式，即裁判与适用于当事人行为以及行为造成的事物状态的正义的社会道德规范相一致。根据正确理由对裁判后果进行评价，即判断裁判所引起的后

---

① Klaus Mathis, *Consequentialism in Law*, SpringerScience + BusinessMedia B. V., 2011, p. 20.

② ［瑞典］亚历山大·佩策尼克：《论法律与理性》，陈曦译，中国政法大学出版社 2015 年版，第 294 页。

果是否符合社会道德规范因而具有可欲性。[①]

在根据实质性理由对价值标准进行证成的过程中,不能否认法律论辩中普遍实践论证(道德论证、政策论证、经济学论证等)的作用。“在没有合适的法教义学语句或判例法语句可供利用的地方,普遍实践论证就直接介入。”[②]尤其是在具有道德争议的疑难案件中,法官既要对当事人行为的道德属性进行评价,也要对裁判后果的可欲性进行评价。在这种情况下,法律论辩和普遍实践论辩往往是相互交织的共生关系,即合法性判断往往依赖于道德意义上的正当性判断。这样,后果论的理由可能在一阶(行为评价)和二阶(规则评价)两个层次上同时存在。在普遍实践论辩中,对于人们行为正当性的评价,后果论根据行为的后果评价行为的道德属性,可以称之为一阶的后果论证。当法律标准模糊或欠缺时,裁判中涉及对当事人行为正当性的评价,此时即可运用一阶的后果论理由作为实质论据,从而使法律论辩延伸至普遍实践论辩。后果论“既可以是与对个体行为进行批判或证立相关的理由,也可以是与一些社会实践及规则相关的理由”[③]。为了弥补法律的缺陷,后果论可作为证成裁判规则正当性的理由,根据裁判可能引起的后果来证立裁判,并根据一定的价值标准来对裁判后果进行评价,可以称之为二阶的后果论证。无论是一阶的后果论证还是二阶的后果论证,未必能够获得法律权威性资料的直接支持,这实际上是法官根据“实质性理由”所进行的超越法律的论证。

综上所述,法律论证中各类理由的关系如图 2-1 所示。

---

① 道义理由和目标理由均是法律论证的实质理由,前者是将法官裁判的基础奠定在关于正确行为之长期有效的法伦理规范之上,而后者则将法官裁判的基础奠定在能够保障或提升某个事态的目标之上。关于道义理由和目标理由的区分,See Robert Summers, *Two Types of Substantive Reasons: The Core of a Theory of Common Law Justification*, Cornell Law Review, Vol. 63:5, p. 716-722(1978).

② [德]罗伯特·阿列克西:《法律论证理论:作为法律证立理论的理性论辩理论》,舒国滢译,中国法制出版社 2002 年版,第 350 页。

③ [美]理查德·瓦瑟斯特罗姆:《法官如何裁判》,孙海波译,中国法制出版社 2016 年版,第 183 页。

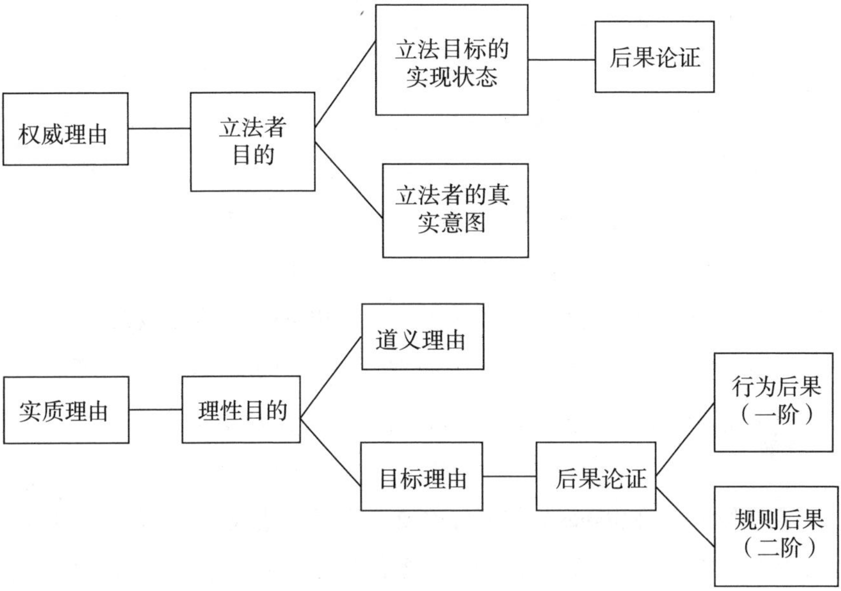

图 2－1　法律论证中各类理由的关系

(二)基于消极后果的法律论证

1. 后果主义法律论证的反面型式

在法律适用过程中,若裁判结论会导致某种不可接受的后果,或者该裁判结论一旦得出就处于被法律所禁止的状态,在此情况下,法官往往运用基于消极后果的法律论证来证成法律命题。所谓消极后果,即与法律原则或法律意旨明显违背的禁止性后果;基于消极后果的法律论证,或者不可接受结果的论证,其目标旨在实现法律的合理适用。在利益多元、价值分化、共识缺失的现代社会,关于合理性的判断标准往往难以确定,然而,关于荒谬性或者不可接受性的判断却容易达成共识,该论证型式因而被立法者所认可。例如,《荷兰民法典》第 6 编第 248 条规定:对于合同约束当事人的一般原则,法官是允许作出例外的:在具体的情况下,如果根据合理性和公平性的标准将导致合同结果是不可接受的,那么这个规则就不会被适用。该论证型式也被广泛应用于司法裁判之中,在以下案例中,法官就根据裁判导致的消极后果展开了说理。该案案情如下:

> Millenaar 太太在一起由其丈夫引起的事故中受到伤害而无法工作,因雇主为她购买了保险,保险公司支付了她必须的医疗费用。在保险公司进行赔付后,保险公司又起诉了她的丈夫,主张该事故系其过错导致,理应向其追偿相应损失。根据 1921 年《荷兰工业事故法案》第 95 条规定,对于第三方过错导致的损害,保险公司在向投保人进行赔付之后,可以向过错第三方进行追偿。根据该条规定,保险公司认为,Millenaar 先生应该赔偿他妻子的损失,应该返还保险公司赔付给 Millenaar 太太的费用。然而,法院没有适用该条款,驳回了保险公司的诉求。①

在法院看来,Millenaar 太太与被追偿人系夫妻关系,拥有共同财产,如果按照《荷兰工业事故法案》第 95 条的规定,由其丈夫进行赔付,这实际上导致 Millenaar 太太无法获得相应的保险利益,无法获得她依据《荷兰工业事故法案》应当获得的相应赔偿,从而将与人身意外伤害保险的目的大相违背。因此,对该法案第 95 条的合理解释意味着该条款在本案中不予适用。对该案的判决思路进行逻辑学意义上的提炼,基于消极后果的法律论证型式就可表达为:②

> 1. 在个案中,采取某个决定 X,会导致某个后果 Y。
> 2. 根据目标 Z,后果 Y 是不可欲的。
> 3. 因此,不应该采取 X。

从论证型式来看,基于消极后果的法律论证与基于积极后果的法律论证相辅相成。在一个法律论证中,法官往往综合运用后果论证的正面

---

① 参见荷兰最高法院 1973 年 2 月 2 日,NJ1973,225(Hoge Raad February 2,1973,NJ 1973,225)。

② 阿列克西曾这样刻画"归谬论证"的逻辑结构:1. O¬ Z 2. R′→Z 3. ¬ R′。See R. Alexy,*A Theory of Legal Argumentation: The Theory of Rational Discourse as Theory of Legal Justification*,Clarendon Press,1989,p. 345 –346.

型式和反面型式，根据同一个法律目标，对两种截然不同的后果进行对比，从而增强裁判的说服力。在“布德诉拉辛银行案”中，法官就综合运用了这两种论证型式。在该案中，歹徒劫持顾客抢劫银行，银行职员并未配合歹徒将银行钱款交出，而是立即趴在地上并报警，之后歹徒将顾客击杀并逃之夭夭。后来，人质亲属起诉银行，认为银行没有尽到安全保障义务，应该赔偿损失。该案法官首先通过法律解释判定该案没有明确法律规定，通过区分先例判定该案没有相似先例可以遵循。在法官看来，法律中所规定的经营者对顾客的安全保障义务并非绝对的义务，法律规范仅仅是笼统的规定，无法通过法律解释的方法确定安全保障义务的明确界限。根据相关判例，如果犯罪行为所导致的危险能够合理预见，银行具有消除危险的义务，这属于银行对客户在经营场所的安全保障义务。比如在“辛恩诉农业银行案”中，对于歹徒已经点燃的炸弹导火索，银行具有及时警告的义务，在这种情况下，银行对于罪犯行为的结果可以合理预测。然而，“布德诉拉辛银行案”的情况区别于先例，因为该案的问题是，对于罪犯行为无法合理预见的情况下，对于突如其来的罪犯命令，如果拒绝是否会产生赔偿责任的问题，而不是对于未来可能预见的犯罪疏于采取预防措施是否产生赔偿责任的问题。这样，法官又通过区分先例说明并无先例可以遵循，在这种情况下，法官需要根据个案裁判的后果创设裁判理由，并对后案法官的司法裁判产生积极的示范效应。在该案中，法官实际上分别假设了银行胜诉或者败诉的两种结论，并就这两个判决结论可能引起的后果进行比较，显然，银行败诉所产生的连锁性后果更为不可欲，因为判决银行败诉将导致在以后的案件中银行服从歹徒命令而导致银行财产受损，且会激励歹徒劫持人质抢劫银行，这一后果与法律的目标明显违背，从而判决银行必须胜诉。①

2. 后果论证与归谬论证

基于消极后果的论证是诉诸不可欲的后果来反驳一个命题，不可欲

---

① 参见王彬：《司法裁决中的“顺推法”与“逆推法”》，载《法制与社会发展》2014 年第 1 期。

的后果也往往是荒谬后果,因此,很多学者将基于消极后果的论证等同于归谬论证。[①] 但是,这两种论证型式是不尽相同的。在法律论辩的语境下,后果不可欲的判断标准往往是某种实质的价值标准,这与逻辑学语境下的谬误标准并不能完全等同。

在论证理论中,归谬论证是论辩双方所采用的一种对话形式,是先假设对方论点正确然后进行推论,并从中得出与该论点相反且明显荒谬的结论,从而反驳对方的一种论辩方法。归谬论证"由一个主张的推导组成,或由主张后果彼此之间或主张后果与原始主张之间不一致的复合体推导组成"[②]。根据语用论辩理论,"逻辑一致性"与"语用一致性"是评价一个论证是否为好的论证的评估标准。所谓"逻辑一致性",即两个相互矛盾的命题不能同时为真;而所谓"语用一致性",即结论不能与真实世界相矛盾,如"我将开车来接你"与"我不会开车"这两个陈述在逻辑意义上并不矛盾,但是,该承诺在日常生活中是不能同时发生或者为言谈者所无法接受的。实际上,这违背了语用论辩理论中的基本论辩规则,即"论辩中的任何一方都不能将一个前提错误地作为共同接受的论辩起点或者不能否认一个共同接受的起点作为论辩的前提"。根据该规则,在讨论"要不要开车来接人"这一陈述时,论辩者已经预设了共同的起点"开车接人者须会开车"。可见,结论的荒谬性来自"逻辑不一致"和"语用不一致",那么,归谬论证可以分为逻辑归谬和语用归谬。一般而言,逻辑归谬体现了矛盾律、反对律等逻辑规则在论辩中的运用,荒谬结论的产生是因为明显与逻辑规则严重违背,导致两个相互矛盾的陈述同时为真,从而违背了"逻辑一致性"的论证要求。语用归谬则是先假设对方的命题成立,因为在推论过程中违背了理性论辩规则而得出与真实世界相矛盾的结论,出现两个陈述在逻辑上并不矛盾,

---

① 在英文法律文献中,基于消极后果的论证存在诸多称谓。M. Golding 称之为归谬论证。See M. Golding, *Legal Reasoning*, Knopf, 1984, p. 59; N. MacComick & R. S. Summers, *Interpreting statutes. A Comparative Study*, Dartmouth, 1991, p. 222. R. Alexy 则将之称为"不可接受性论证"。See R. Alexy, *A Theory of Legal Argumentation: The Theory of Rational Discourse as Theory of Legal Justification*, Clarendon Press, 1989, p. 283.

② Ryle & Gilbert, *Philosophical arguments*, Clarendon Press, 1945, p. 6.

但是在真实世界中不可能同时发生或者为言谈者无法接受的情形，从而违背了“语用一致性”的论证要求。[①] 因此，在日常论辩背景下，归谬论证依据逻辑规则或语用规则对结论荒谬性进行判断而实现了对论点合理性的证成。

在法律背景下，消极后果的评价标准包含了逻辑学意义上的谬误标准，因此，在某种程度上，可以将归谬论证作为后果主义论证的特殊形式，认识两者联系的关键因素在于对“后果”和“谬误”的界定。

首先，根据“形式谬误”来评价后果，即后果的荒谬性在于违背了形式逻辑规则。在抽象论辩（abstract argumentation）的层次上运用“归谬法”，则会导致在逻辑上相互冲突的结果。形式逻辑意义上的归谬论证是一种间接的证明方式，如果命题 X 蕴含着它的对立命题 X′，那么命题 X 就是假的。“归谬论证是运用逻辑上矛盾命题的论证方式，如果某一矛盾能够被证明源自某一公式，那么在此基础上，我们就可能有效地推断出公式的对立面。因此，归谬论证通常被作为‘矛盾的证明’。”[②]对于后果主义的法律论证而言，运用形式逻辑的谬误标准来评价后果往往是对法律后果的评价，而不是对现实后果的评价，即脱离个案语境通过法律解释得出了自相矛盾的结果，并依此推翻之前的法律解释结论。也就是说，此时所产生的结果为逻辑蕴涵后果，而非经验世界因果关系链条中的现实后果。[③] 比如，在一则案例中，某病患成为犯罪嫌疑人，他的病情是确定其是否犯罪的主要证据，而其主治医生则是该案件的关键证人。法律规定，证人具有如实作证的义务，但同时又规定，医务人员应该对病人的隐私保密。在该案中，如果将病人的病情解释为隐私的话，那么，则会产生逻辑

---

① See Eemeren F. H. van & R. Grootendorst, *Argumentation, Communication and Fallies: A Pragma-Dialectical Perspective*, Mahwh N. J.: Lawrence Erllbum, 1992, p. 150 – 151.

② Paul Tomassi, *Logic*, 8th ed, Routledge, 1999, p. 102.

③ 在英语世界的法学文献中，归谬论证被理解为诉诸“不可接受的”“无意义的”“不可理解的”后果的论证，并没有区分逻辑蕴涵后果和基于因果关系的现实后果。（Alexy, 1989, p. 283; Golding, 1984, p. 28, 59; MacCormick, 1978, p. 114）但是，在亨利克·扬森看来，逻辑后果和现实后果的区分是归谬论证和后果论证的关键区别，归谬论证中后果的荒谬性主要在于后果在逻辑上的荒谬性。See Henrike Jansen, *Refuting a Standpoint by Appealing to Its Outcome: Reducito ad Absurdum vs. Argument from Consequences*, Informal Logic, Vol. 27:3, p. 249 – 266(2007).

上相互矛盾的法律后果，即医生为病人保密隐私应向他人隐瞒病情，但医生作为证人又得如实供述该病人的病情。

其次，根据“语用谬误”来评价后果，即后果的荒谬性在于违背了语用逻辑规则。在语境论辩（context argumentation）的层次上运用“归谬法”，则会导致在语用上无法接受的结果。论辩的过程是论辩主体言语交际的行为过程，而一定的理性论辩规则是言语交际行为成为可能的先决条件。“理性论辩规则不仅仅像逻辑规则那样诉诸命题，而且还超越此点诉诸讲话者的行为。就这一点而言，它们可以被称作是‘语用学规则’。”①为此，论辩理论构建了大致相同的理性论辩规则，从而拓展了逻辑学意义上的谬误标准，这样，语用学规则就成为评价结果荒谬性或不可接受性的标准。

以“可普遍化原则”为例。在法律论辩中，“可普遍化原则”是理性论辩得以成立的构成性条件，而法律论证中所主张的结果之所以具有不可接受性，也往往是因为违背了这一原则。阿列克西将该原则具体化为以下规则：

1.1 任何一个言谈者均不得自相矛盾。

1.2 任何一个言谈者只许主张其本人所相信的东西。

1.3 任何一个言谈者，当他将谓词 F 应用于对象 a 时，也必须将 F 应用于所有相关点上与 a 相同的其他任一对象上。

1.3′ 任何言谈者只许对这样的价值—义务判断做出主张，即当他处在所有相关点均与其作出主张时的情形完全相同的所有其他情形时，他也同样会做出完全相同的主张。

1.4 不同的言谈者不许用不同的意义来做相同的表达。②

---

① [德]罗伯特·阿列克西：《法律论证理论：作为法律证立理论的理性论辩理论》，舒国滢译，中国法制出版社 2002 年版，第 224 页。

② 参见[德]罗伯特·阿列克西：《法律论证理论：作为法律证立理论的理性论辩理论》，舒国滢译，中国法制出版社 2002 年版，第 348 页。

再以“老人擅自上树摘杨梅”案为例，在该案中，景区管理人对游客的责任应以管理人的管理和控制能力为限，对于游人自身过错所导致的危害后果管理人不承担任何责任。在法律论辩中，言谈者要辩护这一主张必须遵循“可普遍化原则”，根据规则1.3，言谈者所主张的过错责任应该适用于与所主张情形相同的所有其他情形，而不能因游人自身年龄等弱势地位而创造例外，否则就会产生荒谬后果。如果以游人是老人为由要求景区承担赔偿责任，则会导致其他弱势群体以财产状况、身体状况等各种理由要求景区承担责任，这一后果与过错责任原则明显违背因而是不可欲的。

最后，根据目的论标准来评价后果，即后果的不可欲性在于违背了实质的评价标准。当规则适用的结果与规则适用的正当性理由出现了严重背离，那么，即可运用法律上的目的论标准展开归谬论证。此时，归谬论证往往不是从逻辑的正确性上去评价“结论的价值”，“所考虑的更多是目的论上的正确性，尤其是它们在同一个语境中论及伦理与经济的观点”[①]。这个意义上的归谬论证往往是目的论的反面形式，实际上是根据实质的目的论标准对后果的不可欲性做出评价。在法律解释过程中，解释规则的使用往往围绕法律文本而展开，但是，如果法律文本脱离了个案语境，会导致法官在法律解释中仅仅关注法律文本的“含义”而非“意义”，[②]即运用解释规则对法律文本进行语义解读却忽视了对解释结论合理性的判断，从而解释结论会导致明显不公正的结果。麦考密克和萨默斯就曾指出，在任何法律体系背景下，文义解释的适用会导致一个荒谬的或者明显不公正的结果，这使法律的语义学解释与后果判断发生冲突，从而基于不可接受结果的论证形式存在于不同的法律体系中。[③] 因此，在司法裁判中，基于消极后果的法律论证，往往是通过反面论证形式对裁

① ［德］乌尔里希克卢格：《法律逻辑》，雷磊译，法律出版社2016年版，第205页。

② 在解释学上，赫施区分了含义（meaning）与意义（significance）。前者是固定在文本中的客观语义，而后者则是解释者与文本视域融合的产物。参见［美］赫施：《解释的有效性》，王才勇译，三联书店1991年版。

③ See N. MacCormick & R. S. Summers, *Interpreting Statutes: A comparative study*, Dartmouth, 1991, p. 485 – 486.

判后果进行荒谬性判断而导向“法律的合理适用”,使司法裁判并不仅仅停留在法律语词“含义”的解读上,而是实现了对法律“意义”的深度证成。这样,目的论意义上的正确性就被作为评价裁判后果的实质标准,后果评价的实质标准就不仅仅局限于法律体系内部,而有可能使后果主义的法律论证延伸至普遍实践论辩。道德的、政治的、经济的等普遍实践论据,都有可能是裁判后果“无法被接受”的理由。在归谬论证的型式中,前提1可以通过经验论证来确立,而前提2可以通过普遍实践论证来获得。[①] 因此,归谬论证融合了普遍实践论证和经验论证,使法官能够在“敞开的体系内”论证,便于法官在裁判中展开更为灵活的说理。

如果在广义上理解“逻辑后果”,那么,归谬论证可以分为强版本和弱版本。强版本的归谬论证运用推论中具有必然性的逻辑关系,根据结论与初始主张在逻辑上明显的不一致进行归谬;而弱版本的归谬论证则建立在论证型式中论点和论据之间推论的保证关系上。那么,在广义上理解归谬论证,归谬论证实际上可以视为任何论证型式的反面形式,而不是一种独立的论证型式。根据语用论辩理论,论证型式可以分为征兆论证、类比论证和因果论证三大门类,这三种基本的论证型式都可以通过“归谬法”来运用。征兆归谬的论证型式为:如果某个主张成立,与之相伴的某个迹象却是无法接受的,则这个主张不能成立。比如,导盲犬进入公共交通工具和盲人乘坐公共交通工具之间是一种征兆关系。如果禁止一切宠物进入地铁等公共交通工具的话,那么,依靠导盲犬出行的盲人将无法乘坐交通工具,禁止盲人乘坐公共交通工具这一主张明显是荒谬的,故不能禁止一切宠物进入公共交通工具。类比归谬的论证型式为:如果某个主张正确,则另外一个相似的主张也应成立,但是这个相似主张明显荒谬,那么这个主张不能成立。比如,在“老人景区擅自上树摘杨梅”案中,如果要求无过错的管理者向有过错的年老游客承担赔偿责任的话,那

① See R. Alexy, *A Theory of Legal Argumentation*: *The Theory of Rational Discourse as Theory of Legal Justification*, Clarendon Press, 1989, p. 345 – 346.

么,无过错的管理者也应向有过错的贫困游客等弱势群体承担赔偿责任,这一结论明显是荒谬的,因此,管理者不能对游客自身带来的损害承担无过错责任。可见,除了后果论证之外,其他论证型式都可以采取归谬的方式进行表达。[①] 在这个意义上,后果主义法律论证的反面形式属于弱版本的归谬论证。

(三)基于优益后果的法律论证

1. 基于优益后果的法律论证型式

在疑难案件中,法官运用不同的解释规则或者解释方法将会出现不同的裁判结论,这就需要解决不同解释论点的冲突,在这种情况下,基于一定实质理由的后果取向论证运用最为常见。[②] 此时,后果论证就体现为基于优益后果的法律论证,这样的后果论证并非基于对后果的"消极与积极"或"正面与反面"的二元区分进行的,而是基于后果的优益程度比较进行的。在存在复数结论的条件下,不同裁判后果之间的关系往往是正向的竞争关系,并不是非此即彼的二元对立关系。这是因为,对后果的评价往往依据法律体系所蕴涵的目标或原则而进行,"目的与手段都有独立的基础:目的并不必然高于手段。某个规范可能想要追求某个特定目的,但刚好缺乏有效手段。而目的也不是要尽一切可能来加以达成的"[③]。况且,法律目标或原则之间的关系并非"全有或全无"的对立关系,而是"或多或少"的竞争关系。在存在多元的法律目的或相互竞争的法律原则的条件下,法官就不可避免地要考虑手段与目的之间的比例关系,法律原则或法律目的之间的竞争关系,需要在竞争性后果之间进行权衡并选择最优后果。正是基于此,阿尔尼奥并没有将法律解释的过程视为法官运用解释规则认知客观文本意图的智识性活动,而是将之作为实践理性的证立活动。"这种证立某种法律解释的方式就是一种推理,这种

---

① See Henrike Jansen, *Refuting a Standpoint by Appealing to Its Outcome: Reducito ad Absurdum vs. Argument from Consequences*, Informal Logic, Vol. 27: 3, p. 249 – 266 (2007).

② 参见张志铭:《法律解释学》,中国人民大学出版社 2015 年版,第 77 页。

③ [德]卢卡斯·贝克:《方法论视角下的制定法解释》,钱炜江译,载陈金钊、谢晖主编:《法律方法》第 29 卷,研究出版社 2019 年版,第 4 页。

推理包括阐明有关考虑中的解释方案的选择的可能后果，并把这些后果放入某种优先位序中，而使用这种论述，解释者是在说，解释 I_1 的后果 C_i 在与解释 I_2 的后果 C_j 相比较时是最好的证立。”①

在伦理学上，后果主义论证本身必然包含着对后果优益程度的比较，因为任何价值作为人们所追求的理想状态都具有可欲性，但是，在现实情境中价值冲突无法避免。按照严格的后果主义的哲学表述，“S 应当做 A，当且仅当 S 做任何其他替代 A 的事情所产生的后果的总事态都不会比 S 做 A 所产生的后果的总事态更好”②。该表述是一种伦理学意义上的行为评判准则，即根据行为后果的最优性来判断行为的正确性。这一伦理学准则实际上回避了直接的价值判断，而是根据行为后果所产生的具体事态的优益性对行为的正当性进行评价，从而通过对行为后果事态属性的优益比较破解了价值权衡的难题。同理，法律体系内部的原则或价值并非如“元素周期表”一样整齐划一地排列，而是充满了错综复杂的价值判断，法律原则、法律规则之间的冲突在所难免。因此，基于优益后果的法律论证在司法裁判中就大有用武之地。

以“微信商标权纠纷案”为例，该案法官基于裁判后果的优益性判断做出了法律论证，得出了相对合理的裁判结论。该案案情如下：

原告创博亚太公司先于被告腾讯公司申请注册“微信”商标，证据表明，腾讯公司在被异议商标初步审定公告前已经正式推出了“微信”软件，且用户数量猛增，推出微信公共服务后被各种单位广泛使用，广大公众已经将微信与腾讯公司紧密联系起来。原告根据《商标法》中的“先申请原则”，要求撤销商标委员会的商标裁定，但被告以撤销被异议商标将会对公共利益和

① [荷]伊芙琳·T. 菲特丽丝：《法律论证原理：司法裁决之证立理论概览》，张其山等译，商务印书馆 2005 年版，第 128 页。

② [美]大卫·索萨：《后果主义的后果》，载徐向东编：《后果主义与义务论》，浙江大学出版社 2011 年版，第 48 页。

公共秩序造成不良影响为由，请求法院对商标裁定依法予以维持。①

法院从判决可能导致的潜在的社会后果出发进行裁判，根据潜在社会后果的竞争状态，经过权衡选择了优益后果证立了裁判理由。法院认为：

证据显示，“微信”即时通讯服务应用程序由腾讯公司于2011年1月21日首次推出，晚于被异议商标申请日两个月，早于被异议商标初审公告日七个月。此后，“微信”注册用户数量急速攀升，根据相关报道的记载，至2013年7月用户数量已达4亿，至2014年11月更超8亿。“微信”在信息传送等服务市场上已经具有很高的知名度和影响力，广大消费者对“微信”所指代的信息传送等服务的性质、内容和来源已经形成明确的认知。在这种情况下，如果核准被异议商标注册，不仅会使广大消费者对“微信”所指代的信息传送等服务的性质、内容和来源产生错误认知，也会对已经形成的稳定的市场秩序造成消极影响。

先申请原则是我国商标注册制度的一般原则，但在尊重“在先申请”这个事实状态的同时，对商标注册申请核准与否还应当考虑公共利益和已经形成的稳定市场秩序。当商标申请人的利益与公共利益发生冲突时，应当结合具体情况进行合理的利益平衡。本案中，一方面是商标申请人基于申请行为产生的对特定符号的先占利益和未来对特定符号的使用可能产生的期待利益，另一方面是庞大的微信用户群体已经形成的稳定认知和改变这种稳定认知可能造成的较大社会成本，鉴于此，选择保护不特定多数公众的现实利益具有更大的合理性。因此，商标评审委员会认定被异议商标的申请注册构成《商标法》第10条第1

① 参见北京市高级人民法院行政判决书，(2015)高行(知)终字第1538号。

款第8项所禁止的情形并无不当。①

在该案的法律论证中,法官实际上将"商标权的申请不能违背公共利益"作为隐含的前提,将"消费者的稳定认知"和已经形成的市场秩序作为"公共利益"去对待,并以此为标准对后果的"可欲性"做出了判断。在此前提下,法官对该案所包含的法益进行了权衡:一方面是"注册申请人基于申请行为所产生的对特定符号的先占利益和未来对特定符号的使用可能产生的期待利益";另一方面是"庞大的微信用户已经形成的稳定认知,以及改变这种稳定认知可能形成的较大社会成本"②。实际上,该案并非纯粹通过对消极后果的评价所进行的法律论证,而是隐含着竞争性后果的权衡。也就是说,裁判由后申请商标的被告获得该商标权同样产生另外一种消极后果,即这将"损害先申请者对申请行为的先占利益和期待利益",但是,在法官看来,"对消费者稳定认知和已有市场秩序的损害"这一消极后果更加具有不可欲性。对该案的判决思路进行逻辑提炼,基于优益后果的法律论证其型式可被表达为:

1.1a 在个案中,决定 X_1 会导致结果 Y_1,

1.1b 根据目标 Z_1,结果 Y_1 是不可欲的;

2.1a 在个案中,决定 X_2 会导致结果 Y_2,

2.1b 根据目标 Z_2,结果 Y_2 亦是不可欲的;

3.1a 在个案中,相比于结果 Y_1,结果 Y_2 是更为不可欲的,

3.1b 在个案中,应该做出决定 X_1。

从论证的型式来看,后果主义法律论证得以证立的关键在于后果的

---

① 参见北京市高级人民法院行政判决书,(2015)高行(知)终字第1538号。

② 在这个意义上,利益衡量与后果论证实际上可交互性运用,本案判决所体现的法律方法实际上是基于后果比较的利益衡量。关于对该案利益衡量方法的分析,参见黄汇:《商标法中的公共利益及其保护——以"微信"商标案为对象的逻辑分析与法理展开》,载《法学》2015年第10期。

评价与权衡，后果论证从而与目的论解释、价值衡量等法律方法具有密不可分的联系。如何对后果进行评价，如何对后果进行权衡，这并不是孤立的后果论证能够解决的，即后果评价和权衡的标准须基于一定理性准则进行重构，从而使后果论证能够经受起批判性思维的检验。因此，对优益后果的选择往往隐含着法益的权衡，“裁判的结果问题属于正义性检验，在裁判时进行‘结果衡量’是富有意义的利益评价的前提”①。

2. 后果权衡与利益衡量

在后果权衡中，对后果的评价和检验需要在具体的事态中进行，同时，必须借助法律体系中的规范标准，否则将造成“超越法律”的后果衡量。所谓具体的事态是指个案情境中法益的保护程度，而规范标准则是指法律体系内部的价值尺度。在这个意义上，后果权衡既不同于利益衡量，也不同于原则权衡。利益衡量是指将法律所保护的利益向“生活世界”进行还原，为防止规范对利益的遮蔽而直接对利益冲突做出判断；原则权衡则是指尽可能在法律体系的框架内对规范冲突进行协调，以求得最佳的后果及其对应的解释。因此，后果论证的结构中实际上包含着原则权衡和利益衡量，通过后果考量将裁判所欲追求的目标与价值判断在具体事态中的表现形式统一起来，实现经验世界与规范世界的沟通，避免在抽象命题的层次上对价值进行排序，从而能够化解异质利益无法衡量的理论难题。

自从哲学家以赛亚·柏林提出价值之间的“不可公度性”命题以来，异质利益的衡量问题一直是困扰哲学家和法学家的理论难题。在柏林看来，“人类拥有的异质而基本的‘价值’在终极层面上存在难以调和的冲突，既然有些价值可能本质上是相互冲突的，那么原则上可以发现所有价值都能和谐相处的模式这样一种观念，便是建立在关于世界本质的一种错误的、先验的观念之上……为着一些终极价值牺牲另一些终极价值的需要，就成为人类困境的永久特征”②。

---

① ［德］魏德士：《法理学》，丁晓春、吴越译，法律出版社2005年版，第171页。

② ［英］以赛亚·伯林：《自由论：〈自由四论〉扩充版》，胡传胜译，译林出版社2003年版，第49页。

对于这一哲学难题,法学上的利益衡量论并没有提出令人满意的答案,并没有找到客观的或者可操作的评价利益位序的标准。对于司法过程中的利益冲突,利益法学主张直面“生活世界”径直进行利益还原,但对于如何寻找解决利益冲突的依据,利益法学并未确立一种理性化的“衡量的逻辑”。受现实主义法学的影响,有的利益衡量论者主张依据法律职业精英不可名状的“法感”或者社会主流的价值观作出判断。① 这一主张实际上将利益衡量作为心理过程的产物,混淆了“法的发现”和“法的正当化”,仅对利益衡量过程进行心理学解释,并没有提出对利益衡量结论进行证成的理由。这些林林总总的回答整体上局限于在抽象命题的层面上寻找异质利益衡量的化解之道,并没有提出具体的“行动指南”或者衡量尺度,这导致利益衡量论因缺乏规范性而在“方法论上盲目飞行”。

其一,利益衡量论并未提出客观的衡量标准,甚至将衡量的基础建立在法律秩序之外,这导致对法律规范性的严重损害。“强调制定法外的价值标准,才是法官续造法律的指导因素,也是修正制定法规范的唯一准则”②,这导致法官将逐渐摆脱制定法的约束而形成恣意裁判。根据法教义学的立场,应通过现有法律教义进入实质的价值评价体系来解决利益冲突问题,在拉伦茨看来,“在法秩序的意义上,对适当的价值判断仍然可以作合理的说明,即使有关的理由未必具有逻辑上的必然性”③。

其二,利益衡量论试图制定“确定利益阶层”的清晰图表,实际上又重新陷入概念法学式的理论陷阱。利益法学因反思和批判概念法学而兴起,将概念法学构建“概念金字塔”的理论企图讥讽为“概念天国”,但是,利益法学试图将利益位阶进行固定排序的做法实际上犯了同样的错误,都忽视了生活世界的丰富性和个案情境的复杂性。

---

① 参见[日]星野英一:《民法解释论序说》,载星野英一:《现代民法基本问题》,段匡、杨永庄译,上海三联书店 2012 年版,第 226 页。

② 吴从周:《概念法学、利益法学与价值法学:探索一部民法方法论的演变史》,中国法制出版社 2011 年版,第 414 页。

③ [德]卡尔·拉伦茨:《法学方法论》,陈爱娥译,商务印书馆 2003 年版,第 3 页。

其三,利益衡量论试图寻找确定价值评价的做法实际上犯了“无穷递归”的论证谬误。基于利益的多元性,为了限制利益评价的恣意,利益衡量论试图寻找相对确定的评价标准,但是,利益评价标准本身也具有多元性,利益衡量论面临着如何对利益评价标准进行排序的追问。事实上,价值无法脱离具体情境进行抽象地固定排序。

然而,后果主义的法律论证在个案事态中对后果的优益性进行权衡,通过经验实证的方式对后果进行确证,并根据法律体系内的规范价值进行评价,使个案中的法益衡量既具备实证性又具备规范性,克服了利益衡量论的理论缺陷。

其一,后果权衡将抽象的价值判断转化为具体事态中的效用衡平。司法决策中的利益衡量并不是要确定利益或价值的排序,而是要通过衡量的方式做出理性的决策,后果权衡则将权衡的理性基础建立在可经验、可实证的效用或效果上。齐佩里乌斯据此指出这样一种利益衡量的思维程式:首先,给出需要衡量的利益,它们往往是冲突的,所考量的决定对其中一方产生积极的效果,而对另一方产生消极的效果。其次,判断这些后果的“可欲”或“不可欲”,也需要判断所可能做出的决定对这些利益产生的损害或者效用的程度。最后,结合上述的考量,找到利弊之间的最优的平衡点。①

其二,后果权衡根据最优后果的选择将“利益保障最大化”作为利益衡量的目标,而摆脱了利益衡量论中“利益相互排斥”的思维定势。在基于优益后果的法律论证中,对后果可欲性的判断是基于法益保护的目标进行的,后果权衡的过程实际上是法益“调和”而非“排除”的过程,即两种冲突的利益都值得保护,为了追求最优的后果,需要对一种利益做出适当的损害,但会将这种损害降到最低的限度。“为重建法律和平状态,或者一种权利必须向另一种权利(或有关的利益)让步,或者两者在某一程度上必须各自让步。于此,司法裁判根据它在具体情况下赋予各该法益

---

① 参见[德]齐佩里乌斯:《法学方法论》,金振豹译,法律出版社2009年版,第85~87页。

的重要性来从事权利或法益的衡量。"[①]所谓"具体情况",即法益在个案中的具体实现程度。这需要借助做出保护某个法益的决策所实现的效用或效果来判断,而评估某个决策为实现某个目标所造成的正面影响(如果不采取系争手段,会对所要实现的目的造成多大影响)抑或负面影响(如果采取系争手段,会对另一法益的侵害程度)的程度则可通过经验事实的认定进行评估。这样,后果权衡将价值冲突转化为可实证的损益衡平,通过精准把握损益衡平的比例,实现法益在个案中的"调和"。

其三,通过后果权衡可以产生作为行动依据的"经验规则",避免了在抽象命题的层次上进行价值选择。利益衡量的本质实际上隐含着利益之中的实践理由的衡量,因为某种利益是否值得保护必须借助实践理由来说明。借用拉兹的理论,在实践推理中,人们行动的实践理由可以分为"一阶理由"和"二阶理由"。所谓一阶理由即人们采取某个行动或不采取某个行动的理由;所谓二阶理由乃是要求人们根据某些一阶理由或不要根据它们来行动的理由,前者是"积极的二阶理由",即按照一个理由而行动的理由,后者是"消极的二阶理由",即阻止按照一个理由而行动的理由。[②] 一阶理由是具备正当化能力的理由,但仅具有初显的优先性(prima facie),故一阶理由无法直接作为人们行动的根据,人们往往对一阶理由进行"通盘考虑"而做出理性决策。作为法益保护依据的一阶理由同样不具备绝对的优先性,而后果权衡通过个案事态中效果的考察产生能够作为行动依据的"经验规则"(rule of thumb)。"经验规则"是总结与概括一阶理由中反复出现的类似情况的结果,通常表现为"在某种情况下,恰当的行动选择是什么"的结构。[③] 尽管"经验规则"并非二阶理由,但是,它同样发挥着二阶理由阻却衡量的效果。因为,在后果权衡中,根据可欲后果的比较而选择恰当的行动,是在个案事态中因果关系判断的经验基础之上做出的,基于经验的可靠性和目标的可欲性,人们将"经验

---

① [德]卡尔·拉伦茨:《法学方法论》,陈爱娥译,商务印书馆2003年版,第279页。

② See Joseph Raz, *Practical Reason and Norms*, Oxford University Press, 1999, p. 31 – 40.

③ 罗尔斯将"经验规则"称为"总结性规则"(summary conception of rules)。See John Rawls, *Two Concepts of Rules*, The Philosophical Review, Vol. 64:1, p. 3 – 32(1955).

规则”直接作为行动依据，可以有效促成正确判断，大幅降低权衡成本。

以“微信商标权纠纷案”为例，该案法官的裁判思路生动地说明了后果主义法律论证的理论优势。在该案中，法官将消费者对“微信”商标的稳定认知和已经形成的市场秩序作为公共利益，实际上体现了商标法“通过商标使用造就商誉”的立法目的。毋庸讳言，“商标法没有鼓励发明创造的愿望，该愿望是专利法和版权法的基础。商标立法的目的就在于，鼓励人们对商标的使用，以成就商标的商誉功能。没有任何政策是鼓励创造更多的商标”①。在该案中，腾讯公司通过诚实劳动善意地将商标投入使用，因广受青睐而获得商誉，如果对其商誉不予以保护，则将破坏商标中所体现的信息资本，并将严重损害市场主体开发驰名商标的积极性。与此同时，保护先申请商标者的利益则体现了商标法中的公示公信原则，该原则是社会普遍认可的价值准则，关系到商标法的安定性与公信力。公示公信原则是维系工业产权制度的核心，是维系整个知识产权制度公信力的基础，这同样关系到根本的公共利益。为了维护法律的安定性，司法裁判中的利益衡量必须在法教义学的框架内进行，法律的原则或精神是利益衡量的基础性准则，故商誉保护原则与公示公信原则是衡量先使用商标者和先申请商标者之间利益的规范基础。然而，法教义学并没有对法律原则的优先性或者排序问题做出任何说明，因此，在抽象命题的意义上，很难判断这两个原则孰轻孰重，哪种公共利益更为值得保护。

但是，在个案事态中，利益衡量则由一般价值准则的权衡转化为具体裁判后果的优劣比较。也就是说，利益衡量本质上是在个案中根据法律的原则或目标对具体裁判后果的比较与选择。就该案而言，相对于根据公示公信原则而保护先申请者的利益，根据“激励人们对商誉的培养和创造”这一立法目的，而保护消费者的稳定认知和已有市场秩序，其所形成的裁判后果更加具有比较优势。具体而言：

其一，赋予腾讯公司以“微信”商标权更加具有现实紧迫性。因为，

---

① William M. Landes & Richard A. Posner, *Trademark Law: An Economic Perspective*, Journal of Law and Economics, Vol. 30, p. 265 (1987).

这不仅关系到知名商誉的保护和商誉培育的激励,而且关系到8亿消费者对“微信”商标的“稳定认知利益”。如果对腾讯的商标利益不予保护,将导致消费者面临巨大的认知困扰而承担巨大的认知转换成本。

其二,赋予腾讯公司以“微信”商标权所形成的潜在后果更加具有可欲性。因为,若不对实际商誉享有者的商标利益进行优先保护,则会导致投机者的恶意抢注商标行为,这会导致“恶意抢注者”在法律上挟持商誉实际享有者,从而产生“劣币驱逐良币”的逆向淘汰现象。

其三,从因果关系的经验判断来看,在商标权的取得上推行先使用原则,能够有利于推动知识经济的飞速发展,这说明“先申请原则”并非不可替代。美国的成功经验已经说明,通过“先使用原则”获得商标权更容易打造驰名商标,美国正是采用此原则而成为迄今为止全球驰名商标占有率最高的国家。[①]

从该案的裁判思路来看,后果权衡实际上是通过对裁判后果的优劣比较进而确定哪种法益更加值得保护,这一论证思路完全符合利益衡量的方法论原则。根据利益衡量的原则,对不同利益进行比较,需要考量一些具体可操作的因素。比如,判断何种利益更具普遍的社会认可价值,保护何种利益更具现实紧迫性,利益可否替代,以及选择保护哪一种利益对相对利益的损害最小等。[②] 因此,后果主义法律论证并不违反利益衡量的原则,反而在具体的个案事态中将一般性的价值准则转化为可经验、可预知的后果,从而使利益衡量更加具有可操作性。

3. 后果权衡的规范表达:通过“重力公式”的说明

在后果权衡中,优益后果的选择与比较本质上取决于法律原则之间的权衡,在相竞争的原则中通过权衡来确立原则之间的优先关系,即采取何种法律上的手段能够尽可能地满足一个法律原则而同时不过分地损害另外一个原则。因此,可结合阿列克西的“重力公式”对后果权衡的理论优势做出进一步的说明。在阿列克西看来,法律原则之间优先关系的确

---

① 参见[EB/OL].[2018-12-25].http://www.worldbrandlab.com/world/2014/ten.htm,2024年8月9日最后访问。

② 参见石佑启:《论公共利益与私有财产权保护》,载《法学论坛》2006年第6期。

立取决于原则 P_i 的受侵害程度 I_i 与相冲突原则 P_j 之受损害程度 I_j 之间的比例关系,用公式表达为:

$$G_{i,j} = \frac{I_i}{I_j}$$

这就是阿列克西所创立的"重力公式"的基本形式,这实际上是对两种法律原则受侵害程度的比较。根据"相对损害最小"的标准,法律原则之间的优先关系得以确立,故原则的"受侵害程度"构成了"重力公式"中的第一对变量。根据该公式,当两个原则 P_i 与 P_j 作为后果评价的依据而发生冲突时,可根据以下"权衡法则"来确立两个原则的分界线,该法则可以表述为:"一个原则的不满足程度或受损害程度越高,另一个原则被满足的重要性程度就越大。"①

尽管法律原则作为价值判断的规范表达,其效力只有在特定的个案情境中才能加以确定,但是,任何法律体系总是从特定的价值预设出发的,因此,不同的法律原则在脱离个案情境的情况下其"分量"也会有所区别。比如,在现代法律体系下,人的尊严、生命权就是更为重要的权利,关于基本权利的价值判断在抽象意义上就更具优先性。基于此,阿列克西又提出"抽象重力"作为影响法益权衡的变量。也就是说,如果两个相互冲突的法律原则其"抽象重力"相等,则原则之间的冲突就被中和;如果其"抽象重力"不同,则其平衡状态就被打破。据此,这一"权衡法则"可被表述为:一个原则的抽象重力越大,则其优先性程度就越高。

基于法律原则内容上的抽象性和结构上的不完整性,相较于法律规则而言,法律原则往往具有高度的不确定性,故法律原则在个案中总是"或多或少"地起作用。法官要在相互冲突的法律原则之间做出选择,其对法律原则认知的确定性程度必然影响到权衡结果。因此,阿列克西又将"认知确定性程度"作为影响法益权衡的变量。根据"认知性权衡法则","对一个原则的侵害程度越大,这种侵害所需前提的确定性程度就

---

① Robert Alexy, *Theorie der Grundrechte*, Frankfurt a. M.: Surmkamp, 1986, p. 136.

必须越高”①。用 G_i、G_j来表达法律原则的“抽象重力”，用 S_i、S_j来表达法律原则的“认知确定性”，那么，重力公式的扩展形式就可表述为：②

$$G_{i,j} = \frac{I_i \cdot G_i \cdot S_i}{I_j \cdot G_j \cdot S_j}$$

“重力公式”实际是比例原则的精致化表达，根据该公式，当 $G_{i,j} > 1$，对法律原则的侵害就是不合比例的；当 $G_{i,j} < 1$，对法律原则的侵害就合乎比例。在这一公式中，阿列克西借助侵害强度、价值权重和认知确定性等变量，使法律原则的“量化权衡”成为可能，从而化解了“价值不可通约”的哲学难题。在后果主义法律论证中，“重力公式”则为优益后果的选择提供了可量化的评价标准，认知确定性可通过因果关系发生的概率加以说明，侵害强度则可以在因果关系的判断中通过经验实证的方式加以确定。有必要说明的是，后果可欲性的比较、目标正当性的判断和冲突法益的权衡并非孤立进行的，而是相互联系和相互影响的。因为，价值判断总是在具体的事态中才能确定，裁判后果的认定往往会影响到侵害强度、价值权重以及认知确定性程度等变量的确定。也就是说，法益权衡的过程实际上并非一个抽象的价值衡量过程，而是一个综合了经验判断、目标判断和后果选择的过程。

在“微信商标权纠纷案”中，该案隐含着公示公信原则和商誉保护原则的冲突，具体则表现为“商标先申请者的期待利益”和“消费者稳定认知及已有市场秩序”之间的利益冲突。无论是公示公信原则还是商誉保护原则均体现对公共利益的维护，无法对此做出笼统的价值排序，其“抽象重力”难分伯仲，因此，在该案中，法益衡量的关键在于对“受损害程度”和“认知确定性”的判断与比较，而这完全有赖于经验判断和后果比较。法官在论证中必须通过法律解释提高公示公信原则和商誉保护原则的认知确定性程度，通过经验论证的方式来说明裁判结论与裁判后果之

---

① Robert Alexy, *Die Gewichsformel*, in Joachim Jickli eds., Chtnisschrift fur Jurgen Sonnenschein, Berlin: De Guyter, 2003, p. 789.

② See Robert Alexy, *Formal Principles: Some Replies to Critics*, International Journal of Constitutional Law, Vol. 12:3, p. 517 (2014).

间的因果关系，以及对某个原则的损害程度。对此，法官应该在裁判理由中阐明：若将商标权赋予先申请者，在何种程度上对市场秩序造成了消极影响？若将商标权赋予实际使用者，在何种程度上激励了对商誉的培养和创造？通过对这些批判性问题的回答，法官则将抽象的价值衡量转化为精致的后果权衡，将价值判断和事实判断结合起来，将规范解释和经验实证统一起来。

三、后果主义法律论证的评估

在司法裁判中，对法律命题的证立往往是对法律意义的解释和证明过程，解释性论证在法律推论中扮演着关键角色。但是，“意义读取和证明的过程基于某种推理，这种推理是可废止的，对它的评估是通过考虑反论证或抗辩进行的”①。因此，法律论证是一种可辩驳、可废止的论证，一个法律论证必须经过分析和评估才能成立。对此，要在批判和辩驳中对法律论证型式进行分析和评价，从而厘清法律论证型式的成立条件和限制要求，而后果主义的法律论证也概莫能外。

（一）法律论证的批判性评估

1. 法律论证的可废止性

法律论证型式确立了论点与论据之间的推论关系，但是，这并不意味着某个法律论证型式在个案中就是必然成立的。因为，法律知识本身是具有可废止性的。知识论中的可废止性理论强调，“如果把一个看法当作知识，其必要条件是它必须为真且得到辩护，但这并不是充分条件，因为一个当前得到辩护的看法在新的证据面前可能会被挫败。这表明这个看法是可辩驳的，其辨明仅仅是最初辨明”②。法律知识作为一种“实践理性”，其运用过程同样是一个最初辨明再加以确证和辩护的证立过程。

---

① Fabrizio Macagno, Douglas N. Walton & Giovanni Sartor, *Argumentation Schemes for Statutory Interpretation*, in Michal Araskiewicz et al., Argumentation 2012: International Conference on Alternative Methods of Argumentation in Law, 2012, p. 63 – 77.

② ［英］尼古拉斯·布宁、余纪元编著：《西方哲学英汉对照词典》，王柯平等译，人民出版社2001年版，第236页。

对于法律解释而言,法官对某个法律概念的释明都应当附加例外条件或否定性情形,这说明随着附加情况的出现,此法律概念将被排除适用或者以更弱的方式适用。尽管人们在司法实践中总结了一些诸如文义解释、体系解释和历史解释之类的解释规则,但是,每一种解释规则都具有其所促进的价值,解释规则本身无法决定其何时才能被适用,这样,在法律解释中无法避免解释论点之间的冲突。在这个意义上,解释规则只能被作为证立某个法律命题的手段而存在,解释规则本身具有可废止性。

对于事实认定而言,因人们的认识能力有限,证据本身具有不充分性,人们无法在限定的诉讼程序中通过完全充分的证据来证明其待证主张,任何事实主张都不可能得到完全确定的证明或否定。正因如此,人们只能借助证明规则的设计形成程序意义上的"确信"来消除人们之间的分歧。事实认定的过程不仅是借助证据进行的认识过程,还是一个根据法律规则进行的价值评价过程。在客观事实向法律事实的转化过程中,证据的运用离不开法律对证据本身的评价,这就决定了事实认定的过程必然包含了对证据本身客观性、相关性和合法性的论证和辩驳过程。在这个意义上,事实认定中的证据推理也具有可废止性。

因此,司法裁判过程中充满着对话与论辩、论证与反驳,法律论证并非单调性的逻辑推理,而是具有非单调性的多元对话特征。[①] 法律论证的可废止性体现为三个方面:第一,推定的可废止性,这意味着某个法律论证为诸多论据所支持,但是随着论据的增加又可能削弱或者推翻原先的论证。这是因为,无论是法律概念还是法律规则本身都具有可废止性,由于立法者信息能力有限,立法者创制法律往往只考虑到一般情况,而很少能够考虑到特殊情况,随着特殊情况的出现,法律规则的效力就会遭到削弱。因此,无论是法律规则还是法律原则在法律论证中只具有"初显的

---

① 在法律推理研究中,人们一般将法律推理区分为形式推理和实质推理。一般而言,形式推理是单调性推理。所谓单调性为:"如果公式 P 是从一个前提集中推出的,那么它也能从前提集的每一个子集推出。"因此,单调性排斥反对意见,而非单调性则可以使支持意见和反对意见并存,各种意见之间存在强弱之分,从而为法律推理提供选择。参见[英]尼古拉斯·布宁、余纪元编著:《西方哲学英汉对照词典》,王柯平等译,人民出版社 2001 年版,第 685~686 页。

优先性”。第二,过程的可废止性,这意味着在动态的法律论证过程中,法律论证受到程序规则的约束,举证责任的分配、论辩程序的终止标准、证据的证明效力等程序因素将会影响法律论证的效力。第三,理论的可废止性,这意味着任何法律论证都是在一定的理论框架下进行,该理论框架是论证者认识法律的“前见”,在不同的理论框架下案件事实相同但呈现的法律意义可能有所不同,根据不同的理论框架,案件事实的发现可能也会有所不同。所以,在法律论证过程中,论证者所依据的理论或者“法理依据”本身也是可以废止的,一旦某个法律理论或者法理依据遭到反驳,论证者则具有推翻该反驳的论证负担。①

法律知识的可废止性使法律论证必然具有对话的特征,这使法律适用的过程成为一个论证、反驳以及再反驳的论辩过程。“法学的思考方式并非一种直线式的推演,而是一种对话式的讨论。这种思想认为,是在讨论当中透过论证,而不是以逻辑演绎的方式,产生了法律上的判断。因此,虽然逻辑是所有思考都不能违背的法则,但是,显然在逻辑法则之外,我们还需要研究论证的种种形式结构与运用的规则,才能比较清楚地澄清法学思维的基本性质。”②法律论证绝非独白式的证明,而是一个在对话中追求共识或者消除分歧的过程,法律论证的前提也绝非毋庸置疑的公理,而是一个有待确证的论题。这意味着法律论证的型式必然要经受批判性思维的检验,并在批判性问题的问答与对话中确立某个法律论证型式得以成立的具体标准。

2. 批判性讨论的评估模式

根据非形式逻辑的普遍观点,批判性问题的提出是识别论辩话语的基本手段,也是评估论证规范力的有效工具。因此,基于法律论证的可废止性,法律论证型式就必须接受一系列批判性问题的验证,从而对法律论证的有效性进行评估。根据非形式逻辑学家黑斯廷斯的观点,批判性问题的提出主要关涉两个领域:一是前提的实质真值,即事实实际上是确实

① See Henry Prakken & Giovanni Sartor, *The Three Faces of Defeasibility in the Law*, Ratio Juris, Vol. 17:1, p. 119 (2004).

② 颜厥安:《法与实践理性》,中国政法大学出版社 2003 年版,第 88 页。

的吗？二是推理过程的有效性，即满足证明的逻辑过程吗？[①] 对于法律论证而言，论证的前提是否被普遍接受，论点和论据之间的关系是否被普遍认可，以及论证所依据的理论框架是否排除了例外，都可以作为提出批判性问题的基点。毋庸置疑，法律论辩具有对话性质，这使批判性讨论的评估模型成为验证法律论证型式"规范力"的理论工具，这已在论证理论界被普遍接受。

首先，论证型式的评估属于语用评估，批判性问题的提出往往基于特殊环境来验证论证的说服力或证明力。正如沃尔顿所言，"特殊环境中所展示的论证的规范力（证明力或说服力）不能仅由论证本身的形式或型式来决定，而要使用批判性问题来评估，满足特殊证据标准的论证才具有规范力。"[②]也就是说，论证的效力并不在于论证型式本身，而在于特定语境下对与论证型式相匹配的批判性问题所进行的回应。

其次，批判性问题的提出为评估论证提供具体的验证标准，这实际上就是评估论证标准在具体论证型式上的应用。根据论辩理论界的通行标准，RAS 标准被作为论证成立和压倒反驳的检验条件。根据该标准，"（1）前提与结论相关；（2）前提是理性的可接受的；（3）前提为接受结论提供了充分的理由；（4）不存在支持对立结论的更好理由。这些标准一起构成检验前提以及前提和结论之联结的恰当性标准"[③]。根据 RAS 标准，论证的相关性、充分性和可接受性是检验论证的具体条件。这三个标准分别关涉三个批判性问题的回答："论点与论据具有相关性吗""论证的理由充分吗""前提和结论能为普遍接受吗"，这实际上是根据"相关性"、"充分性"以及"可接受性"等证立标准对论证型式进行验证。

最后，批判性讨论将会导致证明责任的转移，并启动某个论证的次级论证，从而使该论证展现为复合论证。批判性问题总是针对某个命题的

---

① See Arthur Claude Hastings, *A Reformulation of the Modes of Reasoning in Argumentation*, Northerwest University, 1962, p. 13 – 15.

② Devid M. Godden & Douglas N. Walton, *in the Theory of Argumentation Schemes and Critical Questions* //Robert C. Pinto, *Argument*, *Inference and Dialectic*: *Collected Papers on Informal Logic*, Springer, 2013, p. 111.

③ 武宏志：《论证型式》，中国社会科学出版社 2013 年版，第 154 页。

例外情形而提出的,“与论证型式相联系的批判性问题是由在其中存在常规的好论证之例外的那类环境的知识生成的”①。为了反驳或削弱某个论证,论辩者须根据某个命题或论点的例外情形提出相应的削弱论证或反驳论证的命题,在此基础上,运用相应的论证型式进行反驳或抗辩。在抗辩和反驳中,论证者必然针对命题的例外情形展开次级论证,从而对原有论证型式的成立进行校验。比如,在后果主义法律论证中,论证者运用积极后果展开正面论证,而反驳者则会基于消极后果展开反驳,论证者针对反驳所展开的辩护就成为后果主义法律论证的次级论证层次,后果主义法律论证就成为包含主体论证(main argument)和附属论证(sub-argument)的复合论证。

总之,批判性讨论作为验证论证规范力的评估工具,它为批评者提供了表达合理怀疑和攻击论证的切入点,为提问者削弱论证或者反驳论证寻找证据提供了大概的路向,也为论证者排除合理怀疑、提高论证质量提供了明确的路径。

(二)后果主义法律论证的批判性评估

借助批判性讨论模型对后果主义法律论证进行分析和评估,这意味着对该论证型式的前提和结构进行批判性质疑,根据批判性问题的回应展开后果主义法律论证的次级论证,后果主义法律论证将展现为包含多个论证型式的复合论证,后果主义法律论证与其他论证型式之间的逻辑关联将呈现出来。通过对批判性问题的回应,法官在法律论证中的证明负担(the burden of proof)也将不断明确。

1. 批判性问题的结构与层次

根据语用论辩理论的观点,论证型式必须置入批判性讨论的框架中进行审查,论证型式的运用才具有效力。这包括两个基本的步骤:一是“主体间确认程序”(the inter-subjective identification procedure)。根据该程序可以确认论证型式作为一种推论方式是否属于论辩双方同意使用

---

① Douglas N. Walton, Chris Reed & Fabrizio Macagno, *Argumentation Schemes*, Cambridge University Press, 2008, p. 301.

的,这构成了论辩程序的出发点。通过该程序亦可确认论证中的前提是否被论辩双方所接受,据此可以确定论辩的步骤和层次,从而形成论辩轮廓(dialectical profile)。二是“主体间检验程序”(the inter-subjective testing procedure)。根据该程序可以通过批判性问题来检验论证的有效性,并识别因“错用正确论证型式”和“使用错误论证型式”所带来的谬误。运用语用论辩理论的分析路径,可以比较清晰地刻画后果主义论证的论辩轮廓,并据此能够确定批判性问题以及批判性问题之间的结构与层次。在论辩轮廓中,这些批判性问题存在结构上的层次关系,因为批判性问题的提出和回应是在论辩过程中不断形成的,对批判性问题的回答会导致引出或取消另一些批判性问题回答的必要性。根据语用论辩理论的分析路径,后果主义法律论证的论辩轮廓如下所示:

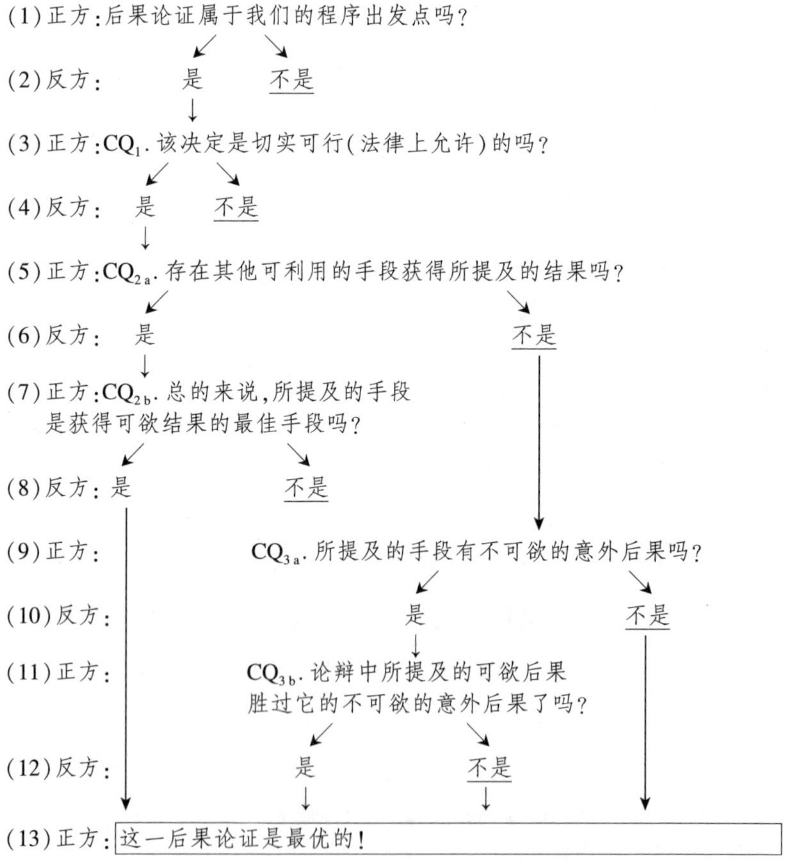

在这一论辩轮廓中，存在五个批判性问题，后果主义法律论证的成立条件将会通过与之相匹配的批判性问题呈现出来。这些批判性问题分别是：

1. CQ_1. 该决定是切实可行(法律上允许)的吗？

2. CQ_{2a}. 存在其他可利用的手段获得所提及的结果吗？

3. CQ_{2b}. 所提及的手段是获得可欲结果的最佳手段吗？

4. CQ_{3a}. 所提及的手段有不可欲的意外结果吗？

5. CQ_{3b}. 论辩中所提及的可欲后果胜过它的不可欲的意外后果了吗？①

这五个批判性问题分别被称为“可行性问题”“必要手段问题”“最佳手段问题”“意外后果问题”“最优后果问题”。对于“可行性问题”，旨在解决所做出的决定是否实际可行或者是否与法律的原则或规则相冲突。一旦该问题被对手所认可，随之而来的则是“必要手段问题”，即所做决定是否是实现可欲后果的必要条件。要回答该问题，提议者应当证明，除非该决定被执行，否则可欲的后果不会发生。如果该法律上的决定并非必要手段，则存在其他导致同样结果的替代手段。如果要反驳这些替代手段，则要证明这些替代手段无法导致同样结果或者无法被执行。如果无法论证必要手段的唯一性，则需论证所提议决定为“最佳手段”，而如何确定所采决定为“最佳手段”，则需要考察采取该行动付出的代价，是否带来“意外后果”，或者权衡其他后果。

因此，后果主义法律论证如若成立，必须回答这些基本的批判性问题，必须满足“决定的可行性(合法性)”“决定的必要性”“因果关系的必然性”“结果的可欲性”“后果的最优性”等关键性特征。对这些批判性问

---

① 关于实效论证的论辩轮廓和批判性问题，See Constanza Ihnen, *Insruments to Evaluate Pragmatic Argumentation: A Pragma-Dialecetical Perspective*, in Frans H. Eemeren and Bart Garssen eds., Topical Themes in Argumentation Theory: Twenty Exploratory Studies, Springer, 2012, p. 143 – 159。

题的回答,将构成对后果主义法律论证的支持性论证,该支持性论证与批判性问题密切相关,且依赖这些支持性论证,后果主义法律论证才真正成立。就该批判性问题来看,一个有效的后果论证既包含对因果关系的经验预测,也包含对后果可欲性的价值判断,还包括对其他规范理由进行权衡的评价性论证。

2. 因果关系的说明

对裁判结论与潜在后果之间因果关系的说明,是证立后果主义法律论证的首要问题。论辩者为回答该批判性问题,需要借助经验科学的实证手段,为因果关系的说明提供可证实的证据。在此,以发生在美国的里程碑案件"穆勒诉俄勒冈案"为例。该案的基本案情如下:

> 俄勒冈州法律限定妇女在任何工厂或洗衣房的最长工作时间为每天十个小时,洗衣店店主穆勒因违反该规定而被判罚,穆勒不服而将俄勒冈州政府告上了联邦最高法院,认为俄勒冈州法律违反宪法修正案所保护的合同自由,但是,联邦最高法院最终维持了俄勒冈州法院判决而驳回了穆勒的诉求。①

在该案中,合同自由与妇女的健康权发生了冲突,但是,法院认为合同自由并非绝对的,妇女的健康权益更值得法律的保护。显然,该案中存在难以化解的价值冲突,因为,无论是合同自由还是妇女的健康权益均是法律所追求的目标。为此,法官将价值冲突转化为可经验、可实证的后果比较,从而进行了一个成功的后果主义法律论证。在法院看来,妇女的生理结构特点决定了她们在工作上具有劣势,长时间工作将会损害妇女的身体健康,这不仅涉及妇女自身权益,还关系到人类的繁衍生息。但是,该论证必须经受批判性讨论的检验才能真正成立。该论证必须回应三个批判性问题:"不限制妇女工作时间一定会损害妇女的身体健康甚至会影响人类繁衍生息吗?""妇女的健康权益是法律所推进的目标吗?""这一

---

① See Muller v. Oregon, 208 U. S. 412 (1907).

目标一定比合同自由更为重要吗?”很显然,因果关系的必然性是该法律论证成立的关键所在,为此,该案的主审法官布兰代斯进行了充分的论证。他凭借丰富的社会科学素养,用大量篇幅援引统计数据和医学文献,说明劳动时间过长对妇女健康所产生的危险,从而对判决结论进行有效证成。该案判决运用了社会科学知识对判决结论与社会后果的因果关系进行预测和论证,使这个判决理由名声大噪而被称为著名的“布兰代斯摘要”。

后果主义法律论证要解决采用某个法律手段所产生的结果是否符合某个特定法律目标的问题,但是,法律手段的实施往往产生附随后果,而这未必符合法律所规定的目标,即采取法律手段 M 能够达到某个法律目标 Z,但它同时会导致不可欲的法律后果 F。在这种情况下,后果主义法律论证实际上隐含着价值判断或价值权衡问题,这往往需要实证研究的支持。

第一,经验事实可以作为法律论证中支持规范主张的理由。根据事实与价值分立的观点,从实然推导不出应然。经验事实属于实然层面的描述性主张,那么,根据经验事实无法提出规范性的主张。① 比如,“男性法官居多”是一个描述性主张,据此无法得出“合议庭的组成应该考虑到法官的性别比例”这一规范性主张。但是,当经验事实是“差异制造事实”(difference-making facts)时,经验事实则能够成为支持规范主张的理由。比如,如果“男性法官会做出不利于女性当事人的判决”这个差异制造事实成立,那么,这一经验事实就可作为支持规范主张的理由。所谓“差异制造事实”,是指采取某种行为或措施对某个结果的发生与否或发生概率造成差异,不论这个结果是某个值得追求的目标、某个应该实现的状态,还是某个偏好或欲望的满足。② “差异制造事实”之所以能够作为

---

① 主张“从实然推导不出应然”,进而主张“经验实证研究无助于价值判断或价值衡量”的观点,参见黄舒芃:《数字会说话?》,载《中研院法学期刊》2007 年第 1 期。

② See Peng-Hsiang Wang & Linton Wang, *Rules as Reason-Giving Facts: A Difference-Making-Baes Account of the Normativity of Rules*, in M. Araszkiewicz eds., Problems of Normativity, Rules and Rule-Following, 2015, p. 199 – 213.

提出规范性主张的理由,在于通过差异结果的说明为人们采取行动提供指引,从而来追求或避免某个结果的发生。“差异制造事实”与规范命题之间的证立关系实际上是一种说明关系:借由指出一个行为会造成什么样的差异,差异制造事实对于为什么应该去做(或不做)这个行为,提供了一种结果论或目的论的说明。[①]

第二,实证研究通过因果关系的说明能够论证手段对目的的支持程度问题。手段与目的的关系在具体的事态中将通过采取某个手段所产生的结果表现出来,而且手段与目的的关系往往是一个程度的问题,即采取某个手段往往是在多大程度上能够有助于某个目标的实现,这需要通过实证研究加以说明,而无法借助抽象的价值评价来完成。在价值衡量中,实证研究则能够说明采取某种手段对于某个目标的支持程度以及对另一目标的损害程度,从而为比例原则的运用提供经验论据。

第三,实证研究能够说明手段与目标之间的发生概率问题。手段未必会直接导向目标的实现,而往往是采取某个手段有可能有助于某个目标的实现,这个发生概率的问题必须通过经验论据予以说明,从而为价值评价和价值衡量提供经验基础。比如,能否禁止具有犯罪前科者从事出租车司机这一职业,这一法律问题的回答实际上有赖于价值权衡。如果允许具有犯罪前科者开出租车,虽有利于保障其职业自由,但是可能会产生有害于乘客安全的危害后果。但是,采取这一法律决策能够达成法律目标的概率以及产生负面效果的概率均需要通过经验论据来说明,从而使实证研究或经验论据在价值评价或价值权衡中扮演重要角色。

因此,对因果关系的充分说明是后果主义法律论证得以成立的必要条件,而这必须诉诸社会科学知识和经验实证的论证方法,这实际上是法教义学与社科法学得以沟通的中介。在法律教义难以应对外部环境的复杂变化时,力图借助形式化的推理在法律体系内部化解疑难问题,这无异于一种“鸵鸟政策”。面对外部环境空前复杂的巨大挑战,法律人应保持

---

① 参见王鹏翔、张永健:《经验面向的规范意义——论实证研究在法学中的角色》,载《北航法律评论》2016 年第 1 辑。

开放的智识心态,诉诸社会科学知识是社会转型期法律人应当持有的智识态度和应对策略。在这个意义上,法学与社会科学的科际合作,是超越法律形式主义与法律现实主义、法教义学与社科法学二元对立思维的可能路径,而社会科学专家意见在司法决策中的合理采用则是增强论证可接受性的有效手段。

3. 评价标准的证立

(1)裁判后果的评价标准

从后果主义法律论证的批判性问题来看,“后果的可欲性”是该论证得以成立的关键所在。根据法教义学的立场,一个特定后果的可欲性或者荒谬性必须根据法律的目的来评估,因为,法律的制定是为了实现法律所规定的特定政治、经济或社会目标。但是,“目的的判断”问题却是法律解释学中的恒久难题,这一问题为:法律目的到底是源于历史上立法者的明确意图,还是法院立足于“理性立法者”立场所重构的“客观目的”呢?因此,对裁判后果的评价离不开对法律目的的批判性追问。

如果将法律目的作为立法者的主观意图,立法过程的集体性和历史性导致立法者意图变得无法捉摸,解释者作为读者无法通过“想象性重构”的方式进入作为作者的立法者心境之中,完全复原立法者的“主观目的”;而客观的目的论解释虽然避免了对立法者主观意图的考察,但客观的目的论以“事物的本质”的名义被上升为普遍的伦理性准则,价值判断的多元性导致人们对“事物的本质”并无统一认识,这使客观的目的论也无法成为有效清晰的解释准则,而导致解释目的和目的解释缠绕在一起。为此,德国法学家霍苟·普罗伊斯指出:“目的问题犹如流动的蜡,它会融化任何法律概念。”①

之所以难以化解法律解释中主观性与客观性的悖论,在于法律解释被定位为法官认识法律文本的独断性智识活动,而法律适用过程中的对话与辩驳过程被普遍忽略。事实上,无论是主观的立法者目的还是客观

① [德]魏德士:《法理学》,丁晓春、吴越译,法律出版社2005年版,第303页。

的目的论准则，并非变动不居的，而是需要经过论证和辩驳才能释明。为此，法律目的的判断同样须经得起批判性讨论才能得以证立。在后果主义法律论证中，对“结果是否具有可欲性”这一批判性问题的回答，就需要对主观的立法者目的或者客观的目的论准则进行进一步的次级证成。在司法裁判中，该次级证成涉及对法律目的或意图的论证，通常被认定为特定法律目的、意图、原则或价值是否具有融贯性的论证。基于对后果主义法律论证的批判性检讨，该论证型式就可被重构为包含主要论证和次级论证的复合论证：

1. 在个案中，规则 R 应该解释为 R′。

1. 1a 在个案中，解释 R′中规则 R 的适用会导致结果 Y，

1. 1b 根据法律目标 P，结果 Y 是可欲的，

1. 1b. 1 目标 P 是立法者意图/目标 P 是被有效的法律秩序客观规定的理性目的。[①]

通过批判性讨论对后果主义法律论证进行评估，可以发现，无论是其正面型式还是反面型式，均包含目的论证。因此，在后果主义法律论证的次级论证中，还必须通过批判性讨论的工具对目的论证进行进一步的证成。

(2)基于目的论证的证立

关于目的论证的批判性讨论，“根据语用论辩的研究视角，有两类批判性问题与目的论证的评估相关。第一种问题是在特定语境中这一论证型式是不是能够充分证立某一论点或立场，第二种问题则涉及这一论证型式是否正确地适用于个案”[②]。第一种问题涉及在何种情况下目的论

① 该论证型式参考了伊芙琳·菲特丽丝教授的观点，但是，笔者对其进行了适当修正。Eveline T. Feteris, *Prototypical Argumentative Patterns in a Legal Context*: *The Role of Pragmatic Argumentation in the Justification of Judicial Decisions*, Argumentation, Vol. 30: 1, p. 61 – 79 (2016).

② Feteris, E. T., *The Pragma-Dialectical Analysis and Evaluation of Teleological Argumentation in a Legal Context*, Argumentaiton, Vol. 22: 4, p. 489 – 506 (2008).

证可以作为后果评价的论证方法问题,而第二种问题则涉及目的论证在个案中的具体成立条件问题。在后果主义法律论证的次级论证中,对目的论证型式的批判性讨论成为该论证型式得以成立的关键,论辩者应根据该论证型式的前提和结构提出批判性问题,从而确立目的论证得以成立的相应规则。

在何种情况下目的论证可以作为后果评价的论证方法,或者说目的论证在什么条件下才能被启动,这一问题实质上为“解释方法的排序问题”。法律解释学为司法裁判提供了语义学解释、体系解释、发生学解释、法意解释、目的解释、比较法解释、社会学解释等一系列解释规则,试图开发一套程序性指令来弥合法律规则与案件事实之间的缝隙,来填补法律规则不确定而导致的约束力真空。然而,当不同解释方法出现不同解释结论时,法官应当依据什么标准来决策呢?实际上,这一问题在法律解释学内部一直悬而未决。因此,法律解释方法的排序问题成为法律解释学具有方法论意义的关键所在,故又被称为“法律解释的元规则”问题。正如拉德布鲁赫所说,只有发展出一套关于在何种情况下选择何种解释方法的元规则,法律解释学才能功德圆满,并真正具有方法论的意义。①

在法教义学内部,这一问题存在大致共识:“语义解释具有严格的优先性,若语义解释的条件得到满足,它就优先于其他解释方法而被采用;只有具备足够的理由对语义解释的结果表示怀疑时,才有条件考虑上下文解释和体系解释;当这些解释结果都不能够明显成立的时候,才可以考虑法意解释和目的解释;而比较法解释和社会学解释则通常被看作是最后的选择。”②这为法律解释方法进行了大致排序,然而,这一排序仍然无法为疑难案件的裁判提供一套可以操作的程序性指令。因为,各种解释

---

① 参见[德]拉德布鲁赫:《法学导论》,米健、朱林译,中国大百科全书出版社1997年版,第106页。

② 关于解释方法的排序问题,在法教义学内部基本上有大致的共识。主要参阅的著述有:杨仁寿:《法学方法论》,台北,三民书局1987年版,第123页;张志铭:《法律解释操作分析》,中国政法大学出版社1999年版,第174页;[德]卡尔·拉伦茨:《法学方法论》,陈爱娥译,台北,五南图书出版有限公司1997年版,第245页。

方法的边界是不明确的,各种解释方法运用的结论有可能是相互矛盾的。法律解释元规则缺位有可能导致法官在司法实践中“各取所需”,甚至“先有解释结论,再找相应的解释方法”成为实务界通行的思维程序。普珀也不得不承认:“在具体个案中,当数个解释方法分别导出对立的结论时,为了决定应采哪一种解释,方法论长久以来都在努力试着制定出各种解释方法间的抽象顺序,但是并没有成功……对于具体个案中判决的发现来说,这些解释方法仅具有次要的意义。依此,法律适用者是先根据他的前理解及可信度衡量决定正确的结论,然后再回过头来寻找能够证成这个结论的解释方法。”①

事实上,法律解释的过程并非法官独白式地精神运思过程,而是主体间性的实践论辩过程。这一论辩过程是一个对话商谈、反复试错的过程,并不是单向度地从文义到目的的逻辑顺序推演过程,而是法律商谈者运用解释方法进行论辩说服的证立过程。“只有当支持法律解释的论辩以理性的方式进行且最后结论为法律共同体所接受时,法律解释的证立才是正确的,合理的要求依附于论辩程序。”②虽然无法为法官裁判提供一劳永逸的“解释元规则”,但是可以为解释规则作为论辩方法是否理性地适用提供验证方法。因为,“解释陈述”与“解释立场”是不同的,“解释者利用解释规则对法律文本所作的解释属于解释陈述,表达法律规则解释的主张为解释立场,为实现法律解释结果的合理性,解释者必须证立自己的解释立场”③。

所以,语义、体系与目的等作为法律解释的要素,均是法官构建法律论点所适用的解释性论据,从语义到体系再到目的的解释要素排序仅仅具有初显的优先性。法官若优先适用某种解释性论点,必须选择反对该

---

① [德]英格博格·普珀:《法学思维小学堂:法律人的6堂思维训练课》,蔡圣伟译,北京大学出版社2011年版,第53页。

② [荷]伊芙琳·T.菲特丽丝:《法律论证原理:司法裁决之证立理论概览》,张其山等译,商务印书馆2005年版,第130页。

③ [荷]伊芙琳·T.菲特丽丝:《法律论证原理:司法裁决之证立理论概览》,张其山等译,商务印书馆2005年版,第124~127页。

解释论点的相应论证型式,并进行批判性问题的回应。[①] 是故,目的论证何时能够作为验证后果的论证方法,这依赖于在具体的法律商谈情境下对批判性问题的回答。该批判性问题为:运用语义学解释和体系解释是否产生了不可接受的结论呢? 这意味着法官可以选择任何解释规则作为证立结论的方法,但是必须承担为何选择该种解释规则的论证负担。法官若运用主观的目的论证,则须提供合法真实的立法资料来证实立法者意图;而法官若采取客观的目的论证,则须论证该目的是法律所蕴含的合理目标。因此,欲在次级论证的层次上证成后果主义法律论证,论证者还必须根据主观的目的论证和客观的目的论证回应一系列批判性问题。

对于主观的目的论证而言,该批判性问题如下:

1.a 法律目标 P 真的是立法者所要实现的吗?

1.b 立法者的其他意图与该目标 P 冲突吗?

1.c 后果 Y 真的与目标 P 相符合吗?

1.d 解释 R′有任何不良的负面影响吗?

对于客观的目的论证而言,该批判性问题如下:

2.a 目标 P 真的是一个被有效法律秩序描述的理性客观的目标吗? 或者,目标 P 是建立在法律秩序背后的一般法律原则或价值基础之上的吗?

2.b 目标 P 与其他法律目标是一致的吗?

2.c 后果 Y 真的与目标 P 相符吗?

2.d 解释 R′有任何不良的负面影响吗?[②]

---

① See Kloosterhuis, H. T. M., *Reconstructing Interpretative Argumentation in Legal Decisions*, in A. Pragma-Dialectical Approach, Amsterdam: Rozenberg/Sic Sat, Publishers, 2006, p. 131.

② See Eveline T. Feteris, *Arguments from Unacceptable Consequences and a Reasonable Application of Law*, OSSA (Dec. 13, 2013), http://scholar.uwindsor.ca/cgi/viewcontent.cgi?article=1503&context=ossaarchive.

(3)基于权衡法则的证立

在基于优益后果的法律论证中,后果评价标准的证立却极为复杂,这涉及不同法律价值或法律目标的权衡问题。因为对后果优益性的评价离不开对法律目标的判断,而在法律体系内多元化的法律目标均具有正当性。根据论证型式,基于优益后果的法律论证实际上是根据不同的法律目标来对不同法律决策(法律解释或法律续造)所造成的后果进行可欲性的比较,故该法律论证成立的关键在于"权衡法则"的证立。

在文义与目的相冲突的案件中,法官之所以选择目的解释而排除严格的文义解释,是因为严格文义解释所产生的后果与该规则背后的法律目标不相符合,这实际上是在法律安定性的一般目标与法律规则所推进的具体目标之间的权衡。在这一情境下,法官的论证过程可表述为:为维护法律的安定性 P_f,对法律规则进行严格语义解释 R_1,其所产生的法律后果为 C_1;为推进具体的法律目标 P,对法律规则进行目的解释 R_2,其所产生的法律后果为 C_2;根据"权衡法则",P 优先于 P_f,C_2相较于 C_1而言更为可欲,故采法律解释 R_2而非 R_1。在规范冲突的案件中,法官对法律解释结论的选择则隐含着对不同法律目标或价值之间的权衡。在这一情境下,法官的论证过程可表述为:为实现法律目标 G_1,对法律规则做出法律解释 R_1,将产生法律后果 C_1,且法律目标 G_1符合法律原则 P_i;为实现法律目标 G_2,对法律规则做出法律解释 R_2,将产生法律后果 C_2,且法律目标 G_2符合法律原则 P_j;根据"权衡法则",P_j优先于 P_i,C_2相较于 C_1而言更为可欲,故采法律解释 R_2而非 R_1。

"权衡法则"本质上是法益衡量中手段与目的的关系问题,其所回答的批判性问题应包括:

1.a 法律解释 R_1将产生法律后果 C_1吗?

1.b 法律后果 C_1将促进法律目标 G_1吗?

1.c 法律目标 G_1符合法律原则 P_i吗?

2.a 法律解释 R_2将产生法律后果 C_2吗?

2.b 法律后果 C_2将促进法律目标 G_2吗?

2. c 法律目标 G_2 符合法律原则 P_j 吗？

3. 在抽象意义上，法律原则 P_i 比法律原则 P_j 更具优先性吗？

4. a 法律后果 C_2 符合法律原则 P_j 吗？

4. b 法律后果 C_2 损害法律原则 P_i 吗？

4. c 法律后果 C_2 对法律原则 P_j 的促进超过对法律原则 P_i 的损害了吗？

对这些批评性问题的回答实际上是对"重力公式"中价值权重、侵害程度和认知确定程度等问题的解决，从而将经验判断和价值判断结合起来，避免了仅仅在抽象层次上进行利益衡量。根据批判性讨论的评估模式，反驳者也可以针对"权衡法则"提出批判性问题；论证者则须对权衡法则中的具体变量负担证明责任，通过对批判性问题的回应，论证者对法益权衡中变量的影响程度加以确定，从而在个案中对论证合理性的标准进一步具体化。语用论辩理论也认为，批判性讨论是对论证合理性的评估方法，但是，并不存在一成不变的论证合理性标准，因为论证的合理性评估具有"情境依赖性"。"合理性标准是在批判性讨论应用于不同论证类型过程中而不断外在化的，因论辩活动具有情境依赖性，因此，批判性问题可能因不同的个案而会有所不同。"①

（三）后果主义法律论证的限制性条件

司法裁判中的后果考量为法外因素进入裁判提供了畅通渠道，若不通过批判性思维对其限制性条件进行明确，后果主义审判则具有"价值司法"的冲动。因此，有必要在批判性讨论的基础上明确后果主义法律论证的限制性条件，从而明确后果主义审判的限度。

1. 后果主义法律论证须满足系统性的要求

基于后果评价的法律论证往往在个案的事态中确定后果，这容易导

① Frans H. van Eemeren, *Argumentation Theory: A Pragma-Dialectical Perspective*, Springer, Vol. 32:4, p. 609－614 (2018).

致后果主义法律论证依据个案后果的"可欲性"对法律命题进行证成,从而只为追求实质正义而罔顾形式正义的要求。为此,为防止后果主义审判的随意性,法官所考量之后果应当具有系统性。

法官若仅仅根据个案后果的可欲性来选择裁判理由,则将导致裁判实践的差异化,从而陷入"行为后果主义"的困境。这样,后果主义仅仅能够为司法行动提供地方性的而非普适性的指导,使法律命题无法满足"可普遍化"的证立要求,更不符合"同案同判"的裁判伦理。后果主义审判在哲学取向上是经验主义,注重司法裁判与社会后果之间的经验考察,但是,这并不意味着后果主义审判是个别主义,否则后果主义审判则有可能导致"一案一法",法官的裁判可能具有因"后果"之名任意造法而解构法治的危险。所以,法律适用之可依赖后果并非个案裁判中的特别后果,而是在同类案件裁判中都可能产生的系统性后果。法官应考量裁判对类似案件所产生的一般后果,如同立法者在立法时所考量的事实,其目标在于通过考察裁判的系统性影响构建普遍有效的规则。后果主义审判类似于伦理学上的"规则后果主义","司法裁决不是通过它们仅对当事人所产生的直接的、即刻之影响被证成,而是通过一种可接受的、涉及当前案件并因此用于其他类似案件之法律命题而被证成"①。

在疑难案件中,后果主义审判实际上是基于裁判的系统后果创设裁判规则,"法官在裁决一个非常规案件时要做的就是尽力得出一个在当时情形下最合理的结果,同时适当考虑到诸如维持与先例判决的连贯性,并且尊重语言和宪法及制定法文本中可辨别出的目的为解释者划定的界限之类的有关'理性'的自由运用的系统性限制"②。因此,法官对法律的发展并非一种任意的裁量,而是通过考察裁判对类似案件的系统性影响,使裁判所形成的规则具有可预测性,从而既维护了法律的安定性,又促进了法律的进化。波斯纳据此认为,法条主义和后果主义的对立实际上被夸

① MacCormick, *On Legal Decisions and their Consequences*: *From Dewey to Dworkin*, New York University Law Review, Vol. 58:5, p. 239 – 251 (1983).

② Richard A. Posner, *Judge's Writing Styles* (*and do they matter*?), The University of Chicago Law Review, Vol. 62:4, p. 1421 – 1429 (1995).

大了,后果主义实际上是依系统性后果去适用规则和创设规则,也很难想象法条主义的裁判不去考量立法者制定法律时所考量的系统后果。“如果把足够的强调放在审判的系统性后果上,那么后果主义审判就同法律形式主义合二为一了。”①

法条主义和后果主义的对立,实际上源自将法律后果与社会后果视为绝对的二元对立关系。为维护法律的安定性,法官在司法决策中所考量的后果应该是法律后果,但是,这并不意味着法律后果与社会后果完全对立。法律后果作为通过逻辑推理得出的“逻辑蕴涵后果”或者通过法律解释得出的“解释性结论”必然符合法教义学的基本立场,但这非意味着法官无须考虑司法决策所造成的现实影响。问题的关键在于,司法决策的现实影响应该是符合法律价值的“系统性后果”而非“个别性后果”,法官通过“系统性后果”的考量既可以维护法律的安定性,又通过对司法裁判的适当调控增强了法律的适应性。如卢曼所说,“系统内的后果就是法律后果,应该注意这种后果,这是不言而喻的。这是一切应该论证的法律判决——不仅过去的而且也包括未来的判决——互为依据的一个正常要素。假如人们就判决理由和使这些判决理由普遍化的规定进行讨论,应该检测在应用这一规定的情况中那种行为是合法的或违法的。”②因此,不能把社会效果完全独立于法律效果,这种将两者割裂的做法实际上并不符合后果主义的逻辑,片面强调社会效果的做法实际上只是对能动司法的短期收益进行过度加权,对司法裁判所形成的“案结事了”的个案影响给予片面强调,而有可能忽视了司法裁判所形成的远期收益和系统影响。

2. 后果主义法律论证应符合客观性的要求

裁判结论与潜在后果之间因果关系的论证,是后果主义法律论证中的重要环节。为回应“决定必然导致结果吗”这一批判性问题,法官需要对裁判结论和社会效果之间的因果关系进行经验判断,这必须依赖于法

---

①　[美]理查德·A. 波斯纳:《法律、实用主义与民主》,凌斌、李国庆译,中国政法大学出版社 2005 年版,第 79 页。

②　[德]卢曼:《社会的法律》,郑伊倩译,人民出版社 2009 年版,第 199 页。

学与社会科学之间的科际合作，从而使裁判所考量之“后果”具有社会科学意义上的客观性，以防止后果考量的不确定性。因为“传统教义学意义上的法学方法论在现代快速变迁的社会已经明显不足，法学的自主性只是一种迷思，而与其他社会科学合作，才是提高司法决定透明度并加以控制的唯一途径”①。

如今，法律制度以及司法裁判所依托的环境已今非昔比，在波斯纳看来，最重要的一点是“外部复杂性”的增加。所谓外部复杂性，是指引发法律纠纷和争讼的社会生活和环境条件的复杂程度：科技的发展、市场的扩大、交易形态的多样化、网络和虚拟空间的兴起、系统性风险的增加。②社会生活的复杂程度远远超出了传统法律人的知识范围，仅仅借助对法律文义的语词分析或者是对立法意图的历史考察，而不去考察司法决策对社会生活所产生的可能影响，已经无济于事。在这样的背景下，需要法官积极利用社会科学的研究成果，从而去应对外部复杂性对司法工作提出的智识挑战。所以，将社会科学应用于法律推理成为后果主义的一个关键信条，“不存在把法律推理同其他实践推理分开的一般性分析程序，法律推理要摆脱法律语词的限制，从论证——贬义的‘修辞’，即没有事实支撑的语词较量——走向数据：统计学、精细测度、照片、图表”③。

有必要说明的是，无论是后果评价的系统性要求还是客观性要求，都是在应然意义上提出的评估标准，这实际上也说明了后果主义法律论证在事实上的限度。因为，因果关系的判断属于经验意义上的事实判断，这对法官的认知能力提出了很高的要求。尽管借助社会科学能够提高后果预测的准确度，但是，法律解释与社会后果之间的相关性往往是不确定的，是一个可能性和概率的问题。在有限的审判时间和专业能力的限制下，法官实际上无法对后果的系统性和客观性做出精确的预测。然而，这并不妨碍后果主义法律论证在方法论意义上得以成立，大可不必因为对

---

① 苏永钦：《合宪性控制的理论与实际》，台北，月旦出版社股份有限公司 1994 年版，第 253 页。

② See Richard A. Posner, *Reflections on Judging*, Harvard University Press, 2013, p. 3 – 4.

③ ［美］理察·波斯纳：《法官如何思考》，李忠谦译，台北，商周出版 2010 年版，第 225 页。

法官认知能力的怀疑而因噎废食。因为,司法裁判本身就不是社会科学研究,其真相本来就是法官凭借有限信息作出理性的解释过程,是一种经验不确定和有限理性状态下的决策。经济学的研究已经证明,人们在日常生活中面临巨大的信息量,但是,这并不妨碍人们凭借有限信息做出理性的决策;为了降低信息成本,人们总是凭借经验法则采纳重要信息而忽略其他信息,这种基于经验法则的试探法同样有助于法官将复杂问题简单化,凭借有限信息做出理性的司法决策。①

另外,法官往往借助"反事实推理"来研究不同变量之间的因果机制,从而做出合理的司法决策。"反事实推理"是想象与既定事实相反的情况下发生其他实践可能性的思维活动,往往具备"如果不这样,将会怎样"的推理形式。通过运用"反事实推理",法官可以总结裁判经验,事先采取更好的策略,以便获得更优的结果,从而"反事实推理"使法官运用不同变量"重构历史"成为可能性。正如韦伯所说,"为看透真实的因果关系,我们构建不真实的因果关系"②。法律作为社会科学毕竟不同于自然科学,法官不可能在司法决策中为验证某个因果机制进行重复性实验,但是,这并不影响法官在思想层面考虑各种变量重构历史的另外一种可能性,对比在设定条件下所发生的结果有何不同。因此,"反事实推理"能够弥补法官实证能力不足的局限,并能够打破因循守旧的定势思维,防止将以往经验视为理所当然而不加反思地接受,从而做出具有开创性的司法决策。

3. 后果主义法律论证应符合融贯性的要求

目的论证包含在后果主义法律论证的次级证成中,对法律目的的确证与正当化成为后果主义法律论证得以证立的关键。为避免后果主义法律论证沦为主观主义司法,对后果评价标准的证立必须通过理性重构的方式进行,并基于批判性讨论的方式进行验证,即法官必须在法律体系内

---

① See *Heuristics and the Law*, in Gerd Gigerenzer and Christoph Engel eds. , MIT Press, 2016.

② Basit Bilal Koshul, *Max Weber and Charles Peirce: At the Crossroads of Science, Philosophy and Culture*, Lexington Books, 2014, p. 58.

部证立法律的目标,其价值判断必须受到理性论辩规则和规范性论证方法的约束。为此,后果主义法律论证中对后果的可欲性判断,必须与法律体系内的价值保持一致,并为论辩双方所接受。后果主义法律论证实际上是法官根据各种可欲的价值对裁判后果进行均衡性考量,并对裁判规则进行普遍地证立,法官对后果可欲性的价值判断必须与法律体系内部的价值保持一致,否则,法官将根据自认为理想的公正模式进行后果考量。正如麦考密克所言:"通过后果论证所追求价值的过程必须标明一种合理的一致性,亦即一个判决的后果应当与相关法律原则的目的相协调一致。"①

这样,后果主义论证与融贯主义论证共同构成了二阶论证的基本要素。前者关注的是裁判所引起的法律效果和社会效果,是在不同利益的权衡中对裁判可行性和接受性程度的评价;而后者更为关注规范思维方式的维护,确保裁判内容应当与法律体系内部价值相互协调。② 融贯主义论证不仅意味着对规范的坚守,也会开启对规范进行反思的契机。也就是说,法官不仅要坚信现行法秩序的合理,而且应当推定法律内部的价值相互协调,应通过法官的思维活动实现最大限度的融贯,尽最大可能地消解法律内部的矛盾与冲突。在法律实践中,后果主义论证与融贯主义论证往往相互制约且相互交错,只有确保两者保持反思性平衡的状态,才能实现裁判的公正与合理。

为此,要实现待评价后果的法律目标与其他法律价值相互协调一致,后果主义法律论证应符合融贯性的要求。融贯性作为法律命题证立的标准,并不仅仅指逻辑一致性,更重要的是信念之间的相互支持关系。逻辑一致性要求在一个系统内部各个命题均为真,但这仅为融贯性的必要但非充分条件,也就是说,一个融贯的法律体系可以包含逻辑的不一致。③

---

① [英]尼尔·麦考密克:《法律推理与法律理论》,姜峰译,法律出版社 2005 年版,第 146 页。

② 参见[英]尼尔·麦考密克:《法律推理与法律理论》,姜峰译,法律出版社 2005 年版,第 146~148 页。

③ 参见蔡琳:《法律论证中的融贯论》,载《法制与社会发展》2006 年第 2 期。

这种融贯性的要求意味着当下案件裁判效果所体现的法律目标与之前类似案件所推进的法律目标相互协调，能够为以后类似案件法官的裁判提供示范，当下案件裁判所维护的法律价值能够在以后类似案件的裁判中得以维护；同时，在当下案件的裁判中，验证该后果的法律目标或原则与法律体系中的其他价值并不相互冲突，和谐地内嵌于法官的"信念之网"之中。

后果主义法律论证的融贯性检验实际上说明了后果权衡的体系性限制，这要求法官在裁判中选择最能促进现行法律体系内部价值的社会后果，尽可能使采取某种解释所导致的后果与法律体系中的原则或价值形成相互支持的关系。但是，融贯是一个程度的概念，法律作为融合多种价值的规范体系存在相互竞争的法律原则，在个案裁判中法律原则因事态的不同所呈现的分量有所不同，在不同条件下法律原则之间的竞争关系会有所变化，司法裁判中的法律论证只能实现局部融贯，而无法实现德沃金意义上的整体融贯。① 这实际上说明了后果主义法律论证在规范上的限度：一方面，裁判后果的可欲性评价要有"法律上的根据"，这只能在"弱主张"的意义上成立。因为法律本身存在"价值漏洞"，以法律之外的实质价值判断评价后果的可欲性在所难免。另一方面，法律内部的价值无法实现整体意义上的融贯，法官不可能在任何案件的裁判中做到"用一个声音说话"，只能在特定的时空范围内实现个案裁判的后果与法律内的价值之间不相冲突。

综上，对后果主义法律论证的评估应当在两个层面进行：一是逻辑意义上的评估，即运用有效的逻辑模式对后果主义论证进行理性重构，使后果主义法律论证经受"逻辑有效性"的检验，确立后果主义论证作为外部证成与内部证成的支撑关系；二是语用意义上的评估，即通过批判性讨论确立后果主义法律论证的证立条件，这有赖于一系列批判性问题的具体展开，从而在对话与商谈中深化论证层次，通过"主体间的检验程序"确

① 关于整体融贯与局部融贯的论述，参见王彬：《司法裁决中的实质权衡及其标准》，载《法商研究》2013 年第 6 期。

立后果主义法律论证的“可接受性”。

四、小结

运用法律论证理论对后果主义审判的逻辑机制进行解析,可以得出如下结论:后果主义法律论证在法律适用结构中居于二阶论证的逻辑地位,它与逻辑涵摄模式相互支持而非替代,往往适用于单纯依靠逻辑涵摄模式仍无法解决的疑难案件之中,从而对形式正义的局限性进行矫正,但后果主义法律论证仍要受逻辑一致性和连贯性的制约;对后果主义法律论证的型式进行分解,可将其分类为基于积极后果的法律论证、基于消极后果的法律论证和基于优益后果的法律论证;运用批判性思维对其成立条件进行分析和评估,后果主义法律论证将在批判性讨论中展开论证层次,其成立的关键在于对裁判后果的预测、评价与衡量,故后果主义法律论证的成立须满足系统性、客观性、融贯性等诸多限制性条件。

第三章　结果导向的法律适用方法

在社会转型时期，追求法律效果与社会效果的统一，成为司法裁判所追求的目标。在这样的背景下，后果考量作为司法裁判中的“隐性知识”逐渐浮出水面，被当作一种规范性的法律适用方法加以重视，甚至在法律解释学中占有一席之地。但是，长期以来，理论界在研究立场上将“描述性”与“规范性”相混同，错误地将“现实主义司法”混同于后果主义裁判，或者错误地认为结果导向的法律适用将导致法官的恣意裁判或者法外因素的不当干扰，这致使后果考量在规范性层面的研究严重不足。由于概念体系的错乱，法学方法论缺乏逻辑相对清晰的理论体系，很多学者错误地将后果考量与利益衡量、目的论解释等法律方法混同，更难以在裁判思维程序层面提出后果考量的操作规程。为此，本章将对后果考量在法律适用中的思维程序进行探析，以刑事裁判中的“量刑反制定罪”为例，对后果考量的裁判思维程序进行法教义学意义上的证立；根据后果考量在司法裁判中的实践样态，对后果考量的法律渊源依据进行分析，并说明法外因素通过后果考量进入司法裁判中的程序与方法；以结果导向作为解释立场,说明结果导向法律解释的实践场景,并明确结果导向法律解释的具体操作规则,希冀为司法裁判提供法学方法论意义上的指导。

一、逆向裁判的思维规程

法官如何裁判,这个经典问题一直困扰着法理学人。对于这个问题,法律人一直徘徊在法律现实主义与法律形式主义之间,即哈特所谓的“噩梦”与“美梦”。[①] 所谓“噩梦”,即法律人极端地认为法律具有不确定性,无论对事实还是规则都抱着怀疑和解构的态度。美国的现实主义法学甚至认为司法裁判完全是由法官的直觉、心理等主观因素所支配的,弗兰克直接将司法裁判的决定性因素归于“法官早餐吃了什么”,他的裁判哲学因此被人们讥讽为“司法美食学”。所谓“美梦”,即法律人对法律的确定性坚信不疑,幻想着法律的完美无缺,矢志不移地追寻着任何案件裁判中的“唯一正确答案”,而这种抱着“法律确定性”牢牢不放的观念又被讥讽为法律人的“致命自负”。所以,噩梦与美梦之间的徘徊实际上是法律人在法律的确定性与不确定性之间的焦虑和踯躅。在司法实践中,部分法官往往凭借“法律感”等直觉、经验因素获得裁判结论,然后再在法律体系内证立自己的裁判结论,逆向思维本是法官在实践中的裁判常态,但是,这种后果主义的裁判模式一直被当作“噩梦”对待。后果主义的批评者认为,司法裁判中所考量之后果无非法官主观判断的结果,这无异于打开了裁判噩梦的“潘多拉魔盒”,完全颠覆了法律的确定性。然而,这实际上混淆了心理学意义上的裁判思维与方法论意义上的裁判思维。

因此,在研究立场上,描述性与规范性的区分是讨论后果主义裁判进路的逻辑前提。所谓描述性的后果主义,是指法官在裁判中事实上是如何根据后果来进行裁判的,也就是说,公共舆论、意识形态、政治压力等法外因素在事实上如何通过“社会效果”的方式影响着法官的裁判,职业经

---

① See H. L. A. Hart, *American Jurisprudence through English Eyes*: *The Nightmare and the Noble Dream*, in H. L. A. Hart eds., Essays in Jurisprudence and Philosophy, Oxford University Press, 1983, p. 126 – 144.

验、性别意识、宗教观念作为主体性因素如何在影响着法官对裁判后果的认知,这均为后果主义裁判研究的描述性立场;而所谓规范性的后果主义,则指法官在裁判中应当如何根据后果来进行裁判,如何通过一种规范性的思维规程排除法外因素或主观因素的不当干扰,从而通过规范性后果来证立司法裁判中的法律命题。前者实际上属于社会学、心理学、政治学等社会科学的研究对象,是对法外因素或主观因素与裁判结论之间因果关系的说明与描述;而后者才属于法学方法论的研究范畴,是在规范性的意义上说明法官应当如何根据后果去裁判,而对逆向裁判思维操作规程的探讨应当属于后者。因此,只有在规范性的意义上明确后果考量的裁判思维规程,使后果主义裁判真正具有法学方法论的意义,才能通过后果主义裁判维护或者建构法律的确定性,从而使后果考量不再是法律人的"噩梦"。

(一)逆向裁判的规范性证立

为了讨论的方便,这里以一则经典案例作为分析对象。"许霆案"是发生于中国的一个具有里程碑意义的经典案件,该案聚讼纷争,观点纷呈,是法条主义者和后果主义者争论最为激烈的一个案例。该案基本案情如下:

> 广州青年许霆到某银行 ATM 取款机取钱,结果取出 1000 元后,他的银行卡仅被扣款 1 元,他连续取款数万元后,又伙同同伴郭某前来取款,反复操作多次,后经查实,许霆先后取款 171 笔,共计 17.5 万元。事后,许霆携款潜逃并将钱款挥霍一空。一审法院审理后认为,被告许霆以非法占有为目的,伙同他人采取秘密手段,盗窃金融机构,数额特别巨大,其行为已构成盗窃罪,判处无期徒刑,没收个人全部财产。后许霆上诉,经过法院二审后,许霆被判处盗窃罪,判处有期徒刑 5 年。①

① 参见相关裁判文书:广东省广州市中级人民法院刑事判决书,(2007)穗中法刑二初字第 196 号;广东省广州市中级人民法院刑事判决书,(2008)穗中法刑二重字第 2 号。

该案发生后受到公共舆论的广泛关注，不可否认，民意与舆论的压力对于“许霆案”的改判起到了举足轻重的作用。在该案中，公共舆论一边倒地倾向于对许霆的同情。受儒家文化影响，公众普遍认为，唯有君子才具备“慎独”之德，在巨大的金钱诱惑面前，常人难以抵挡，很容易伸出不义之手，故在缺乏外界监督的情况下获得“不义之财”的行为得到了大众的普遍同情。更有专业人士认为，“法律不能强人所难”，法律不能以高于常人的人性标准对行为人做出过高的要求。因此，汹涌的民意实际上是以常识和道德为基础的。故有批评者认为，法官在个案中实际上是根据社会后果或者民意导向在裁判，这违背了“依法裁判”的基本职业伦理，这将会导致法律自治性和安定性的破坏。然而，法条主义的批评者则认为，在社会转型时期，法条主义对于难办案件无能为力，法官应当积极回应公共空间中的道德叙事和日常叙事，通过合理吸收公众意见，作出符合实质合理性的裁判。①

该案之所以受到普罗大众的广泛关注，是因为一审判决量刑过重，这严重冲击了普罗大众的生活常识和道德直觉，这实际上反映了两种裁判思维模式的巨大差异。众所周知，定罪和量刑是刑事裁判的基本环节。但是，定罪往往涉及对刑法教义的理性分析，而量刑则更多关涉刑罚公正的经验判断，是故，刑法专家较为关注定罪，而普通公众则更关心量刑。基于罪刑法定原则的基本要求，从定罪到量刑的正向裁判机制是法官进行案件裁判的常规思路。这种“由罪而刑”的正向裁判机制，一般是在确定案件事实之后，根据刑法中相关罪名的犯罪构成进行比对，从而建立犯罪构成与事实构成的对应关系；在确定罪名后，根据案件的情节要素在相应罪名的法定刑幅度内处以一定刑罚。因此，“由罪而刑”裁判机制的核心是“合法性判断”。

就“许霆案”而言，法官做出“合法性判断”的主要依据是我国《刑法》第 264 条。该条规定：“盗窃公私财物……有下列情形之一的，处无期徒刑或者死刑，并处没收财产：(一)盗窃金融机构，数额特别巨大的……”

---

① 参见苏力：《法条主义、民意与难办案件》，载《中外法学》2009 年第 1 期。

一审法官根据该条款所载明的犯罪构成，建立与许霆“非法占有银行财产”这一案件事实的对应关系，再根据犯罪情节进行量刑。正是在这种“由罪而刑”的裁判思维支配下，法官先是根据刑法条款与犯罪事实做出了“符合性判断”，对许霆的行为进行了定性，即许霆“盗窃金融机构且数额巨大”，然后再进行量刑部分的推论，而且在法定刑幅度范围内进行了“自由裁量”，选择了相对较轻的无期徒刑这一量刑结果。

由于该裁判思维机制以维护法律安定性为前提，以犯罪构成理论为核心，而被我国刑法理论界和实务界所普遍接受。“定罪是量刑的前提，定罪为量刑提供相应的法定刑，是量刑的先决条件。”①这几乎已经成为我国刑法学界的通说。然而，正向的裁判思维机制往往难以应对疑难案件的裁判。在疑难案件中，法律的模糊、规范的竞合与冲突、法律漏洞乃至不良规则的存在，使法官无法直接建立法律与事实之间的对应关系，这需要裁判者对法律规范进行解释、选择、权衡乃至重构才能建立犯罪事实与刑法规范的对应关系。因此，在疑难案件中，由于刑法规范的复杂性，往往存在多个罪名与犯罪事实具有相关性，不同罪名的量刑幅度相差巨大，这就要求裁判者不得不关注刑法评价的实质公正问题。量刑作为裁判结果直接关系到裁判的实质公正，量刑对定罪就产生一定的制约作用，所以，“以刑制罪”的思维模式在刑事裁判中不可避免。

在刑事疑难案件的裁判中，“由刑而罪”的逆向裁判思维机制往往更为有效。这种裁判机制在刑法学界亦被称为“量刑反制定罪”。该裁判模式实际上是根据刑罚的轻重程度与制约因素来解释犯罪构成与事实构成的符合性判断，根据犯罪行为的社会危害性来评估刑罚轻重并依此来选择与该刑罚相匹配的罪名。该裁判思维更为关注的是量刑的公正性，而非定罪的精确性。“以量刑反制定罪……从量刑妥当性的基点出发，反过来考量与我们裁量的相对妥当的刑罚相适应的构成要件是哪个，从而反过头来考虑该定什么罪。”②因此，“由刑而罪”的逆向裁判机制其核心

---

① 参见赵廷光：《论定罪、法定刑与量刑》，载《法学评论》1995 年第 1 期。

② 梁根林：《现代法治语境中的刑事政策》，载《国家检察官学院学报》2008 年第 4 期。

为“妥当性判断”。该裁判机制以裁判的妥当性为目标，以罪责刑的实质均衡为核心，而刑罚的轻重更符合普通公众的经验判断，因此，通过逆向裁判思维而得出的裁判结论往往更容易为普通社会公众所接受。“在经验世界里，人们都是通过刑罚来认识罪名的，因为刑罚是一种易感触的力量。”①逆向裁判思维因而更符合公共意见、社会常识等实质因素，但是，这绝非意味着逆向裁判是法官根据法外因素作出的裁判。对于“许霆案”，自然无法否定舆论民意在现实中作为“法外因素”对司法裁判的影响，但这绝不能成为决定司法裁判的直接理由；对此，法官只有经过一定的裁判思维规程将“法外因素”转化为“法内理由”，才能确立符合法治观念的后果主义裁判的立场与进路。

在科学哲学中，“原因”与“理由”被做出明确区分，这一对概念的区分有利于正确理解“法外因素”与“法内理由”，从而为规范性的后果主义裁判进路正名。大致而言，原因是引起某个结果或者对某类现象产生影响的条件或因素，而理由则是人类做出某类正当行为的根据。“对于司法判决来说，与原因相关的是一种旨在预测何种判决可能会被特定法官所做出的社会科学理论；而与理由相关的则主要是一种旨在讨论司法判决是否可被证立，以及如何证立的法学方法论。”②前者是法律现实主义所主张的后果主义裁判理论，而后者属于后果主义的裁判方法论。法律现实主义所主张的裁判过程实际上是“法的发现”过程，在其看来，在裁判过程中，来自政治、经济、文化的大量法外因素（原因）影响甚至决定了裁判结果，法官裁判的过程往往先有裁判结果，再根据法律规范或法律教义进行“事后的包装”。法律现实主义只是对法外因素与裁判结论之间的因果关系进行研究，而对于法官应该在裁判中如何运用裁判理由证立裁判结论并不关注。在这个意义上，法律现实主义实际上混淆了启动裁判的“原因”和证立裁判的“理由”，从而进一步混淆了法的发现和法的证立。

---

① ［意］贝卡里亚：《论犯罪与刑罚》，黄风译，中国大百科全书出版社1993年版，第25页。

② 陈坤：《疑难案件、司法判决与实质权衡》，载《法律科学（西北政法大学学报）》2012年第1期。

对于后果主义的裁判而言,裁判的后果可能扮演裁判原因之角色,亦有可能扮演裁判理由之角色,但是,影响某种裁判结果出现的原因未必能够成为法官证立某个法律命题的理由。这种因果关系影响了法律所欲实现的价值或目标时,这个原因则可以成为支持或反对某个行动的法律上的理由。换言之,某件事情的原因,就是使这件事情(结果)发生与否(或影响其发生概率高低)的差异制造者。[①] 比如,吸烟是影响身体健康的"原因",那么,"吸烟有害身体健康"这一因果关系的说明,就有可能成为禁止吸烟的"规范性理由"。再如,如果实施死刑的立法目的是阻止重大犯罪,那么,对死刑与犯罪率之间因果关系的说明就可以成为修改法律的理由。对于轰动性案件而言,只有"法外因素"构成了案件裁判效果的"差异制造事实",这些法外因素才能成为支持作出裁判的"规范性理由"。因此,在法之发现层面上的后果考量必然在法之证立层面受到限制。

据此,就不难理解,"许霆案"的改判即使是在民意等"法外因素"影响下做出的"事后包装",法官也仍然要将其转化为"规范性理由"对司法裁判进行理性地证立与说服。裁判后果可以作为"原因"来启动法官的法律发现活动,但是,只有裁判后果通过"规范性理由"进行理性地证立,后果导向的裁判活动才真正得以完成。在量刑结果通过规范性理由得以证立的前提下,"以刑制罪"的裁判思维在法教义学意义上就具有正当性。具体而言,理由如下:

第一,"以刑制罪"的逆向裁判思维虽然以追求量刑公正为目标,但并不违背罪刑法定原则,反而是对罪刑法定原则与罪责刑相适应等刑法原则的融贯性证立。罪刑法定原则虽然更加侧重于在形式公正方面对司法权进行制约,但是,罪刑法定原则的司法实施绝不意味着要求法官机械地、孤立地适用法条。"随着从绝对罪刑法定原则到相对罪刑法定原则的转变,法律解释权有一个逐步获得承认的过程。"[②]在现代刑法教义学看

---

① See Christopher Hitchcock, *Causation*, in Martin Curd and Stathis Psillos eds., The Routledge Companion to Philosophy of Science 2d ed,2014,p. 361,363 –368.

② 参见陈兴良:《罪刑法定主义》,中国法制出版社 2010 年版,第 224 ~225 页。

来，罪刑法定之“法”并非指法律文本中的法条，而是指整个价值导向的法律体系，甚至是指法官经过解释、论证而形成的针对个案的裁判规范。尽管“以刑制罪”的逆向裁判追求法律解释的实质合理性，但是，该解释结论最终要在法律体系内部进行证立，从而使刑法解释兼顾了法律的安定性与裁判的妥当性。

第二，“以刑制罪”的裁判思维虽然追求价值判断的证立，但并没有将价值判断凌驾于逻辑判断之上，并未否定司法裁判应当受到形式逻辑的约束，从而并未超越法教义学的基本框架。传统的法学方法论认为，法律思维的本质是“形式判断优先于实质判断”。这一论断实际上是对涵摄思维模式的严格捍卫，但是，在疑难案件中，涵摄模式无法证立价值判断，相反地，只有在实质价值判断基础上证立针对个案的裁判规范，法官才能顺利地完成逻辑推论。然而，这也并不意味着在疑难案件中价值判断就优先于形式判断，因为，疑难案件中的内部证成仍然离不开涵摄模式。事实上，“以刑制罪”的裁判模式虽建立在妥当性考量的基础上，但最终必须在法教义学的框架内寻找规范性理由，并通过逻辑涵摄模式完成自上而下地推论来实现裁判结论的最终证立。所以，“以刑制罪”的裁判模式可以在法教义学的分析框架内进行证成。

第三，“以刑制罪”的裁判思维模式以能动司法为理论前提，但这并不会导致法官自由裁量权的滥用。根据哲学解释学的理论，理解是人类的存在方式，意义总是在理解自我和理解他人的过程中不断生成。法官作为法律文本的理解者和解释者，法律意义的生成同样是法官在解释法律和理解自我的过程中进行的。因此，法律解释本身具有价值导向性，法官解释法律的能动性和创造性不可避免。在哲学解释学看来，法官的“前理解”是进行法律解释的逻辑起点，尽管公共意见、裁判经验、法律直觉等法外因素或主体因素可能作为法官裁判的“前理解”潜移默化地影响着法官对“裁判妥当性”的实质考量，但是，裁判中的后果考量最终必须经过严格的法律论证加以证成，法官对法律文本的解释过程必然受到解释规则的规训，法官对解释结论的证立必然受到论证规则的约束，司法过程中主体之间的交流与对话必然受到论证程序的限制，通过理性的解释规则和论证规则就能够达成“规范性共识”。因此,立足于规范性的立场,后果主义裁判必须通过理性的论证规则和论辩程序来进行,从而作为一种法律方法或者法律思维规则约束着法官的自由裁量,防止法官恣意裁判的风险。

(二)“以刑制罪”的思维程式

基于规范性的研究立场,后果主义裁判是一种这样的方法论主张:案件裁判应当从裁判引起的各种可能后果出发,根据对裁判后果的可欲性评价,选择对社会整体而言更为有利的后果作为裁判备选方案,根据裁判结果回溯性的选择相应的裁判依据。对于“以刑制罪”的裁判模式而言,在刑事案件中,法官基于裁判后果妥当性的考量,从刑事裁判引起的各种可能后果出发形成各种备选的裁判方案,选择社会容易接受的量刑结果,并根据量刑结论回溯性地选择相关法律依据。以“许霆案”为例,基于规范性立场对后果主义的裁判思维过程进行理性重构,“以刑制罪”的逆向裁判思维规程至少包含以下三个步骤。

1. 法律的可适用性调查

根据法律拘束原则,无论裁判思维机制是正向的还是逆向的,法律发现都是法律适用过程中的首要环节,只不过对于逆向裁判思维而言,法律发现是一个不断试错并根据后果反复矫正的循环过程。在这一过程中,法官根据案件事实选择与裁判具有直接相关性的法律依据,通过对法律规则的解释和案件事实的证明,运用涵摄模式初步得出裁判结论。在这个过程中,法官将根据其经验对裁判后果进行预判,如果裁判结论明显不符合实质公正或者明显不具有社会可接受性时,后果主义审判模式将被启动。

在“许霆案”中,人们对案件事实分歧较小:由于 ATM 机发生机械故障,被告人许霆恶意取款且数额巨大。在对案件事实进行查明的基础上,法官将根据案件事实选择最具相关性的法律条文,然后法官需要根据该条款分析案件事实构成,建立法律与事实之间的对应关系,从而完成逻辑推论。但是,法官在进行推论之前,必须消除推论前提中的“解释性分歧”。对于该案而言,尽管法律条款的规定并不模糊,案件事实也十分清晰,但是该案的法律解释问题却存在明显的争议。套用德沃金的分析框架,该案属于“理论性争议”而非“经验性分歧”。所谓理论性争议,是指关于用什么根据和原则作为标准来确定法律真实含义的争论;所谓经验性争议,是律师和法官就法律文本是否载有一条具体法律规则的争论。[①]也就是说,在“许霆案”中,案件事实与法律规则的相关性,本身并无争议,但是,应当根据何种标准和原则来对法律规则进行解释却分歧巨大。该案中存在两个明显的争点:一为“许霆的行为是否属于盗窃”;二为“ATM 机是否为金融机构”。

对于许霆的行为是否属于盗窃,刑法学界关于“公开取款行为是否属于盗窃”的问题存在重大分歧。有观点认为,在该案中,许霆持有自己的工资卡,利用个人真实身份在公开场合公开取款,并非“秘密取得”,不符合盗窃罪的犯罪构成要件。[②] 对于该质疑,刑法理论中“主观秘密说”的理论观点对其进行回应。所谓“主观秘密”,即“秘密”实际上具有相对性和主观性,行为人采用了主观上认为没有被他人发觉的方式占有他人财物,即使客观上依然被他人发现或察觉,也不影响盗窃罪的成立。[③] 事实上,从刑法条款的语义学解释来看,我国刑法典并未将“秘密”作为盗窃罪的必要构成要件。在现实生活中,也存在大量的“公开”盗窃行为。比如,一犯罪行为人长期踩点准备入户盗窃,但入户后,该行为人发现卧室内躺着一位身体瘫痪、没有语言能力但视觉毫无问题的病人,行为人得知房屋主人情况后,在该主人的注视下偷走了室内财物。试问,该犯罪行为是否属于盗窃行为呢?答案是肯定的。有人可能会质疑,该案属于极端案件并非常规案件,不能用极端案件来质疑法律中的直白含义。但事实上,公交车上的“扒窃”行为往往是公开进行的,这属于常规性频发案件,在司法实践中将之定为盗窃罪却是毫无疑问的。因此,盗窃罪是否成立

---

① See Ronald Dworkin, *Law's Empire*, Harvard University Press, 1986, p. 5.

② 参见李飞:《析许霆案重审判决之两大错误》,载谢望原、付立庆主编:《许霆案深层解读——无情的法律与理性的诠释》,中国人民公安大学出版社 2008 年版,第 103 页。

③ 参见白斌:《刑法的困境与宪法的解答——规范宪法学视野中的许霆案》,载《法学研究》2009 年第 4 期。

并不在于盗窃行为是否“公开”,问题的关键在于受害人的知晓是否对犯罪人的行为构成了实质性阻却。[①] 在“许霆案”中,许霆的公开恶意取款行为被银行的摄像机完全摄录,在收到银行的警告之后,许霆仍然拒绝还款而是携款潜逃,将许霆的公开恶意取款行为定性为盗窃罪并无问题。

对于 ATM 机是否属于金融机构,这一争议的解决并不困难。尽管相对于银行金库中的资金而言,ATM 机在物理位置上可能处于金融机构经营场所之外,这使其位于“金融机构”概念含义的核心与边缘之间。根据当时生效的最高人民法院颁布的《关于审理盗窃案件具体应用法律若干问题的解释》(已失效),其中第 8 条规定:《刑法》第 264 条规定的“盗窃金融机构”,是指盗窃金融机构的经营资金、有价证券和客户的资金等,如储户的存款、债券、其他款物,企业的结算资金、股票,不包括盗窃金融机构的办公用品、交通工具等财物的行为。根据该解释,“金融机构”的核心含义是存放于银行金库中的“资金”,ATM 机实际上是存放资金的便民设施,运用文义解释的方法将 ATM 机解释为金融机构的构成部分,并没有超出这个概念的文义射程。因此,将许霆从 ATM 机恶意取款的行为定性为“盗窃金融机构”,这一解释结论亦成立。

综上所述,基于法的安定性要求,从法的权威角度考虑,根据对法律的可适用性调查,可以得出初步的判断:许霆的行为构成“盗窃金融机构”。但是,法官若据之进行量刑推论,将许霆判处死刑或无期徒刑,这将会是一个不具有普遍可接受性的裁判结果。在这种情况下,后果主义的裁判模式将得以启动,即法官将会根据裁判后果的可欲性,修正对法律可适用性的调查,因此,在后果主义裁判中,法律的可适用性调查是一个循环往复的过程。

2. 裁判后果的预测与评价

通过法律解释和演绎推论初步得出裁判结论之后,法官将对裁判结论引起的可能后果进行预判与评估。如果裁判结论将引起不可欲的潜在后果,那么裁判结论明显不具有可接受性或有违实质公正,法官将根据经

① 桑本谦:《传统刑法学理论的尴尬——面对许霆案》,载《广东商学院学报》2009 年第 5 期。

验对裁判结论进行适当修正，根据后果的可欲性重新进行法律的可适用性调查。在这一过程中，法官通过对裁判后果的预测与评价，对裁判规范进行了调适与修正，这实际上是在裁判后果预测与评价的基础上选择裁判备选方案的过程。

对于“许霆案”而言，对许霆的行为判处无期徒刑，尽管这已是在法律条文规定的量刑幅度范围内的自由裁量结果，但是，法官需要对这一量刑结果进行经验意义上的评估。一般而言，对于刑事案件，法官将会从以下三方面进行评估。

第一，同类案件的量刑评估。尽管并不存在完全相同的案件，但是，在某一法律规范之下存在较为固定的同一事实类型，在这一事实类型中，案例之间共享着法律所规定的事实构成要素。因此，基于法律的可预测性，“同案同判”实为“同类案件同类裁判”，这是法治的底线要求。所以，对于“许霆案”的判决，无论是普通公众还是法律精英，都会联想起之前曾经判决的同类案件。如果同类案件并未判决无期徒刑，那么法官的判决就具有量刑过重的嫌疑。

第二，异类案件的量刑评估。量刑的差异取决于社会危害性的不同，而社会危害性的判断并非完全法教义学的理性证成，而更多是凭借直觉体悟和经验判断做出。“许霆案”的一审判决，普通公众往往基于经验用诸如“巨贪轻判”的异类案件进行比较，从而引发对许霆重判的质疑。

第三，诉诸良心的量刑评估。普通法的发展历史已经说明，司法裁判必须建立在普通人的“心智”基础上，常识、常情与常理往往是检验司法公正的试金石。因此，对于行为正当性的判断，判断者应当换位思考；对于法官而言，亦应推己及人，依此来检验裁判结论是否能够经受住自己良心的考验。

可见，裁判后果在司法决策过程中不仅可以扮演司法裁判之原因的角色，而且也可能作为裁判理由进入法律论证的过程。但是，只有可以正当化的原因才能转变为证立裁判的“法内理由”。在经过裁判后果预测、可正当化验证等思考程序之后，在综合各种因素进行后果考量的基础上，法官将会得出较为妥当的裁判结论，从而使司法裁判能够有效回应公众意见，使司法裁判经受公共理性的检验而促进司法公信力的提升。然而，法官所选择裁判备选方案必须在法教义学的框架内进行证立，否则，法官对裁判妥当性的考量将会是完全基于社会效果的导向做出的，这将面临新一轮的质疑与批判。

3. 裁判结论的法教义学证立

考量裁判结论可能引起的后果，将会在司法裁判中得出具有妥当性和可接受性的裁判结论，这一结论最终必须在法教义学的框内进行证立。根据法教义学的一般理论，对裁判结论的法教义学证立主要包括以下三个维度：

第一，对现行法秩序保持合理性的确信，这是法教义学思考方式的根本前提。对于疑难案件的裁判，不能因为通过演绎推论得出的逻辑结果不具有社会可接受性而对现行法秩序保持怀疑，从而试图通过修法以促动裁判结论对社会的适应。为了弥补裁判结论与公众情感之间的巨大鸿沟，对于难办案件的裁判，许多刑法学者主张启用特殊减刑制度使量刑结果符合公众认知，即适用《刑法》第 63 条第 2 款的规定，报请最高人民法院核准为犯罪嫌疑人特殊减刑。[①] 但是，这并非法教义学的处理方式，在根本上也解决不了难办案件。反而，通过机关解释造成的实质性修法会破坏法律秩序的安定，并导致疑难案件中的司法裁判向该条款的过度逃逸。当然，法教义学主张对现行法秩序的合理确信，并不意味着法官对于裁判结论不能持有批判性立场。只是法教义学的“批判标准并非源自于现行法秩序之外的超越性的道德标准，而是借由对法体系内部之规范、规范意义及其脉络关联的总结、抽象而获得的统合性原则，得以对于争议条款、规范解释乃至法院判决保持一种反思性评价的可能性”[②]。所以，无论是对裁判后果的可欲性验证还是对荒谬结论的批判性反思，最终都必须通过价值导向的体系化关联思考方式来进行。

第二，法教义学对司法裁判秉持认知主义立场，追求法律体系内的正确答案，保持相对于道德的中立性。尽管对裁判可能后果的考量，往往是

① 参见陈兴良：《许霆案的法理分析》，载《人民法院报》2018 年 4 月 1 日，第 5 版。

② 白斌：《论法教义学：源流、特征及其功能》，载《环球法律评论》2010 年第 3 期。

基于道德标准或常识标准的反思而启动的，但是，裁判结论的最终证立并不能基于道德理论做出。法教义学体现了一种中立性。功利主义者、权利理论家、排他主义者以及其他道德哲学家之间的争论对它们影响极小。[①] 即使道德理论能够对裁判结论进行批判性反思，但裁判理由的最终证立必须通过法教义学的方式做出。因此，通过法教义学证立的裁判主张，并非基于裁判结果的可接受性，而是基于"既有体系范围内，就评价准则的内容、效力范围及其重要性，所做出的正确性陈述"[②]。

第三，在法教义学的裁判思维中，解释工作和体系化思考是规范性命题证立的核心要素。在后果主义裁判中，在后果考量基础上所形成的裁判结论，仍需要通过法律解释来形成裁判理由。这是一个"解释学循环"的过程，历经了解释—后果验证—再解释的循环过程，这一过程"区别于直觉性、感悟性的理解方式——其未意识到不同解释的可能性——直接进入特定的意义，而是透过思虑，在诸种说明可能性中，选择了其中最为适切的一种"[③]。所谓体系化思考，是将法律作为体系化的"规范之网"，而不能将法律规范作为单独、孤立地存在。正如卡尔·拉伦茨所言，"法教义学的任务是发现个别规范、规章之间，及其与法秩序主导原则间的意义脉络，并以得以概观的方式，质言之，以体系的形式将之表现出来，以整合各种价值，消除规范间矛盾。"[④]

对于"许霆案"而言，法官通过后果考量会得出在法定刑以下进行量刑的裁判结论，该裁判结论必须是立足于法教义学立场而证立的。易言之，法官即使参考公众情感、网络民意对许霆进行轻判，但是，法官必须依据法律给出轻判的理由。在该案中，基于法教义学的规范主义立场，法官应当在规范的体系关联中对盗窃罪相关法律条文进行再解释。我国《刑

---

① See Aleksander Pecznik, *A Theory of Legal Doctrine*, Ratio Juris, Vol. 14:1, p. 85 (2001).

② ［德］卡尔·拉伦茨：《法学方法论》，陈爱娥译，台北，五南图书出版有限公司 1997 年版，第 117 页。

③ ［德］卡尔·拉伦茨：《法学方法论》，陈爱娥译，台北，五南图书出版有限公司 1997 年版，第 85 页。

④ ［德］卡尔·拉伦茨：《法学方法论》，陈爱娥译，台北，五南图书出版有限公司 1997 年版，第 316 页。

法》第 263 条明确规定,抢劫银行或其他金融机构,或多次抢劫或者抢劫数额巨大,处 10 年以上有期徒刑、无期徒刑或者死刑,并处罚金或者没收财产。相较于盗窃犯罪,考虑到抢劫罪的暴力性和盗窃罪的平和性,根据刑法总则中的罪责刑相适应原则,对“许霆案”的量刑应当在低于 10 年有期徒刑的幅度内进行,这才符合法律体系协调性的要求。根据更为广义的法教义学立场,宪法和刑法均为法律体系的构成部分,法官裁判刑事案件应当具有宪法的“在场”意识,因此刑法解释的结论还应当接受合宪性的审查,从而实现刑法价值与宪法教义的兼容、法律体系的整体性融贯。对于“许霆案”而言,根据我国宪法所规定的平等原则,公有财产与私有财产应当同等保护。但是,我国刑法对金融机构实行特殊保护,在量刑上,相较于盗窃私人财产的犯罪行为,对盗窃金融机构行为的刑罚明显更重。据此,法官应当根据合宪性解释的方法,推定法律体系内部的价值协调统一,从而在法定刑以下进行量刑。

综上,后果主义审判的思维规程完全可以在法教义学框架内进行,它只是对法教义学的补充与完善,而绝非对法教义学思维方式的解构与颠覆。根据以上分析,后果主义审判的思维规程如图 3－1 所示。

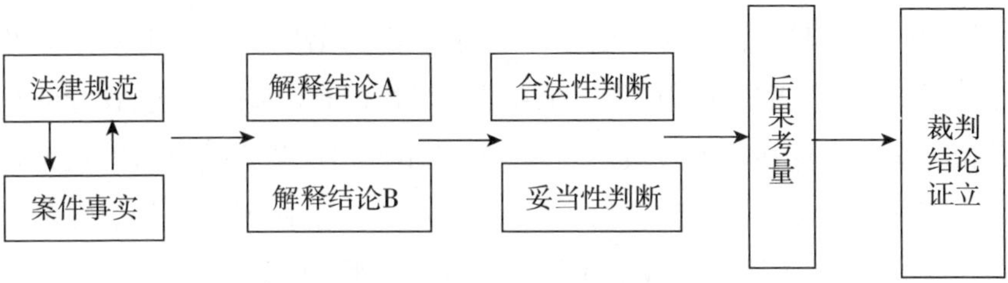

图 3－1　后果主义审判思维规程

二、后果考量的法源依据

面对转型社会的变动不居与利益格局的更迭分化,后果主义审判是法律话语系统在其他话语系统压力之下的路径选择,是司法裁判回应社会变迁的重要进路。后果主义审判作为回应型司法,往往在开放的法律渊源中追寻后果考量的依据,从而通过后果考量不断沟通法律话语系统与政治、道德话语系统,促进现代社会自治型司法向回应型司法的转型。基于规范性的立场,后果考量的法律渊源依据需要通过理性的方式进行识别与证立,因为任何裁判的做出都必须说明理由,“为判决结果提供一般性的依据,并阐明援引、选择这些依据的依据。”①从实践形态来看,裁判中后果考量的依据往往是法律话语系统之外的政策、习惯以及道德,因此,公共政策、习俗惯例和道德理由将作为后果考量的法源依据须分别予以考察。

(一)依据政策的后果考量

在社会转型过程中,随着法院参与公共治理的不断深入,公共政策作为补充法源或者间接法源的裁判依据地位已经确立,依据公共政策的司法裁判已经成为后果主义审判的实践形态。但是,随着政治国家意志在司法领域中的不断渗透,法院参与公共治理角色的不断强化,法律与政策的界限日趋模糊,公共政策实施造成的不当意外后果在司法领域逐渐扩散。因此,这就需要在法学方法论的层面上对司法裁判中的公共政策进行正确定位,考察法院依据公共政策进行后果考量的空间与路径,并确立公共政策在法律适用中作为后果考量依据的界限。

1. 何为公共政策?

尽管政策早已作为一个法律概念写入了中国法律文本,但是,“公共政策”这一概念无论在理论界还是在实务界都没有清晰的界定,这导致在理论上法律理论往往因政策之名为政治理论背书,在实践中国家权力则因政策之名过度扩张。到底何为公共政策,实际上在不同学科的界定中存在差异,也因不同国家政治体制的差别而有所不同。

在政治学理论中,“政策一词在社会和政治中最常见的用法,是指在分析不同方案之后,慎重采纳和实施(或预计要实施)一个行动过程或预期行政过程。”②根据该种解释,政策是为实现某种行政目标的优选方案,是在政治过程中所形成的行动计划或者纲领。因此,公共政策的制定

---

① 陈林林:《裁判的进路与方法——司法论证理论导论》,中国政法大学出版社2006年版,第9页。

② [美]那格尔编著:《政策研究百科全书》,林明等译,科学技术文献出版社1990年版,第156页。

和执行是现代政府展开工作的必要内容和重要形式,公共政策是政府机构为促进社会发展、解决社会内部纷争而宣布的一组目标以及所采取的相应行动。可见,在政治学的语境下,公共政策是一定政治实体为实现特定社会目标而采取的用来调控社会行为和发展方向的行动方案。

相较于政治学意义上的公共政策,法律语境下的公共政策概念存在某些差异。“公共政策”作为一个法律概念,更多地体现在英美国家的法律体系中。“反映在英国文献和法院判决中的见解的大意是说,在所有法律部门中,与审判有关的唯一类型的公共政策乃是法律政策,在司法中形成的以考虑公共利益为根据的新法律规则,应该被看作英国法律史上一个已经确定了的篇章。”①在法律语境下,公共政策往往是能够体现公共利益的法律规则或原则。在英美法系中,“公共政策”经常出现在法官的裁判中,但往往并不以具体的规范性法律文件为载体形式进行表达,而往往是“公共利益”或者“社会福利”的代名词。在我国,公共政策往往具有规范性文件的具体表达形式,公共政策作为国家意志的贯彻通过行政机关的规范性文件进行发布,以行政法规、行政规章和行政规定等规范性法律文件加以体现,或者以政府机关、党务系统直接下发的“红头”文件作为载体。随着法院参与公共治理的角色不断强化,法院对公共政策的创制和执行愈加频繁,公共政策在司法系统中往往以最高人民法院统一发布的司法解释、指导性案例、会议纪要、通知等司法文件作为载体。

随着公共政策在立法、司法与执法领域的全面渗透,公共政策不但具有明确规范性法律文件的表达形式,而且在司法裁判中经常作为裁判依据,这导致政策与法律的界限模糊。但是,这并非意味着政策与法律可以混同。

首先,公共政策以维护公共利益为目标,以实现社会福祉为旨归,故公共政策往往具有目标性;但是,法律作为法治社会的行为规范和裁判规

---

① [美]埃德加·博登海默:《法理学——法律哲学和方法》,张智仁译,上海人民出版社1992年版,第420~421页。

范,其首要功能是对个体权利的保障,并确定个人私权与国家公权的界限。根据德沃金的区分,原则和规则是个体权利存在的依据,而政策指向的则是涉及政治、经济等方面的社会整体目标。①

其次,公共政策作为实现特定社会目标的行动方案,往往因其特定的目标性而具有权宜性和灵活性,尤其是在社会发展的非常态状况下,公共政策往往作为应对特定时期、解决特定社会问题的权宜之计;而法律作为指引公民和政府如何行为的规范体系,法律的安定性和权威性是法治所维护的首要价值,因此,法律往往具有恒定性和持久性,但往往因安定性而僵化。

最后,在思维方式上,基于法律的论证和依据政策的论证具有很大不同。美国法学家胡恩认为,在美国的司法实践中,存在五种不同种类的法律论证模式,分别是基于文本的论证、基于立法意图的论证、基于先例的论证、基于传统的论证和基于政策的论证。② 前四种均属于基于法律的论证,而基于政策的论证区别于其他论证形式。大致而言,基于法律的论证为"规则导向"的论证,而基于政策的论证则为"后果导向"的论证。在司法裁判中,无论是基于法律文本、立法意图还是先例或历史传统,法官在裁判中都是试图"向后看",发现立法者过去的政治决定或者裁判者的先前做法,试图维护法律的连续性和稳定性,并试图通过逻辑的方法保证裁判结论来自过去的法律决定,从而维护法律的安定性与自治性,因此,基于法律的论证是向后看的、教义式的、原则论的、逻辑优先的思维方式。然而,基于公共政策的法律论证本身是后果主义法律论证的实践形式。在胡恩看来,基于政策的论证不同于其他论证形式,它本质上是一种"后果主义的论证",其核心要义在于对法律的某种解释和适用将会带来某一特定的后果,该后果从法律的视角来看是可以接受的或者是不可接受

---

① 参见[美]德沃金:《法律帝国》,李冠宜译,台北,时英出版社 2002 年版,第 22~27 页。

② See Wilson Huhn, *The Five Types of Legal Argument. Second edition*, Carolina Academic Press, 2008, p. 51.

的。[①] 公共政策本身以维护公共利益和社会福利为目标，基于公共政策的法律论证实际上是通过司法裁判来实现一定社会目标的说理方式，从而对未来发生积极性的影响，因此，基于政策的论证是向前看的、试探性的、后果论的思维方式。

2. 政策考量的空间与尺度

在理论上，尽管政策与法律之间存在一定差别，但是，在现代法治社会，法律不仅是个体权利的保护手段和国家公权的规制方式，而且是实现公共治理的有效工具；尤其是，法院作为政治机关不仅肩负着实现规则之治的法律功能，承担着纠纷解决的社会功能，还具有促进社会良性治理的政治功能。因此，法律与政策作为公共治理的有效工具相辅相成，基于公共政策的后果考量在司法裁判中就具有合理的存在空间。

首先，法律供给的不足与粗放导致公共政策在司法领域必然存在，甚至在特定时期，公共政策对司法裁判具有主导作用。法律体系的完善需要在立法与社会实践的磨合中逐步推进，不能照搬照抄，更不能一蹴而就。立法的简单化虽然为法律汲取本土资源提供了发展空间，但是，这将为法官的裁判带来困难，粗放的法律制度难以应对社会发展过程中所涌现的新问题。相较于立法机关，法院往往能够及时地对社会问题进行回应，对社会现实的了解和反馈更具敏感性和及时性，因此，通过司法裁判创制公共政策来回应社会的变动，就成为司法机关义不容辞的责任。在这种情况下，法院应当"像立法者一样思考"，通过对裁判所引起的系统性后果进行考量，从而通过司法裁判创制公共政策并引领社会发展。

其次，为降低社会转型带来的政治风险，需要法院通过对社会效果的考量来创制或适用公共政策。政治经济体制改革能够有效促进社会转型，但是也带来了社会整体利益格局的变化，从而影响全局性的社会纠纷

---

① See Wilson Huhn, *The Five Types of Legal Argument. Second edition*, Carolina Academic Press, 2008, p. 51.

形成，就业安全、贫富分化、社会保障成为社会矛盾的聚焦领域。有数据表明，“改革开放以来，集资纠纷、土地纠纷、职工下岗等具有社会性的纠纷形态不断出现，它们的去向将决定着社会的公平和稳定程度。”①法律因其稳定性以及对程序的依赖性，对于社会转型带来的剧烈变动，对于全局性和整体性社会问题的解决往往捉襟见肘，但是，颇具权益性和目标性的公共政策却更具优势。同时，随着人类改造自然和社会能力的逐渐提升，各种不确定性因素在影响着整个社会的运行，人为的风险因素逐渐替代自然风险影响着人类社会，制度风险、技术风险、市场风险等无时无刻不在影响着人类生活。风险社会的来临意味着法律决策的任务逐渐从财富的分配转向风险的分配。“在各种事故频发的风险社会，加强受害人的各种法益的保护，无疑具有充分的社会伦理基础。”②因此，在这种情况下，在司法裁判中追随公共政策，通过适用政策实现某个特定时期的社会目标、保护某个群体的利益，无疑是降低政治风险、回应风险社会诉求的理性选择。

最后，为应对非常态下的社会需求，司法裁判需要因应形势需求，通过公共政策创制例外，缓解法律常态化与社会非常态化之间的矛盾与冲突。法律往往具有一般性，这难以应对特殊历史时期非常态的社会形势，在非常社会状态下，法院严格依法裁判有可能造成实质上不公，对法律做出变通适用又可能形式上违法，这使法院陷入“哈姆雷特式”的两难境地。为此，法院应当积极主动地面向公共政策，通过对社会效果的考量来适应非常态的社会形势。因此，“以原则为基础、以政策为导向的法律学说也就是对法律推理之专断性不可或缺的解毒剂”③。

尽管公共政策在司法裁判中存在合理空间，但是，这并不意味着公共政策能够直接决定个案的裁判结论，通过公共政策进行后果考量应当因

---

① 朱景文：《中国诉讼分流的数据分析》，载《中国社会科学》2008 年第 3 期。

② 郑晓剑：《组织过错理论与受害人保护》，载《法制与社会发展》2013 年第 6 期。

③ ［美］罗伯托·曼戈贝拉·昂格尔：《法律分析应当为何？》，李诚予译，中国政法大学出版社 2007 年版，第 95 页。

循一定的裁判尺度和标准。

第一,在司法裁判中,公共政策的适用应当以“社会福利最大化”作为根本准则。按照经济学家科斯的观点,“在对各种社会格局进行选择时,我们必须考虑各种社会格局的运行成本,以及转成一种新制度的成本”①。这意味着公共政策作为一种制度的实施将会带来公共资源的重新配置,从而会产生一系列制度运行的成本。事实上,并非任何体现政府目标和社会目标的行动方案都可以作为后果主义裁判的考量依据。因此,只有促进制度运行成本最小化和社会整体收益最大化的公共政策,才能成为法官进行后果考量的依据。这意味着公共政策的司法实施不能以牺牲个体权利和群体利益为代价,其实施应促进制度效益、个体利益和群体利益的整体最大化。

第二,公共政策作为后果考量依据必须以法律漏洞的存在为前提,法律漏洞的识别是适用公共政策的前提性程序。公共政策作为补充法源和间接法源,不能直接作为法官的裁判依据,但其具有填补法律漏洞的功能。为此,法官只有在穷尽正式法律渊源、存在复数法律解释或者严格适用规则出现实质不公正的案件情形中,才能适用公共政策进行司法裁判。在司法实践中,公共政策代表利益冲突中的长远利益和社会整体利益,法官可根据公共政策选择最佳的法律解释结论,在利益衡量中将公共政策作为衡量个体利益、制度利益、群体利益与社会利益的依据,从而运用公共政策填补法律漏洞。

第三,通过公共政策的后果考量在根本上不能与现行法秩序中的正义基本标准相冲突。正如博登海默所说,“尽管应该认为公共政策乃是一种非正式法律渊源,这一渊源在实在法表示出模棱两可或沉默时法官可适当地适用,但如果执行公共政策与正义的基本标准发生冲突,那么法官应有否决的权力”②。这意味着法官运用公共政策进行后果考量,不能有违法律基本价值,不得侵害个体权利,运用公共政策的后果考量应当与现

---

① [英]罗纳德·R.H.科斯:《社会成本问题》,刘守英等译,上海三联书店1994年版,第52页。

② [美]埃德加·博登海默:《法理学——法律哲学和方法》,张智仁译,上海人民出版社1992年版,第422页。

有法律体系保持一致,甚至法官还具有对公共政策进行司法审查的义务。

第四,通过公共政策的后果考量应当以防范意外后果的出现作为界限。在社会多元化的背景下,为实现特定社会目标或者回应某一群体的利益诉求,政策的制定与考量不可避免地会产生意外后果从而形成负面影响。“从直接原因上看,政策制定时信息获取的不足、经济分析的缺乏、利益保护的简单化处理等是导致公共政策出现意外后果的主因;从根本上分析,是源于公权力机构对自身能力的过度自信以及对私权主体行为复杂性的认识不足。”①为此,法官的政策考量需要借助社会科学知识进行判断,通过社会科学的运用预测裁判可能引起的扩展性后果;法官应立足全局在整体的政治系统机制中考量裁判对其他机构的可能影响,从而对裁判引起的系统性后果做出可能的预测,从而形成对政策考量意外后果的有效防范。

3. 政策考量的路径与方式

随着国家意志通过公共政策在司法裁判领域中的不断渗透,法院参与公共治理的角色不断强化。公共政策不仅是政府进行社会治理的重要手段,而且成为法官进行个案裁判的重要尺度。在司法裁判中,公共政策往往以显性的规范性法律文件存在,或者以隐性的政策性理由存在。根据公共政策进行后果考量,往往通过两种方式进入司法裁判之中:

第一,显性适用。为促进某种法律目标在特定时期的实现,最高人民法院往往通过发布司法解释和指导性案例的方式,明确宣示或者创制公共政策。比如,刑事司法中的“宽严相济”刑事政策就是通过明确的司法解释加以公布的。最高人民法院的司法解释已经不是一个规范意义上的解释问题,而是根据社会发展需要所进行的综合性决策过程。“法律解释的问题不在于寻求对法律文本的正确理解,而在于为某种具体的司法裁决提出有根据的且有说服力的法律理由。”②因此,最高人民法院的司法解释往往突破了法律文本意图或者立法意图而存在实质性造法。尽管最

① 应飞虎:《权利倾斜性配置研究》,载《中国社会科学》2006 年第 3 期。

② 苏力:《解释的难题:对几种法律文本解释方法的追问》,载《中国社会科学》1997 年第 4 期。

高人民法院的司法解释权来自全国人民代表大会的直接授权，法官可以直接援引司法解释来判案；但是，在司法过程中，对于创制公共政策的司法解释，法官仍然需要根据法律意图对公共政策的合法性进行判断，对于严重违背或超越立法意图的司法解释可以选择回避适用。以最高人民法院《关于行为人不明知是不满十四周岁的幼女双方自愿发生性关系是否构成强奸罪问题的批复》（已失效）为例，该司法批复在事实上修改了《刑法》第236条第2款的规定，以“明知对方不满14周岁”作为奸淫幼女罪的主观要件，这实际上违背了刑法条款中的立法意图，违背保护14周岁以下幼女这一弱势群体的公共政策，存在越权解释的嫌疑。对于此类司法解释，法官在案件裁判中应当回避适用。[①] 2013年该批复被废止。

第二，隐性适用。在司法裁判中，公共政策往往体现为“后果导向”的政策性理由而影响法官的判断，这类政策性理由尽管并没有明确通过规范性法律文件的方式予以表达，但是，它往往隐含在法律体系之中，成为法律解释的依据。这一类公共政策在本质上起到一种“默认规则”的作用，正如桑斯坦所说，“法律体系最重要的任务之一就是建立默认规则，并且默认规则能够大大降低决策成本”[②]。在司法裁判中，法官运用政策性理由进行后果考量，往往通过法律解释的方式进行，即政策性理由往往是法官解读法律含义的根据。当法律制度的标准或规则没有为争论提供明确的解决方案时，政策论证可以被定义为法官决策的实质性理由。相比于要求法律制度的明确规则和原则的权威性理由而言，政策论证要求证明一个适当规则选择的目标性的价值。[③] 因此，政策作为一种隐性的实质性理由区别于权威性理由，其对法律结论的支持并非来自某种权威性的“来源”，而是来自其内容本身的“说服力”或“证明力”；具体而言，政策性理由体现了社会目标的可欲性，从而法官通过运用政策性理由对某

---

① 参见苏力：《司法解释、公共政策和最高法院——从最高法院有关“奸淫幼女”的司法解释切入》，载《法学》2003年第8期。

② ［美］卡斯·桑斯坦等：《选择的价值》，贺京同等译，中信出版社2017年版，第5～15页。

③ See John Bell, *Policy Arguments and Legal Reasoning*// Zenon Bankowski etc., *Informatics and the Foundations of Legal Reasoning*, Kluwer Academic Publishers Norwell, 1995, p. 73-97.

种社会目标进行考量,对法律规则在个案中的适用情形进行解释,实现裁判妥当性与合法性的统一。以轰动一时的“药家鑫案”为例,[①]在此案中,存在两个政策性理由可以作为药家鑫免死的理由:一是药家鑫是初犯且具有自首情节,若将其判决死刑,则不利于以后类似案件中激励犯罪人归案自首,反而可能会激励犯罪人抱有总归一死的心理而继续犯罪;二是药家鑫是独生子女,尽管罪责自负原则是我国刑法基本原则,但是判决独生子女死刑总会产生“殃及效果”,这将会导致失独家庭的产生,从而产生严重的社会问题。[②]

在司法裁判中,整体性的公共利益与个体性的当事人利益往往会发生冲突,以维护公共利益为目标的公共政策会影响个案裁判的实质公正。在这种情况下,法官则通过显性或隐性的方式来适用公共政策,通过裁判说理协调法律与政策的关系,从而实现个案中的利益衡平。以“商品房限购政策”的适用为例,我国商品房价格飙升时,政府对房地产市场宏观调控力度加大,不断颁布各种控制房价的“限购政策”,这直接影响了商品房市场交易的稳定性。为实现法律效果与社会效果的统一,法官在“商品房买卖纠纷”案件中就不得不考量商品房限购政策以平衡诉讼两造的利益。在这类案件中,法官一方面必须维护合同法、物权法等相关法律的权威性;另一方面又必须考虑公共政策推行可能带来的意外后果,必须维护市场交易安全和买卖纠纷中当事人之间的利益衡平。利用“北大法宝”数据库对典型案例进行检索分析,该类案件裁判思路如表 3 - 1 所示。

① 该案案情为:药家鑫交通肇事将人撞伤,因担心被害人记下其车牌号码,他不积极施救反而惧怕承担责任,从驾驶室取刀将被害人连捅八刀杀死,后来在其父亲陪同下,药家鑫自首归案。参见药家鑫故意杀人案,陕西省西安市中级人民法院(2011)西刑一初字第 68 号一审刑事附带民事判决书。

② 参见朱苏力:《从药家鑫案看刑罚的殃及效果和罪责自负——纪念〈法学〉复刊 30 周年·名家论坛(一)》,载《法学》2011 年第 6 期。

表 3-1　“商品房买卖纠纷”典型案件裁判思路

案名	裁判理由	裁判思路	适用方式
京西景荣置业有限公司诉王某等商品房销售合同纠纷案	根据房屋买卖最新政策，王某不具备购买涉案房屋的资格，导致协议无法继续履行；该房屋新政属不可归责于双方当事人的事由，双方当事人均可要求解除协议	将商品房限购政策作为交易双方均无法明确预见的不可抗力处理	将国家政策转化为法律概念
林某与汉荣房地产开发有限公司商品房预售合同纠纷上诉案	根据合同订立时的住房限售政策，林某属于限售人员。根据预售合同的内容，汉荣公司已经告知了限售政策以及违反政策所可能引发的风险，现林某将不能履行合同的原因归咎于汉荣公司，显然缺乏依据，法院不予采纳	房地产公司在商品房预售中告知购房者限购政策属于尽到风险提示义务，不承担购房者已付房价款及利息、房价增值部分的损失	根据公共政策做出合同解释
高某平与李某房屋买卖合同纠纷上诉案	上诉人无力按照限购限贷政策规定向被上诉人支付首付款，导致双方签订的合同无法继续履行。合同无法履行属于不可归责于当事人双方的事由，合同解除后双方免责	房屋限购政策出台导致合同无法继续履行的，属于不可抗力，合同解除后双方免责	将国家政策转化为法律概念，并兼顾利益衡平，保护善意购房者利益
王某诉彭某玉房屋买卖合同纠纷案	在合同履行过程中，双方出现分歧但均未积极协商导致合同未能及时履行，期间限购政策出台导致合同无法继续履行，这属于情势变更导致合同无法履行的情形，双方未能及时交易的行为均不视为违约行为	将限购政策的出台作为情势变更进行处理，兼顾合同双方利益，购房者不承担违约责任，卖房者不需补偿升值损失	根据法律原则，对国家政策进行识别和认定，并通过利益衡量实现个案公正

根据表 3-1 中典型案例，法官运用公共政策进行裁判说理的路径有：第一，将公共政策转化为法律概念进行表达，追寻政策合理性的“法内”依据，如将房屋限购政策导致合同无法继续履行的情况解释为法律上的“不可抗力”。第二，在确认“法内理由”的基础上兼顾实质公平，通过利益衡量实现个案公正。在“商品房买卖纠纷案”中，法官往往直接对购房者和卖房者的利益进行考量，分别考察房屋限购政策给诉讼双方带来

的利益增损，并寻找法内理由为其利益衡量进行正当化。第三，考察国家政策实施目的，根据政策目的进行合同解释，通过个案裁判推动社会目标的实现，注重个案裁判的整体社会效应。第四，运用法律原则对政策适用的结果进行正当化，实现法律效果与社会效果的统一。在“商品房买卖纠纷案”中，法官往往运用诚信原则、情事变更对国家政策进行解释，从而维护市场交易的稳定性，保护善意交易者的利益，防范运用政策的投机行为，考量裁判可能带来的长远社会效果。

(二)依据习惯的后果考量

在法律现代化的进程中，尤其是对于后发型法治国家而言，法治建设往往是由政府主导的自上而下的理性建构过程，而社会秩序的形成却是“自生自发”的经验演化过程。在社会转型过程中，由政治国家理性建构的正式法秩序和在民间社会不断演化生成的非正式法秩序就在同一法治时空中并存，这导致司法裁判往往处于国家法与民间法之间的冲突与互动之中。因此，为追求具有社会可接受性的裁判结论，这就要求司法裁判诉诸本土社会资源的支持，民间法话语不可避免地影响着司法裁判的社会效果，法官依据习惯进行后果主义审判在社会转型时期就不可避免。

1. 习惯影响裁判社会效果的缘由

在法学的语境下，习惯是特定社会群体在长期社会生活中基于文化认同和价值认同而共同遵守的社会规范，是人们在长期的社会生产生活中通过反复博弈行为所形成的“默会性知识”。[①] 习惯不仅是人们基于事实上的惯行而形成的共同行为模式，而且影响甚至决定着特定社会关系中权利义务的合理分配。正是基于此，习惯作为非正式法律渊源的地位已经得到普遍承认；基于习惯的地方性、社会性和保守性，习

---

① “默会性知识”(tacit knowledge)是由哲学家哈耶克提出来的概念。“默会性知识”是指行动者“知道如何”的实践性知识，这种知识与行为规则密切相关，存在于依据规则行事的方式之中。根据“默会性知识”，行动者知道如何遵循规则，并据之应对行为和生活中的各种情势。哈耶克通过提出该概念，将内生性的自发秩序与“默会性知识”勾连起来，从而区别于人为建构的外生性组织秩序，而民间法正是通过习得“默会性知识”而内生的自发秩序。参见[英]弗里德利希·冯·哈耶克：《自由秩序原理》，邓正来译，三联书店1997年版，第22～25页。

惯作为影响司法裁判社会效果的重要因素,往往导致司法的差异化裁判。

首先,习惯往往是传统社会遗留在民间的历史记忆,是传统法律秩序在民间社会的历史遗存。由于习惯是人们在长期社会生活中通过重复性的社会行为积淀而成,其往往是一定空间范围内代表特定群体文化认同和价值认同的"地方性知识"。在这个意义上,习惯是"民族精神"的集中体现,习惯和法律都是"民族精神"不断发展演化的结果;而且,习惯作为"民族精神"的初级形态,往往是法律的基础,是法律效力的来源。正如萨维尼所言,"法律的效力首先产生于习俗和人民的信仰,而非法律制定者的专断意志所孕就的"①。基于此,脱离本土习惯的法律往往难以具有社会实效性,与本土法律文化严重冲突的司法裁判往往不具有社会可接受性。因此,习惯之所以能够影响司法裁判的社会效果,是因为传统的力量,任何时代的法律,只要它运作,其实际内容几乎完全取决于同当时人们理解的便利是否相符;但是其形式和布局,以及它能在多大程度上获得所欲求的结果,则在很大程度上取决于其传统。②

其次,习惯产生并存在于特定的社会文化结构和社会连带关系之中,往往因其本土属性和文化属性而更容易为人们所认同。因此,发生于乡土社会的司法裁判,其产生的社会效果往往取决于裁判背后习惯的力量。这就需要法官深入社会的文化结构中去理解法律和习惯,根据习惯所体现的社会连带关系去考量裁判在社会中可能形成的影响和后果,从而追求法律效果与社会效果的统一。

最后,习惯作为社会规范独立于公共权力而自发形成的,以小群体的社会合作为基础并通过反复博弈而形成为众人遵守的普遍规则,通过习惯所形成的自控型秩序具有内在稳定性,从而成为"无需法律的秩序"。司法对社会规范的过分干预则会破坏自控型秩序的内在平衡,从而会提高法律的控制成本和司法裁判的执行成本。人类学、社会学乃至生物学

---

① [德]弗里德里希·卡尔·冯·萨维尼:《论立法与法学的当代使命》,中国法制出版社2001年版,第11页。

② See Oliver Wendell Holmes Jr, *The Common Law*, Little Brown and Company, 1948, p. 2.

的经验研究已经证明,在没有公共权力干预的情况下,人们也会倾向于合作而采取集体行动,并通过社会信用机制、民间惩罚机制形成“自发秩序”。因此,社会控制和法律控制是现代社会治理的并行手段,而且,基于法律程序的限制、证据规则的制约和信息成本的约束,“在许多情况下,社会控制能够以合理成本取代法律控制,私人威慑有时会比公共威慑更加方便也更加有效”①。基于控制成本的考量,司法裁判应当恪守法律干预的边界,对民间社会中自发形成的风俗习惯予以充分的尊重。

“顶盆继承案”是习惯影响裁判社会效果的典型案例。在该案中,“顶盆继承”的传统习俗深嵌于民间社会的文化结构中而符合普遍的社会心理,导致该习惯直接影响着裁判结果的社会认同;该习惯实际上是基于传统社会的礼制规则来调整现代社会的权利义务关系,导致习惯与现行法律的错位与冲突。因此,在该案中法官需要把握习惯适用的裁判尺度,才能实现法律效果与社会效果的统一。该案案情如下:

> 石某昌为某村村民,拥有平房一套,其家人相继去世,石某昌亦患病死亡,其住宅因此被当地人视为“凶宅”。该村盛行“顶盆发丧”风俗,若死者为绝户,由顶盆者发丧因而过继为死者“嗣子”并继承其遗产。石某昌有一兄石某某,石某某一家因嫌弃其住宅为“凶宅”,无人愿意为其顶盆发丧。但石某昌一远房侄子石某雪愿意为其顶盆发丧,并因此继承其住宅。8 年后,该房屋被列入拆迁,石某雪因此可换得新居一套。但石某某向法院起诉石某雪主张该房产的所有权。石某某诉称,该房屋已经在石某昌生前赠与给他,有赠与合同和国家公证书为证,且其为该房产的法定继承人,拥有该房产的继承权。石某雪辩称,该赠与合同为石某昌为获得单位福利分房而签订的假赠与合同,且按照顶盆继承的风俗,他已经获得房屋的继承权。法院在该

---

① 桑本谦:《法律控制的成本分析——以对通奸和黄色短信的法律控制为例》,载《现代法学》2007 年第 5 期。

案中认可了顶盆继承的风俗,判决该房屋归石某雪所有。[①]

在该案中,对裁判社会效果起着决定性作用的是“顶盆发丧”的民间习俗,该习俗实际上是乡土社会中传统礼治秩序的民间记忆,代表了实用理性的草根文化传统。因其衍生于传统而具有历史合理性,因其遗存于民间而具有现实合理性。从历史传统来看,顶盆发丧的习俗来自中国古代的宗祧继承制度;从社会现实来看,家族本位的宗法制度因历史惯性在中国乡土社会仍然被人们所认同。在中国传统的礼治社会,家庭财产的代际传承通过血脉的延续进行,即使对于“绝户”的财产继承问题亦强调基于父权的身份关系。经过顶盆的礼仪程序,“嗣子”作为死后过继的子女从而获得名正言顺的身份和地位,并通过履行发丧的伦理义务获得了对“绝户”财产的继承权。这种古老的继承方式体现了宗法制度下慎重追远的祖先崇拜情结,也体现了中国古代社会血缘本位的香火传承意识。

但是,在中国法治现代化的进程中,国家法秩序经历着不断的合法性重构,而传统社会的礼治秩序也在社会转型和文化整合的过程中经历一个重建的过程,这导致转型社会的纠纷解决处于正式法秩序与非正式法秩序的张力之中。就“顶盆继承案”而言,“顶盆发丧”的民间习俗因扎根于民间社会和历史传统,不仅有力地主张着个体的权利诉求,而且有效地维护着差序格局的家族伦理;然而,“嗣子”在国家法中并不具有合法的地位,更无法根据现有国家法律主张继承权利。但是,该案中作为“嗣子”的原告却获得了乡民的广泛支持和普遍同情,这反映了国家法与民间法的冲突。法官为追求裁判的可接受性,就不得不考量裁判的社会效果,在裁判中对民间习惯进行识别和适用,就成为司法裁判回应社会的必要路径选择。

2. 习惯作为后果考量依据的方式

虽然习惯深刻地影响着司法裁判的社会效果,但是,习惯作为后果考

---

① 关于该案的分析,参见王彬:《民间法如何走进司法判决——兼论“顶盆继承案”中的法律方法》,载《民间法》2008 年第 7 期。

量的依据不能直接决定司法裁判的结论。这需要法官在司法过程中对习惯进行识别与转化、解释与证立;在习惯和法律有所冲突的案件中,还需要法官对分别适用习惯和法律所可能形成的后果进行权衡与考量,并通过一定的法律方法协调法律与习惯的关系,从而形成针对个案的裁判规范。基于习惯作为非正式法律渊源的地位,习惯作为后果考量依据的方式,大致说来具有三种情形。

第一,间接方式。基于法律拘束原则,习惯并不能直接适用,而必须经过法官的识别、解释甚至论证才能适用。习惯作为一种“事实性规范”,既是一定生活圈或交易圈中人们的“事实上惯行”,又往往反映了一定社会群体的价值信念和文化认同。因此,习惯作为“制度性事实”既可以作为事实认定的证据适用,又可以作为法律解释的标准来适用。在习惯影响裁判社会效果的案件中,法官如果要在裁判中适用习惯进行说理,需要在特定的社会结构和文化结构中去理解习惯,既要考察习惯作为制度性事实的存在样态,更要考察习惯背后所反映的文化传统和价值观念。一般而言,习惯作为事实认定的依据,必须贯彻“谁主张,谁举证”的诉讼原则,由主张习惯的一方来举证习惯在社会群体中的认可程度,法官根据相应证据法则予以采信;在习惯作为法律解释根据的场合中,则需要法官运用法律解释规则在个案事实中释放法律规范的意义,在这种情况下,习惯实际上是为法律规范的应用提供了具体的社会语境。

在以间接方式适用习惯的场合,习惯实际上只是法官构建裁判规范的“原材料”,而非法官做出裁判的直接依据,在这种情况下,法官必须负担适用习惯的论证义务。①

一般而言,法官的论证负担强度取决于法律与习惯之间的对接程度。在习惯符合法律基本精神的场合,习惯往往作为案件事实呈现在裁判中,法律实际上是法官解释习惯的依据,法官只需负担弱的论证义务;而在习惯与法律精神出现错位甚至冲突的场合下,法官根据习惯构造裁判规范,有可能溢出法律的范围而进行“法律续造”,为了防止法官擅断,必须为

① 参见谢晖:《民间法与裁判规范》,载《法学研究》2011 年第 2 期。

法官附加强的论证义务。

第二,补充方式。法律总是存在缝隙,在穷尽法律条文和法律解释的情况下,法官若在个案裁判中仍未寻找到妥当的裁判依据,则需要进行漏洞补充而不能拒绝裁判。在民事审判中,法官已经通过法律授权获得“法律续造”的权力,法官可以运用习惯补充法律漏洞。因此,习惯作为补充法源,具有补充法律漏洞的功能。在这种情况下,对法律漏洞的认定是适用习惯的前提性程序。法律漏洞的认定,则需要在穷尽法律解释的条件下,根据法律原则和精神,通过对比裁判事实与法律规范进行确定。

在“顶盆继承案”中,原《继承法》第10条(现为《民法典》第1127条)规定了法定继承的顺序。根据该规定,子女的继承权优先于兄弟姐妹的继承权,且子女包括具有扶养关系的继子女。对该条款进行体系解释,可以得出如下结论:子女对遗产的利益优先于兄弟姐妹的利益,已尽扶养义务的继承人利益优先于未尽或少尽扶养义务的继承人利益。同时,根据权利与义务相一致的法律原则,对于没有血缘关系的继子女而言,其继承权利来自扶养义务。但是,无论对该条款中的“子女”作文义解释还是体系解释,“嗣子”都无法解释在“子女”的文义射程内。然而,该案中的“嗣子”实际上履行了“顶盆发丧”的送终义务,却无法享有对应的继承权利。在此,根据权利与义务相一致原则,法官可以认定法律漏洞的存在。事实上,法律虽规定了养老育幼,照顾伤残的法律原则,但忽略了社会文化传统中“老有所养,死有所终”的伦理追求。因此,在该案中,法官可根据“顶盆发丧”的习俗对现有法律进行漏洞补充,从而对“子女”这一概念进行超越文义的目的性扩张,得出较为妥当的裁判结论。

第三,替代方式。在法律发展的过程中,通过大规模的法律移植虽然能够在短时间内建立相对完善的法律体系,但是,从其他法治国家移植而来的法律却因传统文化与现代文化的断裂,缺乏本土文化资源的支撑。这导致来自政治国家的法律与植根于本土社会的习俗发生严重冲突,这一冲突在裁判领域的体现则为严格地适用法律往往会出现“合法而不合理”的情形。在这样的场合中,为实现更好的社会效果,国家法往往会向习惯进行妥协;在个案的裁判中,法官可以通过替代方式适用习惯,经过严格论证排除国家法的适用。

比如,历史上,在我国婚姻家庭法领域就存在一些国家法文化与民间法文化的冲突、传统法文化与现代法文化的断裂。一方面,我国在革命时期就展开了对婚姻制度的社会变革,出于革命动员的需要以及为满足妇女解放的诉求,家庭本位和夫权本位的封建婚姻制度和婚姻观念被不断消解,倡导男女平权和婚姻自由的社会观念逐渐深入人心,而且在婚姻制度的不断改革中通过法律话语得以正式表达;另一方面,我国立法部门长期致力于法律重建,对扎根于乡土社会的民间习惯不够重视,在婚姻立法中立足于爱情本位的婚姻自由原则进行制度建构,忽视了具有保守性、本土性的社会心理和文化观念。例如,关于传统礼治社会所延续下来的"彩礼",《民法典》第 1142 条第 1 款明确规定,禁止借婚姻索取财物。民间诸多彩礼纠纷就不为法院受理,或者关于返还彩礼的请求无法为法院所支持,这样的裁判结论在乡土社会明显不具有可接受性,而彩礼纠纷处理不当则会引起诸如族群纠纷之类的更大的矛盾冲突。在这样的案件中,习惯就不仅仅作为间接法源和补充法源存在,为了追求形式合理性与实质合理性的统一,习惯就成为特殊条件下的法源,替代国家法律而适用。但是,习惯对法律的替代,必须经过严格的法律论证,法官须根据法律原则和法律精神对习惯进行审查。事实上,对于彩礼习俗,最高人民法院通过颁布司法解释以妥协的方式将之吸纳到正式法律制度中来,从而使法院能够妥善地处理彩礼纠纷,获得了良好的社会效果。①

在司法实践中,适用"习惯""惯例""习惯法"的案例不胜枚举,法官

① 最高人民法院《关于适用中华人民共和国婚姻法若干问题的解释(二)》(已失效)第 10 条规定:"当事人请求返还按照习俗给付的彩礼的,如果查明属于以下情形,人民法院应当予以支持:(一)双方未办理婚姻登记手续的;(二)双方办理婚姻登记手续但未共同生活的;(三)婚前给付并导致给付人生活困难的。适用前款第(二)、(三)项的规定,应当以双方离婚为条件。"而该条款在彩礼纠纷案件中广泛应用,根据北大法宝司法案例数据库,在判决文书中援用"彩礼习俗"或者该司法解释的案件多达 2068 件。(该条现为最高人民法院《关于适用〈中华人民共和国民法典〉婚姻家庭编的解释(一)》第 5 条)

往往根据习惯与法律的关系来选择适用方法,这使习惯表现出不同的裁判功能。利用"北大法宝"数据库对典型案例进行检索分析,如表 3－2 所示。

表 3－2　适用"习惯"裁判的典型案例

案名	适用方式	裁判功能	裁判要旨
韩某诉周某等离婚纠纷案	间接方式	法律解释依据	馈赠婚礼礼金是具有鲜明社会特征和多重社会功能的赠与行为,当事人之间就礼金归属问题产生争议的,应当依次按照赠与人意思表示规则、当地特定风俗习惯规则、身份密切联系规则确定礼金享有者
李某诉李某全等借款合同纠纷再审案	补充方式	填补法律漏洞	双方间交易习惯的存在应由当事人举证证明,人民法院不得主动适用。仅以之前一次交易往来模式与本次交易往来模式相似,不得认定存在相应交易习惯。夫妻离婚后生活交往及经济往来仍较为密切的,一方举债不宜认定仅由该方承担,也不宜认定由双方连带承担,而应认定为共同之债,由双方共同承担
刘某 1 等与刘某 5 继承纠纷上诉案	替代方式	替代法律适用	"顶盆发丧"为农村普遍认可的风俗,"嗣子"因履行了"顶盆风俗"的义务,可享有被继承人遗产的继承权

(三)依据道德的后果考量

在现代法治的发展过程中,因追求法律的自治性和形式化,法律话语系统与道德话语系统逐渐走向分离,但是,司法裁判作为对社会关系的调整手段,却无法超越现实社会中的道德话语系统。尤其是在现代民主社会,公民对政治生活与法律生活的参与不断深入,司法的民主化已经成为现代司法制度的基本表征。司法裁判需要获得可接受性,这往往需要经受道德话语系统的检验,于是,"道德期待""情理要求"等道德话语就会以社会效果之名侵入司法领域。裁判结论是否具有可接受性,就要看其所产生的后果能否获得道德话语系统的支持,或者说能否经受起社会主流道德观念的检验。因此,法官在进行后果主义审判时,道德就成为影响后果预测和评价的重要因素。①

1. 道德因素在司法裁判中的地位

为追求裁判的社会效果，法官在裁判中吸收道德因素是增强裁判说服力的理性选择，这虽然有利于个案正义的提升与实现，但是，如果纯粹根据道德因素追求社会可接受的裁判结果，将司法裁判在道德意义上的可接受性作为后果考量的唯一标准，那么，司法裁判将面临“道德司法”甚至“无法司法”的质疑与批判。这就需要明确道德因素在司法裁判中的地位和限度，从而实现法律安定性与道德可接受性的内在统一。

首先，法官不能为追求心灵上可接受的裁判结论，仅仅凭借道德直觉进行后果考量，否则会滋生直觉主义司法。

在日常生活中，道德判断经常被人们尊崇为某些不证自明的公理，并被人们内化为莫可名状的道德直觉。对于具有道德意味或者道德争议的案件，法官若仅凭借道德直觉做出判断，虽然符合普罗大众的“常识道德”而具有社会心理上的可接受性，但是，这并不具备理性意义上的说服性和可证成性。在道德哲学中，将价值判断诉诸道德直觉的学说被称为直觉主义，这实际上是一种伦理学的不可知论。在直觉主义看来，对于规范性命题的认识和证明只能通过个体的心灵直觉来把握，以判断某个行动是否正当或者某个行动目的是否为“善”。② 根据这种理论，对行为正当性的判断只能通过非经验的直觉来判断，规范性命题只能通过不证自明的方式来证成，因为“善”的本质是无法通过理性来认识的。但是，对于司法裁判而言，如果将规范性命题的证立完全诉诸道德直觉或者内心对“善”的体验感悟，那么，无论是法律论辩还是道德论辩，都会被导向莫衷一是的尴尬境地。因为道德直觉往往是模糊的和充满歧义的，道德体悟可能是因人而异的。所以，伦理学家西季威克明确指出，“常识道德无法用清晰而准确的语词陈述，缺乏

① See Robert S. Summers, *Instrumentalism and American Legal Theory*, Cornell University Press, 1982, p. 119.

② 参见［英］西季威克：《伦理学方法》，廖申白译，中国社会科学出版社 1993 年版，第 230 ~ 235 页。

真正自明,不与其他真理相悖的特征,因此它不能充当公理来指导实践”①。

其次,法官不能为迎合公众的道德感受,仅凭借道德情感进行后果考量,否则会滋生民粹主义司法。

在司法实践中,具有道德意味的案件在公共空间往往容易引起普罗大众的激辩。在道德论辩中,立场分化明显,辩论程度激烈,具有道德意味的案件容易被万众瞩目但又往往众说纷纭。这是因为,普通公众对于道德命题的判断往往基于个体化的道德情感而做出,道德情感来自个体生活经验的沉淀,人们在长期的道德生活中容易形成固化的道德立场,道德偏好的个体化差异从而导致严重的道德分歧产生。在司法裁判中,法官如若凭借自身的道德情感做出判断,裁判结论虽然能够迎合某一类社会群体的道德偏好,但是,这难以经受理性论辩规则的检验。

在伦理学中,将价值判断诉诸道德情感的理论被称为情感主义,它实际上是对直觉主义的追随,是加强版的伦理学不可知论。对于道德分歧,情感主义将之归因于“态度分歧”而非“信念分歧”。在情感主义看来,尽管“信念分歧”可以通过理性证明的方式予以化解,但“态度分歧”影响下的道德分歧是不可化解的。这是因为,“态度分歧”体现为人们在价值判断中感情、倾向、偏好和欲望方面的对立,“信念分歧”则体现为人们在认识观念和判断确信上的对立;“信念分歧”涉及对事物的描述和解释,而“态度分歧”才真正涉及道德判断问题。根据情感主义,事物的描述和解释可以通过理性的方式来进行,所以理性至多在达成态度的信念性因素中起作用,却无法真正解决道德分歧,道德判断最终只能由人的态度即道德偏好来决定。在情感主义看来,这是因为道德判断往往基于道德语言做出,但道德语言的本质并不在于指称事实,而在于影响人们,它们只不过表达或激发了判断主体的情感或态度。② 简单来说,在道德情感的影响下,立场高于是非,即使是非问题可以澄清,但是,道德立场的对立却无法通过理性的方式化解。

根据情感主义的伦理学立场,人们的道德判断是依据情感做出的,道

---

① ［英］西季威克:《伦理学方法》,廖申白译,中国社会科学出版社 1993 年版,第 375 页。

② 参见［德］罗伯特·阿列克西:《法律论证理论:作为法律证立理论的理性论辩理论》,舒国滢译,中国法制出版社 2002 年版,第 48 页。

德论辩事实上是通过影响人们的情感来改变人们的道德判断,个案裁判的正当化是一个通过修辞的力量说服听众的过程。但是,在个体解放、思想自由、原子主义式的现代社会,仅仅借助修辞的力量激发或煽动人们的道德情感,这无益于确证个案裁判正当性的公共理性标准。因为,情感主义的伦理学立场事实上依赖于个体体验的决断论来消除道德分歧,这并不利于达成价值共识。因此,情感主义立场的判断会导向道德激辩,最终会让道德情感裹挟理性判断,而无益于道德共识的达成。在现实社会中,经过舆论的发酵,道德情感的宣泄将势必演变为普罗大众广场式的狂欢,专业性的法律规范与法治程序将被大众即时性的非理性与盲从性所稀释和遮蔽。法官若一味迎合公众的道德情感,情感主义的伦理学立场最终有沦为民粹主义司法的危险,此时,决定裁判结果的不是法律和证据,也不是理性与程序,而是由道德情感支配且恣意狂欢的民意。

法官在司法裁判中追寻可接受的结果本无可厚非,但是,若将此诉诸道德直觉或道德情感,实际上都无益于凝聚道德共识,反而会加剧人们的道德分歧。因为无论是道德直觉还是道德情感,实际上均是用私人体验的决断代替了规范性命题的理性证成。道德论辩并非依靠道德直觉的神秘体验,更非道德情感的恣意宣泄,在司法过程中,更无法将道德说服寄托于非理性的手段。事实上,司法过程中的道德论辩作为受理性规则约束的公共活动,是一种"说得出的正义",任何规范性命题的提出必须进一步阐发支持的理由,并提出反对他人的理由,直至对方信服为止。因此,遵循理性论辩规则,规范性命题就具有理性证立的可能。即使公共领域中的道德论辩无法达成道德共识,司法场域中的法律论证形成道德共识也是可能的,更是必要的。为维护司法裁判的确定性,必须坚持一种理性主义的伦理学立场。所以,道德因素作为后果主义审判的依据,必须将道德理由作为实质论据理性地证成具有道德争议的规范性命题,遵循理性论辩规则,通过理性论辩程序凝聚"规范性共识",从而最大限度地消除道德分歧。

再次,在具有道德争议的案件中,法律论辩与普遍实践论辩具有共生关系,法官将不可避免地运用道德理由证立规范性命题。

对于兼具法律争议和伦理争议案件的审理,不能直接从普遍实践论辩去论证裁判的正当性问题,而必须最大限度地挖掘与案件有关的制度性论据,使裁判推理的前提立足于法律体系内部,在这个意义上,法律论证具有相对的独立性。因为,一个成熟的法律传统是伴随各种法律材料的积累形成的,在这个过程中,已经逐步形成了特有的价值体系或拉伦茨所谓的"法的意义整体",同时形成了证明这些价值的思维方式,"法学独立的思维方式既是价值导向的,也是体系性的思考"①。因此,司法裁判的证立就不能简单地通过普通民众的道德判断达成,而必须在法律体系内实现价值或意义的整合。

在法的意义整体下,用以证立规范性命题的论据包括制度性论据和普遍实践论据,为维护法律的自治性与安定性,制度性论据优先于普遍实践论据。制度性论据属于用其他规范来证立规范的形式论据,而普遍实践论据则是用某种价值来证立规范的实质论据。在阿列克西看来,制度性论据主要有三个类别:语言学的、发生学的和体系的。② 语言学论据是以规范中所包含的语义为基础,或通过分析规范的句法结构,来判断事实能否涵摄于规范之下。但语言学论据难以解决价值评价开放性和语义模糊性的案件,这必须求助于发生学论据。有些疑难案件的情形往往未为立法者所预料到,并不存在任何发生学论据。这样,体系论据在法教义学中扮演着关键的角色,以维护法律体系的统一性和融贯性为理念。但是,对于存在道德争议的疑难案件而言,在现有法秩序框架下,并无统一的、整体的价值判断,而是存在各种相互矛盾的论据,因为法律体系不能自我建立完整性和融贯性。在各种矛盾的论据中做出选择就有赖于实质的价值判断,"体系论据通常只有以普遍实践论据为补充时才是完整的"③。

因此,裁判的可接受性不仅取决于论据的质量,而且取决于论证程序的结构。法律论证就不仅仅局限于逻辑—语义学的维度,而是应当包含

① [德]卡尔·拉伦茨:《法学方法论》,陈爱娥译,商务印书馆2003年版,第362页。

② 参见[德]罗伯特·阿列克西:《法 理性 商谈:法哲学研究》,朱光、雷磊译,中国法制出版社2011年版,第77页。

③ [德]罗伯特·阿列克西:《法 理性 商谈:法哲学研究》,朱光、雷磊译,中国法制出版社2011年版,第81页。

论据交流的程序条件这一语用学维度。① 在简单案件中,通过制度性论据在法律体系内就可以做出确定的司法裁判,但是,在疑难案件中,由于法律语义的模糊、法律规范的冲突以及法律漏洞的存在,一个完整的法律论证就需要普遍实践论据的补充。“对法律论证中有可能导致不同结果的各种论述形式之选择进行证立的时候,往往需要引入普遍实践论辩。”②正因为制度性论据依赖于普遍实践论据,法律论辩被视为普遍实践论辩的一种特殊情形。如此一来,法律论辩与普遍实践论辩就处于一种相互交织、相互作用的共生结构之中。一方面,为避免道德判断的“异议风险”,普遍实践论辩需要进入法律程序,通过制度化的强力和特殊的论证程序得到相对确定的答案;另一方面,疑难案件的法律论辩又依赖于普遍实践论辩所提供的规则、形式甚至结论。“对基本权之证立,我们一方面需要援引伦理学之实质论据,另一方面作为实证法体系一环的基本权,当然也需要制度性的支持。”③

法律论辩与普遍实践论辩的共生关系,缘于法律体系不可能作为一种自给自足的系统区隔于社会。尽管在法律体系中通常包含价值选择的条款,可以在一定程度上适应社会的变动,即便如此,法律规则的适应力也相当有限。社会的变动总是带来法律既有价值与社会新型价值观念之间的冲突。这需要立法者回应社会发展及时立法,更需要法官在开放的体系中论证,在疑难案件的拷问下对价值选择问题做出终极选择,这就必须超越法教义学的框架,在普遍实践论辩的层次上证成价值判断。但是,普遍实践论辩与法律论辩的共生关系并不意味着法律论证陷入了一种不可化解的两难困境,事实上,普遍实践论辩进入法律论证必须遵循理性的论辩规则,必定是在法学言说的条件、规则与形式要求下进行,这就需要按照理性论辩规则对普遍实践论据进行理性安置,使法律论证中的普遍

① 参见[德]乌尔弗里德·诺依曼:《法律论证理论》,赵静译,载舒国滢主编:《法学方法论论丛》第 2 卷,中国法制出版社 2014 年版,第 84 页。

② [德]罗伯特·阿列克西:《法律论证理论:作为法律证立理论的理性论辩理论》,舒国滢译,中国法制出版社 2002 年版,第 349 页。

③ 颜厥安:《鼠肝与虫臂的管制——法理学与生命伦理探究》,北京大学出版社 2004 年版,第 64 页。

实践论辩在“理想言谈情境”中进行，从而实现规范性命题的理性证立。

最后，道德理由作为实质理由在司法裁判中仅具有“一阶理由”的地位，必须经过理性地论证和辩驳才能作为裁判依据。

在伦理学中，道德是判断行为正当性的依据，是人们做出某种正确行为的理由，因此，如若将道德因素作为后果主义审判的依据，道德应以“规范性实践理由”的形式作为证立法律命题的依据。一个规范性实践理由是这样一种事实，某种行动在它实施时具有一些属性，能给出实施的一个要点或目的，这些属性使拥有它们的人们有可能执行这些行动，并且由于这个事实而使这些行动是可理解的。[①] 道德理由作为规范性理由体现社群中的共识性价值，这既为人们提供行动的指引，也为人们批判某种行动提供依据，从而道德理由被引入到人们的实践慎思之中，使人们的行动或决断被社群所接受或认同。对于道德争议案件的司法裁判，裁判的本质是在某种道德行为的实践慎思基础上做出法律评价，将作为实践理由的道德理由引入司法裁判就成为可能。因为，理由是规范性的核心，所有的规范性问题都直接或间接与理由相联系，理由是说明所有实践性概念的基本单元。[②]

但是，道德理由并不能直接证立法律命题。因为道德理由属于支持或者反对某种行动的“一阶理由”，在不同行动方案的选择之中只具有分量的属性。[③] 因此，道德理由作为一阶理由，无论是在价值层面还是在应用层面都必然发生冲突。在价值层面，道德理由属于规范性理由而非说明性理由，其背后必然有某种良善价值作为支撑，并对行为的价值属性进行评价，也就是说，以道德理由作为行动理由的根据是某一价值判断，而非是基于某种因果关系的说明。在抽象意义上，价值作为值得欲求的理想状态是难以衡量的。两种物体的价值，两个选项的善性，是不可通约

---

① See Joseph Raz, *From Normativity to Responsibility*, Oxford University Press, 2011, p. 13.

② See Joseph Raz, *The Authority of Law: Essays on Law and Morality*, Oxford University Press, 1979, p. 12.

③ See Joseph Raz, *Practical Reason and Norms*, Oxford University Press, 1999, p. 31 – 40.

的,在其中既不是说哪个比另外的更好,也不是说它们同等重要。[①] 在应用层面上,道德理由的强度往往取决于行为者的道德信念,对于相互冲突的行动理由,行为人总是经过通盘考量做出行为选择,但是,其个人的道德信念会缩小或放大理由的强度。正是基于此,根据法教义学的基本立场,道德理由作为"一阶理由"不可以作为独立证成裁判结论的正当化理由,道德理由的影响力只能在法律标准之内发生,并不具备必然适用的拘束力。因此,道德理由须在法教义学的框架内证立后,根据道德理由的"后果考量"才成立。在法教义学的框架内,道德理由在司法裁判中具有两种表现形式。

第一,道德理由可作为事实依据影响裁判结论的做出。在这种情况下,道德理由作为结果导向的理由,在司法裁判中只能作为辅助性依据而不能作为决定性依据。也就是说,道德理由并不是决定裁判正当性的关键依据,而是围绕裁判结果发生影响,在与裁判理由相符合的诸多结果中,道德理由将有助于导向或限定某一个具体的结果,也就是说,道德理由只影响裁判结果的幅度,却不影响法律推理的性质。因此,道德理由往往在事实认定中发挥作用,作为案件事实的具体情节影响法官的自由裁量。比如,在"于欢故意伤害案"中,捍卫母亲的尊严是于欢实施其行为的道德理由,但不是评判其行为是否具有正当性的法律标准,在法教义学意义上,是否是针对"辱母行为"进行防卫并不是判断"正当防卫"还是"防卫过当"的法律标准。但是,这会作为法官量刑时考量的"情节因素"而影响裁判的结果。目前,该案已经被确立为指导性案例,这说明了法官裁判思路的示范意义,该案的裁判要旨更是说明了道德理由在裁判中发挥作用的方式和限度:"防卫过当案件,如系因被害人实施严重贬损他人人格尊严或者亵渎人伦的不法侵害引发的,量刑时对此应予充分考虑,以确保司法裁判既经得起法律检验,也符合社会公平正义观念。"[②]

第二,道德理由作为"理由的理由"而可能成为裁判理由的来源。道

---

① See Joseph Raz, *Engaging Reason: On the Theory of Value and Action*, Oxford University Press, 1999, p. 46.

② 于欢故意伤害案,最高人民法院指导案例 93 号(2018 年)。

德作为规范性理由会形成对人们行为正当与否的评价，但是，作为一阶理由的道德理由仅表达了人们对某种良善价值的追求，只有在实践慎思中经过通盘考虑，道德理由才会形成对人们行为的明确指引。在司法裁判中，道德理由作为“理由的理由”是判决理由的来源，法官必须通过估量和权衡，将之转化为具有排他性地位的“二阶理由”，才能作为裁判理由支持裁判结论。比如，在“刘某妤诉刘某勇、周某容共有房屋分割案”中，法官援引了《孝经》进行判案，但是，法官并没有直接将之作为裁判依据，而是经过说理将之转化为“法内”理由。在法官看来，“百善孝为先”一直是中国社会各阶层所尊崇的基本伦理道德。孝敬父母乃“天之经、地之义、人之行、德之本”，是中国传统伦理道德的基石，是千百年来中国社会维系家庭关系的重要道德准则，是中华民族优秀的传统美德。亲子之爱是人世间最真诚、最深厚、最持久的爱，为人子女，不仅应在物质上赡养父母，满足父母日常生活的物质需要，而且应在精神上慰藉父母，善待父母，努力让父母安宁、愉快地生活。[①] 同时，法官依据当时现行有效的《物权法》(已失效)第 7 条的规定，“将子女在精神上慰藉父母”作为在行使物权时应当履行的法定义务，从而将“道德理由”转化为排他性的“法内理由”。该案的裁判要旨则将之上升为裁判规范进行表述：父母出资购房将产权登记在子女名下，具有赠与性质。子女不仅应在物质上赡养父母，而且应在精神上慰藉父母，努力让父母安宁、愉快地生活。子女对父母赠与的房屋行使物权将损害父母生活的，人民法院可依原《物权法》总则的规定不予支持。[②]

2. 道德理由作为后果考量依据的路径

在伦理学上，道德理由是支持人们做出正确性行动的一阶理由；而在司法裁判中，道德理由实际上作为论证规范性命题的实质论据存在。在司法裁判中，依据道德理由进行后果考量，实际上需要运用理性的论辩规则和论辩程序妥善地对实质论据进行安置，确保法官根据道德理由进行

---

① 参见刘某妤诉刘某勇、周某容共有房屋分割案，载《最高人民法院公报》2016 年第 7 期。

② 参见刘某妤诉刘某勇、周某容共有房屋分割案，载《最高人民法院公报》2016 年第 7 期。

的考量是基于理性做出的,形成“规范性共识”而能被普通理性主体所接受,从而防止道德争议案件的司法裁判陷入情感主义和直觉主义的不可知论陷阱,这就需要在法学方法论的层面分析法官应当如何运用实质论据证立案件中的规范性命题。在此,以具有道德争议性质的“代孕纠纷案”为例,该案案情如下:

胡某与柳某签订了代孕协议,协议的主要内容包括:柳某为胡某夫妇代孕,胡某承担柳某代孕期间的一切费用,并付给柳某代孕费10余万元,孩子出生后,柳某放弃抚养权,孩子归胡某抚养。协议签订后,在一家医院由捐赠者的卵子及胡某的精子做成了胚胎,被植入柳某体内,后柳某产下一男婴。舍不得孩子的柳某以代孕费偏少为由,拒绝将孩子交给胡某俩夫妇,要求自己抚养。双方私下多次协商未果。无奈之下,胡某夫妇一纸诉状将柳某告上法庭。法院认定代孕协议有效,并判决孩子由胡某夫妇监护。①

该案是一个兼具伦理争议和法律疑难的案件,法庭内外产生巨大争议,普罗社会大众存在普遍分歧,法律专业人士缺乏统一分析。在此类案件中,法官往往为追求裁判的社会可接受性而进行后果考量,这容易导致案件裁判为道德直觉所左右,为道德情感所裹挟。因此,要增强该类案件的社会可接受程度,实现良好的社会效果,法官需要在众说纷纭的道德言说中进行理性辨识,关注公众的道德需求,但是,法官不能直接适用社会中的道德观念或伦理准则,否则法律适用的“泛道德化”将会使道德判断与法律评价纠缠不清。为此,法官需要兼顾法内与法外两种不同性质的逻辑,具备平衡“依法裁判”和“正当裁判”的实践智慧,使道德追求与法治精神得以兼容,这就需要将法外的道德判断转化为法内规范性命

① 参见《常德一女子代孕引发夺子官司》,载株洲新闻网2010年8月18日,https://www.zznews.gov.cn/news/2010/0818/37886.shtml。

题的证立。

据此，该案裁判的关键是对于“代孕是否正当”或者“代孕合同是否符合公序良俗原则”这一规范性命题的证立，这也是该案的主要道德分歧。具有道德争议的司法裁判有赖于普遍实践论辩意义上的实质论据，需要立足于理性主义的伦理学立场，根据普遍实践论辩的理性规则和理性程序妥当地安置伦理学的实质论据，从而实现规范性命题的理性证成。所以，无论是支持代孕还是反对代孕，都需要将这些实质论据代入理性论辩的规则与程序中进行检验。伦理学研究表明，基于理性主义的立场，“普遍实践论据或实质论据可分成两组：目的论论据（后果论——引者注）和义务论论据（道义论——引者注）。目的论论据主张什么依赖于某种解释的结果，并最终以‘善’的观念为基础。义务论论据则主张什么是不依赖于结果的合法（正当）或非法（不正当）。它以应当的观念为基础，后者主要在可普遍化理念中获得根基”①。

（1）道义论的实质论据

道义论的伦理学主张，对一个行为正当性的判断来自行为人本身先验和自明的“善良意志”，而不是来自行为所产生的后果。道德不是人们欲达到某种目的所借助的手段，相反，道德总是人们应该履行的义务，无论履行之后的效果如何。②

在法律论证中，道义论的伦理学立场作为规范性命题的证立方式具有如下特点。

第一，道义论伦理学采用逻辑的证明方法来证成道德判断，完全剥离经验要素，只涉及思维的普遍规律，使道德判断成为普遍的形式性准则，即试图用逻辑的方式来证成道德问题，使伦理学成为“道德形而上学”。在道德推理中，道义论伦理学借助基础公理来推演或演绎其他具体命题，但是，基础公理并非来自经验，而是来自先验的理性人的自明道德律，即

---

① 参见［德］罗伯特·阿列克西：《法　理性　商谈：法哲学研究》，朱光、雷磊译，中国法制出版社2011年版，第82页。

② 参见［德］康德：《道德形而上学原理》，苗力田译，上海人民出版社2002年版，第38～41页。

作为道德推理前提的基础公理是不证自明的。

第二,道义论伦理学从意图而非结果出发来理解道德行为,以观念或意图是否符合形式化或终极性的道德法则来作为评判行为正当性或确定具体道德义务的方法。正如康德所言,“人及其实践理性能力的不可避免的局限性之一,就是无论采取什么行动,都要探寻行动所产生的结果,以便在这一结果中发现某种对自己来说可以当做目的、并且也能够证明意图的纯粹性的东西。在实施与效果联系的行为中,目的是最后的东西,但观念和意图却是最先的东西”①。

第三,道义论伦理学将人们对先天的普遍道德规律的遵守视为普遍的责任和义务,完全抛弃具体的、现实化的利益考量,道德公理因而具有无条件、无例外地普遍适用性。在其看来,“人是目的,不是手段”就是不证自明的道德公理,人的尊严就成为超越伦理学、跨越国界且被实定化的权利。德国联邦法院甚至依此提出著名的“客体公式”:“当一个具体的个人,被贬抑为客体、仅是手段或可替代之数值时,人性尊严已受伤害。”②

在法律论证中,单称规范性命题 N 是普遍实践论辩的直接对象,运用道义论的伦理学立场来证立这一规范性命题,其论证结构呈现为:

道义论的论证结构(1)	论证(1)用自然语言可以这样表达:
T	结论:行为 X 必须被实施
R	因为:根据规范 Y,行为 X 必须被实施
N	而且:规范 Y 在道德上是善的

论证(1)的确切内涵是,要证明命题 N,需要提出一个理由,提出这个理由必须援引预设有效的规则 R,而任何规则 R 都必然是有一定的适用条件 T。例如,人们不能利用子宫进行自愿有偿代孕,这是一个规范性命

① 李秋零主编:《康德著作全集》(第 6 卷),中国人民大学出版社 2007 年版,第 7 页。

② 黄桂兴:《浅论行政法上的人性尊严理念》,载城仲模主编:《行政法之一般法律原则》,台北,三民书局 1994 年版,第 21 ~ 22 页。

题N,支持N的理由是规则R"在任何情况下,人是目的,不是手段",此时要进一步确定援引R的适用条件T是否被满足,即说明代孕行为实际上是将代孕母作为手段来对待。

示例:T:代孕协议实际上将代孕母作为工具来对待
R:人是目的,不是手段
——
N/A:代孕行为是不正当的,自愿有偿的代孕协议无效

根据法律论证的道义论立场,代孕使人体器官商品化、工具化,这将有损女性个体的尊严,贬低医术尊严和生殖尊严,损害通过代孕所生婴儿的人格尊严,这违背了"人是目的,不是手段"的伦理。这种道义论的伦理学理由曾体现在美国联邦法院的宪法判决中,在著名的婴儿M案中,上诉法院判定:代孕协议通过私人间交易安置儿童监护,并强制生母放弃对亲生子女的监护权,有损女性个体尊严和婴儿人格尊严,这有违社会公德,因此代孕协议无效。① 根据这一伦理学理由,该判决事实上坚持了女性身体的自主权,认为女性个体的身体尊严权是压倒性权利,任何合同都不能成为压制女性身体自主权的理由。

道义论伦理学理由在法律论证中的应用,有利于确立某种权利的正当性,但是,该论证方式具有明显的局限,表现在以下三个方面。

第一,根据道义论的道德理由而建立起来的权利论证思路,为维护权利的正当性和自主性提供了普适性的道德基础,但也建立起一种权利绝对化的幻象。根据"人是目的,不是手段"的绝对律令,当以维护代孕者人格尊严的绝对性去反对代孕行为的正当性时,道义论的伦理学理由又难以彻底否定不孕不育者"追求幸福的权利"这一普遍化的人性需求。事实上,生育权作为一项基本人权并不以具备生育能力为前提,生

① See In re Baby M, 109 N. J. 396, 537 A2d 1127, 1988.

育能力有缺陷的男女同样具有主张生育的权利。因此,道义论的伦理学试图通过“人同此心,心同此理”的逻辑将某种道德义务绝对化和普遍化,但是,普遍性的道德律令往往在复杂化的人性需要面前变得不再坚挺。

第二,道义论伦理学虽然通过道德的自主性确立起权利的正当性,但是,这种伦理学的立场与方法无法化解两难的道德困境,无法为理由冲突造成的权利冲突提供救济方案。道义论作为一种规范性理论,缺乏应有的决断性,即在两个同样具有正当理由的行动方案之间,道义论无法帮助选择者做出决断。对于伦理学体系而言,决断性缺失并非缺点,因为人的生活并非仅仅道德生活,人们可以做出中立于道德评价的自由选择。但是,对于具有强烈教义色彩的法律而言,法律需要对人们的行为做出明确的评价和指引,决断性缺失却是重大的理论缺陷。这样,在法律论证中,道义论的伦理学方法无法为理由冲突导致的权利冲突提供权衡的路径。权利论证的路径必然会引起一个有争议的代孕协议中的权利冲突,因为生育自由的权利论证思路同样适用于代孕协议的双方。① 按照道义论伦理学的路径,不孕夫妇的生育自由权、基于代孕协议的请求权以及对婴儿进行监护的权利主张,都具有不容否定的正当性,这样就无法化解生育自由权和人格尊严的权利冲突问题。

第三,道义论伦理学片面注重道德推理中逻辑方法的自足性,忽略了道德行为的情境性而无法结合经验因素对规范性命题进行证成。在行为的道德评价上,道义论运用逻辑证明的方法凸显了某些道德公理的先验性和普遍性,强调了道德判断的形式性,从行为的意图和动机出发构建起精美严整的理论体系。但是,道义论规范体系造成了理论与经验之间的断裂,这导致其无法应对丰富多彩的经验世界,因为在证明规范性命题时,无法绕开现实化、情境化和具体化的利益考量问题。对此,康德也不得不承认:“法权概念是一个纯粹的,却被建立在实践上的体系……对经

---

① See Pamela Laufer-Ukeles, *Approaching Surrogate Motherhood: Reconsidering Difference*, Vermont Law Review Winter, Vol. 26:2, p. 407 – 450(2002).

验的东西进行完备划分是不可能的。"[①]对行为的法律评价更是无法脱离经验世界,在法律实施过程中,无论是权利、责任还是义务,必须通过后果评价来衡量。比如,以道义论思维作为理论支撑的"权利话语"无法在经验世界确定权利的界限;[②]以"矫正正义"的道义观念作为哲学基础的侵权法理论,脱离了经验世界中的后果评价,亦无法确立侵权违法性的边界。[③] 对于代孕纠纷而言,不同个案在经验意义上的后果评价也往往千差万别,其法律评价自然应当有所不同。因此,在法律论证中,若仅注重道义论意义上的专深思辨而进行自足的逻辑推演,而无视个案情境中的经验要素,将无法对具有道德属性的法律行为做出正确评价。

(2)后果论的实质论据

不同于道义论的道德理由,后果论伦理学判定行为好坏并非依据行为本身的性质,而是看行为造成的后果,即根据目的是否为善做出行为正当性的评价。在伦理学家梯利看来,"道德评价的最终根据在于行为的效果,那些倾向于或被人们相信要产生为人类希望的效果的行为,被看作是善的或正当的,而与它们对立的行为则受到谴责和禁止"[④]。

在法律论证中,后果论伦理学作为规范性命题的证立方式具有如下特点。

首先,后果论伦理学采取结果导向的推理方式,根据行为的后果来评判该行为在道德上的对错。针对道义论伦理学所不能解决的道德公理冲突问题,后果论伦理学把言人人殊的道德争论搁置起来,避开了对道德行为本身对错的评判,而是试图从道德行为的后果出发对道德行为进行评判。

其次,后果论伦理学主张经验判断作为法律论证的论据,拒绝从某种道德直觉或价值偏好出发对人类行为进行道德评判,而是试图将权利的道德基础建立在经验实证之上,而非先验的道德判断之上。

---

① 李秋零主编:《康德著作全集》(第 6 卷),中国人民大学出版社 2007 年版,第 213 页。

② 参见郭春镇、王云清:《作为法律实用主义的"权利话语"——以一起"难办"案件的"能动司法"为切入点》,载《法制与社会发展》2012 年第 4 期。

③ See Richard Posener, *The Concept of Corrective Justice in Recent Theories of Tort Law*, Journal of Legal Studies, Vol. 10:1, p. 187 – 206(1981).

④ [美]弗兰克·梯利:《伦理学导论》,何意译,广西师范大学出版社 2002 年版,第 80 页。

最后,后果论伦理学采取整体主义的论证方式,根据整体的偏好加总作为判断正当性的标准。后果论伦理学对人类本性的认识从理性降低到欲望,毫不避讳地认为人是趋利避害的动物。基于这样的信念,任何人都希望实现个人幸福的最大化,对于每个人功利最大化的选择都必须给予平等的尊重。在特定环境下,能够促进整体幸福最大化的行为就是正当的行为。法律的设计亦必须符合人性的要求,将追求最大多数人的最大幸福作为法律所追求的终极目的。

在法律论证中,后果论伦理学的论证结构呈现为:

后果论的论证结构(2)	论证(2)用自然语言可以这样表达:
F	结论:行为 X 应当被实施
R	因为:行为 X 导致后果 Y
N	并且:根据目标 Z 后果 Y 是可欲的

论证(2)的确切内涵就是,要证明命题 N,用实施并遵守 N 的后果 F 来加以证立。而这个理由必然包含了规则 R:后果 F 是好的,且应该追求一个好的后果。例如,代孕行为是正当的,自愿有偿的代孕协议有效,这是一个规范性命题 N,证立 N 可用实施并遵守 N 的后果 F 来证立,F 代表实施 N 带来的减少人口贩卖这一后果,而这一后果又符合某规则 R,说明这一后果是可欲的或值得追求的。

示例:F:代孕减少了人口贩卖

R:减少人口贩卖是值得追求的结果

——

N/B:代孕行为是正当的,自愿有偿的代孕协议有效

在法律论证中,后果论的道德理由作为实质理由被证立,必须符合两个基本条件:一是行为 X 与后果 Y 之间因果关系的经验判断必须成立,二是后果 Y 可欲性的价值判断必须成立。对于前者而言,后果论伦理学

借助社会科学意义上的经验论据,而对于后者而言,后果论伦理学则根据“效用”标准来进行证立。“效用是所有伦理问题的最终诉求,但必须是最大意义上的效用,即以人作为不断进步的存在这一长远利益为基础。”[①]按照后果论伦理学的逻辑,无论是人工生殖技术给不孕者带来的福祉,还是通过代孕合同给代孕者带来的实惠,都属于可计算的“效用”范畴。一方面,通过人工生殖技术,不孕不育者实现了生命的延续,借助科技手段实现了“先天不能”的生育权;另一方面,代孕者通过自愿的合同为他人服务获取物质财富。在这个意义上,后果论伦理学以全体福利最大化的逻辑为自由主义原则辩护,既然代孕会给双方带来福利,而且不会给社会带来损失,代孕就属于人们可以自主选择的自由。因此,政府不能把某种偏爱的生活方式强加给公民,不能因部分人对代孕行为在道德上的厌恶而侵害人们代孕的自由。

后果论的伦理学以功利或效用为标准对利益进行经验上的证明,在具体的事实情境下进行道德推理,避免了道义论伦理学脱离事实情境进行抽象价值判断的误区,但是,这种伦理学立场与方法仍然具有重大的缺陷。

首先,通过经验来证明的某个规则总会遭遇例外。例如,当以“代孕可以为代孕母带来收益”“代孕可以减少对儿童的人口贩卖”等后果论的理由来证立代孕合同的正当性时,这些理由都是某种经验判断,不能成为一个全称命题,因为并非所有的代孕行为都能给代孕母带来收益,代孕母为人代孕带来的身体伤害有可能远远大于她所获得的收益,代孕与贩卖儿童现象的减少也并无必然因果关系。

其次,通过经验证明的利益总会存在冲突,而如何验证利益会导致标准不明的情况。这是因为,后果论的伦理学将道德根基归溯为人们趋利避害的本性,归溯为人类对利益的正当需求,但是,作为个体的人与人之间在权益上难免会产生差异与冲突。在这个问题上,将“最大多数人的最大幸福”作为衡量功利或效用的标准具有不可测度性,在“何为幸福”“何

---

① [英]约翰·穆勒:《功利主义》,徐大建译,商务印书馆2019年版,第21页。

为最大”的问题上语焉不详。

最后,后果论伦理学的弱点还在于缺乏对个体价值、个体尊严与个体权利应有的尊重,与现代价值诉求陷入了一种紧张关系之中。当后果论伦理学试图通过效用标准对行为后果进行事实上的经验判断来取代道义论伦理学先验的价值判断时,功利就成为判断行为和制度正当与否的唯一标准。然而,个人权利始终是实现功利最大化的潜在障碍。人工生殖技术能够促进不孕不育者的功利,但是,婴儿的权利、代孕母的监护权都会削减他的功利。所以,功利主义最终将包括生命权、尊严权等不可转让的人权列入功利算计中,以牺牲少数人的权利换取多数人的快乐被视为符合公平与正义,最终违背了康德伦理。

因此,笼统地说,道义论和后果论的道德理由哪个更正确是没有道理的,在论证方式上这两种道德理由都存在某种局限,道义论的问题在于确立谱系化、形式化的论据的“终极依据”是什么,后果论的问题在于通过经验证明获得的判断依赖于情境,是否具有普遍性。因此,在进行道德判断时,不能将两种伦理学理由绝对对立起来。事实上,在规范性命题的证成上,逻辑与经验、责任与利益往往交织进行,不能完全割裂,更不能绝对对立。对法律论证的审查,就不是笼统地判断哪种论证方法孰优孰劣,关键在于具体的推论过程,也就是说,无论是采用哪种伦理学的论证方式,都要看其是否遵循了一定的论证规则和论证程序。

(3)实质论据的协调与审查

在代孕纠纷案的法律论证中,通过整理各种关于代孕纠纷的论辩观点,可以把各种观点归纳为三个规范性命题:

A. 代孕行为是正当的,自愿有偿的代孕协议有效(私法自治型)。

B. 代孕行为是不正当的,自愿有偿的代孕协议无效(严格禁止型)。

C. 经过政府监管的代孕行为是正当的,通过相关法律程序签订的代孕协议是有效的(政府监管型)。

对于C命题而言，这反映了“法律论辩与普遍实践论辩的共生结构”，法律为普遍实践论辩的成立提供前提，但在这里，需要法官进行漏洞填补才能展开该案的法律论证，这需要法官选择实质的伦理学立场。另外，证成C命题的实质伦理学立场却是A命题的，所以C命题可以放在A命题中一并讨论。根据法律论证中实质论据的分类，为证成命题A和命题B，可以将这些论据进行相应归类，见表3－3。①

表3－3　后果论与道义论的命题证成对比

论证目标	欲正当化命题A		欲正当化命题B	
论据类型	后果论	道义论	后果论	道义论
具体论据	A1 代孕具有旺盛的市场需求，禁而不绝	A5 不孕不育者也具有生育的权利，国家应为不孕不育者的生育提供辅助	B1 代孕加剧对贫穷女性的剥削	B5 代孕使子宫工具化、商品化，贬低女性尊严
	A2 代孕减少了人口贩卖	A6 收养无法满足不孕不育者的心理需求，代孕比收养更接近于自然生育，更符合血脉传承的生育观念	B2 代孕助长了传宗接代的男权体制	B6 代孕挑战传统生育伦理，使亲子关系复杂
	A3 代孕为代孕母带来收益	A7 自由是终极价值，代孕具有道德自主，未伤害他人，国家应保护代孕的自由	B3 代孕损害了儿童利益	B7 代孕母作为亲生母亲，其监护权不能自由转让
	A4 子宫的功能就是孕育生命，是生殖工具		B4 代孕协议的执行具有高度风险，过程难以控制，代孕可以通过收养来替代，收养程序在法律上易控制	

从表3－3中关于实质论据的整理与分类来看，据以证立这两个规范

① 该表格的设计参考了王旭的观点。参见王旭：《伦理学立场、法律论证与法认识论》，载雷磊主编：《原法》第1卷，中国检察出版社2006年版，第34～57页。

性命题的论据可以说难分伯仲,脱离制度约束的道德论辩因此难以达成共识。之所以如此,很大程度上是因为论辩方孤立地运用两种不同的实质论据,而没有运用理性论辩规则对这两种论据进行有效的审查与证立。

对于道义论的道德理由而言,实质理由的证立需要经过以下论证规则的审查。

第一,可普遍化规则。所谓可普遍化规则,是指任何伦理或评价性的陈述,都同时意味着对所有同类事物应当做同样评价,这意味着某个理由在所有事实情况下都应有效。所有关于道德判断的理性思维,都必须依据事实来进行。当我们做出道德判断意图去赞许或谴责某种行为时(因为它们具有一些使它们对或错、好或坏的特性),若没有查明它们事实上是否具有这些特性,便作出判断,则明显的是不理性的。[①] 因此,可普遍化规则并非指道德理由形式的普遍化,而是在规则与事实之间寻找相似性。在法律论证中,普遍实践论辩的对象往往都是单称命题,这需要在一定的具体情境中对当下案件事实进行具体考察,来衡量在当下案件中该规范性命题是否成立,这说明道德约束的普遍化不是无条件、无情境的普遍化,而是事实构成在相似点上一致才要求的普遍性。如对于论据 A5 和 B5 所依据的规则,“公民具有生育权”和“人格尊严不容侵犯”,这些规则在一般情境下成立都没有问题,问题的关键在于当下的事实能否完全涵摄在该规则之下。比如,对于代孕协议是否构成对女性的奴役或剥削,是否侵犯了女性人格尊严的问题,可能就不能仅仅根据某个道德理由一概而论。自愿有偿的代孕协议是否有辱女性人格尊严,在代孕过程中充分保障女性健康并给予丰厚报酬是否构成对女性的剥削?这样的问题必须通过解释和论辩才能建立规则与事实之间的涵摄关系。

第二,优先性规则。在法律论证中,规范性命题 N 的证立是基于一个确定的规则 R 而来,但是如果同时存在多个不同规则 R1,R2,R3,…,此时就可能产生内容上互相矛盾的不同命题 N。为解决这个问题,就需要发展优先规则。优先规则又分为两类,一是绝对优先性规则,规则 R1

---

① See Hare, *The Language of Morals*, Oxford University Press, 1964, p. 114.

在任何情况都优先于规则 R2；二是相对优先性规则，即在一定条件下规则 R1 优先于规则 R2。其论述形式为：

R1 P R2 或 R2 P R1

C1(R1 P R2)或 C2(R2 P R1)①

因此，对于“代孕是否有损人格尊严还是有利于实现生育权利”的判断，必须结合具体的事实情境进行经验证明，并根据一定条件来确立某种优先规则。该条件一方面是当下特定案件的事实构成要素，另一方面又必须根据法律的目的或价值来选定。对于有偿代孕而言，代孕是委托方通过金钱购买的“服务”，是将代孕者当作人类生产的工具，根据基本权利的基本原理，人格尊严不能自愿放弃，因此，在这种情况下，人格尊严应当优先于生育权利，不能为实现不孕不育者的生育权利将代孕者作为生育手段。对于与委托方不具有血缘关系、具有博爱精神的代孕者自愿无偿通过人工生殖技术为他人代孕的情况，在事实构成要素上，这并无购买子宫服务之嫌且不涉及性道德，对家庭人伦关系不构成挑战并无降低婴儿人格之嫌；同时，在法律目的上，根据类比论据，法律并未以保护人格尊严为由禁止无偿捐献器官，亦不会依此为由禁止无偿使用人体器官，因此，在这种情况下，为了实现不孕不育者的生育权，可对代孕适当放开。

第三，历史性规则。尽管无法抽象地对价值进行一般性地排序，但是，道德规则具有历史性，“言谈者之道德观念所依据的道德规则，必须能够经得起批判的、历史生成的检验”②。这意味着在特定的历史情境中，对于不同的价值判断，存在某种相对确定的“优先规则”。某些道德规则可以背离，但是，必须负担更多的论证义务。因此，道义论的论证还必须结合经验证明的方式在具体的情境中对利益进行判断。

---

① ［德］罗伯特·阿列克西：《法律论证理论：作为法律证立理论的理性论辩理论》，舒国滢译，中国法制出版社 2002 年版，第 250 页。

② ［德］罗伯特·阿列克西：《法　理性　商谈：法哲学研究》，朱光、雷磊译，中国法制出版社 2011 年版，第 254 页。

对于后果论的道德理由而言，实质理由的证立需要经过以下论证规则的审查：

第一，经验论证规则。后果论的论证主要不在于确证道德规则与道德事实之间的逻辑推演关系，判断某种事实是否为某种价值判断所归属，而主要在于判断行动的效果问题。某种行为与某种后果之间的因果关系判断是一个事实性命题，需要通过经验判断来说明，这需要通过法学与其他社会科学的科际合作来实现。比如，代孕是否助长了男权意识（B2 论据），代孕是否减少了人口贩卖（A2 论据），代孕与其他社会现象的因果关系均需要提供社会科学的证据来证明。

第二，价值检验规则。对后果论理由进行证立的根据是某种可以实证的后果，后果作为可实证、可经验的事实状态虽可以通过社会科学的方式进行证明，但是，这种后果判断必须经受某种价值标准的检验，不过这一价值标准并非单一的功利标准，而是需要经受法律体系内价值判断的检验，即根据具体的法律目的来检验。

在道德哲学意义上，人类既要维护道义又要追求福祉，道义论和后果论作为评价人类行为正当性的标准并非相互隔离、相互独立。在经济交往中，人们讲究"效率意识"，共同偏好的思维方式是以促进大众共同福祉为目标的后果论思维，但是，人们也不能"见利忘义"而违背道德伦理底线；在具有道德伦理色彩的领域，诸如婚姻家庭领域，虽存在明确的道义规范约束人们的行为，但是，"当人们在道德哲学上商定一个共同的道德伦理目标后，仍有必要思考通过何种制度手段能够激励人们选择既能促进道德伦理目标实现，又能最大限度控制各方成本的社会组织方案"①。在代孕的规制问题上，同样既要维护道德哲学的基本目标，又要选择能够促进该目标实现的合理手段。因此，在代孕问题的法律论证中，无论是道义论理由还是后果论理由都不具备绝对优先性，两种论据在法律论证中应当相互结合适用，且必须遵守一定的论证规则才能成立。道

① ［美］加里·S. 贝克尔：《人类行为的经济分析》，王业宇、陈琪译，格致出版社、上海三联书店、上海人民出版社 2008 年版，第 205～294 页。

义论论证的关键在于终极价值与道德事实之间是否存在逻辑归属关系，而这种归属关系的判断离不开具体事实情境中对利益的经验证明；对于后果论的论证理由，行为效果的判断需要进行经验证明，但是，行为效果本身仍必须服务于某种终极价值，这需要根据法律体系的价值对后果进行检验和审查。

因此，对于具有道德争议的疑难案件，要实现个案裁判的正当性，法官必须借助一种“价值导向”的思考程序，来回应公众的道德期待，满足社会的道德需求。为防止司法裁判陷入“价值决断论”的窠臼，法官必须谨防通过道德直觉和道德情感进行价值判断，而应当基于理性主义的伦理学立场进行证成，通过理性的论辩规则与论辩程序达成规范性共识，而不能直接依据道德理由进行后果考量。在法律论证中，道义论和后果论这两种道德性的实质论据须结合适用，并根据一定论证规则对其进行协调与审查，方能实现规范性命题的理性证立。

三、结果导向的法律解释

(一)作为解释姿态的结果导向

在法律解释的过程中，“结果导向”是一种独立的解释方法还是贯穿于整个解释过程中的解释姿态，这向来具有争议。在笔者看来，后果考量并非一种独立的解释方法，而是体现于裁判过程的各个环节之中；后果主义作为一种思维方式在解释过程中亦一以贯之，它体现了解释者在法律适用中探求实效的解释立场或者姿态。

将“结果导向”作为解释姿态，这体现了后果主义对传统法律解释方法论的颠覆。传统的法律解释学受认识论哲学的影响，以主客二分作为认识模式，将法律解释方法作为达致法律真理的认识手段，将法律解释的过程作为法官解读法律文本意图或者立法者意图的认知过程，并将主客观相符合作为解释正确性的评价标准。不可否认，当法律规范脱离个案语境时，解释者可以根据语言的通常用法对法律规范的含义进行确定，但是，法律语言的运用是为了达到使用者的特定目的，法律作为构造人类秩序的文化符号，其最终目的是调整现实世界中的社会关系。因此，不能仅限于语义学的层面,而应当在语用学的意义上理解法律解释问题。

在阿佩尔看来,“语义学研究指号与指号所表达的语言外的客体或事态的关系;语用学则研究指号与指号使用者的关系”①。因此,在语义学意义上进行法律解释,实际上是将法律解释作为法律语词与事实世界指称关系的理解,认为在语词和指涉物之间构筑不变的功能关系,就可以达到解释清晰性的目标,从而构建词事相称的单一性法律语言图景。但是,语言符号与外部事态的指称关系并非固定的,人们对语言的理解和使用往往存在“历时性变化”和“共时性分歧”。所谓“历时性变化”是指语词与事态之间的指称关系会随着时间的变迁而发生分离,从而导致语词的含义发生变化;所谓“共时性分歧”是指生活于同一时代的人们往往因生活背景、价值观念的不同,在某个语词的“边缘地带”缺乏基线共识,这导致词与物的指称关系发生错乱和分歧。对于法律解释而言,解释者就无法通过语义学的手段建立“词”与“物”之间确定的一一对应关系。因为,“语言总是落后于自身,并落后于它最初提供的语词表述层面。语言似乎并不与语言中表达的东西相符合,并不与语词陈述的东西相符合”②。

事实上,法律解释所体现的并非语词与事态的关系,而是解释者与法律语言的使用关系。正如加达默尔所说,“语义学表现为从外部描述语言事实的领域,通过这种描述,它就能对语言符号的性状做出一种分类;解释学则关注我们对这个符号世界的使用的内在方面,或者说,关注说话的内部过程,如果从外部方面看,这个过程就表现为我们对符号世界的使用”③。这说明脱离语境的孤立语词并不具有任何意义,语言只有在使用和交流中才会释放意义。如果说,语义学在逻辑意义上保障了解释的真值性,而语用学则在功能意义上保障了解释的有效性。正如学者所说,根

---

① [德]卡尔－奥托·阿佩尔:《哲学的改造》,孙周兴、陆兴华译,上海译文出版社1997年版,第107~108页。

② [德]汉斯－格奥尔格·加达默尔:《哲学解释学》,夏镇平、宋建平译,上海译文出版社2004年版,第89页。

③ [德]汉斯－格奥尔格·加达默尔:《哲学解释学》,夏镇平、宋建平译,上海译文出版社2004年版,第85页。

据语言哲学的观点，语言的运用过程不仅是“以言行事”，更是“以言取效”的过程。以语言为载体的法律本身就具有“语用”的向度，法律解释的过程势必是一个“以言取效”的探效过程，法律的意义也只有在交流和对话中才能释放。因此，法律解释的根本目的并不在于对法律语义的真值判断，而在于解释者对法律解释结论的效果考察。经验研究也表明，在美国联邦最高法院，即使那些自我标榜为意图主义或者文本主义的大法官，在法律解释中往往也更倾向于实质解释准则而非形式解释准则。最为典型的代表莫过于大法官斯卡利亚，尽管他在理论上标榜为新文本主义，甚至推崇“查字典”等语义学的解释方法，但是，他在实践中很少践行其所宣称的法学方法论，而是“说一套做一套”。美国学者麦戈文的研究表明，在多数案件中，斯卡利亚依赖不具有正式法律效力的次级资料，通过援引法律评论文章来作为验证某项规则产生的可能后果的依据，而只有在解释常规的制定法时，斯卡利亚才倾向于查字典来明确法律规则的“通常含义”；在斯卡利亚的异议意见中，大约有 55% 明确运用了后果主义的论辩方法，在法律解释中引入政策性判断，通过对解释后果的判断来表达他对某种法律解释的异议。①

所以，在司法过程中，通过语词之间的可互换性来确定语词与事态之间的指称关系并不重要，法官真正要做的实际上是以法律解释的名义去探求语词在个案中的功能，试图通过获得好的解释效果来最大限度地凝聚社会共识。说得更直白一些，法律解释的本质可能并非一个立法意图或者文本含义的探寻过程，而是一个问题导向或功能导向的判断过程。尤其是当文本解释涉及重大利益冲突，而且难以形成社会共识的情况下，法律解释根本无法作为利益划分的标准和方法，这在根本上是一个判断问题而非认识问题。据此，波斯纳主张超越解释，应当运用实用主义的进路对待法律解释，从而将法律文本的解释问题转化为对解释结果的判断

---

① See Miranda McGowan, *Do As I Do, not As I Say: An Empirical Investigation of Justice Scalia's Ordinary Meaning Method of Statutory Interpretation*, Mississippi Law Journal, Vol. 78, p. 129 - 198(2008).

问题。① 即使在法教义学的知识体系中,结果取向的法律解释也并非独立的法律解释方法,而往往附着在其他解释方法之中。阿列克西曾刻画比较法解释与历史解释的一般形式,根据该解释形式,比较法解释实际上是对不同国家在相似背景条件下做出的法律解释效果的比较,而历史解释是对不同时点在相似背景条件下做出的法律解释效果的比较,这均离不开结果论证。这一解释形式被表达为:②

(1)在过去某个时点 T1(某个国家 S1),曾采取某种解释或某个法律制度 M。

(2)在 T1(在 S1),采取 M 导致某个结果 F。

(3)F 是个好的(不好的)结果。

(4)现在的时点 T2 与 T1(本国 S2 或 S1)具有相似的背景条件,可以预期,在 T2(在 S2)采取 M 会出现同样的结果 F。

因此,在 T2(在 S2),应该(不应该)采取 M。

在司法实践中,法律人经常对一些法律概念做出限制解释或者扩张解释,这实际上并不是法律概念的"文义射程"所决定的,更不是纯粹运用法律解释规准的结果,而实际上是根据解释的效果来确定法律概念的意义,这正说明了法律解释的"语用"向度。在英语中,"语用"用单词 pragmatic 来表达,而这一单词在语义上还有"实用""实效"的含义,这恰恰说明语言的使用是为了实现一定效果和功能,而法律语言的解释也概莫能外。哈特据此认为,"语言的施事效用在法律之内和法律之外都具有许多有趣的特征,这些特征使得它不同于我们通过或真或假的陈述描述世界时对语言的使用。离开了语言的施事效用这一观念,就无法理解法

---

① See Richard A. Posner, *The Problem of Jurisprudence*, Harvard University Press, 1990, p. 274 – 299.

② 参见[德]罗伯特·阿列克西:《法律论证理论:作为法律证立理论的理性论辩理论》,舒国滢译,中国法制出版社 2002 年版,第 239 ~ 240 页。

律行为的一般特征”[①]。因此，法律解释的目的首先并不是运用语言做出有关事态的真值判断，而主要是通过法律解释确立法律话语的实施效用。这样，对于个案裁判而言，“结果导向”就是一种普遍的解释姿态。尤其是对于模糊语词而言，难以通过法律解释来确定其语义边界，与其说通过法律解释的方法来明晰其文本中的构成要件，不如说通过法律解释的实践来对法律语词进行不断建构，不断丰富其存在样态和实施效用。

举例来说，广东省高级人民法院曾经做出司法解释：手淫服务不属于卖淫服务。事实上，这一解释结论的形成并非通过语义的探求获得，而实际上隐含着对解释功能和效果的考量。因为“手淫服务”相对于一般的卖淫服务，不易取证，更不易抓获；在这一色情业相对猖獗的地区，若卖淫包括手淫服务，就一定会增大执法的要求，造成案件数量的激增，从而给执法部门和司法部门带来工作量的压力，甚至远远超过当地的执法能力和司法能力。反而，通过限制解释将“手淫服务”排除在“卖淫”的文义射程之外，能够在社会功能层面取得“好”的效果。[②]

因此，以“结果导向”作为解释姿态，法律解释的过程不再是解释者对客观文本含义进行解读或者对立法者意图进行确证的过程，而是解释者在法律语言的使用中探求解释效果并追求最优功能的过程。这样，“后果考察虽然并非教义学体系内部的要素与方法，但它作为一种外在的激扰因素，对解释的过程如何展开以及如何得出妥适的解释结论，具有重要的指引意义”[③]。在“结果导向”的解释姿态下，法律解释将呈现以下特征。

1. 妥当性

以结果导向为立场的法律解释，是一种以目的为中心的功能主义解释论。根据后果主义的立场，法律是为达致一定社会、政治、经济目标而采取的手段，法律解释就是根据目标确定手段的过程，通过解释实现法律的功能是解释者首要的任务。在这里，所谓的法律的目的是具有位阶关系、相

① ［英］H. L. A. 哈特：《法理学与哲学论文集》，支振锋译，法律出版社 2005 年版，第 276 页。

② 参见苏力：《中国法学研究格局的流变》，载《法商研究》2014 年第 5 期。

③ 劳东燕：《功能主义刑法解释的体系性控制》，载《清华法学》2020 年第 2 期。

互协调、相互制约的内在价值体系。以目的为中心、以结果为导向的法律解释,要求解释者“在个别规范可能的字义,并且与法律之意义脉络一致的范围内,应以最能配合法律规整之目的及其阶层关系的方式,解释个别规定。于此,解释者必须一直考虑规定整体所追求的全部目的”①。在以目的为主导的解释过程中,法律解释的目标就不再是追求法律体系的形式化或者概念推演的逻辑化,而是追求解释结果的“合目的性”或者“妥当性”。因此,价值必然通过结果渗透到法律解释中来,法律解释成为“价值导向”的思考程序。

在个案裁判中,价值判断是法律适用的灵魂,法益衡量是影响解释结论的决定性因素。法律的目的直接导向的是具体的“法益”,对法律目的的界定与选择实际上是对个案中冲突利益的衡量与安排,解释者往往根据法益衡量的结果或者理由的权重来决定解释结论,并根据解释结论寻找解释方法。虽然法律解释规准作为解释的论据对价值判断有一定的制约作用,但是,其位阶实际上是由个案中的价值判断和结果验证所决定的。因此,法律解释“不过是人们在比较、鉴别、协调、平衡的基础上进行价值选择的结果。解释主体在经历一系列选择时要面对多种相互冲突的因素、关系和问题,采用何种解释立场与解释方法,哪种因素或关系得到注重,哪些问题得到优先解决,在选择时都直接受解释主体价值标准的影响”②。

2. 前瞻性

结果导向的法律解释往往采取“向前看”的解释姿态,以追求对未来案件裁判所产生的积极影响作为解释目标,因而法律解释就具有前瞻性的特征,这完全不同于认识论意义上的法律解释。受主客二分认识论哲学的影响,法律解释学将法律解释的目标定位于客观的实存结构中,诉诸客观的文本意图或者立法者意图来维护法律的确定性,以过去政治决定或立法决策的真实性来保障法律解释的正确性,从而使解释者采取了“向

---

① [德]卡尔·拉伦茨:《法学方法论》,陈爱娥译,台北,五南图书出版有限公司 1997 年版,第 210 页。

② 姜涛:《刑法解释的刑事政策化》,载《刑事法评论》2012 年第 1 期。

后看”的解释姿态。但是,立法过程作为合众为一的公共选择过程,这使立法作品难以回避“作者是谁”的责难与追问,更有一著名断言:“作品一产生,作者就死亡。”[①]根据公共选择理论,作为政治过程的立法决策过程实际上是公共产品的交易过程,参与立法决策的每个理性个体均带有不同的价值偏好,试图实现理性个体所代表的集团利益的最大化,立法决策过程就不可避免地成为理性主体的集体博弈过程。在这个过程中,基于价值的不可传递性,立法者的真正意图往往难以确定,通过民主的决策程序往往难以产生确定的立法意图,而只能产生循环的立法意图。[②] 因此,在很大程度上,民主的立法决策过程只能为法律作品进行正当化,却难以为法律解释提供确定的认识论基础。

据此,“向后看”的法律解释姿态面临诸多理论上的挑战和责难,以追寻立法原意为目标的原旨主义解释遭遇彻底的解构和批判。这正如德沃金所说,要将立法原意付诸法律实践,必须回答三个问题,即“历史上哪些人算是立法者?要如何发现他们的意图?当这些意图在某种程度上互不相同时,它们要如何被结合为合成的整体机构意图?”[③]。实际上,在公共选择的立法决策过程中,难以确定真正的立法者;在价值多元的政治冲突中,又难以确定真正的立法意图。在很大程度上,立法的意义在于形成了统一的法律文本让解释者去解读,法官的最后表述就成为“何为法律”的最后语言。因此,与其采取“向后看”的解释姿态去探求并不存在或者

---

① [法]保罗·利科尔:《解释学与人文科学》,陶远华等译,河北人民出版社 1987 年版,第 150 页。

② 政治学中的孔多赛悖论说明了这一问题。孔多赛悖论又称为投票悖论,投票悖论揭示了民主的困境,认为投票只会产生循环的大多数,而不会产生确定的大多数。例如,有三个方案 ABC 和三个投票者,这三个方案分为最佳、次之和最差。三个人分别投票,第一个人投的是 ABC 的顺序,也就是说最佳是 A,次之是 B,最差是 C。第二个人投的是最佳是 B,次之是 C,最差是 A。第三个人则认为最佳是 C,次之是 A,最差是 B。这时候就发现没有一个方案是确定的最多数。第一个投票者认为 A 比 B 好,B 比 C 好。第二个投票者也认为 B 比 C 好,但是他认为 C 比 A 好,这是不一致的。第三个人认为 C 比 A 好,这是和第二个人一致的,但是他认为 A 比 B 好,这跟第二个人不一致,而这却和第一个人是一致的。也就是说,认为 A 比 B 好的有两个人,认为 B 比 C 好的有两个人,认为 C 比 A 好的也有两个人,这就是一个循环。参见丁利:《新制度理论简说:政治学法学理论的新发展》,载《北大法律评论》2000 年第 2 期。

③ [美]德沃金:《法律帝国》,李冠宜译,台北,时英出版社 2002 年版,第 324 页。

难以确定的立法者的心理状态,不如放眼未来去探求解释结论对未来社会的可能影响或效果。

事实上,根据后果主义的立场,“向后看”与“向前看”并不矛盾,“向后看”的最终目的是“向前看”。也就是说,无论是追寻立法意图,还是遵循司法先例,其最终的目标无非保障司法裁判的激励信号更清晰,“向后看”也无非激励人们更好地去遵守法律,这本身亦是包含在法律之中的内在目的。因此,目的解释必然与后果考量相贯通,通过目的解释所维护的价值需要解释效果的相互配合来佐证,规范目的的妥当性至少部分地需要功利性的后果来加以证成。正如普珀所说,“目的论解释的正当性并不是来自于立法者的权威,也不是来自于从其法律文本推导出结果的正确性,而是从这些结果的有益性导出”①。在结果导向的法律解释中,解释者对解释结论的评价并不是基于解释结论是否合乎过去的立法意图,或者仅仅基于个案裁判的公正,而更要基于对未来类似案件裁判的影响,以及基于对未来人们行为的防范与激励。

这与经济学中的“事前分析法”具有异曲同工之妙,事前分析法强调案件裁判是否能够对人们产生良好的动因,这实际上是基于“理性人”的人性假设。根据“趋利避害”的人性特征,人们总是通过预测法律运行的结果来做出理性的选择。法官就必须预判裁判结论对人们行为的指引,预测人们在获知裁判结论之后是否还会做出类似行为,或者会做出比该类行为更为严重的行为,从而通过判断裁判结论对人们行为动因的影响,来防范人们的违法犯罪行为和激励人们的守法行为。因此,好的裁判可能激励“坏人”变好,而坏的裁判可能会导致“好人”变坏。对于刑事裁判而言,个案裁判的目的并不仅仅在于惩罚犯罪,而更为重要的是能否预防未来的类似犯罪或者防范更为严重后果的发生。以交通肇事案件为例,如果法官裁判肇事者交通肇事致人死亡比致人重伤所承担的经济赔偿或者刑事责任更轻,那么,这将会造成肇事者“二次犯罪”的可能,即犯罪嫌

① [德]英格博格·普珀:《法学思维小学堂:法律人的6堂思维训练课》,蔡圣伟译,北京大学出版社2011年版,第74页。

疑人宁肯将人撞死也不会致人重伤,从而可能诱发故意杀人犯罪。

3. 功能性

传统法律解释学侧重于在法律体系结构内部对法律概念之间、法律规范之间的关系展开语义分析和逻辑推演,但是,这种形式主义的裁判方案因其强大的思维惯性而忽视了法律的功能维度,以至于通过精致的形式化解释所得出的结论严重背离了人们对司法裁判的功能性期待。事实上,司法裁判要达到的后果无法脱离司法裁判所要回应的社会需求。在社会学领域,“后果”与“功能”从要素对体系的影响的意义上讲是一对相似的概念,“功能”与“需要”是一对相互对应的概念。[①] 基于法社会学的立场,法律并不仅是一套相对自足的规范体系,而是能够产生特定功能的社会规范。法律是社会秩序的外在表现形式,是商业、家庭生活、宗教事务等活动的重要组织工具,是任何社会得以有序组织起来的必不可少的手段。[②] 为回应社会对法律的功能性期待,司法裁判中的后果考量就不可避免,功能取向的法律解释就以显性或隐性的方式存在。在司法实践中,基于对自由裁量风险的规避,法官实际上在“以规则推理”的虚饰下进行着隐蔽的功能判断和后果考量,表面的文本解释实际上暗合着实际的后果考量。

因此,结果导向的法律解释侧重于法律的社会功能维度,通过预测和比较不同解释方案对个体行为选择的影响,并选择有助于实现特定时期公共政策目标的裁判方案,从而满足人们对司法裁判的功能性期待。这有利于裁判者走出“形式—功能”关系的思维定式,即不再以法律文本的概念术语和体系结构作为解释法律的起点与归宿,抛弃了法律的结构形式决定社会功能的陈旧主张;而是转向了“功能—形式”的裁判认知模式,即主张裁判的功能性期待决定了法律解释的方向。正如科尔曼所言,

---

① 参见[美]莫顿:《显性功能与隐性功能》,载帕深思等:《现代社会学结构功能论选读》,黄瑞祺编译,台北,巨流图书公司1981年版,第35页。

② See Harold J. Berman, Samir N. Saliba, *The Nature and Functions of Law*, Foundation Press, 2009, p. 6.

法律的功能性需求是法律文本符号的发生原因,而不是它们的结果。①

在“功能—形式”的关系图景下,法律解释就从脱离社会语境的语义分析转变为个案情境中对裁判方案社会功能的具体判断。尤其是在缺乏社会共识的个案中,依靠形式化的解释规准和逻辑推演往往会产生两种甚至是多种“符合”法律规定的裁判方案,这种“自上而下”的法律解释往往因无法凝聚社会共识而缺乏说服力。在这样的案件中,通过结果导向的法律解释对形式化裁判方案进行功能性反思就成为裁判中必不可少的思维流程。对此,法官应当首先通过形式化解释产生不同的裁判方案,并通过预判裁判方案的激励效应来展开功能性反思,再系统比较不同形式化裁判方案的功能性差异,选择最有利于社会福祉的裁判方案,最终再回到法律体系内部基于形式化的法教义学推演对裁判结论进行正当化。

(二)结果导向法律解释的实践场景

既然结果导向作为一种解释姿态或者裁判立场贯彻于法律解释过程的始终,那么,结果导向的法律解释就不是某种特定法律解释方法的适用,或者仅作为某种解释规准的辅助性论据,而是存在于多种实践场景之中。

1. 在单一解释结论的场景,通过后果考察对解释结论进行验证

以法律文本为中心构建并运用法律解释方法,实际上是在封闭的法律体系下进行推论,这种法律解释是以识别或构建立法意图为目的和归宿的。以文本为中心的解释规准虽然保障了法律解释的合法性,却未必能够保障法律解释的合理性或者妥当性。因为,法律终归是面向社会的开放体系,司法裁判在终极意义上是对社会需求的回应,裁判结论作为法律系统的产物最终须在社会系统中接受验证,也就是说,法官运用解释规准所进行的“解释性陈述”需要通过后果验证来加以“解释性证立”。德国学者黑贝勒曾经敏锐地指出,“对于规范的适用是否恰当的问题,不能

① 参见[美]朱尔斯·L.科尔曼:《原则的实践》,丁海俊译,法律出版社2006年版,第42页。

依据证实标准来作出评价,而只能依据证伪标准来判断。质言之,对于并非处于封闭体系状态之下的客观现实而言,一般性规范的适用结果可以通过法学方法得以论证,但是其发现过程必须包含有非法学方法因素在内"①。通过结果验证与后果考察,法律之外的现实因素将通过结果并转化为法律内部的价值渗透到法律解释中来,从而保障了法律解释对社会现实的回应性以及法律解释的合理性。

为保障法律解释的妥当性,后果考察经常作为目的论的基准进行使用,从而融汇了法律解释的规范性与经验性,使法律解释成为规则适用与效果验证的一体解释模式。目的解释作为法律解释中的"黄金规则"是证立解释结论的决定性要素,但是,目的本身作为一种抽象的价值判断,容易导致法律解释中的目的异化现象,即法官假借目的判断之名行自由擅断之实,在裁判中法官将法律目的置换为个体的主观目的。为此,要将抽象性的目的在具体的经验事态中予以验证,后果考察往往可以作为一种有效的基准加以使用,作为目的论的衡量基准成为验证解释结论的最后一道工序。"实现这个规范目的不得引起超乎规范目的价值的不利附属后果,这就属于后果考察的范畴,每个法律适用者必须一并顾忌到那些不希望通过法律适用所附带的后果。"②

2. 在复数解释结论的场景,通过后果权衡选择最优的解释方案

在法意模糊的情形下,法官运用不同的解释规准往往会产生不同的解释结论。这是因为,在法律概念的"边缘结构"中,关于法律的解释往往缺乏基线社会共识,基于不同的解释立场,如解释者生活经验的不同、文化背景的殊异、价值观念的分化,往往会导向不同的解释结论。同时,法律解释的论据之间往往是互相矛盾而且是难以协调的。解释规准往往赋予某种论据在论证中的优先性,但是,这一优先性理由却并非法律解释

① 参见 Haeberle, *Die offene Gesellschaft der Verfassungsinterpreten*, in: JZ 1975, 297ff. 转引自刘飞:《宪法解释的规则综合模式与结果取向——以德国联邦宪法法院为中心的宪法解释方法考察》,载《中国法学》2011 年第 2 期。

② [德]英格博格·普珀:《法学思维小学堂:法律人的 6 堂思维训练课》,蔡圣伟译,北京大学出版社 2011 年版,第 98 ~ 99 页。

自身所赋予的,而是由某些政治理论所赋予。“解释方法的正当性需要得到证明,而这种证明并不同于方法本身……采用任何一种特定解释方法的理由,取决于规范政治理由这一外部理由。”[①]所以,解释规准往往体现了某种政治价值的正当性,然而,政治价值的冲突却不是通过解释规准自身得以调和的,这势必会导致解释者价值冲突的迷思。“历史解释方法体现了法律解释的形式正当性;平义解释方法则体现了法律解释的共识正当性,按照语言共同体的共识来解释法律;如果追求功能正当性,法官则会采取实用主义的‘自由探寻方法’。”[②]

对解释结论所产生结果的验证与评判,为优化复数解释的选择提供了可能的路径。这一论证路径基于解释方案之间的功能性选择,并最终立足于法律体系内部进行正当性论证,从而既维护了法律解释的形式合理性,又维护了法律解释的功能正当性。在大陆法系法学方法论的理论体系中,“社会学解释”作为典型的结果导向解释被作为独立的法律解释方法。但是,社会学解释必须以法律的文义为基础,并最终须在法律体系内部得以证成,即社会学解释的运用必须以法律文义的复数解释为前提,对社会效果的预测必须通过目的论解释的方法进行验证。在杨仁寿看来,社会学解释的操作方法,大抵可分两个步骤:(1)首先须对每一种解释可能产生的社会效果,加以预测。(2)确定社会治理目的,并由此目的予以衡量各种解释所生之社会效果,何者最符合该目的,若认为任之不罚,合乎社会治理目的,即应依共同生活之观念予以解释[③]。结果导向的社会学解释实际上是对目的论解释的补强论证方法,这有利于在目的冲突的情况下优化目的解释的结论。该解释过程可表述为:在法律目的 P_1 成立的前提下,对规则 R 进行解释可得出 R_1 的解释结论;而在法律目的 P_2 成立的前提下,对规则 R 进行解释可

---

① [美]基思·E.惠廷顿:《宪法解释:文本含义、原初意图与司法审查》,杜强强、刘国、柳建龙译,中国人民大学出版社 2006 年版,第 3 页。

② 郑戈:《法律解释的社会构造》,载梁治平编:《法律解释问题》,法律出版社 1998 年版,第 75 页。

③ 参见杨仁寿:《法学方法论》,台北,三民书局 1987 年版,第 133 页。

得出 R_2 的解释结论;R_1 的解释结论将产生社会效果 E_1,而 R_2 的解释结论将产生社会效果 E_2;根据社会福利最大化的标准,E_1 优先于 E_2,故应采取解释 R_1。

以"知假买假案"为例,对于"知假买假"者是否为消费者,运用平义解释和目的解释会产生完全不同的解释结论,从而导致司法实践中"同案不同判"情形的出现。由于法律解释上的分歧,"知假买假者能否请求惩罚性赔偿"这一问题,在我国法学界和司法实务界引起了长达十年多的讨论。在这场讨论中,存在两种传统的分析进路:一是形式主义的分析进路,即侧重于对法律概念的语义分析和体系化理解,分解消费者惩罚性赔偿请求权的构成要件,并通过逻辑推演的方法得出结论。这种分析进路严格强调文本意图和逻辑推理,但是却忽视了隐含于法律文义表达中的价值判断,导致从不同的文义解释出发通过形式逻辑可建构出两套完全冲突的解释方案。二是道德主义的分析进路,即从某种朴素的大众道德或者笼统的法律原则出发,对"知假买假"行为进行道德评判,用"不劳而获"、"投机倒把"或者"违背诚实信用"等道德话语进行价值判断。这种分析进路虽然超越了法律的文义表达而进行实质的价值判断,但是,却无法解决价值相对主义的窘境,这导致在"知假买假行为"的评判上出现褒贬不一的话语表达。

事实上,这两种分析进路都无法化解法律解释的困境,而结果主义的解释进路从考察制度方案的功能或效应入手,则有利于展开对该问题的精致分析。在法律存在复数解释的情况下,基于结果导向的解释进路,在具体的社会情境中比较不同解释方案的功能性差异,能够避免法官对"知假买假行为"做出"因其能监督商家而完全支持"或者"因其存在消费欺诈而一律否定"的简单化判断。采取结果导向的解释进路,需要对某种解释方案所可能产生的积极功能进行科学预测,又需要对其所可能产生的消极功能进行合理防控,并在不同方案的功能差异比较中权衡利弊,选择对社会福祉最为有利的解释方案。这既需要预测"知假买假"受到法律保护这一裁判方案所带来的积极功能,比如会激励消费者监督市场,促进市场秩序的优化,降低政府的监管成本;同时,又要合理防控这一裁判方案可能带来的消极功能,比如可能激励为获得惩罚性赔偿而造成“知假买假”行为的商业化趋势,从而造成司法资源的严重浪费。[①]

根据我国立法机关对《消费者权益保护法》“惩罚性赔偿条款”(第55条第1款)的解读,该条款所欲实现的制度功能有:第一,通过使受侵害的消费者获得比实际损害更高的赔偿,来鼓励他们起诉不法经营者;第二,通过迫使实施欺诈行为并造成严重后果的商家支付高额的惩罚性补偿金,来惩罚不法经营者;第三,通过上述手段,威慑潜在的不法经营者,预防类似的不法行为再度发生,净化市场环境。[②] 该制度功能可以总结为:对经营者实施的消费欺诈行为进行制裁,在法律上给予否定性评价;对欺诈消费者的不法行为进行威慑,从而实现最大限度的防范。根据该制度功能,法官应对“知假买假者”认定为消费者所产生的裁判效果进行判断。但是,制度实施效果或功能的实现往往需要在具体事态中借助于具体条件才能实现,这就需要法官在个案中对解释方案之间的效果进行比较,在这个意义上,法官应该在审判中对“知假买假”行为进行类型化的分析。基于“知假买假行为”的效果判断,应大致区分“良性知假买假行为”和“恶性知假买假行为”。对于前者,诸如销售“假冒伪劣”商品的欺诈行为,法官应通过法律解释支持消费者的惩罚性赔偿请求权,从而既符合法律鼓励消费者监督市场的立法目的,又能产生抑制违法生产经营行为的积极效应;而对于后者,诸如针对轻微瑕疵商品的“知假买假行为”,比如,对于消费者所购买商品自身品质没有问题,而只是存在“不规范的标识说明”的情况,法院就不能支持该类“知假买假”者的惩罚性赔偿请求权,从而既抑制了消费者机会主义的打假行为,又维护了诚实信用的社会风尚。

---

① 参见熊丙万:《法律的形式与功能——以“知假买假”案为分析范例》,载《中外法学》2017年第2期。

② 参见贾东明主编、全国人大常委会法制工作委员会民法室编著:《中华人民共和国消费者权益保护法解读》,中国法制出版社2013年版,第266页。

3. 在存在规范冲突的场景，通过后果考量消解规范间的价值冲突

法官根据个案事实选择作为裁判依据的法律规范，往往会出现与个案事实相关的法律规范为复数，在这种情况下就不可避免地出现规范冲突的情形。对于法律规则之间的冲突，在绝大多数情形下，法律可以根据法律位阶规则来选择可适用的法律规则，从而消解法律规则之间的冲突。但是，在权利冲突型案件中，法律权利为不同的法律规则所规整，不同的法律规则之间可能并不存在任何位阶关系，在这种情况下，就需要法官根据个案事实对法律规则分别解释，并考量解释结论可能造成的后果，通过后果的比较与权衡来消解因规范冲突带来的权利冲突问题。

再以"武松打虎著作权纠纷案"为例，在该案中，实际上存在著作权与商标权之间的权利冲突，并且《著作权法》与《商标权法》处于同一位阶，难以通过位阶规则来消解其冲突。所以，比较可行的裁判方案是：对《著作权法》和《商标法》中的相应条款进行分别解释，对选择保护任意一种权利所产生的后果进行预测与评判，并根据社会福利最大化的原则选择最优的解决方案。该案的最优解决方案当然是通过有偿继续使用的方式实现诉讼两造的双赢，并实现社会福利的最大化。事实上，该案判决后，最高人民法院通过会议纪要的形式创制了一项公共政策，"对于一些在诉讼中继续存在的特殊侵权行为，也要根据案件具体情况，合理平衡当事人之间以及社会公众的利益，考虑执行的成本和可能性，对于判决停止侵权将导致执行结果明显不合理或者损害公共利益的，可以适当加重侵权人的赔偿责任而不判决停止有关的销售、使用行为"①。在该类案件中，通过后果考量最终实现了诉讼两造的双赢，并最终维护了市场秩序和社会公共利益，从而实现了社会福利最大化的政策目标。

在原则冲突的案件中，原则作为一种"初显性理由"以"或多或少"的

① 参见孔祥俊：《论裁判的逻辑标准与政策标准——以知识产权法律适用问题为例》，载《法律适用》2007 年第 9 期。

方式影响案件的裁判结论,相互冲突的法律原则往往在同一案件中均成立,法官就无法根据原则进行逻辑推导,而只能通过权衡的方式来适用原则。对于原则的冲突,法官在裁判中必须说明某个原则压倒另外一个原则的优先性条件。事实上,后果考量往往隐含在原则权衡的思维过程之中,法官往往会预测某个原则作为优先性理由适用所带来的社会效果,并期望以最小的社会成本实现社会效益的最大化,并据此来确定原则适用的优先性条件。

以"里格斯诉帕尔默案"为例,①在该案中,"不得因过错获利"与"一次过错行为不受两次处罚"均作为法律原则适用,但是,这两个原则的适用将导致相反的裁判结论。因为,不同的法律原则蕴含着不同的价值,其适用会引发法官之间的"理论性"争论,法官会根据不同的理念或标准来解释法律,从而产生不同的解释结论。然而,通过考察原则的解释与适用可能带来的行为激励,则有助于消除理论上的分歧。在该案中,若根据"一次过错行为不受两次处罚"的原则,则应充分尊重帕尔默祖父的遗嘱,不能因为帕尔默受到刑事处罚就丧失继承权,如此会形成一种不当的行为激励,会激励继承人以谋杀的方式尽快实现遗嘱上的继承权或者尽早获得可能丧失的继承权。在该案中,优先适用"不得因过错而获利"这一法律原则,通过剥夺谋杀者帕尔默的继承权,可以防止对未来案件中继承人行为的不当激励,实现对社会有益的正向激励。相较之下,适用后者将会实现更为可欲的后果,故后一原则应更具适用的优先性。所以,法官可根据社会效果的权衡来确定原则适用的优先性条件。

---

① 该案案情为:帕尔默的祖父在遗嘱中为他留下一大笔遗产,但是,帕尔默为尽快获得该笔遗产却毒杀了他的祖父。帕尔默的姑姑里格斯认为,既然帕尔默杀死了被继承人,法律就不应当赋予帕尔默继承遗产的权利。但是,州法律并未明确规定继承人杀死被继承人就当然丧失继承权,且帕尔默祖父生前遗嘱完全符合法律规定的有效条件,故该案引起了法官之间的争论。格雷法官认为,法律的含义是由明确的文字界定的,法官没有理由对明确的法律弃之不用,故遗嘱仍然有效,帕尔默仍享有继承权;但厄尔法官认为,法律的真实含义并不完全取决于明确的文字,其真实含义应当由隐含在法律中的原则来决定,厄尔法官通过援引"任何人不得因过错而获利"这一普通法原则,主张帕尔默因谋杀丧失继承权。参见 Riggs v. Palmer, 115N. Y. 506, 22N. E. 188(1889)。关于该案的分析,参见[美]德沃金:《法律帝国》,李冠宜译,台北,时英出版社2002年版,第5页。

(三)结果导向法律解释的操作规则

结果导向的法律解释,往往以法官裁判的能动性为前提,对裁判结果的验证和对裁判功能的判断均离不开法官的自由裁量。若对法官的解释权不加以约束,司法裁判则有沦为"自由探寻"的现实主义司法的嫌疑,因此,有必要明确结果导向法律解释的操作规则,防止法官解释的恣意与冲动,从而实现对司法权的规训。

1. 基于社会语境来解释法律,根据情境化的社会需求来释放法律规范的意义

以结果导向作为解释姿态,意味着法律解释不能拘泥于法律的文本含义,为追求最优效果往往需要法官探寻法律规范在社会情境中的新的含义。这是因为,法律作为一种指称符号其"所指"与"能指"之间未必总是保持统一。立法者在制定法律过程中,通过法律语词的使用建立了"所指"与"能指"的统一关系,但是这种统一关系仅仅是立法者内心的"心理图像"。随着社会变迁,新的事物不断出现,这将导致法律语词"所指"与"能指"之间的分离,从而产生法律适用的"语义困境"。

所谓语义困境,即解释者在语义的适用上发生了分歧。这是因为,新事物的出现导致法律中的语义出现错乱。比如,对于"财产"的解释,随着互联网的普及,"虚拟财产"作为一种新的财产形态出现,那么"虚拟财产"是否属于法律上"财产"的范畴?尽管在立法者的"心理图像"中,"财产"属于有形财产,但是,解释者应当在新的社会环境中基于新的社会需求对法律概念做出发展性解释,应当赋予"财产"这一概念新的含义。为了回应社会的发展,解释者应当通过法律解释协调法律安定与社会变动之间的内在矛盾。正如拉德布鲁赫所说,"法学解释是理论和实践、认识性和创造性、创作和再创作、科学性和超科学性、客观和主观各种因素不可分割的混合。而它在很大程度上是实践的、创造性的、创作的、超科学的,是由不断变化的法律需要所决定的。因此,作为法学解释的目标和结果的立法者意志也不会由对确定内容的解释永久地固定下来,而是要一直保持解答具有新含义的、变化了的时代关系所提出的新的法律需要和法律问题的能力。我们不能把立法者的意志理解为某一次引起法律产生

的意志事件,而是应该把它理解为不断变化的、承担法律(制定)的成就意志"①。

为了回应社会的需求,解释者应当与时俱进地解释法律,但是,法律解释的灵活性并非解构法律的安定性。为协调解释灵活性与法律安定性的关系,德沃金对"概念"(concept)与"概念观"(conception)作出了区分,在他看来,概念总是无法与解释者的环境紧密地结合起来,从而导致语言的所指与能指总是无法统一,但是,抽象的概念之下可能蕴涵着具体的观念(概念观);时代的进步与社会的变迁可能并没有造成概念的变化,但是观念总是与时俱进。② 也就是说,法律的语义尽管并不会因新的事物的出现而发生变化,但是,作为解释根据的"观念"是在发生变化的。因此,法官以结果导向作为解释姿态,试图回应社会的需求而对法律做出发展性解释,应当以法律所蕴涵的且具有适应性和变动性的"观念"作为解释标准。"确定具体意图,看起来主要是一项历史学兼具心理学意义上的任务,而阐明抽象意图则似乎更具哲学和价值考量性任务。"③因此,"概念"背后往往隐含着不同观念(抽象意图)的竞争关系,在法律解释背后往往隐含着对法益的实质权衡。"朱某故意毁坏财物案"能够很好地说明这一问题,该案案情如下:

> 被告人朱某非法获得被害人陆某的股票交易账户和密码,秘密侵入了该股票交易账号,并私自篡改密码。出于报复和泄愤的目的,朱某使用被害人的账号,采取高进低出的方式进行多次股票交易。按照股票平均成交价计算,朱某给被害人账户造成资金损失 19.7 万元。事后,朱某被法院判处有期徒刑 1 年 6 个月,宣告缓刑 2 年。④

---

① [德]G. 拉德布鲁赫:《法哲学》,王朴译,法律出版社 2005 年版,第 115 页。

② 参见[美]德沃金:《法律帝国》,李冠宜译,台北,时英出版社 2002 年版,第 75 页。

③ [英]戴维·布林科:《法律解释、客观性和道德》,载[美]布赖恩·莱特编:《法律和道德领域的客观性》,高中等译,中国政法大学出版社 2007 年版,第 33 页。

④ 参见上海市静安区人民法院刑事判决书,(2002)静刑初字第 146 号。

该案的核心争点是："通过高进低出的方式进行股票交易导致他人重大损失"是否属于我国《刑法》第 275 条所规定的"故意毁坏财物"的犯罪行为。依据严格的语义学解释，"故意毁坏财物"可解释为"通过对财物的全部或者一部分进行物质性破坏、毁损，以至全部或者部分不能遵从该财物的本来用途进行使用"；或者可解释为"对财物行使有形力，毁损财物或者财物的价值、效用的行为"。从立法历史来看，刑法出台之时我国股票交易并不普及，显然朱某的行为并不符合立法者的"具体意图"。但是，在该案中，法官如此裁判的原因在根本上并非对立法者"具体意图"的语义考察，而是先对朱某行为的社会危害性做出经验判断和价值判断，并选择相应的罪名来支持其判断，并通过法律解释的方式来将之正当化。因此，基于该行为社会危害性的判断，解释者就不应当拘泥于立法者的"心理图像"或者"具体意图"，而应当基于刑法所保护的法益的判断，对"故意毁坏财物"做出发展性解释，将其解释为"导致财物效用减少或者丧失的一切行为"，这才是比较妥当的解释结论。

2. 基于判决的社会效应来解释法律，可根据社会福利的最大化来选择最优的解释方案

法律作为价值导向的规范体系，蕴含着自由、秩序、安全、公正等各种可欲的价值；法律作为调整社会关系的工具，则是实现各种社会目标的手段。因此，在法律规范语义的背后往往存在互相竞争甚至是冲突的目的，往往会导致法律解释的"语用困境"。为了解决这一困境，需要法官以结果导向作为解释姿态，以"结果的合理性"作为证立解释的标准，以社会福利的最大化作为解释目标，从而选择个案裁判的最优方案。

在语言哲学中，语义学的问题是关于语词的指称问题，而语用学的问题则是关于语词如何使用的问题。在日常语言的使用过程中，即使语词的指称是确定的，但是语言的使用目的却不一定能确定，这就产生语言的"语用模糊"所带来的不确定性问题。在法律适用过程中，也难以避免法律的"语用模糊"。在这种情况下，"法律之所以是模糊的，不是因为它所能使用的语词语义模糊，而是因为法院的解释技术不精确或其适用该项

法律规定的理由不精确所致”①。法律的语用模糊会导致法律适用的“语用困境”，即法律规范的语义与规范适用的目标或结果存在悖反关系。一种情形是，某一个别事物属于规范描述的范畴，但规则适用会导致不公正的结果。如肖尔所说，如果适用清晰规则会产生不公正的结果，那么法官通常会按照规范相反的意思办理。② 另一种情形是，从语义上判断某个别事物确实属于不相关范畴，但存在将规范适用于该个别事物的理由。在语用困境中，法官需要通过法律解释挖掘支持规则适用和反对规则适用的理由，而理由的衡量离不开后果的判断。对于前者，需要法官基于对结果的判断排除规则的适用；而对于后者，则需要法官基于对结果的判断扩展规则的适用。在这些情况下，均需要法官做出实质性的价值判断和后果判断，法官应当基于社会福利最大化的标准对裁判结论所引起的社会效果进行预测和评判，从而确定规则扩展适用或排除适用的理由。以“驴友案”为例，该案基本案情为：

> 被告梁某在网上发帖召集“驴友”去户外探险，网帖明确约定了 AA 制的费用承担方式和集合时间、地点。受被告陈某邀请，受害人骆某与陈某一同参与该活动，陈某通过网络共召集 12 名成员参与探险活动，并共同乘坐梁某的车辆前往。在活动当晚，因活动区域地势险峻，团队成员在河谷裸露的平坦石块上露营休息，骆某与被告陈某同住一个帐篷。但当夜山洪暴发，骆某被洪水冲走并死亡。骆母的父母认为同行的其他“驴友”对骆某之死负有责任，向法院提起诉讼，要求赔偿各类损失共计 35 万元。一审法院审理后判决被告梁某、受害人骆某与其余 11 名被告按照 2.5∶6∶1.5 的比例承担责任。
>
> 该案判决理由为：(1) 我国目前尚未建立户外探险活动相

① ［英］蒂莫西·A. O. 恩迪科特：《法律中的模糊性》，程朝阳译，北京大学出版社 2010 年版，第 69 页。

② 参见 Frederick Schauer, *Formalism*, Yale Law Journal, Vol. 97:4, p. 515 (1988)。关于该种情形，本书在第二章中就“归谬论证”进行探讨，在此不再赘述。

关的制度和法律规定，没有相关人身损害事故的责任认定机制，而事后责任追究的缺失，将导致户外探险活动事前的轻率化、盲目化。(2)参与人虽约定相互间不对合同中个人因素和不可抗力因素造成的事故和伤害承担责任，但造成对方人身伤害的"免责条款"无效。(3)应根据各参与人在有关户外活动中的主观过错大小、事发当时的客观条件及其行为与损害后果之间的因果关系来确定民事责任。组织者未对参与者提出防范风险的建议，也未采取安全防范措施，具有主观过错，应承担较多责任。①

在该案中，法官对合同法与侵权法进行了扩展适用。从当时有效的《合同法》第53条来看，该条第1项规定，造成对方人身伤害的，免责条款无效。该条强调的是一方造成他方的损害，而非是指一方要为他方所遭受的来自第三方的损害承担赔偿责任。从侵权法的规定来看，根据过错责任原则，侵权人仅就自己的过错行为负责，而在侵权法理论上，"风险自担行为"往往是侵权责任成立的阻却性事由。② 故该案判决的关键是对"驴友"自发组织探险行为是否为"自甘冒险行为"进行认定，而这取决于"驴友"自身对风险认识的程度。因此，该案并非纯粹对侵权行为过错责任构成要件的法律解释问题，而是隐含着自由权与生命健康权的价值衡量问题，即法院应该是通过判决保护人们自发组织探险的自由还是要防止"驴友"因探险丧生这样的事件发生？事实上，法官正是基于后果的判断做出了价值衡量，而对法律规则进行了扩展适用。法官对规则的扩展适用实际上是基于后果的判断，即"事后责任追究的缺失，将导致户外探险活动事前的轻率化、盲目化"。这一后果考量实际上体现了对社会福利最大化的追求，即通过判定组织者与参与者承担一定程度的责任，来影响未来案件中"驴友"的行为动因，使其能够更为谨慎地对待自发组织集体

① 参见广西壮族自治区南宁市青秀区人民法院民事判决书，(2006)青民一初字第1428号。

② 根据许德风的观点，法官在该案中适用侵权法论证"免责条款"无效是错误的，没有任何论证就"从合同转向侵权"，是"教义学所不能容忍的错误"。参见许德风：《论法教义学与价值判断：以民法方法为重点》，载《中外法学》2008年第2期。

探险的活动,从而降低此类风险事件发生的概率。

"驴友案"的判决说明,在法意模糊、规则冲突以及原则冲突的案件中,法官将不得不进行价值衡量来选择对社会最优的判决方案,问题的关键是如何确定法官进行价值衡量的依据。对此,法学家进行了各种有益的探索,但是,并未得出统一的解决方案。立足于规则后果主义的裁判立场,法官在个案裁判中的价值衡量应当遵循以下原则:

第一,法官应坚持法教义学框架下的价值衡量,不能脱离法律规则径行做出价值判断。任何法律规则背后都隐含着妥当的价值判断,法官须在个案中通过法律解释挖掘隐含在法律中的规范性理由,其价值判断不能脱离规范教义。康德明确了区分法律规则与价值判断,区分"伦理的立法"与"法律的立法"。"一种行为与法律一致或不一致而不考虑它的动机,就是该行为的合法性;如果一种行为的义务观念产生于法律规定,同时又构成该行为的动机,这种行为的特性就是该行为的道德性。"[①]也就是说,法官应基于行为的合法性进行价值判断,而不能在"伦理的立法"的层次上对法律本身做出价值判断。否则,就可能导致法官做出"超越法律"的价值判断或后果考量,用个体的道德判断取代法律教义,用哲学思辨和社会科学考量代替法律规则。

第二,对于在个案裁判中所遭遇的价值冲突,法官不能脱离个案对法律价值进行一般性的排序,而只能依据个案的具体情形建立价值判断之间的"条件式优先关系"。为了解决个案裁判中的原则冲突问题,阿列克西提出了法官进行价值衡量的"竞争法则"。根据该"竞争法则",一个原则优先于另一个原则的条件,构成了赋予该优先原则法律后果—规则的实施要件,该优先条件是决定某一原则优先于另一原则的条件。[②] 该"竞争法则"实际上是在个案中通过权衡所形成的证立原则优先性的条件,从而将法律原则转化为逻辑结构完整的"个案规范",而该优先性条件则构成了该

---

① [德]康德:《法的形而上学原理——权利的科学》,沈叔平译,商务印书馆1991年版,第19~20页。

② See Robert Alexy, *A Theory of Consitutional Rights*, trans. by Julian Rivers, Oxford University Press, 2002, p. 53.

“个案规范”的构成要件。事实上,这一优先性条件并非固定的,而是变动的,是法官在个案中参照“事物的本质”或生活常情,通过目光在案件事实与法律规范之间的流连忘返才得以确立的。如前所述,价值判断优先性条件的确立,离不开对解释方案所产生效果的功能性比较与考察。这是因为,原则作为一种“初显性理由”,其优先性需要通过在个案中证立才能得以确立,而这一证立的过程离不开对理由正当性、后果可欲性的综合考量。

第三,在可通约的价值判断之间或者在“定序量化”的前提下,法官可根据“社会福利最大化”的标准进行后果考量从而优化裁判方案。① 在福利经济学中,关于“社会福利最大化”的标准,又存在两个具体的标准:一是“帕累托最优”标准,二是“卡尔多—希克斯”标准。“帕累托最优”标准描述了一种有效率的资源分配状态,任何对这种状态的改变,都无法既使至少一个个体的状况变好又不会使任何其他人的状况变得更差。② 根据“帕累托最优”标准,如果法官期望通过某解释结论促进法律目标 P_1,但该解释结论不仅无助于促进 P_1,还会导致另一目标 P_2 的损害,那么这一解释结论就不应被采用。而按照“卡尔多—希克斯”标准,只要在交易中获益方所得大于受损方所失,该交易即为有效率的行为。③ 也就是说,如果某个裁判结论能够导致当事人一方的收益大于另外一方的损失,那么这个裁判就是有效率的裁判。因此,在司法裁判中运用“卡尔多—希克斯”标准进行后果考量,实际上是在比较不同裁判方案的后果时,将关注点始终放在通盘权衡为基础而获得的净收益上。如果说“帕累托最优”标准关注的是“相对损害最小”,而“卡尔多—希克斯”标准则更为强调

---

① 所谓价值判断可通约,是指两种相互冲突的价值可以通过量化的手段进行置换,如通过货币化的手段进行计量。所谓“定序量化”,是将价值判断区分为“非常重要”、“重要”或“不重要”等大致的区间,从而将待考虑的因素以区间的形式估测。这是法律经济学针对人们对成本收益分析方法的局限而提出的反驳,主张在法律领域,只要决策者在某种规范价值理论指导下,能够对不同相关因素进行价值排序,就可按照成本收益分析的基本原理进行通盘权衡。参见戴昕、张永健:《比例原则还是成本收益分析法学方法的批判性重构》,载《中外法学》2018 年第 6 期。

② See Aartya Sen, *Markets and Freedoms: Achievements and Limitations of the Market Mechanism in Promoting Individual Freedoms*, Oxford Economic Papers, New Series, Vol. 45, p. 521 (1993).

③ See Richad A. Posner, *Economic Analysis of Law*, Little, Brown and Company, 1992, p. 13.

“相对收益最大”。

3. 基于社会效果来确定解释结论,若无法预期积极后果,应最大限度避免消极后果

以结果导向作为解释立场,法官需要对案件裁判的长远影响进行预测和判断,但是,基于法官决策状态的不确定性,法官应当尽量保持谦抑性的司法姿态,对后果考量采取谨慎的态度,防止做出轻率的司法决策。为此,法官在进行结果导向的法律解释过程中,若不能预期积极后果,则应最大限度避免消极后果。

法官之所以需要采取谦抑性的姿态进行后果考量,是因为法官决策状态的不确定性。所谓决策状态的不确定性,是指尽管决策者知道各种结果的收益,但并不知道各种结果发生的概率。① 首先,裁判的潜在社会后果具有不确定性。具有重大影响的裁判往往能溢出司法过程,而对某一利益群体乃至全局性的社会经济生活产生深远影响,但是,这一影响的形成并不仅仅是裁判结论这一要素决定的,而是存在诸多复杂的社会变量,而这并不是法官依靠法律解释技术就可以把握的。其次,裁判的体制性影响具有不确定性。裁判的体制性影响既包括裁判在司法层级体系中的影响,又包括裁判对其他机构的影响,还包括个案裁判对以后类似案件的系统性影响,因此,裁判的体制性影响作为整体性的制度效应需要通过事后经验实证的调查评估。最后,法官决策能力的有限性要求法官应当谨慎对待后果考量,防止对后果误判而做出错误的司法决策。法官基于后果考量做出司法决策,需要对决策的成本和收益进行分析,从而实现决策成本的最小化和决策收益的最大化,然而,法官并不掌握关于决策成本、协调成本以及决策收益的相关信息。尽管法官凭借其“经验直觉”能够对决策的成本与收益做出大致判断,但是,因法官的有限理性其并不具备做出准确决策的判断能力。相对于法院而言,立法机构是代表利益广泛、知识结构多样、构成人员庞大的决策组织,有更为充足的能力对深远

① See Adrian Vermeule, *Judging under Uncertainty*: *An Institutional Theory of Legal Interpretation*, Harvard University Press, 2006, p. 175.

的社会后果做出更为准确的预测和判断；而法院是由知识结构相对同质化的小规模职业群体组成，其决策能力远远逊于立法机构。[①] 对于关系全局的法律决策，一般会交给立法机关而非法院来进行处理。但是，这并不影响法官通过考察裁判的长远影响和系统后果进行裁判，尤其是在关系到社会整体利益分配的影响性诉讼中，法院无法拒绝裁判而只能通过后果考量进行司法决策，即便如此，法官对此类案件的裁判也应当采取谨慎谦抑的姿态。

从逻辑的角度来看，积极功利和消极功利并不存在逻辑上的对称性，也就是说，“幸福最大化”的目标无法实现并不意味着“痛苦最小化”的目标不可企及。正如波普尔所说，从伦理学的观点看，苦难与幸福之间，痛苦与欢愉之间并没有什么对称性……我们应该此时此地同一个个最急迫的、现实的社会罪恶作斗争，而不要去为一个遥远的、也许永远不能实现的至善去做一代一代的牺牲。[②] 根据消极功利主义的观点，法律的任务不在于创设最大多数人的最大幸福，而毋宁在于尽可能地防止人类遭受不幸和痛苦。对于司法决策而言，尽可能地追求积极后果并最大限度地回避消极后果，就应成为法官所采取的理性策略。为此，法官首先应对裁判方案造成的消极后果进行预测，根据法院的规制能力对消极后果能否得以防控做出预判，为消极后果的防控提出合理方案；然后，法官应对裁判方案所造成的积极后果进行合理评估，若无法准确预测积极后果，则应对消极后果和积极后果进行权衡，并优先选择能够防止消极后果发生的裁判方案。以“3Q 案”为例，该案基本案情为：

> 2010 年，奇虎公司宣称腾讯公司的即时通信软件 QQ 对用户的硬盘进行扫描以获取用户隐私，同时在 QQ 上外挂“扣扣保镖”软件引导用户屏蔽 QQ 的各种增值服务以及 QQ 加载的各

---

① See Drakeman, Donald L., *Consequentialism and the limits of interpretation: Do the ends justify the meanings?*, Jurisprudence, Vol. 9:2, p. 300 – 318(2018).

② See Karl R. Popper, *Conjectures and Refutations*, London and Henley Routledge and Kegan Paul, 1963, p. 345 – 346.

种广告。腾讯公司遂发布公告宣布“在奇虎公司停止对QQ公司进行外挂侵犯和恶意诋毁前,决定在装有360软件的电脑上停止运行QQ软件”。这导致用户只能在腾讯QQ软件和奇虎360软件选择其一。在工信部的干预下,双方均停止了排斥行为,并分别对对方的排斥行为提起诉讼。腾讯公司指控奇虎公司构成不正当竞争行为;而奇虎公司对腾讯公司的“产品不兼容行为”提起反垄断诉讼,认为腾讯公司从事了《反垄断法》第17条所禁止的“限制交易行为”。广东省高级人民法院做出初审判决,认定该案的“相关市场”为即时通信软件及服务市场,而腾讯并无支配地位,因而其行为不构成支配地位滥用行为。奇虎公司不服一审判决,向最高人民法院上诉,后来最高人民法院作出终审判决,基本维持了原判。①

这实际上包括腾讯诉奇虎不正当竞争案(以下简称“3Q竞争案”)与奇虎诉腾讯反垄断案(以下简称“3Q垄断案”)两个案件,法院考虑到两案的关联影响,采取了一体裁判模式。法院虽然先受理了“3Q垄断案”,但是先判决了“3Q竞争案”,即认定奇虎构成不正当竞争在先,而认定腾讯不构成垄断在后。最高人民法院对奇虎公司最终进行了轻判,由奇虎公司赔偿腾讯公司经济损失500万元。在该案中,法院实际上采取了结果导向的裁判思路,极力规避判决对互联网市场不可预期的消极后果,选择性地适用法律,策略性地解释法律,从而作出裁判结论。

首先,从裁判依据来看,法官为避免裁判所可能带来的消极后果而对互联网市场进行最低程度的规制,法院选择性地进行法律发现,策略性地对裁判结果进行正当化。为了回避对腾讯公司的弹窗广告盈利模式的合法性判断,法院回避适用了原《合同法》的相关规定。根据原《合同法》第39条和第41条关于格式条款的规定,腾讯与用户之间的协议有可能被

---

① 参见广东省高级人民法院民事判决书,(2011)粤高法民三初字第2号;最高人民法院民事判决书,(2013)民三庭终字第4号。

认定为霸王条款,腾讯公司有可能败诉,但这并非法院想要的结果。在互联网市场中,随着软件的免费使用,弹窗广告盈利模式已经成为市场中的常态性经营模式,从而在软件使用中接受弹窗广告被法院认定为用户在免费使用经营者所提供的软件时应当付出的"对价"。因此,为避免司法对市场的过分干预,法院回避了对该盈利模式的合法性判断,而是认为"经营者采取哪一种商业模式,取决于市场竞争状况和消费者选择",暗自认可了互联网企业与消费者的共谋关系。

其次,从法律解释来看,法官为正当化裁判结论对法律规范进行了策略性地扩张或者限缩解释,而这均取决于对后果的判断。对于腾讯公司"产品不兼容"的排斥行为是否构成垄断,是否构成对市场的支配地位,法院实际上将 2007 年《反垄断法》第 18 条中的"相关市场"限缩解释为"全球即时通讯工具市场";而为了认定奇虎公司的不正当竞争行为,法院又对 1999 年《反不正当竞争法》第 14 条中"虚伪事实"进行了扩大解释:①即使某一事实是真实的,但由于对其进行了片面的引人误解的宣传,也仍会对竞争者的商业信誉或者商业声誉造成损害,因此亦属于《反不正当竞争法》第 14 条予以规范的应有之义。②

最后,从裁判结果来看,法院选择了对诉讼两造影响不大的裁判结果,对双方的纠纷采取了最低限度的干预,极力将互联网中的资源配置问题交给市场规制,通过法院的自我克制试图实现个案规制效果的最优化,这实际上是法院在不同裁判后果之间进行权衡的结果。"如果判 360 巨额赔偿,这对市场的波动会很大;如果采取禁令,禁止阻止弹出广告的行为,这又是对市场的全面规制。这对 360 以及类似经营模式的公司将是毁灭性打击,对市场的波动可能会更大。相对于前述两种责任后果,采取

① 2007 年《反垄断法》第 18 条规定:认定经营者具有市场支配地位,应当依据下列因素:(1)该经营者在相关市场的市场份额,以及相关市场的竞争状况;(2)该经营者控制销售市场或者原材料采购市场的能力;(3)该经营者的财力和技术条件;(4)其他经营者对该经营者在交易上的依赖程度;(5)其他经营者进入相关市场的难易程度;(6)与认定该经营者市场支配地位有关的其他因素。1999 年《反不正当竞争法》第 14 条规定:经营者不得捏造、散布虚伪事实,损害竞争对手的商业信誉、商品声誉。

② 参见最高人民法院民事判决书,(2013)民三庭终字第 4 号。

比法定赔偿数额更高,但对于巨型公司而言,数额又不算大的方式,是对市场波动最小的。"①基于互联网市场的复杂性,法院无法预测其裁判能带来多大的积极后果,为了减小司法决策给市场可能带来的具有不确定性的影响,法院采取了规避风险的策略行为,只能尽量避免裁判可能带来的消极后果。在该案中,为了避免裁判带来互联网市场的巨大震动,法院极力划清市场规制的司法边界,试图由市场来解决互联网企业主体之间的纠纷,将个案纠纷可能带来的全局性变动交给市场自我解决。正如科斯所说,如果由市场来解决纠纷的交易成本过高,选择法院就意味着法院直接影响经济活动。但法院要做出可欲的裁判,必须考虑两个因素:一是应当预测裁判的经济后果;二是不要让所解释的法律条文产生太大的不确定性的后果。②

四、小结

在法律适用的过程中,结果导向作为一种普遍的立场存在于法官的裁判活动中,但是,结果导向的裁判又有可能带来能动司法的恣意。为此,需要通过法学方法论对结果导向的裁判思维进行规制,通过明确逆向裁判的思维规程,将结果导向的裁判方法纳入法教义学的框架中来;通过法律发现识别后果考量的法源依据,通过论证程序和论证方法将间接法源或法外因素转化为法内理由;明确结果导向法律解释的实践场景,为法官进行结果导向的法律解释提供可操作的解释规则,从而对法官的法律解释权进行有效约束。

---

① 侯猛:《不确定状况下的法官决策——从"3Q"案切入》,载《法学》2015 年第 12 期。

② See Ronald H. Coase, *The Problem of Social Cost*, Journal of Law and Economics, Vol. 3, p. 1 – 44(1960).

第四章　结果导向的事实认定方法

受认识条件的制约，司法中的事实探知无法完全还原真相，法律真实与客观真实从而得以区分，这在法学界已经成为共识。在实体意义上，“事实真伪不明”的认知状态在诉讼程序中不可避免，司法者就不可能将还原真相作为事实认定的唯一目标，而是应该实现法律内部各种价值的协调。立足于后果主义的立场，司法者应当将追寻可欲的裁判后果作为事实认定的目标，在追求真相与后果考量之间寻求平衡，这样，结果导向就不仅是法律解释的姿态，也是事实认定的立场。为此，本章将以后果主义为立场，对事实认定中的推理方法和证明标准进行反思性重构，试图驱散事实推定中的认识论迷雾，揭示事实推定中的经济学结构，通过深度挖掘证明标准所隐含的后果论逻辑，力图为疑案裁判提供方法论意义上的支持。

一、疑案裁判：在真相与后果之间

受二元论思维的影响，在证据理论中存在“事实探知绝对化”的倾向，将裁判事实的认知状态定位为或真或假的二元状态，“事实真伪不明”作为一种客观的认知状态不被承认。事实上,受认识能力和法律程序的双重约束,在裁判过程中人们只能无限接近真相,而无法完全复原真相。程序意义上的“法律真实”只不过是法律人无法还原真相而提出的一种应对策略,因此,“事实真伪不明”不仅作为证据法中的一个理论命题是成立的,而且作为疑案类型在实践中亦是普遍存在的。

“以事实为依据,以法律为准绳”是我国诉讼法理论中长期流行的法律话语,这一法律话语不仅表达了司法者尊重事实的理性态度,而且表达了追寻真相的道义担当。但是,必须承认,“事实真伪不明”实际上是诉讼过程中一种普遍的认知状态,是司法者在诉讼程序中不可回避的客观现实。

在认识论的意义上,人类的认识过程是主客观相符合的过程,但是,受到认识条件的制约,“主客观相统一”只能是一种相对状态而不是绝对状态。时间的不可逆性以及事实认定者的非亲历性是永远无法消除的认知条件,在认知条件的制约下,司法中的事实认定程序就无法终结“真伪不明”的认知状态。就证据的存在状态而言,证据不仅具有有限性,而且存在盖然性;在证据有限甚至短缺、自由心证无法形成确信的情况下,“事实真伪不明”将成为事实认定的结果状态。波斯纳就此指出,事实上,法律职业界几个世纪以前就已经知道法律的事实发现是盖然性的,所有的证据都是盖然性的,并不存在形而上学的绝对真实。①

在证据法上,对于事实认定的不确定性,法律通过赋予法官自由心证的权力予以应对,但这并不能消除“事实的真伪不明”状态,因为“自由的证明评价不能给予法官以无所不知”②。承认“事实真伪不明”的认知状态意味着承认司法者的认知局限性无法克服,从而放弃对“事实真伪分明”的判断;这意味着允许通过或然性的证据推理来不断提升事实认定者的确信程度,从而防止自由擅断并强化裁判理性。反而,如果抛弃“事实真伪不明”这一规范性命题,则有可能形成法官的自由擅断,强行将法官

① 参见[美]理查德·A. 波斯纳:《证据法的经济分析》,徐昕、徐昀译,中国法制出版社2004年版,第9页。

② [德]莱奥·罗森贝克:《证明责任论》,庄敬华译,中国法制出版社2002年版,第66页。

的主观认知结果作为案件事实证明的最终状态。“如果人们想强制法官，让他将真实性没有得到确认的主张作为不真实来对待，这恰恰是对自由心证的扼杀。”①

将法律程序视域下的事实认定技术与认识论视角下的事实认知过程相互混淆是极端错误的，实际上将两者等同才真正违背了哲学中的认识论原理。因为，诉讼中的认识过程是在有限证据信息的约束条件下进行的，根据有限的信息根本无法得出绝对的判断。用认识论的话语来讲，在认识条件受到制约的情况下，人们只能把握“相对真理”而无法实现“绝对真理”。“真伪不明”并非诉讼过程中事实的“模糊不清”，而是在穷尽所有证明行为与证明评价之后的最终状态。② 因而，“事实真伪不明”是诉讼证明过程的开启状态，也可能是诉讼证明过程的结束状态。只不过通过诉讼机制可以消解程序意义上事实认知的意见分歧，但是，在认识论的意义上，终极意义上的绝对真相实际上无法复原，案件事实其实仍处于“真伪不明”的不确定状态。

既然“事实真伪不明”是司法裁判中客观存在的认知状态，那么，司法裁判就可以视为信息有限条件下的决策过程，这样，受信息成本的约束以及司法决策本身的紧迫性要求，决策者就不得不考量事实探知所付出的代价，不得不考量事实认定中其他价值目标的协调。在“事实真伪不明”的案件中，在法律程序的限制下，还原事实的真相、排除针对证据的怀疑都是成本支付下的决策行为，这样，司法决策就不仅是一种信息加工的处理过程，而且是通过决策程序传递信息激励人们行为的效果评价过程。在成本约束和效果评价的条件下，追寻真相与最大化社会福利的目标之间就不必然相容。因为，司法裁判本质上是一种耗费公共资源并会导致社会资源再分配的决策行为，司法对真相的探求无法独立于对成本的计算和对效益的考量。“既然在审判中准确地认定事实对于法律在效率传递中的激励因素方面至关重要，那么，裁判的准确性就不仅仅具有道德价

① ［德］莱奥·罗森贝克：《证明责任论》，庄敬华译，中国法制出版社2002年版，第66页。

② 参见［德］汉斯·普维庭：《现代证明责任问题》，吴越译，法律出版社2000年版，第24页。

值和政治价值,而且也具有了经济价值。"①

司法决策作为公共决策应以实现社会福利的最大化为目标,决策者必须考虑决策成本以及决策带来的社会效果。福利经济学的研究表明,司法裁判是处理和评估信息而产生法律结果的决策过程,信息成本的存在以及信息本身的不完善,加上制度运行所耗费的成本以及诉讼过程中当事人的证明成本,这注定司法决策对真相的追求具有限度;当追求事实真相与威慑有害行为、促进有益行为等实质性的社会福利目标出现分歧甚至冲突时,司法决策者应当进行后果考量从而最大化社会总体福利,而非全力逼近乃至"还原"真相。② 这样,准确性和效益性就成为法官在事实认定中应当衡量的价值目标,对真相的追求就不能独立于追求真相的成本考量,当追求真相的成本过于高昂时,降低对真相的探知程度就是必要的理智选择。"求真可以减少知识的误差损失,求简可以降低知识的信息费用,人类的认知目标应当在错误损失与信息费用之间寻求均衡。在受成本约束的条件下,当追求真理的认知努力越过了那个恰当的均衡点,真理就不再是知识的目标,而成为知识的陷阱。"③

在司法资源有限的约束条件下,基于信息费用的存在,司法者不可能不计成本地去完全还原真相。尤其是对于"事实真伪不明"的疑案裁判,法官作为制度约束条件下的决策者,必须考量进行事实探知所付出的代价并预测裁判可能获得的效益。因此,司法中的真相探求无法独立于后果考量,这样,就可以基于社会福利最大化的后果主义立场,在社会效用的层面对证明方法和证明标准进行反思性重构。

二、事实推定中的后果考量

在诉讼证明中,事实推定是基于已知事实(基础事实)和未知事实

① [美]理查德·A. 波斯纳:《证据法的经济分析》,徐昕、徐昀译,中国法制出版社 2004 年版,第 43 页。

② See Louis Kaplow, *Information and the Aim of Adjudication: Truth or Consequences*, Stanford Law Review, Vol. 679:6, p. 1303(2015).

③ 桑本谦:《法理学主题的经济学重述》,载《法商研究》2011 年第 2 期。

（推定事实）之间存在的高度盖然性的因果关系，法官根据经验法则通过自由心证，从已知事实推出未知事实。[①] 对于事实推定缘何能够成立，或者说，从已知事实为何能推论出未知事实，对于这一问题的回答并不统一。有人将之作为运用经验法则的自由心证过程，有人将之视为运用逻辑法则的理性推导过程，这些流行的看法实际上都在某种程度上陷入了认识论的理论陷阱，将事实推定视为基于认知规律或逻辑法则的真相探知过程，而这完全忽略了隐含在事实推定中的经济学逻辑。事实上，由于基础事实与推定事实之间只存在盖然性的因果关系，相对于实体真相而言，“推定事实”实际上仍然处于“真伪不明的状态”，“推定事实”实际上是法官综合各种因素而做出的“拟制事实”。因此，在司法裁判中，事实推定是为解决“事实真伪不明”的疑案而采用的重要推理技术，是法官因受各种认知条件制约、受事实探知成本约束，在真相与后果之间所做出的“理性的妥协”。

（一）从汉德公式谈起

汉德公式是美国法官汉德在裁判“美利坚合众国诉卡罗尔拖轮公司”一案中所创立的经济分析公式。在侵权责任的认定上，汉德并没有基于对侵权责任中因果关系的认识作出裁判，而是对侵权责任分配后所可能产生的风险进行了比较，因此，该公式所蕴含的法理完全可以运用到事实认定中对后果的分析上，我们不妨从汉德公式谈起。该案案情为：

---

① 关于“事实推定”的概念与分类，在我国诉讼法学界存在着很大争议。在笔者看来，相对于运用直接证据或间接证据的直接证明方式，事实推定属于一种间接证明方式，而非间接证据证明方式。在逻辑意义上，事实推定是一种基于盖然性关系的概率推理，其盖然性须借助于经验法则予以认定，故根据事实推定所产生的结论并不具有终极效力，允许当事人提出反证予以推翻，法官往往结合证明责任的分配来运用事实推定。尽管基础事实与推定事实之间的盖然性可通过经验法则来进行认定，但是，事实推定本质上并非一个纯粹的认识论问题或者逻辑推理问题，而是隐含着基于后果权衡的经济学逻辑。故笔者不主张根据“盖然性程度”的大小，将事实推定区别于“表见证明”，何况“表见证明”目前只是外国法上的概念。关于“事实推定”的相关文献，参见周翠：《从事实推定走向表见证明》，载《现代法学》2014 年第 6 期；胡学军：《表见证明理论批判》，载《法律科学（西北政法大学）》2014 年第 4 期；褚福民：《事实推定的客观存在及其正当性质疑》，载《中外法学》2010 年第 5 期。

> 一家在纽约港的拖船公司，在其拖航的一对驳船中有属于Connors 公司的驳船，在驳船上有工人负责守护。后该船工离开驳船，在离开的二十多个小时内，因为海风和潮水的撞击，该驳船脱离驳船队，并随海浪漂浮最终撞击一艘油轮，导致该驳船和邮轮都严重受损。该案的争点是：事故发生时，驳船一方无船工在船，驳船船主是否构成过失。因为，如果有船工守护驳船，有可能提早发现问题，避免损害发生。①

在汉德法官看来，根据先例，就驳船船主在船工离船情况下产生的驳船脱位而造成的船舶损害是否负责的问题，并不存在一般规则。为此，汉德创立了确立船主防范义务的变量函数：（1）驳船脱离泊位的概率（probability）；（2）驳船脱位造成的损害程度（loss）；（3）船主为防范此类损害所产生的负担（burden）。在汉德看来，如果 B < PL，那么船主就存在过失并应承担责任，该公式即为“汉德公式”。在该案中，基于普通人的经验判断，停泊在海上的驳船受海风、潮水等自然因素的影响脱离泊位的概率很大，一旦脱位造成的损失也是容易确定的，因此，就有必要安排船工防范此类事件的发生；出于生活的需要，船工离船是人之常情，不能为避免驳船脱位而剥夺船工人身自由，但是，船主可以通过安排轮值来解决此问题。在该案中，船工并无正当理由且长时间离船，而船主只要安排轮值就可防范此类事件发生，因此，船主的防范成本并不高昂。为此，汉德判决船主应承担侵权的赔偿责任。

在该案中，汉德将侵权法上“合理注意义务”的心理状态，以及侵权责任中具有盖然性特征的因果关系的判断转化为不同利益的权衡问题或成本的比较问题。“该路径经常被表述为，确定注意义务的内容要在风险的大小（事故发生的盖然性及预计后果的严重性）与采取特定预防措施的难度、花费以及其他困难之间进行权衡。”②汉德公式实际上是将不可

① See United States v. Carroll Towing Co. 159 F. 2d169(2d Cir. 1947).

② 冯珏：《汉德公式的解读与反思》，载《中外法学》2008 年第 4 期。

知的“心理状态”和盖然性的“因果关系”判断转化为对裁判后果的考量，而后果考量实际上是对事故损害的成本和防范事故发生的成本之间的考量，这实际上用经济学中的“效率原则”来解决责任的认定问题，即用社会财富的最大化或成本的最小化作为衡量标准。

汉德公式蕴含着深刻的经济理性，但经济学中的成本考量并不仅是个体成本的比较，更包含社会成本的考量，司法裁判的目标应当是社会成本的最小化和社会财富的最大化。为此，司法裁判必须要考虑对未来同类案件中人们行为的激励问题，即司法裁判因此带来的社会资源分配问题，或者说如何通过司法裁判带来社会总体成本的最小化和社会整体财富的最大化。在此，用一个案件予以说明，该案案情为：

> 某顾客在其开户银行取款后随即打算将现金存入另一家银行，银行职员发现其刚刚支取的现金中有一张假钞。该顾客随即返回开户银行交涉并要求以假换真，但银行拒绝其要求，该顾客遂向法院提起诉讼，但法院判决其败诉。[①]

在该案中，即使事实的真相是该顾客真的从银行取得了假钞，但法院仍然会如此判决，这无疑意味着裁判中的后果考量重于真相探求，“后果高于真相”的潜在思维规则实际上蕴含着法院对社会成本的深谋远虑。基于经验判断，银行因具备比较完备的验钞系统，因银行错误而取到假钞的概率微乎其微；而且，银行作为企业比顾客更爱护自己的声誉，这实际上也是银行基于成本考量所做出的理性选择。因此，银行欺诈顾客的可能性要远远小于顾客欺诈银行的可能性，这一判断完全符合常识，是因为常识往往蕴含着经济理性。套用汉德公式，实际上就是要比较裁判银行承担责任所付出的成本和事件发生的概率与事件导致的顾客损失之乘积。很明显，由银行承担假钞所付出的成本负担并不仅仅是假钞的票面

---

① 该案载《北京晚报》2001 年 6 月 20 日，关于该案的经济学分析，参见张维迎：《信息、信任与法律》，三联书店 2003 年版，第 28～29 页。

价值,还包括案件裁判后对人们行为激励所产生的社会成本,而裁判银行败诉则会大大激励投机者拿着假钞去敲诈银行,并因此带来大量的诉讼问题从而产生更多的司法成本。所以,裁判银行败诉所产生的社会成本(burden)远远大于事件发生的概率(probability)乘以事件给顾客带来的损失(loss),即 B > PL。根据汉德公式,就不能裁判银行承担赔偿责任。简言之,这是因为由银行承担败诉风险会产生极大的社会成本。

从以上分析来看,汉德公式实际上放弃了对事实真相的追求,无论是过错的"心理状态"还是事实上的"因果关系",汉德公式对这些客观真相并不关注。在日常生活中,真相往往不可探知,行为评价往往又意见分歧,因此,汉德公式实际上是将事实的真假问题(因果关系是否成立)、行为的对错问题(行为人是否存在过错)转化为后果的好坏问题(防范成本与行为损害的比较)。在实体法意义上,汉德公式实际上是对裁判风险的分配,由防范成本小的一方承担败诉风险;在程序法意义上,事实推定带来的错判风险和错判损失,同样应由"低成本者负责"。因此,汉德公式可以用于事实推定中的经济学分析,因为"证明过程的社会目标就在于,促使错误成本以及避免错误的成本金额最小化"①。

(二)事实推定的"变量函数"

1."变量函数"的标准版本

事实推定在逻辑上是一种或然性推理,在逻辑意义上事实推定所形成的结论具有不确定性,在认识论意义上事实推定形成的事实状态"真伪不明"。因此,根据认识论的标准,事实推定必然形成实体意义上的"错判风险"。在经济学意义上,事实推定的本质就是对错判风险的分配,这需要对错判形成的成本和防范错判的成本进行比较,或者说有赖于错误成本和证明成本的权衡。基于此,可以构建事实推定的"变量函数"。根据汉德公式,在错判风险的成本比较中,实际上存在三个基本变量影响着事实推定的适用:

---

① [美]理查德·A.波斯纳:《证据法的经济分析》,徐昕、徐昀译,中国法制出版社 2004 年版,第 44 页。

(1)错判概率P(probability)。错判概率取决于基础事实与推定事实之间的相关性,因为,证据推理的首要目标是精确性而并非效益性。尽管真相探求无法独立于后果考量,但是,后果考量是建立在真相探求基础之上的。基础事实与推定事实之间的相关性越大,即已知事实与未知事实之间因果关系的盖然性程度越高,这意味着事实证明的精确程度越高,错判的概率或者风险就越低。为了维护司法公正,法院只容许最低限度的错判风险,因此,事实推定适用的前提是基础事实与推定事实之间具有"高度盖然性"。

(2)错判损失L(loss)。错判损失实际上是给反驳适用事实推定一方所带来的损失,以及因该错误裁判对同类案件行为人产生的不当激励带来的社会损失。因此,在错判损失的计算中,不仅包括案件当事人所造成的直接不利负担,还包括同类案件的错判损失即对社会群体利益造成的损失。

(3)证明成本B(burden)。证明成本是放弃事实推定而对未知事实进行严格证明所付出的成本,通过严格证明能够最大限度地防范错案,因此,证明成本实际上是防范错案发生的成本。

事实推定是在疑案裁判中基于后果考量的理性选择,之所以选择事实推定,理由就在于事实推定能够实现成本的最小化。因此,事实推定的适用条件必然是通过严格证明将带来成本的极大化,事实推定的适用目标是避免当事人以不合理的成本来证明案件真相。既然是适用推定,事实推定的结果就不是查明实体意义上的真相,而是相对合理地分配错判风险。为此,可套用汉德公式来表达事实推定的"变量函数",当$B > PL$时,即当证明成本大于错判成本时,严格证明就必须放弃,事实推定即可适用。对此,可以用一则案例来说明事实推定中的"变量函数"关系。该案案情如下:

2009年4月,1岁的滕某至徐州医科大学附属医院住院治疗,被诊断患有血友病。经血清检查,滕某当时HIV病毒抗体为阴性。后来,为治疗缓解血友病病症,滕某在2009～2013年多次在徐州医科大学附属医院、新沂市人民医院及沭阳县人民医院进行输血治疗,其中有3次在徐州医科大学附属医院输血,治疗期间共在新沂市人民医院输血98次,在沭阳县人民医院输血1次。2017年2月,滕某被证实HIV病毒抗体呈阳性,由于上述用血均记载了明确的献血编号,通过查询发现,其中徐州医科大学附属医院及新沂市人民医院的用血源于徐州市红十字血液中心,沭阳县人民医院的用血源于宿迁市中心血站。腾某法定代理人无法区分到底是哪次输血导致腾某感染病毒,于是将涉案的三家医院和两家血站全部告上法庭,要求被告连带赔偿精神损害抚慰金、交通费、护理费、营养费共计247,600元。医院和血站均认为自己在输血过程中没有过错,血站能够提供血液采集时检测合格的报告,医院能够提供证据证明输血时遵循了法定检测程序等技术规范,不同意赔偿损失。①

该案在事实认定上的疑点,在于为何经过法定检测程序之后仍然会出现输血病毒感染的结果。在现有技术条件下,尚无法完全杜绝血液及相关制品中可能携带HIV病毒的可能性,这是因为血液检测时存在“窗口期”,即患者本身不具备接受输血条件,或供血者血液实际存有病毒,在检测时却处于正常状态,于是造成检测合格的假象,这是血液检测的世界性技术难题。在该案中,只有宿迁市中心血站通过献血者几年的献血记录和血液检测结果,排除了存在“窗口期”的可能性,从而能够证明在该血站输血与患者感染病毒之间不存在因果关系,因此,输入血液与感染病毒之间是否存在客观的因果关系属于难以通过严格证明来确定的事实,该案属于受认识条件制约所产生的“事实真伪不明”的疑案。

由于人类器官反应的复杂性和不可估量性,以及对诊疗过程起决定作用的诊疗条件的多样性与差异性,医疗诉讼中的因果关系往往难以认

---

① 参见腾某1与新沂市人民医院、徐州医科大学附属医院等医疗损害责任纠纷案,江苏省徐州市中级人民法院(2018)苏03民终567号民事判决书。

定,这导致医疗侵权案件往往属于“事实真伪不明”的疑案。在这样的案件中,通过严格证明的方式来证明侵害行为与损害后果之间的因果关系,其成本无疑是巨大的,甚至都不存在证明因果关系的技术手段,即使需要借助技术手段来解决该案事实的证明问题,等待技术手段发明的时间成本也无法让人接受。在这种情况下,放弃严格证明而选择事实推定实际上是迫不得已的理性选择。通过证据能够证明的只是“输血所用血液在经过了所有法定检测程序和检测项目之后未见异常”这一基础事实,根据医学知识,这一基础事实与“医院和血液中心不具有过错”这一推定事实之间虽然不存在必然性,但是存在高度盖然性。基于基础事实和推定事实的高度相关性,判决被告不承担责任的错判概率较低。该案的错判成本或者因错判给原告带来的预期事故损失,就是较低的错判概率乘以原告因感染病毒产生的实际损失,这与高昂的证明成本相比实际上是微不足道的,即 B > PL。在这种情况下,从已知事实就可以推定未知事实,因此,在该案中,法院判决医院和血站对损害事实的发生没有过错。

在医疗侵权的案件中,基于医患双方在信息上的不对称,并出于因果关系认定的便利性考量,在“医生完全可控制的风险领域内”,侵权法往往采取“过错推定”的原则,即只要医生未履行相应的技术规范或管理规范导致了患者受损的后果,即推定医生具有过错,但医生对自己没有过错可以提供反证。① 之所以将过错推定原则的适用做出如此限定,就是因为在“不可控的风险领域”通过严格证明的方式来证明医疗侵权因果关系的成本过于高昂甚至无法通过技术手段证明。因此,在该案中,医院和血液中心的血液检测只要达到一定技术标准,就可免除其过错责任;但是,根据公平责任原则,则由医方和患方来共同承担错判风险,法院最终判决医院、血站和患者共同分担损失。

在产品责任的侵权案件中,因产品的设计、生产和警示都涉及十分专业且复杂的工艺和技术指标,相对于消费者而言,生产者不仅控制着产品质量,而且在产品质量的认知上具有绝对优势,生产者和消费者之间存在

---

① 参见沈冠伶:《民事证据法与武器平等原则》,台北,元照出版有限公司2007年版,第115页。

严重的信息不对称。因此,对于产品质量的判断,只要产品不符合安全标准或者行业质量标准,就可认定该产品存在缺陷。即使产品符合相关安全标准或质量标准,仍然存在危及消费者人身和财产安全的不合理危险,这样的产品实际上也是存在缺陷的产品。在这种情况下,消费者往往欠缺相关专业技术知识,不具备举证能力,在诉讼中往往课以生产者更重的举证责任。若双方在穷尽了举证手段之后,案件事实可能仍处于真伪不明的状态,在这种情况下,法官往往基于一定的基础事实作出推定,来判断产品质量是否存在缺陷,并根据公平责任对裁判风险进行合理分配。以下案例就是一个很好的说明:

> 刘某驾驶一辆轿车行驶时,发生汽车自燃事故致使车辆完全烧毁。现场勘验报告认为,未发现车辆产品质量与火灾事故之间存在因果关系。原告刘某向法院起诉,起诉生产厂家承担产品缺陷导致的相关损失。该案的主要争议焦点为该车辆是否存在产品缺陷。法院认为,在无直接有效证据证实汽车自燃原因的情况下,应结合举证责任分配原则及现有证据情况,同时借助逻辑推理和日常经验做出判断。该车在正常行驶状态下发生自燃,可合理排除外界原因或原告使用不当所致,从而推定车辆存在产品质量缺陷而产生不合理的危及人身、财产的危险;原告作为消费者缺乏专业知识而不具备举证能力,应当由厂家来承担举证责任,并承担举证不能的不利后果。[①]

在该案中,法官在认定质量是否存在缺陷时,实际上作出了有利于消费者的事实推定,这隐含着事故成本和证明成本分配的经济学考量。在实体法意义上,侵权法的主要功能应该是最大限度地降低预期事故损害与事故预防成本的总和;[②]为了实现事故成本的最小化,侵权法就应兼顾

---

① 参见广东省广州市中级人民法院民事判决书,(2018)粤01民终字第2686号。

② See Guido Calabresi, *The Costs of Accidents: A Legal and Economic Analysis*, Yale University Press, 1970, p. 26.

赔偿与威慑两重目标,即通过事后的赔偿实现矫正正义,并通过事前的威慑使行为人达到最优的事故防范水平。在事实真伪不明的侵权案件中,往往通过公平责任由诉讼双方分担损失,并课以防范成本低的一方更重的负担,从而激励“低成本者”提高事故的防范水平。在程序法意义上,则通过加重举证责任、提升证明标准的方式来提升“低成本者”的证明成本,当诉讼双方在穷尽举证手段也难以确定事实真伪时,法官则往往作出不利于“低成本者”的事实推定,从而合理地分配错判风险。所以,疑案裁判的经济学目标在于控制错案的裁判风险,通过最小化证明成本和错判损失来为社会提供一种尽量以较低证明成本避免错误的恰当激励,从而最大限度地节约社会总成本。

2. 类案错判的示范效应

疑难案件的裁判往往对同类案件具有示范效应,因为,在疑难案件中法律适用或者事实认定往往有困难,遵循先例的裁判思路无疑能够降低裁判的思维成本和错判风险。事实推定的“变量函数”就不得不考量同类案件的错判损失,从而将错判所带来的社会成本纳入成本的比较函数中来。法院在裁判中就不仅仅要考量在个案中的“具体错判概率”,还应当深谋远虑地思考同类案件的“抽象错判概率”。[①] 所谓“抽象错判概率”,指同类案件错判的概率,即法官在决策中必须考虑同类案件中错判的可能性。错判的可能性意味着推论的盖然性,这一概念实际上是对证据法中“抽象盖然性”这一概念的转换。在诉讼证明中,盖然性是指事件发生、发展的可能性,意味着从前提到结论的或然性、可能性。用数学语言来表达,盖然性意味着从前提到结论的推出具有一定概率,但是,具体到个案来说,这种概率则会有所差异。因此,基于经验法则的确定性程度,在某类案件中从前提到结论推论的可靠性被称为“抽象盖然性”,而在个案中这种可靠性程度则被称为“具体盖然性”。[②] 这样,“抽象错判概率”与“具体错判概率”,可分别指类案错判的可能性与个案错判的可能

---

① 参见桑本谦:《疑案判决的经济学原则分析》,载《中国社会科学》2008 年第 4 期。

② 参见[德]汉斯·普维庭:《现代证明责任问题》,吴越译,法律出版社 2000 年版,第 227 ~ 306 页。

性。也就是说,个案的“具体错判概率”直接关系到个案裁判的个别效用,而类案的“抽象错判概率”则会影响到类案裁判的总体效用或社会效用。为了降低错判所产生的社会成本,司法决策应当对人们的行为形成正向激励,法官在事实推定中就不得不对裁判的系统性后果进行考量而优先考虑“抽象错判概率”,从而提升裁判的总体社会效用。即使法官在个案中降低了具体的错判概率和错判损失,但是,有可能这次裁判释放了有害的信号,或者激励了诉讼欺诈等恶意诉讼行为,或者激励人们做出逆向选择,或者产生了道德风险,从而在同类案件裁判中会产生更大的错判损失。反之,法院若通过司法决策释放积极信号,则会激励人们做出整体上对社会有益的行为。

比如,出租车司机拾金不昧,将装有 1 万元的钱包返还给失主,但失主声称钱包中有现金 2 万元,并将司机告上法院要求其返还另外 1 万元,但双方均无法提供证据证明。在该案中,即使原告主张的盖然性程度超过了被告的主张,但是,根据常理分析,拾得人一旦选择了返还遗失物就会全部返还,因为拾得人私扣失主部分财物必然会给自己带来诉讼上的麻烦。因此,支持被告胜诉的“抽象错判概率”更小,为了降低错判带来的社会成本,法院就应该裁判被告胜诉。因为这样裁判不仅使拾金不昧者能尽快摆脱诉讼之累,而且还会激励更多的人拾金不昧;而若裁判拾得人败诉,不仅会导致类似案件中失主为获利而诬陷拾得人,而且会导致更多的人“拾金而昧”,不予返还遗失物,从而败坏社会风气。

在事实真伪不明的案件中,为了避免类案错判所带来的社会损失,法官应该做出有利于抽象错判概率较低一方的事实推定。简言之,在事实推定的“变量函数”中,“抽象错判概率”优先于“具体错判概率”。这实际上蕴含着对社会群体利益和未来社会成本的考量,事实推定的适用应当以预期个案错判损失和预期类案错判损失的衡量为前提,事实推定的“变量函数”就应当升级为:$P_1L_1 > P_2L_2$,即当抽象错判概率与错判社会损失的乘积大于个案错判概率与个案错判损失的乘积时,应当适用事实推定进行裁判,作出的裁判应当尽量降低“预期类案错判损失”。在这里,以一则行政诉讼案例作为分析对象,该案案情如下:

> 黄某驾驶机动车辆被执勤交警认定为“闯红灯”，对他当场罚款5元。黄某提起行政诉讼。在诉讼中，被告提交的唯一证据是唯一在场的执勤交警的书面陈述，称交警执行公务时看到原告违反交通规则的事实。原告黄某坚称自己没有闯红灯。在原告和执勤交警“一对一”证据的情况下，法院采纳被告的证据，并判决维持被告的处罚决定。①

在这起行政诉讼案例中，因“闯红灯”行为是一刹那发生的行为，无论对于原告还是被告来说，其证明成本都趋于无穷大。尽管在该案之后的执法中，执法记录仪的普及已经大大降低了行政机关的证明成本。因此，对于该案是适用事实推定还是严格证明，关键在于对错判损失的比较，即对诉讼两造败诉风险的衡量。在该案中，就原告而言，从常识判断，如果不是因为自己蒙冤而愤怒，原告不会因为5元钱的行政处罚而兴师动众进行起诉，毕竟任何诉讼都要付出成本，故原告的事实主张具有“占优势的盖然性”。也就是说，仅仅针对个案来说，判决原告胜诉，“具体错判概率”较低。但是，交通违章案件层出不穷，同类案件数不胜数，如果个案处理不当，必然牵一发而动全身，产生错误示范的“多米诺骨牌效应”。为此，法官在该案中进行考量的就不是“具体错判概率”而是“抽象错判概率”，以及同类案件错判可能产生的社会损失。在执法记录仪未普及的情况下，当时交警只能通过肉眼对公民的交通违法行为进行判断，即使执勤交警的书面记录可能会出现偶然失误，该案判决被告胜诉为错判的话，并不会因此产生严重的不当社会激励，也就是说，在以后同类案件中，行政机关为维护其执法公信力而欺诈行政相对人的可能性并不大。但若判决原告胜诉，激励公民进行虚假诉讼躲避违章处罚的可能性却很大，从而带来交通秩序的严重损害。所以，根据事实推定的“函数变量”，即 $P_1L_1 > P_2L_2$，在该案中，为了降低同类案件的预期错判损失，该案的判决就应当做出有利于被告的事实推定。

---

① 参见何海波：《举证责任分配：一个价值衡量的方法》，载《中外法学》2003年第2期。

因此，在事实真伪不明的疑案中，既然错判的风险难以避免，就应当选择一种社会整体损失较小的错误。基于类案裁判的示范效应，当个案公正与社会公正发生冲突时，就应当优先考虑社会公正。唯有如此，才能实现社会成本的最小化和社会财富的最大化，这应当是法官进行事实推定的经济学理由。

3. 错判防范的边际效应

在侵权行为法中，汉德公式基于事故预防的总成本和总收益进行整体性比较，这虽然促进了外部成本的“内在化”，但是忽略了对人类行为的边际分析。为此，波斯纳对汉德公式进行了修正与扩展，在波斯纳看来，应该从预防的边际成本和边际收益的角度来理解汉德公式。[①] 在经济学中，所谓边际成本是指每增加一单位的产量所带来的总体成本的变化；所谓边际效益则为追加一个单位成本在原有收益基础上所产生的收益。对于汉德公式而言，预防的边际成本则指行为人追加一个单位的预防措施所带来的总体成本的变化；预防的边际效益则为行为人追加一个单位的预防措施在原有收益基础上增加的收益。经济学上的边际效应实际上说明，在进行成本收益的比较过程中，应当考虑追加成本对未来收益的影响程度。

在汉德公式中，预防事故所付出的成本与事故发生的概率是相互影响的，如果将边际成本考虑在内，那么，追加成本对事故发生概率的影响程度会有变化。当预防的边际成本追加到一定程度时，边际效益就会发生递减。在这种情况下，就会发生对事故的过度预防，行为人承担了过度的注意义务，从而造成社会资源的浪费。但是，当事故防范的边际成本小于事故发生概率（边际成本追加变化后的概率）乘以事故造成的损失时，侵权行为人不追加这部分预防措施就对事故的发生存在过错，就应当承担赔偿责任，这意味着法官应通过考察事故防范的边际效益提高侵权行为人的注意义务。

---

① 参见［美］理查德·A. 波斯纳：《法律的经济分析》，蒋兆康译，中国大百科全书出版社1997年版，第212～213页。

波斯纳曾经用一个案例来说明事故防范的边际成本与边际收益，主张法院应该在对侵权事故防范的风险比较中对边际成本和边际收益进行考量才能真正实现效率的最大化。假如一个没有围栏防护的高尔夫球场，每年有 100 个高尔夫球落在邻近街道，假设每个球造成的单次损失为 1000 美元，则共造成 100,000 美元损失。若建造能够挡住所有高尔夫球的 100 英尺高的围栏须花费 50,000 美元，假设建造 50 英尺高的围栏花费 25,000 美元，可挡住 85 个高尔夫球，因而每年可减少 85,000 美元的损失。一个以 95 英尺高飞越高尔夫球场的球击中原告，原告起诉高尔夫球场，主张被告没有筑起 100 英尺高的围栏而有过失应承担侵权赔偿责任。[①] 在该案中，第二种方案的预防总成本为飞出的 15 个球所造成的损失，再加上建造 50 英尺高围栏的成本，共 40,000 美元（15,000 + 25,000），显然第二种方案是更为合理的。也就是说，虽然建造 100 英尺高围栏能够完全避免侵权事故的发生，但是 100 英尺并非事故防范的最佳高度，即从边际收益的角度考量，这并非事故防范的最优水平。

因此，在事故防范的风险比较中，实际上存在一个预防点代表着行为人的最佳预防水平。在该预防点上，预防的边际成本等于边际收益。若要求行为人的预防水平超过这个预防点，则意味着预防的边际成本大于边际收益，从而形成侵权事故的过度防范。若行为人的预防水平低于这个预防点，则意味着行为人的预防边际成本低于相应的边际收益，行为人就负有过失责任。这样，就形成“边际汉德公式”，即边际成本小于边际概率（投入一定单位成本后事故发生概率降低的幅度）乘以事故带来的损失，用公式表达为：$B' < P'L$。“根据边际汉德公式，在进一步采取预防措施是成本有效的时候，施害人负有责任。”[②]

同理，在事实推定的“变量函数”中，对防范错判证明成本的考量就

---

① See *Restatement* (*Third*) *of Torts*: *Liability for Physical and Emotional Harm* (*Proposed Final Draft*), Heinonline (Jan. 21, 2019), https://home.heinonline.org/titles/American-Law-Institute-Library/Restatement-Third-Torts-Liability-for-Physical-and-Emotional-Harm/.

② ［美］罗伯特·考特、托马斯·尤伦：《法和经济学》，史晋川、董雪兵等译，格致出版社、上海三联书店、上海人民出版社 2007 年版，第 327 页。

不能仅仅做总量的考察,而应当对追加证明成本所产生的边际效益进行考量。假设原告进行严格证明的成本为50元,错判发生概率为0.001,错判造成的损失为25,000元,那么,B > PL,法院应当做出有利于原告的事实推定,即只要原告只主张基础事实,那么原告主张的推定事实就成立;假设原告只要追加10元的证明成本,那么未来错判发生的概率可能降低50%。用B′代表防范错判的边际成本,P′代表追加一个单位防范措施后错判发生概率。那么B′为10元,P′L为12.5元,B′ < P′L,即边际成本小于边际效益。为了获得更好的边际效益,最大限度地降低错判损失,就应当提高原告的证明成本,即应加重原告的证明责任或提高原告的证明标准。从而,事实推定就必然发生证明责任分配的程序效果,这意味着法官为了错案防范的边际效益,应当提高诉讼中某一方的证明成本。

通过对事实推定的"变量函数"做边际分析,就可以在理论上界定错判预防的最优水平。这也意味着证据法的经济学目标,不是避免所有的错判,而是通过在当事人之间合理分配证明成本和错判损失来创设控制错判风险的最优激励,以最小化错判损失和错判预防成本之和。因此,由防范成本较低而防范效益较优的一方当事人来承担错判风险就是合理的制度安排。尽管"低成本者负责"未必符合人们的日常经验和道德直觉,但它完全符合经济学的逻辑。在此,以一个案件为例进行说明,该案案情为:

> 甲欠乙30万元,将一块玉石质押给乙,而乙却不慎将玉石搞丢了。欠债还钱天经地义,但是质押物灭失后质权人如何赔偿却十分麻烦,出质人甲"狮子大开口",主张玉石价值50万元,而质权人乙则恰恰相反,"蚂蚁小开口",只承认玉石价值1万元。玉石作为质押物已经灭失,其价值无法估量,法院因此无法确定赔偿数额。[①]

---

① 关于该案情,参见季卫东等:《中国需要什么样的法理学》,载《中国法律评论》2016年第3期。

在该案中，出质人和质权人对玉石的价值存在严重分歧。按照常理，玉石价值不菲，玉石所有人应格外珍视，如果出质给他人应当做好玉石灭失的防范措施，即先做好玉石的价格鉴定再出质给他人；玉石作为收藏品不同于一般商品，收藏者更容易确定收藏品的来源和价值。基于日常经验判断，出质人的防范成本远远低于质权人。因此，由出质人承担证明责任能够最小化错判防范成本与错判损失之和。更为重要的是，相较于提升质权人的证明成本，提升出质人的证明成本将会获得更大的防范错判的边际效益。一方面，提升出质人的证明成本，将会防止在质押物灭失案件中更多"狮子"的出现，对出质人漫天要价起到防范和制约的作用；另一方面，提升出质人的证明成本，将会激励出质人在出质收藏品之前做好价值鉴定，防范质权人因出质人证据不足而私自藏匿质押物，以很小对价获得价值高的质押物，从而也防止更多"蚂蚁"的出现。总之，提高原告的证明成本，会更为有效地控制未来错判的规模，降低未来案件错判的概率，从而获得较优的边际效益，即 $B' < P'L$。因此，根据事实推定的"变量函数"，基于边际成本和边际效益的比较，法官应当作出有利于质权人的事实推定，应当由出质人承担举证责任。

（三）事实推定的程序效果

在逻辑意义上，事实推定无法精确地认定事实，主张适用事实推定的一方必然招致对方的反驳，在证明与反证的对弈中，事实推定必然导致证明责任分配的动态博弈。按照经济学的视角，这实际上导致了证明成本的动态分配，从而使事实推定的"函数变量"处于变动之中。为此，下文将论证事实推定的程序效果仍然应按照"成本最小化"的逻辑进行，即事实推定所转移证明责任的性质差别来自成本最小化的要求。

根据事实推定的要素，反驳事实推定的一方应该以"基础事实"、"经验法则"和"推定事实"作为攻击对象。一般而言，"基础事实"是众所周知或诉讼双方均认同的事实，在一般情况下，反对事实推定一方不会提供反证对"基础事实"进行反驳。"经验法则是建立在经验基础上的、通过大量同类事实得出的事物间或然性联系的一般性结论，其或者是一般生活经验,或者是专门的专业知识。"[1]既然经验法则并非必然性的逻辑法则,根据经验法则从基础事实推论得出的"推定事实"就是存在一定盖然性的"概率事实"。因此,反对方一般会对经验法则的可靠性提出反驳,并证明自己是推定事实的"例外情形",其反驳主张即可成立。而如果某种经验法则经过长期的实践检验而上升到法律的高度,这种推定因被法律所规定而成为"法律推定"。尽管法律推定所根据的"经验法则"盖然性程度更高,但是,法律推定只不过是一种"法定"的或然性推论,故无论是法律推定还是事实推定,都是可反驳的推定。允许推定可被反驳,就是为了降低错判概率和错判损失;而且推定会发生证明责任的转移,同样是为了降低预期错误成本。

但是,在我国诉讼法学界,因反驳事实推定所产生的程序效力素有争议。其争议的焦点在于,对于反对事实推定的一方当事人而言,究竟是转移的结果意义上的证明责任还是行为意义上的证明责任?结果意义上的证明责任,是与待证事实真伪不明状态紧密相关的证明负担,是指在诉讼双方所争议的事实处于真伪不明的状态时,应当由谁来承担败诉的不利后果。行为意义上的证明责任,是当事人针对自己的事实主张向法院提供证据的责任,其法律意义在于当事人若不能就自己的事实主张提供证据证明,其事实主张在法律上就不能成立。严格来说,结果意义上的证明责任与行为意义上的证明责任并非处于同一逻辑层次,结果意义上的证明责任实际上是从法官视角出发的,而行为意义上的证明责任是从当事人视角出发的。

结果意义上的证明责任意味着反对者将承担说服责任,其功能在于当争议事实真伪不明时,指导法院如何作出裁判;而行为意义上的证明责任则意味着反对者承担提供证据的责任,其功能在于促使当事人主动对自己的事实主张提供证据证明。因此,对事实推定的反驳会导致证明责任的转移,所转移证明责任的法律性质不仅会决定着事实主张的证明负担,甚至还会决定着败诉风险的分配。如果转移的是举证责任(行为意义

---

① [德]奥特马·尧厄尼希:《民事诉讼法》,周翠译,法律出版社2003年版,第115页。

上的证明责任），那么反对方只需要提出相反证据，使推定事实是否存在限于真伪不明状态，举证即获成功；如果转移的是证明责任（结果意义上的证明责任），那么反对方需要提出充分证据证明推定事实的不存在，也就是说推定使反对方对推定事实的不存在承担本证责任。这个效力之争可以转换成一个等价命题：即相反证明达到何种证明程度才使推定事实存在的举证责任重新转移给主张推定的当事人？[①]

根据前述"低成本者负责"的原则，法律决策者应当将举证责任分配给证明成本低的一方，事实上，这一原则已经被实证研究所证实。布鲁斯教授通过实证研究的方式研究了影响疑案裁判的变量，他通过对美国判例法的考察，发现法院在分配举证责任的问题上多数时候考量主张事实的可能性、证明成本、败诉损失、社会错误成本等基本变量，以追求成本的最小化，将对某一事实的举证责任分配给成本（证明成本与错判成本之和）最小的当事人。[②] 在我国的民事诉讼中，"谁主张，谁举证"的诉讼原则也是证明成本考量的结果。因为侵权行为或违约行为相对于守法行为或守约行为毕竟发生概率更小，由提出事实主张者承担举证责任有利于节省社会总成本，而且主张者证明一个肯定性主张比反驳者证明一个否定性主张更加容易。根据"谁主张，谁举证"的原则，主张适用事实推定的一方要为基础事实的成立承担举证责任；如果反对方对推定事实的成立提出反驳，那么会产生证明责任的转移。根据法经济学的观点，所转移责任的性质或者说反证的程度仍然需要根据证明成本的比较来进行确定。

事实推定的反驳意味着证明责任会发生转移，而且反驳的提出意味着证明成本的追加。如果基础事实与推定事实之间存在高度相关性，严格证明推定事实需要耗费高昂的证明成本时，那么法官即可根据基础事

---

① 参见朱春华：《论推定的效力——一个法经济学的初步分析》，载《法商研究》2007 年第 5 期。关于事实推定的效力之争的分析，参见李浩：《民事证明责任研究》，法律出版社 2003 年版，第 200～206 页。

② See Bruce L. Hay, *Allocating the Burden of Proof*, Indiana Law Journal, Vol. 72:3, p. 651－680(1997).

实直接裁判推定事实成立,除非反驳推定一方有充足证据证明推定事实不成立。[①] 故主张者提出事实主张通过证据证明了基础事实的成立,而反驳者对推定事实提出反驳,那么证明责任从主张者转移到反驳者。如前所述,推定的目标在于防止以不合理的成本证明案件真相,为了防止继续追加的成本过于高昂,事实推定容忍某种程度的错判概率,这意味着在证明成本过高的情况下,法官会放任实体意义上错判的发生。因此,当反驳可能致使主张事实推定成立而追加的证明成本过于高昂时,反驳者应承担说服的证明责任,即“结果意义上的证明责任”;反之,成本的追加仍然使证明成本低于错判损失时,那么,因反驳转移的是“行为意义上的举证责任”,反驳者只需提出证据证明推定事实处于“真伪不明状态”,且不会发生证明责任的再次转移,也就是说,反驳的提出不会加重主张事实推定一方的证明负担。

所以,在事实推定中,反驳导致转移的证明责任性质应根据追加成本的最小化来加以确定。如果用 B^+ 表达因反驳事实推定导致主张者所追加的证明成本,用 P' 表达在提高主张者证明责任后的错判发生概率,用 L 表达错判损失,那么,用以确定事实推定程序效果的变量函数可表达为:若 $B^+ > P'L$,则因反驳事实推定所转移的为“结果意义上的证明责任”;若 $B^+ < P'L$,则因反驳事实推定所转移的为“行为意义上的证明责任”。

对此,可以经典案件“彭宇案”为例进行说明。尽管在该案审结多年后,当事人彭宇经不起良心拷问和社会压力,最终爆出了案件的真相,但是,在当时的证据条件下,此案其实属于处于“事实真伪不明”状态的疑案。在该案中,撞人者彭宇与被撞者徐老太各执一词,事情真假难辨,双方均未提出优势证据。原告徐老太的陈述为被告彭宇将其撞倒在地致伤,彭宇的陈述为他并没有撞到原告,只是做好事。该案的关键证据为派出所讯问笔录的电子文档以及证人证言,讯问笔录的电子文档内容为彭宇称其没有撞到徐老太,而是本人被撞到,但是,原始讯问材料已丢失;证

① See Michael H. Graham, *Federal Rules of Evidence*, 4 ed, West Group, 1996, p. 49.

人虽然提供证言证明彭宇将徐老太扶起,但他并未目击徐老太摔倒经过。[①] 因此,在该案中,双方提供的证据"盖然性"程度处于"平局"状态,即双方都无法提出优势证据的情况下,在穷尽证明规则后,案件事实依然处于真伪不明的状态。

在事实认定的过程中,尽管法官根据"撞人者会将被撞者送往医院并垫付药费"这一"经验法则"推定彭宇为撞人者而非救人者,被告彭宇可就该事实推定所运用的"经验法则"以及"推定事实"提出反驳,但是,彭宇在此承担的是"行为意义上的证明责任",而非"结果意义上的证明责任"。[②] 即彭宇只要提出证据证明社会上仍然有很多助人为乐者来证伪法官的"经验法则",来证明自己是法官所运用"经验法则"的"例外情形"即可,彭宇并不因此承担事实状态真伪不明的败诉风险。因为,错判的损失不仅仅包括错判给当事人带来的直接损失,更包括给社会带来的不利负担,判决被告彭宇败诉带来的错误成本远远大于判决原告徐老太败诉带来的错误成本,故在事实真伪不明的状态下,应当由原告承担败诉风险。

在"彭宇案"中,为了防止"好人蒙冤,英雄落泪",并因此可能带来的道德滑坡等一系列不良社会后果,为了防止激励"坏人"碰瓷讹诈路人等不良社会风气的出现,法官在事实认定中不得不进行后果考量。一方面,在该案中,法官应当严格根据证据规则分配举证责任,根据"谁主张,谁举证"的证据规则加重被撞者的举证责任负担,这一举证责任规则实际上已经隐含了立法者的后果考量;另一方面,在双方都无法提出优势证据的情况下,应当适度提高被撞者的证明标准,从而降低错判概率并因此减少错判带来的社会损失。[③] 因此,在该案中,法官考量错判带来的风险,为防止判决带来被救助人诬陷救助人的错误激励,提高被救助人的证明责任,

---

① 参见江苏省南京市鼓楼区人民法院民事判决书,(2007)鼓民一初字第 212 号。

② 关于对"彭宇案"中经验法则的逻辑分析,参见张继成:《小案件 大影响——对南京"彭宇案"一审判决的法逻辑分析》,载《中国政法大学学报》2008 年第 2 期。

③ 在桑本谦看来,现行法律实际上已经从分配举证责任和提高证明标准两个方面,来加重被救助人起诉救助人的举证负担,从而降低该类案件的错判风险,减少错判带来的社会损失。参见桑本谦:《利他主义救助的法律干预》,载《中国社会科学》2012 年第 10 期。

加重被救助人的举证负担,就是一种合理的后果考量。

在"高空坠物案"中,根据"谁主张,谁举证"的原则,被侵权人应当就侵权主体、侵害事实以及侵权因果关系等事项承担举证责任,但是,被侵权人无疑将为此付出巨大的证明成本。在这种情况下,法官就有必要进行事实推定,根据被侵权人所提供的基础事实推定高楼的所有住户均存在过错,从而为了防止证明成本过高而容忍错判概率的存在。"无辜者"将针对推定事实提出反驳,这时则发生举证责任的转移,即反驳者必须就自己没有过错承担举证责任。在这里,因反驳转移的是"行为意义的举证责任",而非"结果意义上的证明责任"。主张反驳的"无辜者"只需证明自己没有过错即可,而无须完全推翻推定事实的成立,推定事实仍处于"真伪不明的状态",且不会产生证明责任的再次转移而为被侵权人追加证明负担。因为,为防范证明成本过于高昂,就没有必要对反驳者提出严苛的反证要求,而是应该继续容忍错判概率的存在。

可见,在司法实践中,结果意义上的证明责任一般不会发生转移。因为证明不能的不利后果在哪一方,已经由立法者预先通过法律做出了规定,而这种预先的证明责任分配实际上是根据成本收益的考量做出的。在诉讼过程中,原告应就其主张事实承担举证责任,而被告则就其抗辩事实承担举证责任。而如果在双方均举证之后,待证事实仍然处于真伪不明的状态,那么应由证明成本较低的一方承担败诉的不利后果,也就是说,由"低成本者"承担"结果意义上的证明责任"。比如,在一般侵权行为关系中,应遵循"谁主张,谁举证"的原则进行举证,举证不能则承担败诉风险;而在特殊侵权行为关系中,则有可能发生举证责任倒置的情况,这实际上是课以"低成本者"更大的证明负担。我国《民法典》规定,对医疗机构的侵权行为实行过错推定责任,即只要出现了法律规定的情形,就推定医疗机构具有过错,而患者无须承担举证责任。这是因为医患双方信息上的不对称、力量上的不对等,医疗机构对于医疗损害的证明成本远远低于患者,故法律预先分配"结果意义上的证明责任",由"低成本者"承担更多的诉讼风险。

因此,事实推定中证明责任转移的经济学考量隐含着一个推论:错判给事实推定主张方带来的错误成本比错判给反驳方带来的错误成本越大,对反驳方提出反证的证明责任要求程度就越高。这一论断可以从经验上得以验证,以英国“婚姻关系存续期间出生子女推定为婚生子女”的规定为例,因早期非婚生子女的法律地位不被承认,一旦错判,就会给当事人带来极大损失,其将无法享有子女的任何权利,当时对反驳婚生子女的推定的证明程度要求就很高,必须达到排除合理怀疑的程度;而现代社会对非婚生子女的法律地位已经承认,错判并不会给当事人带来太大损失,故英国法律规定对婚生子女推定的反驳达到优势标准即可。①

综上,立足于后果主义的立场进行事实推定,有利于揭示隐含在事实推定中的经济学逻辑,从而解密法官的“思维黑箱”,避免从认识论的意义上去构建事实推定中已知事实与未知事实之间的推导关系;而在证明标准的认定上,后果主义立场则有利于从语焉不详的道德话语中摆脱出来,并将证据规则模糊的语义表达转化为可量化、可评估的后果考量。

三、证明标准的后果论重构:以“排除合理怀疑”为例

针对“事实真伪不明”的认知状态,现代证据法中的证明责任也不单纯是基于事实真相的探知成立的,而是基于“事实真伪不明”状态下诉讼风险的分配。证据学家一针见血地指出,证明责任的核心问题是“当诉讼基于的事实问题再也无法查清时,如何对法律进行评价”②。基于“事实真伪不明”的认知状态,现代证据法中的证明标准实际上是对证据盖然性程度的评估,而绝非对客观真实的确证;这样,证明标准的本质实际上是错判风险的分配机制,这是现代诉讼程序为应对“事实真伪不明”状态而在真相与后果之间所做的权衡。在刑事诉讼法中,“排除合理怀疑”的证明标准实际上对公诉方的证据盖然性程度提出了更为严格的要求,这是在刑事诉讼结构中被告人和公诉方之间强弱力量对比基础上的利益权衡,通过提高

---

① 参见齐树洁主编:《英国证据法》,厦门大学出版社 2002 年版,第 732 ~ 736 页。

② [德]汉斯·普维庭:《现代证明责任问题》,吴越译,法律出版社 2000 年版,“中文版序”第 1 页。

公诉方的证明标准来降低错判风险,从而维护作为弱势一方的被告人权利。由于“排除合理怀疑”作为一个不确定概念,其语义具有高度模糊性,在更大意义上,对这一证明标准的应用往往是出于“防范冤案”“保障人权”等道德理由对刑事司法的道德正当性进行证成。为此,本节立足后果主义的立场,以“排除合理怀疑”为例,对道义论意义上的证明标准进行反思与检讨,采取法经济学的研究进路,揭示隐藏在这一证明标准背后的后果论逻辑;同时,通过对该不确定法律概念的分析,说明法经济学和法教义学之间的关系,论证两者之间的相通之处,从而说明事实认定中后果考量的限度。

(一)“排除合理怀疑”的道义论迷雾

随着司法改革的深入,“排除合理怀疑”作为证明标准和证据规则在我国刑事司法制度中得以确立,其背后所体现的程序正义理念逐渐深入人心。[①] 但是,“排除合理怀疑”作为一种从实践中提炼出来的经验理念,在解释学上对它的阐释从未达成一致;作为一种抽象的言词表达,其语义上的模糊性导致其在司法实践中缺乏可操作性,这导致“排除合理怀疑”更多的是作为具有道德正当性的法律话语而表达,其作为一种可操作的事实认定技术在刑事司法实践中没有得以充分彰显,从而“排除合理怀疑”的表达与实践笼罩于道义论的迷雾之中。

首先,从历史渊源来看,“排除合理怀疑”最初并非一种认识标准而是宗教驯化手段,在刑事审判中承载着宗教意义的道德慰藉功能。西方的法律制度是在基督教的影响下逐渐发展起来的,中世纪的司法实践更是受到宗教神学的深刻影响,这导致法律与宗教之间具有千丝万缕的联系。在中世纪,经院哲学企图将理性和信仰协调起来,即使是神秘的信仰也试图通过理性的方式进行证成。因此,在宗教神学中,“合理怀疑”最初是作为影响基督徒宗教信仰的主观状态而存在的,“怀疑”被视为是基督徒良心和道德上的不确定状态,而排除合理怀疑则是解除基督徒道德

---

① 2012 年,《刑事诉讼法》修改,其第 53 条第 2 款规定,“证据确实、充分”应当符合以下条件:(1)定罪量刑的事实都有证据证明;(2)据以定案的证据均经法定程序查证属实;(3)综合全案证据,对所认定事实已排除合理怀疑。

压力达致虔诚信仰的手段。在宗教裁判中,排除合理怀疑是安抚和劝慰基督徒使其克服道德压力从而促使其作出裁判的道德手段,当基督徒鉴于有可能受到自己所作决定的不利影响而对是否应当作出这样的决定而感到焦虑时,他们将产生怀疑的主观状态……对案件存在怀疑时,安全的做法是不作出判决。[①] 在刑事诉讼中,"排除合理怀疑"延续了其在宗教裁判中的道德慰藉功能。根据美国法律史学家惠特曼的考证,"排除合理怀疑"最初与证据规则并无关系,并无证明事实的作用,而是为了缓解裁判者作出有罪判决的道德压力。[②] 追根溯源,面对裁判过程中事实的不确定性,"排除合理怀疑"规则被创制出来以慰藉裁判者的内心不安,缓解裁判者内心的道德罪恶感。随着宗教观念对刑事司法影响的式微,"排除合理怀疑"则演化为证明事实真相的"道德确信程度"。证据必须要能够把事实真相证明到一个合理的道德确信程度,一个令人信服和引导认知的确定性,一个满足了推理和判断条件的确定性,一个我们注定在良心上会依据它行事的确定性。这就是我们所说的排除合理怀疑的证明。[③]

其次,在现代的刑事诉讼实践中,"排除合理怀疑"以道义论的方式予以表达,被当作具有道德正当性的证明标准而非可操作的事实认定技术。在西方,随着法律与宗教的逐渐分离,基督教的道德共识在西方世界逐步瓦解,诸神共舞、价值多元的现代社会来临,"排除合理怀疑"的宗教色彩逐渐淡化。时至今日,随着宗教神学在裁判中不断被"去魅",刑事审判的神学基础已经被瓦解殆尽,"排除合理怀疑"的道德慰藉功能已全无用武之地。当这一规则被用来服务于事实真相的探究时,其理论上的空洞性就暴露无遗。受宗教观念影响的"道德确定性",作为证明标准和证明手段在刑事司法中逐渐被抛弃,事实认定的道德标准和证据标准甚至被要求严格区分,在刑事诉讼中,陪审团的事实认定要防止来自道德标

---

① See James Q. Whitman, *The Origins of Reasonable Doubt: Theological Roots of the Criminal Trial*, Yale University Press, 2008, p. 205.

② See James Q. Whitman, *The Origins of Reasonable Doubt: Theological Roots of the Criminal Trial*, Yale University Press, 2008, p. 185 – 200.

③ 参见 Commonwealth v. Webster, 59 Mass. 295, at 320 (1850)。转引自[美]拉里·劳丹:《错案的哲学:刑事诉讼认识论》,李昌盛译,北京大学出版社 2015 年版,第 36 页。

准的干扰。[①] 但是,在“排除合理怀疑”的宗教色彩被彻底“解蔽”之后,它又被不自然地转化为事实认定规则而服务于事实真相的探知。在英美的诉讼实践中,面对事实的复杂性和不确定性,“排除合理怀疑”作为诉讼证明规则由于其抽象性和模糊性,在实践中未被建构为一种可操作的刑事裁判技术;而是作为表达程序正义理念的强劲道德话语,“排除合理怀疑”被赋予不证自明的道德公理属性。在1975年的“美国诉劳森案”中,联邦最高法院指出,“排除合理怀疑”是不证自明的,试图进一步对其解释只会使陪审团更加迷惑。[②] 在美国的联邦司法系统中,“排除合理怀疑”并不存在统一的操作标准,其语义的模糊、表达的混乱导致法院系统内部分歧巨大,甚至对“排除合理怀疑”是否应当进行界定都众说纷纭,诸多州法院并没有关于“排除合理怀疑”的具体界定标准。[③]

在我国,“排除合理怀疑”的道德正当性依然优先于技术操作性。我国虽然已经确立了“排除合理怀疑”的证明标准,但是,法律制度与社会意识的调适仍然是一个漫长的过程。在我国的刑事诉讼实践中,由于“排除合理怀疑”的文本表达模糊,技术性操作标准缺乏,实质正义的社会心理根深蒂固,在道德压力的作用下,“排除合理怀疑”有滑向“排除一切怀疑”的危险。从民间话语来看,“还原真相”“不枉不纵”仍被视为司法者的天然道德义务;从官方表达来看,“排除合理怀疑”被作为“证据确实、充分”的操作标准,甚至将“结论唯一性”增列为更高的证明要求,在理论界和实务界引发了一定的争论。[④]

最后,在操作方式上,“排除合理怀疑”的判断过度依赖于裁判者的良心和德性等道德信念因素。“合理怀疑”作为判断事实真相的对立面,在理论上可以视为是对事实真相进行探知的认识过程,或者是对疑点进

---

① See Larry Laudan, *Truth*, *Error and Criminal Law*: *An Essay in Legal Epistemology*, Cambridge University Press, 2006, p. 35.

② See United States v. Lawson, 507 F. 2d 433(1974), cert. denied, 420 U. S. 1004 (1975).

③ 参见陈永生:《排除合理怀疑及其在西方面临的挑战》,载《中国法学》2003年第2期。

④ 参见最高人民法院《关于适用〈中华人民共和国刑事诉讼法〉的解释》(法释〔2021〕1号)第140条规定:没有直接证据,但间接证据同时符合下列条件的,可以认定被告人有罪……(4)根据证据认定案件事实足以排除合理怀疑,结论具有唯一性……

行排除的逻辑分析过程。因此,在理论上可以建构“合理怀疑”的认识论标准和逻辑学标准,从而使“合理怀疑”不单纯体现为裁判者内心虚无缥缈的主观认知或直观感受,而是必须满足真实性、完整性、融贯性和独立性等相当高的要求。[①] 尽管如此,无法否认裁判者是一个能动的主体,能够影响裁判者理性认知过程的重大力量往往源自裁判者的内在德性,裁判者的恻隐之心、同理之心、谨慎谦卑的品质既会影响到其对证明尺度的把握,也会影响到认知过程中疑点的发现和排除。在诉讼实践中,“排除合理怀疑”的证明过程仍然是一个疑点形成和疑点排除的心理过程,而如何到达疑点排除的“合理”程度,就无法完全摆脱裁判者的内心确信,就无法否认裁判者道德信念对证明标准把握的制约作用。

毋庸置疑,刑事司法对裁判者德性的要求是无法否定的,他们肩负着分辨善恶的重大使命,必须具有理性慎思的品质和谦卑节制的精神。亦不可否认,判断者的信念具有伦理属性,裁判者必须对其信念承担伦理义务。正如英国哲学家克利福特所说,就像我们要对我们的行为负责一样,我们同样也应对自己的信念负责。[②] 也就是说,内心确信状态并非逃避道德责任的理由,关键是确信的形成必须合乎道德的方式,而不是通过抑制怀疑的方式来实现。但是,裁判者的德性只是实现司法公正的必要条件而非充分条件。因为“正义的规则只有对那些具备正义美德的人来说才是有意义的,只有对于拥有正义美德的人来说,才可能了解如何去运用规则”[③]。我们就不能将司法裁判完全诉诸裁判者的个体德性,不能将“排除合理怀疑”的把握仅仅作为一种道德信念获得正当性的过程。如

---

① 刑事诉讼中的“合理怀疑”在逻辑学或认识论意义上被建构为两种标准:一是将“合理怀疑”作为有理由的怀疑,存在证据支持或可检验线索的情况下即为“合理怀疑”,这一标准被称为“理由论”[参见 Federico Picinali, *Two Meanings of "Reasonableness": Dispelling the "Floating" Reasonable Doubt*, The Modern Law Review, Vol. 76:5, p. 845 – 875(2013)]。二是将“合理怀疑”作为符合经验融贯的怀疑,通过对常识、情理、普遍认知等彼此融通进行推论,融贯地形成一致的怀疑,这一标准被称为“融贯论”[参见 Charles R. Nesson, *Reasonable Doubt and Permissive Inferences: The Value of Complexity*, Harvard Law Review, Vol. 92:6, p. 1187(1979)]。

② See William Kingdon Clifford, *The Ethics of Belief*, in Gerald D. McCarthy eds., The Ethics of Belief Debate, Scholars Press, 1986, p. 24.

③ [美]阿拉斯戴尔·麦金太尔:《谁之正义? 谁之合理性?》,万俊人等译,当代中国出版社1996年版,第9页。

果这样的话,刑事诉讼的证明标准将会沦为依靠法官个人良知来判断的“黑箱”。更为严重的是,在制度约束的条件下,趋利避害必然成为人的理性选择,受外在体制压力的影响和内在个体利益的驱动,裁判者所规避的是其自身被错案追究的风险,而非错判带给当事人和社会的风险。在这个意义上,裁判者的德性无法完全保障裁判公正的实现。因此,必须驱散“排除合理怀疑”的道义论迷雾,将其从道德正当化的手段转化为可操作的技术性标准,而这需要立足于后果主义的立场,对“排除合理怀疑”这一证明标准进行反思性重构。

(二)“排除合理怀疑”的后果论逻辑

在认识论意义上,证明标准作为事实认定的裁判尺度关系到案件证明的程度,或者说,关系到案件证明结果“接近”真相的程度;在后果论意义上,证明标准则意味着真相与后果之间的协调程度。“排除合理怀疑”规则的语义表达已经说明,刑事司法实践已经放弃了对绝对真相的追求,刑事诉讼的目标只能是在准确性与效益性之间谋求一个最大的交换值。正如美国联邦最高法院在“温希普案”[①]中所指出的,正当法律程序要求刑事诉讼的证明标准能够确保陪审团作出正确的决定,能够尽量减小错误的风险,而排除合理怀疑标准是实现这一目标的主要机制。这一标准反映了现代社会的价值选择,那就是:将无罪者判为有罪比让有罪者逃脱法网更加糟糕。[②] 所以,“排除合理怀疑”作为证明标准,既不完全是一个认识论意义上的认知问题,也并不完全是修辞学意义上的说服问题,在很大程度上,这是在后果权衡和风险评估基础之上的策略性选择,而“排除合理怀疑”的经济学公式则为这种策略性选择提供更为精细的标准。

1. 波斯纳定理:基于冤纵损益的后果考量

在后果论意义上,“排除合理怀疑”证明标准的界定本质上就是对裁判后果的损益比较,从而选择一种相对“合算”的结果。结果往往具有可

---

① In re Winship, 397 U. S. 358 (1970).

② See Henry A Diamond, *The Reasonable Doubt: to Define or not to Define*, Colum. L, Vol. 90:6, p. 1716 – 1736(1990).

经验性和可实证性,从后果论意义上去理解"排除合理怀疑"就避免使其沦为过度抽象化的道德话语,也避免刑事司法的事实证明问题成为一种纯粹的主观认知问题,防止完全依靠裁判者的"内心确信"程度来判断证明程度。因此,"排除合理怀疑"的界定就是以社会总体福利作为评价依据,对入罪与出罪或者说"冤案"与"纵案"之间的损益进行比较。这样,冤案和纵案的错判损失应同时作为后果考察的变量,波斯纳十分敏锐地指出,"排除合理怀疑"作为一种证明标准,实际上是理性选择错判最小的成本,而有罪证明标准的成本考量需要进一步考量错判有罪(冤案)和错判无罪(纵案)之间的成本差异。在波斯纳看来,第Ⅰ类错误(积极性错误——如判决无辜的人有罪)所产生的成本,平均比第Ⅱ类错误(消极性错误——如错误的无罪开释判决)所产生的成本更高,这一假定对于典型的民事审判而言并不能成立。因此,若原告的诉讼请求能够支持的盖然性(即便是稍稍超过)不能支持它的盖然性,则作出对原告有利的裁判便具备正当性。然而,由于对一名无辜被告施加刑事处罚的成本,要远远超过对一名有罪被告实施稍多一项定罪的社会收益(旨在维持法律的威慑力,以及防止有罪被告在一段时期内重新犯罪,即基于对他的有罪判决而对其予以监禁),故而在刑事案件中,第Ⅰ类错误比第Ⅱ类错误还要严重得多,因此在前一情形下,必须通过将主要的说服责任分配给检控方,使得第Ⅰ类错误显得更为重大。①

波斯纳实际上揭示了程序正义的经济学逻辑,程序正义的功能在于通过提高控方的说服责任而降低作出错误有罪判决的概率,从而减少了因冤案带来的社会损失;即使程序正义有可能带来错误的纵案,但是,纵案带来的损失远远小于冤案的损失,这正是刑事诉讼之所以采取"排除合理怀疑"这一更为严格的证明标准的经济学理由。"与实质正义追求法律决策的零误差不同,程序正义能够容忍一定程度的误差,由此造成的损失将从节约信息费用方面获得超额补偿;在这种意义上,程序正义是实质

① 参见[美]理查德·A. 波斯纳:《证据法的经济分析》,徐昕、徐昀译,中国法制出版社2004年版,第87页。

正义与形式正义谋求妥协的产物,其经济学目标既非单纯减少误差损失,也不是仅仅降低交易费用,而是最小化两种成本之和。”①如果把实质正义视为“不冤不纵”的理想极点,那么,程序正义应该被视为真相与后果之间的最佳均衡点。这样,程序正义作为刑事诉讼目标的规范理据就不仅仅在于杜绝错判风险,而是在于在成本考量的前提下实现最大化的社会福利,因而程序正义应被视为一种性价比最佳的正义。②

证明标准的严格程度会直接影响刑事司法作出有罪判决的概率,从而影响到司法机关作出有罪判决和执行有罪判决的“行政成本”,并间接影响到犯罪活动带来的社会总成本。波斯纳将判决无辜之人有罪的概率纳入犯罪活动的损耗函数中来,并指出这一概率会影响犯罪活动所产生的总体成本,而这一概率是由证明标准来控制的。在他看来,如果证明标准设置太高,以致无辜之人被定罪的可能性为0,那么有罪之人被定罪的比率也将会为0,因为只有0定罪率才能排除无罪之人被定罪的所有可能性。相反,如果证明标准设置太低,以致无辜之人一旦被起诉,往往就会被定罪,那么有罪之人被定罪的比率也将会是100%。当然,即使在判决无辜之人有罪的条件概率相当低的情况下,判决真正的犯罪人有罪的比率也是适度较高的。③

在理论上,证明标准过高将会导致有罪判决率为零,这会排除冤枉无辜者的可能性,但是也排除了惩罚有罪者的可能性。这将导致刑法丧失威慑力,还会导致罪犯继续其犯罪活动,并激励潜在的罪犯从事犯罪活动,从而产生巨大的社会损耗。因此,在经济学的意义上,“排除一切怀疑”的证明标准虽然能防止冤案发生,但由其导致的社会后果是极为不经济的。同时,如果证明标准过低,无论是无辜之人还是真正的罪犯都可能会被判决有罪,这虽然在一定程度上提高了刑法的威慑力,但是,无疑加

① 桑本谦:《法理学主题的经济学重述》,载《法商研究》2011年第2期。

② 参见桑本谦、戴昕:《真相、后果与“排除合理怀疑”——以“复旦投毒案”为例》,载《法律科学(西北政法大学)》2017年第3期。

③ See Richard A. Posner, *An Economic Approach to Legal Procedure and Judicial Administration*, The Journal of Legal Studies, Vol:2:2, p. 411(1973).

大了刑事司法制度运行的诉讼成本以及有罪判决的执行成本等行政成本。因此,刑事司法不可能允许 10% 的人被错误定罪,更不可能允许 90% 的犯罪嫌疑人被判无罪。[①] 这意味着,在司法资源有限的前提下,证明标准的高低程度同时对冤案和纵案两类错判产生影响,证明标准的提高会导致冤案的减少但也会导致纵案的增加,反之,证明标准的降低会导致纵案的减少但也会导致冤案的增加。"排除合理怀疑"应该是介于最高证明标准和最低证明标准之间的一个最优值,而这个最优值应当是由行政成本和错判成本之和的最小化来决定的。从这个意义上讲,这一观点可被命名为"波斯纳定理":"排除合理怀疑"的证明标准应符合刑事诉讼中行政成本和错判成本的最小化。

2. 开普兰公式:基于错判负效用的后果考量

波斯纳定理说明了"宁纵勿枉"在经济学意义上的合理性,但是,既然是在结果意义上来判断合理与否,这一论断就不是绝对的,因为这一冤纵损益的比较结果并不绝对而可能是变动的。当纵案带来的错判损失远远大于冤案的错判损失时,"宁纵勿枉"就不再是个理性的选择,这个被程序正义渲染的意识形态神话,其正当性根基就会遭到动摇。美国学者曾根据美国的犯罪和刑罚数据进行计算,平均来看,一个普通美国人在一生中成为暴力犯罪受害人的概率是其因被错误指控暴力犯罪蒙冤的概率的 830 倍之多,这意味着倘若在"无知之幕"背后做出选择,人们都会同意通过降低刑事证明标准来提升自己的总体安全。[②] 经验研究表明,普通公民对于谋杀、抢劫、强奸等重罪的错判忍受度更低,有超过一半的人反对"以高比例错放为代价来保护无辜者"。[③] 这说明"宁纵勿枉"的逻辑既难以获得道德理论的支持,也无法通过经验证据加以说明。事实上,在公

① See Ronald J. Allen & Larry Laudan, *Deadly Dillemmas*, Texas Tech Law Review, Vol. 41, p. 75 – 77(2008).

② See Larry Laudan, *The Rules of Trial, Political Morality, and the Costs of Error: Or, Is Proof Beyond a Reasonable Doubt Doing More Harm than Good?*, Oxford Studies in Philosophy of Law, Vol. 1, p. 195 – 227(2011).

③ See Robert Sommer, Barbara A. Sommer & Mati Heidemets, *Release of The Guilty to Protect The Innocent*, Criminal Justice and Behavior, Vol. 18, p. 480 (1991).

诉资源相对稀缺而犯罪猖獗的年代,法院和立法机关将不得不减少被告人的程序优势,这也是美国最高法院在20世纪70年代和80年代在刑事被告权利上摇摆不定的一个非意识形态基础。[①] 因此,必须在冤纵错判概率的基础上进行相对精确地损益比较,才能清晰界定"排除合理怀疑"的证明尺度。

既然确定证明标准的严格程度需要精致的后果权衡,那么,引入概率思维则有助于精确地计算。概率思维的引入与人们的道德直觉往往是违背的,因为,一旦用精确的数字去表达错判概率,就意味着冤案风险被正当化了,这是极端道义论者无法容忍的。[②] 但是,道德直觉判断未必符合理性认识。"排除合理怀疑"并非意味着数学上的绝对确定性,而是一种认知上的确信度,而这种确信度借助于概率思维能够得以更为精确地表达。在美国的刑事诉讼中,用以表达"排除合理怀疑"的"拇指规则"是:当控方证明被告有罪可能超过90%乃至95%时,陪审团就可认定被告有罪——这也意味着,被告有接近5%或10%无罪的可能。[③] 这说明即使"排除合理怀疑"的证明标准已经相当严格,也不能确保万无一失,还是容忍了错判概率的存在,否则,"排除合理怀疑"就会沦为"排除一切怀疑"。在美国就有数据表明,"在强奸谋杀案审判的死刑定罪中,重罪审判的错误率大约在3.5%—5.0%之间。"[④]这样,用概率理论来计算错判风险就无可厚非,为此,开普兰将数学和统计学引入到事实认定的法律决策理论中。在他看来:在刑事司法中,存在有罪和无罪两种可能的判决结论。出于便利,我们不直接考量效用而是考量负效用,因为避免特定结果比达到某种目标更容易确定。这样,我们用D_i来表示判决一个无辜之人

① 参见[美]理查德·波斯纳:《法律的经济分析》(第7版),蒋兆康译,法律出版社2012年版,第893页。

② See Larry Laudan, *Truth, Error and Criminal Law: An Essay in Legal Epistemology*, Cambridge University Press, 2006, p. 45 – 46.

③ See Larry Laudan, *Truth, Error and Criminal Law: An Essay in Legal Epistemology*, Cambridge University Press, 2006, p. 45 – 46.

④ [美]罗纳德·J. 艾伦等:《证据法、诉讼法和实体法的关系》,载《证据科学》2010年第6期。

有罪而产生的负效用，用 D_g 来表示宣布一个有罪之人无罪而产生的负效用。决策理论告诉我们，要证明一个人有罪，陪审团必须感到宣布无罪所产生的预期负效用要大于宣布有罪所产生的负效用。为此，陪审团必须确信有罪的概率至少为 P，且 P 与 D_g 的乘积大于 $1-P$ 与 D_i 的乘积，即 $P \times D_g > (1-P) \times D_i$。假定 $D_i + D_g > 0$，那么 P 可以被表示为：

$$P > \frac{1}{1 + \frac{D_g}{D_i}}$$ ①

上述"开普兰公式"即为"排除合理怀疑"的数学表达，它比较直观地表达了冤案负效用与纵案负效用的相对权重，也在某种程度上证伪了"宁纵勿枉"这一常识性命题，因为冤纵比在根本上是由社会总福利的数量值来决定的。在人们的常识与直觉中，冤案带来的负效用远远大于纵案带来的负效用，即"积极错误"所带来的危害远远大于"消极错误"，这更符合普通人的"危害偏好"。对于这种"危害偏好"，培根则具有更为生动地表达："不公平的举动，不过弄脏了一渠水流，而那些不公的判断却把整个水源都败坏了"②，这个描述则被后人演绎为"不公判决的恶果甚于十次犯罪"的说法。布莱克斯通则明确提出"冤枉一个好人之恶甚于放纵十个坏人"的说法，这被作为一个经典的法律和道德命题而广为流传。③ 然而，"开普兰公式"用具体的、可量化的效用标准取代了平均的效用标准来权衡冤案与纵案的损益比，这丰富了影响错判损失的具体变量，从而在某种程度上证伪了"布莱克斯通命题"。

"开普兰公式"用概率表达了事实认定的盖然性，在科学哲学中可以寻找到智识支持。在科学哲学领域，对于事实真相的盖然性已经达成共识。基于证据的不完全性、非结论性、不融贯性以及非完全的可信性等特征，证据仅仅是逼近真相的"镜像"而非真相本身；而事实认定者无法完

① See John Kaplan, *Decision Theory and the Factfinding Process*, Stanford Law Review, Vol. 20:6, p. 1065 – 1092(1968).

② ［英］弗朗西斯·培根：《培根论说文集》，乌尔沁译，译林出版社 2012 年版，第 199 页。

③ See William Blackstone, *Commentaries on the Laws of England*, University of Chicago Press, 1979, p. 352.

全亲历已经逝去的真相，而只能通过证据推理间接地对事实发生的可能性做出判断。事实认定中的证据推理并非从前提到结论的必然性推理，而是法官运用“优势证据”“合理根据”“确信无疑”等模糊标准所进行的寻求最佳解释的“似真推理”。因此，“逼真性”只能成为事实认定者所追求的理想目标或信念，而无法作为评价事实认定正确与否的确定标准，“盖然性”则作为衡量从证据推出结论可能性程度的标准而与“逼真性”区分开来。也就是说，“盖然性”是从前提推出结论的逻辑概率，而“逼真性”则是结论接近真理的程度。“逻辑概率体现了通过减少信息内容而逐渐趋于逻辑确定性或重言式真理的观念。另一方面，逼真性则体现了趋于全面真理的观念。因此它把真理和内容结合起来，而概率则把真理与缺乏内容结合起来。”①“逼真性”意味着真理可以被无限接近，但是在求真过程中错误难以避免，而“盖然性”则体现了某个命题可以被证伪的程度，却无法表达接近真理的程度，这一对概念恰当地平衡了证伪主义与科学真理之间的紧张关系。这说明，司法决策的目标其实并不是穷尽真相、发现真理，而是最大可能地避免求真过程中的错误。我国刑事诉讼法中“证据确实充分”的证明标准并非指数学上的确定性而是道德上的确定性，这种道德上的确信度也只是通过相对较低的错判率来保证的。因此，用确信有罪的概率来表达“排除合理怀疑”的程度就是科学、合理的。②

3. 却伯公式：基于综合效用的后果考量

“开普兰公式”虽然已经能够反映基于冤纵错判所产生之社会负效用而进行的后果权衡，并丰富了影响错判风险的具体变量。但是，“开普

---

① ［英］卡尔·波普尔：《猜想与反驳：科学知识的增长》，傅季重等译，上海译文出版社 2015 年版，第 339 页。

② 需要说明的是，用概率来表达事实认定的盖然性，与主张运用概率论进行裁判并非一回事。发生于美国的“柯林斯案”中，检察官聘请了概率学家来计算犯罪嫌疑人实施犯罪的概率，这遭到了法学家的批评。在却伯教授看来：引入概率论进行司法决策，会因法官和陪审团不精通数学增加信息交流成本而导致决策者之间的信息不对称，并有可能导致决策的诱导性甚至是产生偏见。See Laurence H. Tribe, *Trial by Mathematics: Precision and Ritual in the Legal Process*, Harvard Law Review, Vol. 84:6, p. 1329 – 1393(1971).

兰公式”仅仅考量了冤纵错判所带来的社会负效用,却没有将正确入罪和正确出罪所带来的社会正效用考虑在内;另外,刑事裁判包含定罪和量刑两个基本部分,仅从公式的表达来看,“开普兰公式”仅仅表达了出罪与入罪之间的损益比较,难以反映量刑严苛程度所带来的社会效用权衡。为此,却伯在“开普兰公式”的基础上进行了拓展与深化,仍然坚定地相信决策者应当根据行为的后果来选择行为的策略。因此,却伯首先对刑事判决的结果进行了精细化处理,在他看来,刑事判决的结果存在四种基本形式:

(1)判决有罪之人有罪,用 C_g表示;

(2)判决无辜之人有罪,用 C_i表示;

(3)判决有罪之人无罪,用 A_g表示;

(4)判决无辜之人无罪,用 A_i表示。①

不难理解,C_g和 A_i是正确入罪和正确出罪的情形,C_i和 A_g是错误入罪和错误出罪的情形;正确的判决结果会产生社会正效用,而错误的判决结果必然具有社会负效用。那么,如果对四种裁判结果的社会效用进行排序,则为:$U(C_g) > U(A_i) > U(A_g) > U(C_i)$。有罪判决的社会后果就不仅包括错判冤案所带来的预期损失,还包括正确入罪所带来的预期正效用;作出无罪判决的社会后果就不仅仅包括错判纵案所带来的预期损失,还要考察正确出罪所带来的预期收益。有罪判决的社会正效用包括降低甚至剥夺了罪犯的再犯可能,对潜在罪犯形成有力震慑,避免了潜在受害人所付出的社会成本,人们基于报应正义的社会心理获得满足;有罪判决的社会负效用则是造成无辜者的直接损害,浪费司法资源,导致司法公信力降低。无罪判决的社会正效用包括避免了无辜者蒙冤而提高了司法公信力,未付出执行成本而避免了司法资源浪费;无罪判决的社会负效用则包括因真正罪犯被无罪开释而损害刑法的威慑力,报应正义未伸张造成社会心理受到损害,对罪犯再犯和潜在罪犯犯罪形成不当激励,从而

① See Laurence H. Tribe, *Trial by Mathematics: Precision and Ritual in the Legal Process*, Harvard Law Review, Vol. 84:6, p. 1379(1971).

会带来社会损失。①

如果作出有罪判决的概率为 P，那么，有罪判决的预期收益为：$EU(C)=P\cdot U(C_g)+(1-P)\cdot U(C_i)$；同理，作出无罪判决的预期收益为：$EU(A)=P\cdot U(A_g)+(1-P)\cdot U(A_i)$，理性的法律决策者在 $EU(C)>EU(A)$ 时，才会作出有罪判决，那么判决有罪的概率或者证明标准就应满足：

$$P>\frac{1}{1+\frac{U(C_g)-U(A_g)}{U(A_i)-U(C_i)}}$$ ②

"却伯公式"无疑在数学表达上更为精细化，但是，符号的复杂化导致后果的权衡不再那么直观了。而且，无论是"开普兰公式"还是"却伯公式"，都无法解决社会效用赋值的难题，但是，它们却大致明确了在后果考量中应当考虑的基本变量，从而为司法者的证据推理提供了大致的思维路向。尽管这些公式因其效用赋值的难题无法为法官决策提供十分精致的工具，但是这并不妨碍它们作为"启发式工具"在法官决策过程中具有思想启迪的功能。因为对不同备选决策方案的后果考量实际上是一个认知准确性的程度问题，对认知精确性的追求应当以有助于决策者在不同备选方案之间作出比较和选择为限。毕竟，法官与学者所面临的工作任务存在较大差异，法官必须在特定时限内做出决策，他们在司法决策中并不直接运用数学知识，反而借助于数学进行决策会增加法官的学习成本和决策成本。正如桑本谦所说，"理论要看性价比，更精确的理论也意味着更高昂的成本，以牺牲理论本身的精确性来降低理论本身的知识门槛未必不是一笔划算的交易。所以，在功能意义上，理论的精确性不是一个奋不顾身的追求，而是一个在各种约束条

① 桑本谦、戴昕运用"却伯公式"对"林森浩案"的"正确重判""错误重判""正确轻判""错误轻判"的社会效用进行了分析。参见桑本谦、戴昕：《真相、后果与"排除合理怀疑"——以"复旦投毒案"为例》，载《法律科学(西北政法大学)》2017 年第 3 期。

② See Laurence H. Tribe, *Trial by Mathematics: Precision and Ritual in the Legal Process*, Harvard Law Review, Vol. 84:6, p. 1383(1971).

件下的选择"[①]。

事实上,经济学公式的意义并不在于消除证据推理活动的不确定性,而在于通过概率的表达形式来说明"证明标准决定了多大利益才是我们认为适当的怀疑的利益"[②]。这样,经济学公式中的概率表达在某种程度上超越了判断事件发生可能程度的"客观概率"和判断主体认知程度的"主观概率"。对于客观概率而言,基于事件发生的不可逆性,无法通过实验的方式对事件发生的概率进行司法证明,其对于司法证明的解释力因而极为有限。"有关事件在某种确切情况下,要么发生过,要么没有发生。我们不能重复实验一千次,来判定这些事件过去发生的频率。"[③]对于主观概率而言,尽管它能通过量化的形式表达判断主体的"确信度",但是,认知概率的形式化表达往往忽略了影响判断的心理要素,它并不能完全传递认知信念的丰富内涵,基于认知主体的信念差异,真实世界不存在统一的认知概率。经验研究已经表明,不同的审判群体其认知概率存在差别,陪审员更有可能以较低的证明标准去定罪。[④] 一项关于美国联邦法官的实证调查也说明,即使在法官群体内部,也不存在统一的"排除合理怀疑"证明标准所对应的肯定性百分数。[⑤] 在这个意义上,案件裁判也无法以概率计算的形式来表达主观的确信度。正如却伯所说,排除合理怀疑并不是要求刑事案件的陪审团达到某种程度的数量标准,而是两方面微妙的妥协平衡:一方面,我们从现实的角度认识到,在犯罪没有达到绝对确定时,不能一概坚持无罪判决;另一方面,我们也认识到,如此公

---

① 季卫东等:《中国需要什么样的法理学》,载《中国法律评论》2006 年第 3 期。

② [美]拉里·劳丹:《错案的哲学:刑事诉讼认识论》,李昌盛译,北京大学出版社 2015 年版,第 70 页。

③ [美]特伦斯·安德森、[美]戴维·舒姆、[英]威廉·特文宁:《证据分析》(第 2 版),张保生等译,中国人民大学出版社 2012 年版,第 327 页。

④ See Norbert L. Kerr, *Guilt Beyond a Reasonable Doubt: Effects of Concept Definition and Assigned Decision Rule on the Judgments of Mock Jurors*, Journal of Personality and Social Psychology, Vol. 34, p. 282, 285 - 286 (1976).

⑤ See C. M. A. McCauliff, *Burdens of Proof: Degrees of Belief, Quanta of Evidence, or Constitutional Guarantees?*, Vand. L. Rev., Vol. 35, p. 1293, 1325 (1982).

开表述并要求审判本身达到精确计算确定性的代价太高。[①] 因此,基于效用权衡的概率表达实际上只是启发性而非描述性的,它既不是要描述事件发生的可能程度,也不是要描述认知主体的主观确信程度,它只不过用来启发法官在真实的诉讼证明中如何把握影响裁判效用的因素或变量,从而将证明标准转化为错判风险的分配机制。

在普通法系国家的刑事诉讼中,“排除合理怀疑”的证明尺度实际上是通过对证据的审查判断来实现的,这实际上隐含着错判风险分配的经济学逻辑,品格证据的有条件使用就是一个很好的说明。一般而言,“品格决定行为”的推理思路被明令禁止。在美国的证据法中,就存在“禁止以具体行为证明品性以表明行为与品性相一致”的通常规则。[②] 这是为了防止审判中运用品格证据形成对被告人的不当偏见而导致有罪推定,普通法原则上禁止使用被告人不良品格证据证明其在特定场合下从事了与其品格特征相一致的犯罪行为。除了极少数案件类型外(如性骚扰类案件),被告人的不良品格与被告人被指控的犯罪在证据上没有关联性。[③] 但是,英美证据法一般采用了“好品格具有案件相关性,坏品格不具有案件相关性”的建构原则。这意味着可运用优良品格证据来排除针对被告人的合理怀疑,却不能运用不良品格证据来加剧对被告人的怀疑。“排除合理怀疑”的证明尺度实际上是通过对证据的审查判断实现的,通过证据类型的选择性适用实现了错判风险的合理分配,这其中暗含着“有利于被告人”的利益权衡。

“好品格具有案件相关性”,是为了防范错判给具备“好品格”的被告人带来更大的社会负效用。根据“排除合理怀疑”的经济学公式,不同个

---

① See Laurence H. Tribe, *Trial by Mathematics: Precision and Ritual in the Legal Process*, Harvard Law Review, Vol. 84:6, p. 1375(1971).

② 《美国联邦证据规则》第404条(a)款规定,有关某人品格或品格特征的证据,不能用以证明该人在某特定场合的行为与其品格或品格特征相一致。下列情况除外:(1)被告人的品格由被告人提供的证明其有关品格特征的证据,或者由起诉方提供反驳被告人品格的证据……参见 Glen Weissenberger, James J. Duane, *Federal Rules of Evidence: Rules, Legislative History, Commentary and Authority*, Lexis, 2009, p. 198, 200。

③ 参见纪格非:《品格证据在性骚扰民事案件中的运用——美国的立法、判例及启示》,载《环球法律评论》2012年第4期。

体对个体信誉的珍视程度不同,冤案错判的负效用对每个个体来说也是不同的。被告人的社会声誉越好,有罪判决给其带来的声誉损失就越大,判决无辜者有罪所产生的社会负效用就越大。冤案错判给社会声誉高的人带来的负效用远远大于社会声誉低的人,这与苏力所揭示的“海瑞定理”具有异曲同工之妙。苏力对古代法官海瑞的判案经验进行经济学解读,总结出两条基本原则:“在经济资产的两可案件中,无法明晰的产权应配置给经济资产缺乏的人;以及文化资产的两可案件中,无法明晰的产权应配置给文化资产丰裕的人。”[①]根据经济学原则,裁判应当选择对社会损失最小化或社会财富最大化的方式进行。在“争言貌”(涉及名誉或社会声誉方面的纠纷)的两可案件中,应当将权利配置给文化资产更为丰厚的“乡绅”,因为“乡绅”更加爱惜自己的羽毛,将权利配置给他们,所实现的社会净收益会更大。同理,冤案错判导致对“文化资产”的剥夺,对个体的社会声誉必然产生负面影响,这给“文化资产丰裕”的人带来的损失亦会更大。因此,在刑事诉讼中,为了防范错判给具有“好品格”的人带来更大的社会负效用,就有必要对“文化资产丰裕者”(具备好品格的人)给予政策上的倾斜。

“坏品格不具有案件相关性”,同样是出于对错判所带来的社会总体效用的考量。在刑事诉讼的实践中,不良品格证据会强化对被告人的有罪推定,在诉讼实践中滥用不良品格证据不仅会导致错判的冤案数量增加,而且会影响刑罚实施的效用。对累犯的严厉处罚已经降低了累犯的犯罪倾向,有可能使其再犯的可能性降低至初犯的水平。但是,品格证据若不加限制地适用会提升累犯被判决有罪的概率,这反而会加剧累犯在诉讼过程中的对抗心理,削弱了刑罚对累犯的威慑力,加大了无辜之人被判有罪所带来的社会负效用;这也会降低公诉方对累犯的证明成本,相对提高了对初犯的证明成本,这会在某种程度上损害公诉方起诉初犯的动力,并增强了潜在初犯的犯罪激励,从而带来有罪之人被无罪开释所带来的社会负效用。不良品格证据作为“不利于被告人”的证据应该在定罪

---

① 苏力:《“海瑞定理”的经济学解读》,载《中国社会科学》2006 年第 6 期。

的证明过程中排除适用。同理,在不影响定罪的前提下,对于“不利于被告人”的量刑事实(如累犯、结果加重犯等),也应该适用更高程度的证明标准;而对于“有利于被告人”的量刑事实(如自首、立功等),就应该适当降低证明标准,这样有利于形成对被告人积极自首或立功的激励,从而有利于降低证明成本、节约司法资源。这不仅是保障人权的需要,也是基于诉讼效益的考量。因此,证据的使用与证明标准的把握往往是相辅相成的,这取决于能否最大化刑罚实施的社会整体效用,在“事前的”威慑效应与“事后的”分配正义之间寻求最佳平衡。①

(三)“排除合理怀疑”的情境性考量

“排除合理怀疑”的经济学公式说明,对证明尺度的把握只能通过影响错判风险的证据因素和程序因素来进行,证据规则和证明程序的严格程度作为制约错判风险的影响因素,实质上决定着司法者对于证明标准高低程度的把握,从而“排除合理怀疑”无法作为单一的证明标准而独立使用,对这一证明尺度的把握必然体现在对证据的审查判断过程之中,必然存在于证明程序的运行过程之中。这样,刑事司法决策中对错判风险的效用考量往往是情境性的,并不存在统一的“确信有罪”的概率,“排除合理怀疑”作为证明标准在文本表达上也就不可能具备绝对确定的语义,在司法决策中它也无法成为统一的证明尺度。这就需要在具体情境中根据错判风险的效用考量对其进行层次化表达和类型化解释,而这恰恰体现了法教义学与法经济学之间的互通之处。

在功能意义上,“排除合理怀疑”的经济学公式实际上是在社会福利总量最大化的目标下,说明了冤案和纵案两类错判损失之间此消彼长的关系。这要求司法者在冤案和纵案的损益比较中寻求对证明标准的把握,司法者对证明标准的把握就不能偏执一端,对冤案或纵案的过分倾斜都会带来社会负效用的增加。无论是“从严把握证明标准”还是“统一适用证明标准”,其实都不符合后果论的经济学逻辑。前者尽管能够获得道

① See Joel Schrag & Suzanne Scotchme, *Crime and Prejudice: The Use of Character Evidence in Criminal Trials*, Journal of Law Economics and Organization, Vol. 10:2, p. 319 - 342(1994).

义论的权威话语支持，但是它无疑忽略了纵案所导致的错判风险；后者虽在试图维护法律适用的统一性和权威性，但是它又忽略了案件类型差异所带来的错判风险差异，那种试图在所有案件中统一证明标准的做法，实际上是意图将所有案件的错判风险控制在相同水平。[①] 因此，按照经济学的逻辑，错判风险的差异化势必带来证明标准适用的差异化，证明标准的宽严与错判风险的大小存在正相关。

从纵向来看，在不同的诉讼阶段中，不同的刑事司法机关对于错案风险的控制能力不同，证明标准的严苛程度就应有所差别。在刑事诉讼的过程中，随着控辩双方平等对抗的程度不断增强，辩方力量的不断强化导致指控证据受到的挑战不断提高，"排除合理怀疑"的确信程度在诉讼过程中实质上会不断提高，刑事司法机关控制错案风险的能力因此在不断增强。而若片面强调"以审判为中心"统一不同诉讼阶段的证明标准，则有可能导致审判定案的前移现象；若在侦查阶段和审判阶段适用统一的证明标准，则有可能导致纵案错判风险过高而带来极大的社会负效用。根据侦查机关、公诉机关和审判机关的错案风险控制能力的差异，基于不同诉讼阶段冤纵损益的对比，刑事证明标准的严苛程度应该随诉讼流程呈现为纵向上的逐级递进关系。即使在审判阶段，基于错案风险的差异，定罪的证明标准和量刑的证明标准也应当有所差异。"一旦被告人被定罪并进入量刑听证中，证明标准便应由排除合理怀疑转化为优势证据标准。"[②]

从横向来看，不同类别案件的错判风险存在差异，量刑的严苛程度、适用法律程序的复杂程度以及再犯可能性等因素都可能影响错判所带来的风险或效用，错判风险的差异化要求司法决策者在个案或类案中综合权衡冤案和纵案的错判风险来灵活把握证明标准。比如，量刑程度会影

---

① "证明标准统一论"在我国司法实务界具有代表性，这种观点认为："以审判为中心"要求刑事证明标准统一到定罪量刑的要求上来，要扭转习惯上审判、起诉、逮捕、立案证明标准依次降低的错误认识，坚持法律判断上的同一判断标准。参见甄贞：《如何理解推进以审判为中心的诉讼制度改革》，载《人民检察》2014 年第 22 期。

② ［美］拉里·劳丹：《错案的哲学：刑事诉讼认识论》，李昌盛译，北京大学出版社 2015 年版，第 94 页。

响错判所带来的社会负效用,量刑的严重程度应当与证明标准的严格程度成正比。量刑的严重程度会直接影响到裁判执行的行政成本,错误重判的冤案其社会负效用往往巨大。错判死刑的冤案会给一个家庭带来灾难性的打击,毕竟人死不能复生,也会导致巨额的国家赔偿,甚至会严重影响司法的公信力,这需要付出巨大的制度成本加以弥补。因此,基于巨大错判风险的存在,裁判者对某些重刑案件的判决就需要更为谨慎,这就需要更为严苛的证明标准。这一判断并不违背人们的司法常识:在死刑判决上,刑事诉讼一直贯彻“少杀慎杀”的刑事政策,之所以在死刑判决中需要更为严苛的证明标准,是因为死刑案件所带来的社会负效用远远大于其他类型的案件。有实务人员也明确坦陈,如果盗窃案都以故意杀人罪的证明标准来审查,大部分盗窃案都是难以定罪的。① 这些常识和经验实际上都验证了证明标准中的经济学逻辑。

再如,受到社会环境的制约,犯罪人受刑罚之后的再犯可能性会有所差别,刑罚作为犯罪的控制手段,在不同类型的犯罪上呈现的效用就有所不同,因错判带来的风险就有所不同,对错判概率的容忍程度应当有所差别。例如,贪污公款者即使被无罪释放,其社会信用也会受损,他因此可能会丧失犯罪机会,其再犯的可能性会大大降低,而猥亵儿童者被无罪释放,他再犯的可能性会很大,并且可能还倾向于重复此类行为。这样,根据对错判无罪的负效用的考量,包括考察犯罪行为带来的直接损害以及再犯可能性,贪污罪的证明标准相对于猥亵儿童罪的证明标准就应该更高。②

因此,“排除合理怀疑”作为证明标准在不同种类案件中的严格程度可能会有所不同,这就要求刑事证明标准因案件类型的差异而呈现横向意义上的层次化分布。这就要求立法者作为全局性、整体性利益或价值

---

① 参见南京市建邺区检察院李勇副检察长在 2017 年 7 月 20 日召开的“认罪认罚‘一步到庭’办案模式研讨会”上的发言。转引自秦宗文:《认罪案件证明标准层次化研究——基于证明标准结构理论的分析》,载《当代法学》2019 年第 4 期。

② See John Kaplan, *Decision Theory and the Factfinding Process*, Stanford Law Review, Vol. 20:6, p. 1065 – 1092(1968).

的分配者,应当尽可能在语义表述上对证明标准进行层次化处理,从而针对不同类型的案件进行价值或风险的合理分配。例如,在美国证据法和证据理论中,将证明的程度一共分为九等:第一等是绝对确定,由于认识论的限制,认为这一标准无法达到,因此无论出于任何法律目的均无这样的要求;第二等即排除合理怀疑,为刑事案件作出定罪裁判所要求,也是诉讼证明方面的最高标准;第三等是清楚和有说服力的证据,当某些司法区在死刑案件中拒绝保释时,以及作出某些民事裁判时有这样的要求;第四等是优势证据作出民事裁判以及肯定刑事辩护时的要求;第五等是合理根据,适用于签发令状,无证逮捕、搜查和扣押,提起大陪审团起诉书和检察官起诉书,撤销缓刑和假设,以及公民扭送等情况;第六等是有理由的相信,适用于"拦截和搜身";第七等是有理由的怀疑,足以将被告人宣布无罪;第八等是怀疑,可以开始侦查;第九等是无线索,不足以采取任何法律行为。①

(四)证明标准的类型化解释

在法教义学的意义上,"排除合理怀疑"作为证明标准是一个高度不确定的概念,对于不确定概念只能通过类型化的解释才能加以适用,这与法经济学所主张的"错判风险的情境性考量"实际上具有异曲同工之妙。

从解释论的角度来看,基于法律语言的模糊性,法律解释过程中无法避免无限递归的"连锁推理"悖论,解释者无法通过解释方法的运用来明确"合理怀疑"的程度,叠床架屋式的文字表述只会徒增概念的冗余,而无法增强法律文本的清晰。在这个意义上,"排除合理怀疑"作为一个评价性的不确定概念,在语义上具有不可消除的模糊性,不可能通过法律解释的方式将其转化为可量化的精确标准。法官无法完全通过法律解释的方法对刑事证明标准进行层次化的区分,而只能借助类型思维对证明标准进行情境化的把握。

① 参见《美国联邦刑事诉讼规则和证据规则》,卞建林译,中国政法大学出版社1996年版,第26页。

归根结底,这是因为,作为认识状态或心理状态的心证程度无法通过数量化的方式来表达。但是,不可量化的心证程度可以转化为可量化的证明成本问题,并借助类型思维对证明标准进行层次化的表达,从而使证明标准具备可操作性。因为,事实认定所达到的证明程度必然是通过证明程序对证据的审查判断来实现的,而待证事实的范围、证据的数量和质量、证明程序的严格程度实际上都关系到证明成本的大小。这样,证明标准的严苛程度与证明成本往往存在正相关,即证明标准越严苛,证明成本就越高。在这个意义上,就可以将"排除合理怀疑"证明标准的层次化转化为证明成本的层次化。因此,对"排除合理怀疑"这一证明标准的层次化处理,就可以通过控制待证事实的范围、证据的数量和质量要求以及证明程序的复杂程度等因素来实现,从而形成相对具体化和类型化的操作性规范。

首先,通过形成类型化的证据审查标准来解释"排除合理怀疑"的证明标准。证据的数量和质量关系到证明标准的严苛程度,因此,证明标准的问题可以转化为可操作的证据审查判断标准。为此,我国最高人民法院所颁布的《关于适用〈中华人民共和国刑事诉讼法〉的解释》已经规定了关于证据审查判断标准的技术规范,根据不同的证据类型来确立证据审查判断的标准,从而使"排除合理怀疑"的程度在不同类型的证据审查中有所差别。例如,该解释第 140 条规定了间接证据的审查判断规则,第 141 条规定了隐蔽性证据的审查判断规则,经过被告人供述、指认的隐蔽性证据的审查标准明显低于对间接证据的审查标准。

其次,通过判例的方式形成类型化的类案证明标准。根据"排除合理怀疑"的经济学公式,决策者对错案风险的把握往往是情境性的,刑事证明标准的适用就无法脱离分殊化的个案事实语境。对此,司法者须借助"类型思维"来把握同类案件的证明标准,最大限度地实现"同类案件同类裁判";在我国的制度背景下,这是可以通过案例指导的方式来实现的。借助于案例指导制度对法律的解释和发展功能,可以形成更为确定的操作规范,从而产生更为明确的技术示范效应;借助于案例指导制度对类案程序利益的再分配功能,赋予司法者更为灵活的价值平衡、政策选择的腾挪空间，从而在类案中平衡错判所带来的冤纵损益，形成更为明确的政策示范效应。

最后，通过对证明程序的控制来把握证明标准的宽严程度。证明标准无法先于证明程序而独立存在，往往内嵌于刑事诉讼的程序结构之中，与证明程序呈现为内在的构成性关系。“排除合理怀疑”作为证明标准的适用方法往往蕴含在具体的程序操作之中，对证明标准宽严度的把握就可以通过对证明程序的控制来实现。例如，我国颁布的《关于办理死刑案件审查判断证据若干问题的规定》并非单方面地提高死刑案件的心证程度，而是通过设置更为严格的取证规范来提升死刑案件证明程序的严格程度，强化控辩双方的对抗程度，在控辩双方的质疑与辩驳中提升“排除合理怀疑”的证明程度，从而防范死刑案件中可能产生的更为巨大的错判风险。

（五）证明标准的差异化实践

在真实的司法决策中，罪行的轻重、量刑的轻重、再犯的可能性等变量都会导致错判风险的差异化，从而导致刑事诉讼证明标准适用的差异化在实践中普遍存在，这说明“排除合理怀疑”的后果论逻辑完全符合真实世界中刑事诉讼的行动逻辑。这种差异化的实践表征主要有以下三个方面。

首先，量刑轻重导致的证明标准的差异化。在“排除合理怀疑”作为证明标准正式写入刑事诉讼法之前，地方司法机关在死刑案件中对这一证明标准就进行了积极探索，这使“排除合理怀疑”在死刑案件证明标准的制度改革中显示出强劲的竞争力。只不过，从地方司法机关所颁布的文件来看，这一证明标准一般被转化为“排除一切怀疑”或“排除一切合理怀疑”的类似表述，这足以说明地方司法机关基于对死刑错判风险的考量，对证明标准往往从严把握。[①] 而在认罪认罚从宽制度的试行过程中，地方司法机关则明确出台了实施细则降低了证明标准，为办案人员提供

---

① 关于地方证据规定的文本调研，参见李训虎：《“排除合理怀疑”的中国叙事》，载《法学家》2012 年第 5 期。

类案证据的个别化指引,法院可以根据案件特点、证明对象的不同对证明标准进行灵活把握。[①] 在某种意义上,认罪认罚从宽制度的改革实际上是在刑事司法资源有限的前提下,在探知真相和效用权衡之间寻求平衡,在错判风险降低的情况下,适当降低查明真相的程序性保障。在被告人认罪认罚的前提下,已经通过减轻公诉方举证责任和说服责任的方式降低了证明成本,从而弱化了控辩双方的对抗程度,这样就不可能单方面地要求法院统一"心证门槛",这事实上已经形成了证明标准的降低,在控制错判风险的前提下实现了刑事司法资源的节约利用。[②]

其次,案件适用程序所导致的证明标准的差异化。实证研究表明,"适用简易程序(包括普通程序简化审理在内)的案件,一般是被告人认罪案件,且证据比较好。对于这种案件,承办人员一般认为收集在案的证据达到优势证明的程度时,即不再对证据提出过多的补证要求。"[③]适用简易程序的刑事诉讼案件中证明标准的降低,本质上是刑事办案人员在控制错案风险的前提下对刑事司法资源的节约利用,是在刑事资源有限的约束条件下追求刑罚效用的最大化。

最后,法院审判层级所呈现的证明标准的差异化。数据统计表明,在作出裁判的法院层级上看,高级人民法院在裁判中适用合理怀疑的比例明显偏高,超出基层人民法院和中级人民法院达 11 倍之多。[④] 这意味着,高级人民法院判决的重罪或作出的重判明显多于下级人民法院,因此,高级人民法院在司法决策中往往面临更大的错判风险,为防止错判带来的社会负效用,案件裁判引发的合理怀疑与排除合理怀疑的案件比例可能就更高。

事实上,作为一种规范性的研究进路,"排除合理怀疑"的经济学公

---

① 参见孙长永:《认罪认罚案件的证明标准》,载《法学研究》2018 年第 1 期。

② 有学者主张,在认罪认罚案件中,检察机关法庭上的举证责任及其证明标准被显著降低,但法院认定被告人有罪的心证门槛不能降低。但是,事实上,所谓法院的"心证门槛"是不可能独立存在的,必然依赖于证明程序的运行情况,依赖于控辩双方的对抗程度。参见孙长永:《认罪认罚案件的证明标准》,载《法学研究》2018 年第 1 期。

③ 叶锐:《刑事证明标准适用的影响因素实证研究》,载《中国刑事法杂志》2014 年第 2 期。

④ 参见栗峥:《合理怀疑的本土类型与法理建构》,载《中国社会科学》2019 年第 4 期。

式实际上试图在指导司法者应该如何根据社会效用作出决策，它们并没有考量制约证明标准发挥社会效用的诉讼体制和社会环境，更没有（当然也无法，因为这是描述性研究的任务）考量司法者在决策中的自身效用。但是，毫无疑问，这些因素势必会制约社会效用的实现。经验数据已经表明，为规避错案责任风险，为最大化自身效用，司法实践中的证明标准有逐渐抬高的趋势。① 而这可能会强化了"宁纵勿枉"的办案逻辑，导致纵案增多带来的社会负效用增加。在这个意义上，构建刑事证明标准需要"双管齐下"：一方面，基于内在性路径明确构建刑事证明标准的目标，即在错判无辜与错放罪犯之间寻求平衡，既维护刑事司法的合法性，又兼顾刑事司法的效率性。这就有必要在刑事法律的规范教义中对证明标准的经济学逻辑进行适当吸收和合理转化，通过法律解释或案例指导的类型化，实现刑事诉讼证明标准的层次化和精准化，从而为司法者提供相对具体的指引。另一方面，基于外在性路径明确证明标准发挥社会效用的外部条件。通过配套证明机制的构建，引进适当的证明方法和证明规则，最大限度地防范司法错误，为证明标准的实施提供制度支持。同时，通过革新社会治理观念实现宏观制度语境的转换，确立疑罪从无的社会土壤，为证明标准的实施提供背景支持。

综上，后果论以社会总体福利作为裁判后果的评价标准，通过对经验后果的综合考量得出规范评价结论，避免过分依赖某种特定的先验价值预设作出判断；后果论通过数学公式的精致化表达丰富了后果评价的具体变量，基于社会效用为司法者在个案情境中把握证明尺度提供可操作的类型化标准，防止解释者陷入概念泥淖而无法自拔。这无疑大大提高了证明标准的可操作性，为司法者在事实认定的准确性与效益性之间的

---

① 某省高级人民法院 2013 年刑事二审改判和发回案件数较 2012 年增长 135%；2016 年该院刑事二审发改率达 37.1%，其中有相当一部分系一审、二审对事实证据的判断不同所致。2013 年，该省检察机关因事实不清、证据不足存疑不起诉的人数比 2011 年、2012 年的综合增长了 58.29%；2016 年存疑不起诉的人数比 2015 年增长了 2 倍多。参见江苏省人民检察院公诉二处课题组：《论诉讼制度改革背景下刑事案件证明标准的差异化》（未刊稿）。转引自秦宗文：《认罪案件证明标准层次化研究——基于证明标准结构理论的分析》，载《当代法学》2019 年第 4 期。

协调提供了实现路径,从而将证明标准从语焉不详的道德话语中解放出来,从无限递归的解释困境中拯救出来,以简洁透彻的方式为降低错判风险、实现社会福利最大化提供了可操作的思维路径。因此,在模糊概念的适用上引入经济分析的方法进行精致的后果考量,反而有利于提高法律的确定性和可操作性。

四、小结

本章以法律的经济分析为研究路径,力图证明事实认定中的真相追求无法独立于裁判后果的考量,并运用法经济学精致的数学公式试图为后果的评价与考量提供可操作的分析工具,这体现了法经济学作为一种研究方法的优势所在。法经济学作为一种后果论的精致版本,后果的可欲性和目标的可实现性是该学科所研究的核心问题。法经济学所关心的是不同法律规则所产生的不同的经济后果,根据法律目标来选择或者确定法律规则,根据行为的有效性、目的的适切度和结果的效用度等指标作为判断规则合理性的标准,以法律目标为导向来优化法律制度的设计与运行。法律的经济分析对于如何提升法律运行的效率确实具有思维优势,但是,该分析路径也具有一定限度。

首先,经济分析实际上将结果论作为道德推理的普遍方法,容易消解行为的对错问题。无论是侵权责任的认定,还是疑案裁判的处理,根据决策的后果进行利弊权衡,无疑将行为对错的判断标准完全建立在"效率"上,即有效率的行为就是对的,而无效率的行为就是错的。对于疑案裁判,即使一个案件在实体真相的认定上是错的,但是因为裁判产生了有效率的结果就被要求容忍错判的风险。从"单一所有人"的视角来看,这虽然有利于社会整体财富的最大化,但是,对于个体而言可能有失公正。

其次,经济分析将所有法律价值都纳入可度量、可评估的成本收益框架中,容易将财富或货币作为衡量法律价值的单一尺度,而违背了"价值不可通约"的哲学原理。价值作为人们所追求的某种理想状态,其可欲性本身是多元的。但是,经济分析用成本收益进行后果考量,实际上是对不同法益进行"强行定价";经济分析对不同个体的利益进行加总计算,实际上忽略了价值或效用判断的人际差别。因此,必须对经济分析的适用范围进行严格限定,即在两种情况下可以采取结果主义伦理学要求的方式对行为是否“合理”进行衡量和运算:(1)存在单一的、定义明确的目的或功能;(2)行为涉及的各种法益具有某些共同因素,可以通约或还原,即具有共同的标准或单一的尺度进行衡量。① 在语境限定的约束条件下,人类总是在从事着付出成本并给他人带来风险的行为,根据结果进行利益衡量的功利与效率原则就会为某些法律问题的解决提供有益的指南。但是,基于经济分析的利益权衡不能忽视人类社会中正义的伦理要求,必须将“共同善”作为核心价值进行维护,共同善并非仅仅意味着功利主义和效率原则,它是指能够促进共同体内所有成员的幸福(至少是兴旺的机会)的合作条件的总和。②

最后,法经济学将法律作为实现“社会福利最大化”等效用目标的手段,这不免具有沦为法律工具主义的危险,从而对法律的安定性形成冲击。法律的目标虽然是多元的,但是法律的安定性应当作为法律的首要价值。目前,主流的经济分析方法将法律作为诱因工具,以理性经济人作为逻辑起点,以数理模型达成政策目标或者验证法律运行后果,这虽然有助于在经验科学意义上观察法律实效,但是,这种研究进路将法律作为“行为科学”而非“规范科学”,这完全无益于法律规范本身的提炼,甚至会导致法律规范性的消解,法律的经济分析就无法完全替代法律的教义分析或者规范分析。事实上,教义分析与经济分析是互补的。正如对“排除合理怀疑”的经济分析,因为该概念无法通过法律解释进行清晰界定,教义分析在模糊概念的解释上往往是乏力的,引入经济分析的方法反而有利于提高法律的确定性和可操作性。所以,法教义学无力之处正是经济分析发挥作用之处,这更证明了“后果考量”与法教义学并不冲突,而是法教义学的有效补充。

---

① See John Finnis, *Natural Law and Natural Rights*, Clarendon Press, 1980, p. 113.

② See John Finnis, *Natural Law and Natural Rights*, Clarendon Press, 1980, p. 165.

第五章　后果主义审判的偏差及其控制

在规范性的意义上，对结果导向的裁判技术进行理论分析或实证研究，实际上是将法官定位为"法律适用者"的角色，以公开的裁判说理活动作为研究对象，但是，这无法揭示隐藏于法官内心世界的真实动机，更无法解释制度约束条件下法官的行为逻辑。在描述性的意义上，法官是在具体制度情境中的行动者，后果主义审判是法官基于裁判后果的认知而进行的司法决策过程，法官对裁判后果的认知情况将会影响法官如何作出决策。但是，受到认知情境和主体因素的影响，法官对裁判后果的认知往往会出现偏差；受制度条件的约束和个体目标的驱动，法官为实现其所偏好后果就会采取策略行为。无论是在理论上还是在实践中，后果主义审判都存在偏差的可能，从而偏离依法裁判和正当裁判的基本目标。为此，本章将立足描述性的研究立场，以认知心理学和法官行为理论为分析视角，将法官定位为"制度行动者"的角色，分析影响法官认知裁判后果的情境因素和主体因素，研究法官在后果判断中的认知偏差与行为策略，为后果主义审判的偏差提供相应的防范对策。

一、后果主义审判的困境

作为一种裁判思维，后果主义审判以追求合理的裁判结果为旨归，形成了对法条主义和形式主义的超越，防止了法律适用的僵化，但是，后果主义审判又因“后果”的不确定而存在恣意司法的风险，这导致其容易陷入一系列理论和实践中的陷阱。

（一）法律工具主义的危险

后果主义对裁判功能性角色的过度强调，会使法律沦为实现某种目标的工具性手段，这容易陷入法律工具主义的窠臼。如果将裁判所追求的目标作为独立于法律本身的外在价值，那么，就只强调了法律的工具性价值而忽略了其目标性价值，仅仅将法律作为达到某种目标的工具而无视法律本身的意义。从概念分析的角度来看，我们说某一事物 X 是有价值的，当且仅当事物 X 的存在是为了实现和满足目标 Y，这说明事物 X 只具备工具属性，且具有可替代性。如果我们说某事物 X 是工具性的，说明它能够满足 Y_1、Y_2 等不同的目标，但不存在某一目标必然具备优势的恒定结果，那么，对该事物工具性价值的判断往往因目标的多元性而陷入个人偏好的随意性。因此，在结果导向的司法裁判中，如果片面地强调法律的工具性价值，法律就会沦为一种可替代的治理手段而影响法律的权威性，司法裁判因目标的多元性而不可避免地具有随意性。这导致在后果考量的过程中，法官超越甚至背离了法律的规范性约束，为了达致某一目标而选择性地适用法律，策略性地解释法律，甚至在“解释”的名义之下创造法律，从而使法律沦为达致特定目标的工具。为此，美国法学家塔玛纳哈忧心忡忡地指出，结果导向的司法裁判滋生了工具主义的法治观念，这导致高级法的坍塌、公共利益的堕落、形成对合法性的威胁，从而最终破坏甚至瓦解着法治。①

首先，后果主义审判对法律功能性角色的片面强调，一味追求所谓的

---

① 参见［美］布莱恩·Z. 塔玛纳哈：《法律工具主义：对法治的危害》，陈虎、杨洁译，北京大学出版社 2016 年版，第 304～347 页。

"社会效果"会松动"依法裁判"的要求,从而会刺激公众的机会型诉讼。司法的功能在于定分止争,但是,这一功能性的目标必须立基于法律权威性价值的维护,因为"息讼"的终极目标从根本上是由法律的权威性来保障的。若"依法裁判"的底线要求被松动,完全以社会效果为导向来定分止争,则会导致裁判中仅以"息讼"为目标的"和稀泥"现象;在人与制度的互动博弈中,人们为了实现自身利益的最大化,则有投机者为了实现不当利益进行"健讼",反而与裁判者"息讼"的预期目标背道而驰。因此,过度强调息讼服判的社会效果,片面追求法律的手段性价值,虽能"止讼于一时",但会因人们的自利性和投机性导致无休止的"健讼"现象。在苏力看来,强调法律的权威性与对法律手段价值的效用主义论证之间并不矛盾,他用"海瑞命题"对其进行了公理化的表达:始终如一地依法公正裁判会减少机会型诉讼。① 所以,后果主义审判所造成的法律工具主义偏差,会释放一种不当的激励信号:"会哭的孩子有糖吃",或者是,谁闹得越大,裁判就越倾向于谁。这必然会助长普通公众的机会型诉讼,甚至会造成无休止的"缠讼"现象,从而形成司法资源的巨大浪费。

长期以来,中国司法政策中的"社会效果"被赋予息诉服判、维持稳定、回应民意、服务经济等过多的内涵,法官在追求社会效果的过程中背负了太多负担,这导致法官在法律效果与社会效果之间找到恰当平衡点的难度增加。部分法院为片面迎合社会需求而背离法律裁判,反而因刺激了公众的机会主义倾向并进一步损害司法的公信力而影响社会稳定,从而提高了社会管理成本而导致社会资源的浪费。正是基于此,最高人民法院已经开始主动采取降温和自控措施,在具有宣传效果的工作报告中回避社会效果的概念。

其次,后果主义审判若将法律降低为实现某种目标或结果的工具,这同样会激励法官的机会主义行为,导致部分法官在裁判中实施"策略型司法",通过行为策略实现法官个体的功利目标。在我国,法官的自由裁量权虽受到制度上的约束,但是,后果主义的裁判往往隐性地存在于法官的

① 参见苏力:《"海瑞定理"的经济学解读》,载《中国社会科学》2006 年第 6 期。

思维活动中。法官作为“理性人”,在制度约束条件下,为最大化自身目标而进行着“趋利避害”的理性选择行为,法官自利性的动机就不可避免地隐藏在司法决策过程中,这导致部分法官在裁判中追求对自己最为有利、安全而非符合社会功利的裁判结果。

再次,后果主义审判主张“以后果来证成意义”,法官以面向未来的姿态通过探索裁判的效果进行司法决策,通过司法裁判的形式制定公共政策,在某种程度上会形成司法权的整体扩张而带来司法权僭越的危险,从而消解立法者乃至法律的权威。在权力分立的宪法体制下,法律解释在一定程度上具有界分国家权力的功能,为维护法律的至上性和立法机构的权威性,法官以保守的姿态解释法律,以追寻立法原意作为解释目标,这是宪制赋予法官的政治角色而非仅仅认识论意义上的智识要求。因此,法官若以探求“解释之效”来放弃对“解释之真”的追求,则会导致法官以后果之名来行“法官造法”之实,从而会导致权力分立体制的结构性坍塌。因此,在西方的宪制语境下,司法后果主义未必会带来好的后果,而可能形成对权力分立宪法体制和规则之治的实质性威胁。①

最后,后果主义审判所形成的法律工具主义危险,最终将表现为法律信仰的普遍沦丧。法律信仰作为高级的法律意识形态,不仅存在于一个国家或民族的法律文化传统中,更存在于现行法律制度的运行之中。法律信仰作为群体性、民族性的法律意识形态,需要经历漫长的时间逐渐养成,这离不开日常的法律生活,更需要通过“依法裁判”来实现司法公信力的日常打造。但是,后果主义审判所形成的工具主义偏差,会直接影响司法的公信力,甚至损害法律的权威性,从而根本无法唤起人们对法律的忠诚,导致法律信仰的普遍沦丧。

中国存在深厚的法律工具主义的文化传统。在中国法律文化的旧传统中,“德主刑辅”的观念盛行,法律一直被当作辅助道德教化的工具来对待;在中国法律文化的新传统中,法律则被作为阶级统治的工具对待。

---

① See Donald L. Drakeman, *Consequentialism and the Limits of Interpretation: Do the Ends Justify the Meanings?*, Jurisprudence, Vol. 9:2, p. 300 – 318(2018).

在中国法治现代化的进程中,自上而下的法律发展道路和由外而内的法律吸收借鉴路径形成了法律工具主义的“新型语境”,即法律或法治被赋予民族复兴、大国崛起的重大使命。在社会转型时期,司法裁判被赋予“案结事了”“社会和谐”“解决问题”等历史任务,在法律工具主义理念的导向下,中国的司法哲学在走向实用主义的能动司法论,这造成了法律人思维中的“规范隐退”。[①] 在司法审判中如果不坚守“依法裁判”的底线,任凭以社会效果之名损害法律的安定性,必然会导致法律的权威性失落,加剧法律信仰的坍塌。因此,唯有对后果主义审判进行规范性的约束,协调法律权威性和裁判妥当性的目标,才能逐渐在裁判实践中形成对法律的信任和忠诚。

(二)社会效果论的异化

后果主义审判为何出现“社会效果论”的异化,或者说,法律效果为何难以抵挡“社会效果论”的魅惑,具有十分深刻的理论背景。

首先,在法哲学意义上,形式法治与实质法治的分离导致了法律效果与社会效果的对立。法律的安定性为限制公权和保障私权提供了最基本的保障,形式法治成为一种最低限度的法治形态。但是,对形式法治的严格捍卫容易导致法治思维的僵化。尤其是在社会转型过程中,重大的社会关系发生变动,社会利益格局面临重塑与整合,这导致法律内部的各种价值发生冲突,安定性的法律难以适应变动性的社会。在这样的背景下,实质法治观念兴起,其目的是通过实质性的价值衡量实现法律内部的价值协调,通过法官的自由裁量使法律发展适应社会的变动。

“社会效果论”正是在实质法治观念的理论背景下提出来的,但是,在实质法治观念的传播和实施过程中,对实质法治的片面强调导致形式法治难以抵挡社会效果论的魅惑,从而产生社会效果论的异化和法律安定性价值的严重贬损。在司法实践中,实质思维往往更容易支配法律人的行动,因为司法作为社会关系的调整手段,并不是在真空中进行的,对司法的社会效果评价不可避免。在这样的背景下,“法律效果与社会效果

---

① 参见陈金钊:《法律人思维中的规范隐退》,载《中国法学》2012 年第 1 期。

的统一”往往在现实操作中难以实现,法律效果与社会效果逐渐分离,甚至法律效果被社会效果所严重异化。因此,在实践中更应当时刻警惕社会效果论的限度,不能为追求社会效果而以损害法律的安定性和权威性为代价。“法律规范的法律效果实现是取得社会效果的前提条件,如果未取得良好的法律效果,则意味着法律规范无法实现,但如果法律没能从纸面上走到现实当中,那么法律的社会效果也无从谈起。”①

其次,在裁判哲学意义上,“依法裁判”与“正当裁判”作为法官的裁判目标往往难以协调,这导致裁判“正确性”和“正当性”的标准不够明晰,经过法律推理所形成的裁判结论未必能产生好的社会效果。为追求裁判后果的可欲性,结果导向的司法裁判容易走向以结果的评判、问题的解决作为最后的落脚点,这将导致后果主义审判成为一种没有明确“法治宣称”的裁判哲学,而是通过诉诸模糊的“社会效果良好”等标准为裁判的正当性进行论证,从而使后果主义审判背离了“依法裁判”的基本要求。

最后,在裁判方法论意义上,“法律效果与社会效果的统一论”并未提出系统的后果预测与后果评价的裁判方法,因片面强调实质正义而导致法律效果最终为社会效果所取代。随着实质正义理念的兴起,裁判的妥当性成为法学方法论的理论目标,实质合理的裁判后果更为法律人所看重。但是,长期以来,结果导向的裁判思维仅仅作为一种逆向的认知过程来对待,裁判理论在“法官应当如何根据后果来证成裁判”的问题上缺乏理论建树,这导致裁判理论在社会效果的判断问题上缺乏明确标准,在法律效果与社会效果的协调问题上,也无法为法官提供可操作的思维路径,从而后果主义审判一直被视作一种“不可言说”的无言之知或裁判艺术。正如季卫东所说,实质正义观念往往委以“无形之势”,这个“势”本身没有明确的方法、规则与程序,要求法官在有形的法律与无形的“势”之间艺术地进行处理,讲究政治效果与社会效果,一切都委诸法官临机应

---

① 洪良友:《论司法的社会效果——由张明宝案引发的思考》,载《成都理工大学学报(社会科学版)》2010 年第 3 期。

变的自由裁量权。[①] 若将法律效果与社会效果的统一寄托于不可言传的“裁判艺术”，法官的自由裁量权势必缺乏有效约束，法律效果就很容易被法外的现实因素所魅惑，这不仅会严重冲击形式正义，而且会动摇法治的基石，使法治大厦岌岌可危。事实上，“法律效果与社会效果的统一”仅仅是形式正义与实质正义相协调的“理想司法图景”，在真实的司法裁判中，法官就像“钢丝上的舞者”在两者之间左右摆动。为此，不能使“法律效果与社会效果的统一”沦为肤浅的政治动员和口号宣传，应当从宏大叙事的政治话语中解脱出来而致力于裁判技术的微观论证，发展并完善后果主义审判的方法论。

因此，后果主义审判要走出法律工具主义和社会效果论的理论陷阱，必须深入研究法官的认知思维规律从而规范法官对裁判后果的认知活动，深入剖析制度环境下法官的行为逻辑从而防范法官为追求偏好后果而采取策略行为，这需要从法官的认知机制和行为逻辑上分析造成后果主义审判偏差的形成原因，从而为结果导向的偏差防控提供对策。

二、裁判后果的认知偏差

从认知心理学的视角来看，后果主义审判是一个法官对裁判后果进行认知并决策的心理过程，法官的决策偏差往往来自其认知偏差。对于判断何种后果是可欲的，这往往会受到法官“前理解”的影响。正如波斯纳所指出的：“由于塑造法官前理解并因此塑造他对论证和论据之回应的个人背景、气质、训练、经验和意识形态不同，不同法官对后果权衡也会不同，并且，基于同样的上述理由，不同法官看到的后果也不同。”[②]因此，就有必要从分析法官决策的认知机制入手，研究影响法官对裁判后果产生认知偏差的情境性因素和主体性因素，从而对裁判后果的认知偏差进行认知心理学意义上的阐释。

---

① 参见江平、季卫东：《对谈：现代法治的精神》，载《交大法学》2010 年第 1 期。

② ［美］理查德·A. 波斯纳：《法官如何思考》，苏力译，北京大学出版社 2009 年版，第 226 页。

(一)法官决策的认知机制

根据后果主义的裁判立场,法官的裁判过程并非只是从封闭的法律体系中进行的"自上而下"的推论过程,而是在开放的裁判后果中选择最优结论的决策过程,这样,法官的裁判就不仅是解释和判断的过程,而是在不确定的备选方案之间进行决策的认知过程。那么,在不确定的状态下,法官决策到底是如何发生的?对此,法律形式主义将裁判过程作为逻辑推理的理性分析过程,而法律现实主义则将之作为通过直觉进行的主观判断过程,法律理论中的泛泛之争缺乏对裁判思维机制的实证分析,这让我们陷入非此即彼的二元思维而无所适从。由于法律现实主义缺乏对"直觉""法感觉"等心理学概念的精细界定,给司法裁判抹上非理性主义的神秘色彩,这反而更不利于我们打开法官思维的"心理黑箱"。对此,认知心理学则通过科学实验的方式揭示了法官决策的认知机制,这对于法律"边缘地带"的法官决策就更具解释力,其中,双重加工理论模型有利于明晰"理性—分析"与"经验—直觉"这两种认知机制的内在关系,这为裁判后果的认知偏差问题提供了分析路径。

在认知心理学看来,人类实际上拥有两种信息处理系统:一种是"理性—分析"的信息加工系统,在这一过程中,人们能够理智地对待问题、运用概念、识别规则,能有意识地解决问题,并能清楚地察觉和表达自己如何处理问题;不过,该系统的运行依赖工作记忆的参与,因此需要占用较多心理资源,表现出加工速度慢,但不易受无关信息、刻板印象等因素影响的特点。[①] 该信息加工模式又被称为"反思加工"模式,这种加工模式是审慎的、控制的、序列化的和分析式的。反思加工模式能够有意识地使用符号表征,基于规则进行推理,并发展来自意识思维的符号规则。[②] 另一种是"经验—直觉"的信息加工系统,在这一过程中,信息以非连续的

---

① See Wim De Neys, *Bias and Conflict: A Case for Logical Intuitions*, Perspectives on Psychological Science, Vol. 7:1, p. 34 (2012).

② See Smith, E. R. & DeCoster J., *Dual-Process Models in Social and Cognitive Psychology: Conceptual Integration and Links to Underlying Memory Systems*, Personality and Social Psychology Review, Vol. 4:2, p. 108 – 131 (2000).

整体方式处理,不受制于意识的参与,所以只需占用较少心理资源,表现为加工自动化、速度快捷等特点,但容易受到个体知识经验的影响从而出现信念偏差。[①] 这种信息加工模式又被称为“联想加工”模式,这种加工模式是快速的、自动的、平行化的和启发式的。该信息加工系统往往不依赖于逻辑加工,通过对记忆的强烈激活而进行直觉反应,从而会出现非理性地判断,但能够自动对环境特征进行识别,促进信息和知识的同构化,本质上是一种模式化的完成机制。[②]

在决策过程中,两类信息加工系统是互相支持、互相调适的,往往交互作用。快速的、直觉型的——因而也是优先启动的——思维系统一,持续给予思维系统二以印象、意向和感觉性建议,而通常情况下思维系统二也会采纳思维系统一的建议,或仅仅作出细微调整;当思维系统一的运行遇到阻碍时,便会向思维系统二寻求支持,请求思维系统二给出更为详细和特定的处理方式。[③] 因此,“联想加工”与“反思加工”呈现序列加工的关系,即在推理过程中,直觉往往被先行激活而产生默认反应;若“反思加工”模型对该默认反应不做干预,则默认反应即为认知结果;若“反思加工”对默认反应做出干预,则“联想加工”所产生的认知结果就会被调整或者取代。认知偏差的产生往往是因为“反思加工”的干预不足,导致认知行为受直觉加工所控制,而反思加工是否介入干预则与时间压力、认知倾向和任务要求等主体因素和情境因素密切相关。

后果主义审判往往采取“结论先行,理由跟进”的思维机制,即法官先对裁判后果进行认知再据之选择正当化裁判结论的理由,这一思维机制实际上是“经验—直觉”与“理性—分析”并行的双重加工过程。在法官决策的认知机制上,后果主义审判与认知心理学可谓不谋而合。认知

---

① 参见杨群、邱江、张庆林:《演绎推理的认知和脑机制研究述评》,载《心理科学》2009年第3期。

② See Smith, E. R, & DeCoster, J. , *Assocaitive and Rule-based processing: A Connectionist Interpretation of Dual-process Models*, in S. Chaiken and Y. Trope eds. , Dual Process Therories in Social Psychology, Guilford Press, 1999, p. 323 – 336.

③ 参见[美]康纳曼:《快思慢想》,洪兰译,台北,天下远见出版股份有限公司2012年版,第44页。

心理学通过实验说明,“实际司法的情形可能是,直觉起着先行作用,后面紧跟着‘理性—分析’系统,或者是验证,或者是监控。”[①]或者说,结果导向的逆向裁判思维实际上是对双重加工理论的简化适用,即法官首先凭借经验或直觉,运用启发式的认知框架和思维工具对裁判结果做出一定判断,然后根据裁判结果进行深入思考,寻找证立裁判结果的理由,展开解释、分析和推理,并对裁判结果的判断进行检验。

在结果导向的司法决策中,这一双重加工过程实际上体现了法的发现与证立的二分。阿列克西特别指出,“发现的过程与证立的过程应当加以区别。虽然后者会影响到前者,但在法律论证理论中主要关心的当然是证立的过程,而非发现的过程”[②]。在司法决策过程中,法官依赖“经验—直觉”信息加工系统发现裁判结果,依赖“理性—分析”的信息加工系统证立裁判结果。前者作为“法的发现”属于心理学的任务,而后者作为“法的证立”则属于逻辑学、论证理论的研究范畴。

根据双重加工理论,在法官决策的过程中,直觉对于裁判结果的发现起着关键性作用,并通过一种快速加工的方式进行信息处理,这有利于提升法官决策的效率;而理性分析则对裁判后果的预判进行深度分析,并对预判结果进行校验,通过缓慢的慎思方式进行,这有利于提高法官决策的准确性。因此,一种理想的法官决策模式应当是两种信息处理系统有效协调,从而兼顾决策的效率性和准确性,而裁判后果的认知偏差则在于两种信息加工系统的失调,这导致法官通过直觉判断形成认知偏差,并无法得到“理性—分析”系统的有效校验和控制。

(二)认知偏差的形成因素

双重加工理论模型说明了直觉在发现裁判结果中的重要功能,这一学理上的分析往往能够在经验意义上得以验证。现实主义法学的代表人物哈钦森大法官曾这样描述他的审判经验,在细察自己调来的所有案卷

① Kenneth S. Bowers et al., *Intuition in the Context of Discovery*, Cognitive Psychology, Vol. 22:1, p. 95 (1990).

② [德]罗伯特·阿列克西:《法律论证理论:作为法律证立理论的理性论辩理论》,舒国滢译,中国法制出版社2002年版,第284页。

资料后，他反复对其进行思考，运用自己的想象力，详细审查案由，并等待直觉和预感——洞察力的直觉闪现，如灵光驿动般在问题和判决之间架起了桥梁，并在道路最为暗黑的地方，沿途为司法脚步撒下了光芒。[①] 在哈钦森看来，直觉作为隐藏在法官思维中的“潜在意识”或者“想象力”，能够自动地帮助法官建立前提与结论之间的关系，这比较形象地说明了直觉在司法裁判中的功能，但是，他并未清晰地说明直觉发挥作用的心理机制。

根据认知心理学的研究成果，在裁判结果的发现过程中，存在启发型直觉和专业型直觉两种直觉形式。[②] 所谓启发型直觉，是指法官凭借其对最初信息的感性判断推进其决策过程，在信息不充分的条件下，法官往往倾向于通过启发型直觉进行决策，这一类直觉来自法官的感性认识而非职业经验，从而容易出现认知偏差。在司法决策过程中，法官往往凭借有限的证据信息和导向性的当事人陈述来推进其对案件的判断和理解，法官个人的生活常识、对行为意义的理解、对语词的理解、对当事人的情感态度等都会融入对案件事实的建构之中。在案件事实的“故事建构”中，启发型直觉对法官的事实认定往往会产生重要影响，从而法官的个人情感因素、经验因素会影响着法官对“案件故事”的理解，并进一步会影响法官进行法律发现的方向，甚至会导致法官运用证据对案件事实进行人为“加工”。

所谓专业化直觉，是指法官通过长期的专业技能训练和裁判经验积累而形成的“法感觉”，反复和熟练的工作使法官的法律推理出现“逻辑自动化”，使法官在裁判中能够迅速发现法律推理的线索并得出结论，从而大大降低了决策的心理资源。“法感觉”作为一种专业化直觉，是建立在法官的技艺理性基础之上的，实际上是法官正义感的经验表达，但是，这并不意味着“法感觉”不会出现认知偏差。裁判者的“法感觉”往往是

---

① See Joseph C. Hutcheson, *The Judgment Intuitive: The Function of The "Hunch" in Judicial Decision*, Cornell Law Quarterly, Vol. 14:3, p. 278 (1929).

② 李安将结论发现中的直觉分类为联想型直觉、锚定启发型直觉和逻辑自动化型直觉。参见李安：《司法过程的直觉及其偏差控制》，载《中国社会科学》2013 年第 5 期。

其个体化的价值判断和经验判断,必须获得法律规范的有力支持才能得以正当化;“法感觉”往往隐藏在案件裁判之中,形成对案件结果的预判。因此,“法感觉”既是隐晦的,又是危险的,容易带来司法的恣意,必须经受法教义学的检验和控制。[①]

在法官决策中,直觉是基于经验进行的无意识的快速反应,通过直觉判断虽能快速得出结论而提升决策效率,但是容易造成认知偏差。大致来说,在裁判结果的认知上,存在下面两种形式的偏差。

1. 锚定效应形成的认知偏差

所谓锚定效应,是人们在决策中容易被第一印象所支配,不自觉地给予初始信息过多的重视,从而导致判断与决策的结果或目标值向初始信息或初始值接近而产生的认知偏差现象。在法官决策中,锚定效应是一种先入为主的认知偏差,法官的生活经验、职业经验、价值观念等主体性因素均会作为“司法潜见”影响着“锚位值”,法官会根据“锚位值”来估测裁判结果,从而使裁判结果趋近于法官预先设定的“锚位值”。认知心理学的研究发现,在锚定效应中,存在两种认知偏差行为:趋近锚点和远离锚点。前者是标准的锚定偏差,估测结果会向特定的锚位值靠拢;而后者是非标准的锚定偏差,锚点的影响反而会使估测结果远离特定的锚位值。[②] 在“彭宇案”中,法官对案件事实的认知就受到锚定效应的影响,法官错误地运用了经验法则而产生了前见偏差。法官在该案中设定了这样的“锚位值”:人的本性是自私自利的,在事故发生后,当事人首先想到的是如何保护自己而非如何帮助别人。受锚定效应的影响,法官所估测的裁判结果趋近于该“锚位值”,这导致法官在裁判说理中严重违背了逻辑法则而作出错误的事实认定。在司法决策中,法官想极力回避的后果也有可能是法官预先设定的“锚位值”,这会导致法官的估测结果远离“锚位值”。在侵权赔偿诉讼中,原告起诉的金额会形成特定的“锚位值”,法官在裁判中有可能选择抗拒,刻意降低损害赔偿金额,朝着有利于被告的

---

① 参见赵希:《德国司法裁判中的“法感情”理论——以米夏埃尔·比勒的法感情理论为核心》,载《比较法研究》2017 年第 3 期。

② 参见杨彪:《司法认知偏差与量化裁判中的锚定效应》,载《中国法学》2017 年第 6 期。

方向作出裁判。[①]

2. 结果效应形成的认知偏差

所谓结果效应,是发生在决策评估中的一种偏差式判断,即决策结果与决策质量不存在实质性联系时,评估者仍根据结果信息评估决策质量。[②] 结果效应属于人们在决策中普遍的认知偏差,人们往往以结果的好坏来评估决策的质量,这种心理预期符合人们趋利避害的本性。在疑难案件的司法决策中,法官可能一开始会怀疑自己的裁判是否正确,但是,裁判结果一旦确定法官就会十分笃定自己决策的正确性,这是符合人类本性的"自我保护的心理学"。[③] 出于自我保护的心理,当法官根据不相关的结果信息对决策做出评价时,其决策就会出现认知偏差。比如,法官所承办案件的上诉率会影响其工作业绩的考核,法官往往会根据案件裁判后当事人上诉的可能性来对其决策质量做出评估,这一结果信息事实上只与法官个人利益相关,而与案件本身的决策质量并无关系。因为,当事人提出上诉并不意味着法官的决策出现错误,当事人提出上诉是其行使诉权的表现,这是诉讼程序的应有之义。

另外,受"结果偏差"影响的人,不仅会在评价决策之好坏时,将决策作出之后出现的结果作为评价根据,还会对之前收集到的能够支持既定结果的证据给予更多关注和加工,并认为这些证据很有说服力。[④] 在司法决策中,法官为了追求某种既定结果,就会在法律发现中对法律进行选择性适用,从而强化支持某一裁判结果的论据。在事实认定中,法官就会对支持某一裁判结果的证据进行过度关注和人为加工,从而作出具有倾向性的裁判结论。在法律解释中,"结果偏差"则会导致法官高估某种法律解释方法的正确性,并不恰当地要求其他法官对该解释方法应该具有同样的期望;受这种认知偏差的影响,法官会根据其所笃定的结果优先选

① See Shari Seidman & Marry R. Rose et al. , *Damage Anchors on Real Juries*, Journal of Empirical Legal Studies, Vol. 8, p. 148 – 178(2011).

② 参见相鹏等:《决策评估中的结果偏差》,载《心理科学进展》2013 年第 8 期。

③ See Alexander I, *Platt. Debiasing Statutory Interpretation*, Ohio North University Law Review, Vol. 39, p. 275 (2012).

④ 参见相鹏等:《决策评估中的结果偏差》,载《心理科学进展》2013 年第 8 期。

择某种解释规则，从而会形成法官进行法律解释的思维惯性或者路径依赖。

任何决策都是在特定的情境中作出的，情境性因素从而会影响决策活动中的认知偏差。对于法官决策而言，情境性因素除了法官作出司法决策的制度环境之外，还包括与裁判活动相关的政治、经济、文化等一切法外因素。在理想意义上，法官应当独立裁判，不受法外因素的干扰；但法官的决策并非在真空环境下进行，影响法官作出决策的情境性因素十分复杂，甚至会强化法官在裁判后果认知上的偏差。实验证明，当法官在不受干扰的实验环境中裁判影响性案件时，公众意见对案件结论几乎不产生影响，对相关决策理由的激励或抑制效果也不明显。① 但是，实验环境下的法官决策并不同于真实世界的法官决策。在现阶段，我国的法官不仅仅肩负着司法裁判的任务，还承担着行政工作和党务工作；法院不仅仅被作为定分止争的司法机构，还被赋予"保稳定""促增长"等参与社会治理的使命，这导致法官在决策中会考量风险规避和压力缓解，从而情境性因素强化了法官的认知偏差。

首先，过重的工作负荷会影响法官决策的思维机制，出于提升决策效率的需要，"直觉—经验"的信息加工系统在法官的认知思维中就更占优势，在工作量考核和结案压力下，部分法官会倾向于借助经验直觉做出判断，导致在决策中出现经验直觉主导下的模式化作业。在快速作业的司法决策过程中，"直觉—经验"信息处理系统容易脱离"理性—分析"信息处理系统的控制，从而出现信念上的认知偏差。超负荷工作会使部分法官在决策过程中批判性评价能力降低，导致"理性—分析"信息处理系统对直觉预判结果的检控失效，从而导致司法决策的失误。在认知心理学看来，获取全面信息是减少认知偏差影响的重要前提，而工作量过度负荷还会导致部分法官为提高决策效率产生不当的信息过滤，从而会强化认知偏差对司法决策的不当影响。②

---

① 参见陈林林：《公众意见影响法官决策的理论和实验分析》，载《法学研究》2018 年第 1 期。

② 参见黄士元：《刑事错案形成的心理原因》，载《法学研究》2014 年第 3 期。

其次,外界评价而带来的职业风险和决策压力会导致认知偏差出现强化和升级。“压力和风险的增大,会进一步刺激锚定效应的升级,使部分法官在权衡可欲判决结果的时候,更加看重法外因素。”①由外界评价所形成的决策压力会形成“外生锚点”,公众意见、道德情感、当事人境遇等均会作为情境性因素影响法官对裁判结果的认知偏差,导致部分法官为了迎合琢磨不定的社会评价,作出错误的司法决策。尤其是在某些案件中,案情被媒体过度曝光,案件中的主题元素因被公众普遍关注而被强化,这些“外生锚点”会影响部分法官对裁判后果的认知,使其无法对案件进行理性地预测、分析和评价,导致其估测结果趋近于外部影响而生成的“锚位值”。有学者研究发现,在某些案件中,身份地位、社会民生、道德底线、公德困境等主题元素因被民意所强化,会对法官的决策形成外部压力而影响司法裁判。② 这些主题元素实际上是法官在认知情境中形成的“外生锚点”,受锚定效应的影响和情境因素的强化,法官在决策中会因估测结果趋向于“外生锚点”而导致认知偏差,从而出现迎合民意的不公正裁判。

最后,法院内部管理中的制度激励强化法官认知的结果效应导致司法决策的“偏差式判断”。在当前法院管理制度下,法官决策的质量和数量通过考核指标进行评估,法官因错误决策而产生的责任通过错案追究制度予以惩罚,这导致司法决策的目标与法官决策的利害结果掺杂在一起,从而使决策利益内化为法官作出决策的“潜见”影响着决策结果。在“结果偏差”的影响下,法律因素和证据因素影响决策结果的能力会被弱化,而因决策所产生的利害关系作为影响法官认知的潜在因素则被强化,这导致法官倾向于对自己有利的结论,而不倾向于通过严谨法律推理而产生的正确的结论。

综上,裁判后果的认知偏差是后果主义审判出现偏差的主观因素,虽然法官对自身认知偏差的内在调适会减少司法决策的失误,但是,决策的

① 杨彪:《司法认知偏差与量化裁判中的锚定效应》,载《中国法学》2017 年第 6 期。

② 参见孙笑侠:《公案的民意、主题与信息对称》,载《中国法学》2010 年第 3 期。

风险考量会强化法官的认知偏差,因此,必须通过制度改革优化决策环境来降低认知偏差对后果主义审判的不良影响。

三、功利取向的行为偏差

在应然意义上,司法决策应当追求最优的裁判后果,这一后果要达到“合法性”的要求,还需经受“正当性”的检验,并具有“可欲性”而为社会所接受。应然意义上的后果评判标准实际上是以“超然”的法官人性预设和理想的职业角色期待作为逻辑前提的,这一人性预设对法官抱以极大的信任,坚信法官能够超越案件裁判的利益格局作出公正的司法裁判;这一人性预设对法官赋予理想人格的角色期待,相信法官不仅仅具有超凡的裁判技艺,还具有高尚的道德信念。但是,在制度约束条件下,真实世界的法官是处于具体制度下的理性个体,而具体制度往往是众多变量的均衡,从经验的意义上观察,某一变量的细微变化都会影响法官的决策。尽管在规范的意义上,法官应当是“依法裁判”和“正当裁判”的判断主体,但是,在经验意义上,无论是规范教义还是法理学说,这仅仅是影响法官决策的具体变量之一,法官作为理性主体会根据自身的利害判断,选择遵循对他们有利的规范,作出对他们有利的解释或论证。在具体的审判管理制度下,司法决策的质量受到管理制度的评价,司法决策的后果关系到法官的切身利益,法官对自身利益的认知势必影响对司法决策后果的判断。在制度激励下,法官在司法决策中会努力追求对自己有利的后果,极力回避对自己不利的后果,从而导致司法决策中的行为偏差。因此,为防范法官在司法决策中片面追求对自己有利的后果,有必要实现研究视角从规范立场到经验立场的转换,逻辑起点从理想人格预设到理性人预设的转换。

(一)法官的角色期待与效用考量

法官如何作出决策?对于这一问题的回答实际上关系到法官的角色期待问题。事实上,法官的实际角色和恰当角色究竟如何的问题一直占据了法理学舞台的中心:法官有什么激励和限制,在裁量与遵从之间以及在创造性与服从性之间他应如何追求保持平衡,伟大司法判决的条件是什么[①]。这些构成了裁判法理学的核心问题，且均离不开对法官角色的认知或预设。法条主义的司法决策理论预设法官具备完备的逻辑理性能力，而将其刻画为“自动售货机”的刻板司法形象，这完全忽略了法官的人性因素和制度因素。正如苏力所说，“法官首先不是自动售货机，是而且必须是有利益追求、兴趣爱好、性格特点和能动性的人，他们在司法中不可能仅仅消极适用法律，即使他们声称如此。其次，尽管法官独立，但法官仍然受制于具体的司法制度；由于各国的制度约束不同，法官的司法行为也一定不同”[②]。这一粗陋的法官人性预设因不符合真实世界中的法官角色，已经为法律理论所普遍抛弃。为确保法官决策能够兼顾“依法裁判”与“正当裁判”的目标，法律理论和法律制度一般在“智识性”与“伦理性”方面对法官予以应然意义的角色期待。

在智识性方面，法官须具备将案件事实归摄于法律规范的法律推理能力，这对法官的裁判技能提出了一定要求，并迎合了法官从事裁判事业的“智识性动机”。法官是运用一定法律专业知识，挖掘并运用自身智力资源来解决社会问题的职业共同体。在运用“技艺理性”从事审判事业的过程中，法官能够通过专注学习提升其裁判技能，通过不断积累裁判经验丰富自身智力资源，并满足自我实现的心理需求，从而获得一定的“智识性愉悦”。因此，根据法官“智识性”的心理动机，理想的审判制度应当赋予法官自主性和能动性，为法官创造相对宽松的制度环境，利于法官发挥专业技能，激励法官在疑难案件中进行知识创新，从而使法官“智识性”的心理需求获得极大满足，进而促进法官决策质量的提升。

在伦理性方面，为确保法官“正当裁判”，法律职业制度要求法官具备高尚的道德良知和责任意识，并恪守特定的职业伦理。法官的职业道德素质的确关系到司法决策的质量，如学者史尚宽所言，“虽有完美的保障审判独立之制度，有彻底的法学之研究，然若受外界之引诱，物欲之蒙

① 参见[美]理查德·A.波斯纳：《超越法律》，苏力译，中国政法大学出版社2001年版，第126页。

② 苏力：《经验地理解法官的思维和行为——波斯纳〈法官如何思考〉译后》，载《北方法学》2009年第1期。

蔽,舞文弄墨、徇私枉法,则反而以其法学知识作为其作奸犯科之工具,犹如为虎附翼,助纣为虐,是以法学修养虽为切要,而品格修养尤为重要"①。因为,法官决策的过程并非法律涵摄事实的逻辑推理过程,而是在复杂的利益冲突中进行利益权衡和价值判断的过程,法官个体化的道德信念将潜移默化地渗透在司法决策的过程中。在德沃金的整体性裁判理论中,法律推理被视为是一个顾盼过去并且面向未来的"建构性解释"过程,法官凭借其政治道德信念识别并建构适合于个案的法律原则,政治道德对于司法裁判的作出具有支配性作用。在疑难案件中,这要求法官通过法律制度蕴含的公平、正义等政治道德的理解来权衡抉择,从而证立裁判的"唯一正解"。"法官的决定不仅将反映出他对于正义和公平的观点,而且还会反映出他的更高层次的信念,那就是这些理想在相互抵触时应如何妥协。"②为确保法官作出法律上正确、道德上正当的裁判,这要求法官不仅仅具有高超的法律推理能力,还必须具备理想超然的政治道德。因此,在德沃金的审判理论中,理想法官被刻画为像赫拉克利特一样的"孤胆英雄"。

法律职业制度在智识性和伦理性方面对法官提出近乎完美的人性要求和理想的角色期待,这完全忽视了真实世界中的法官人性,忽略了法官作为与制度和社会互动的行动者角色。理想的人性预设并不利于我们理解法官的决策行为,也不利于我们建立合乎法官人性的司法决策环境。"提出并赞美一个概念上的法官,然后激励和要求担任法官的人去实践这个概念;这是一种'压抑人性'的道德规范模式,一种不可能实践的模式,或者说只是一种关于法官和司法的意识形态。"③因为,应然的角色期待并不符合实然的制度逻辑。新制度主义理论已经证明,人的行为会受到制度环境的约束和激励,人会根据制度的要求做出趋利避害的"理性选择"。在某种意义上,法治的成败在于相关法律制度是否给予其代理人恰

---

① 史尚宽:《宪法论丛》,台北,荣泰印书馆 1973 年版,第 336 页。

② [美]R. 德沃金:《法律帝国》,李常青译,中国大百科全书出版社 1996 年版,第 228 页。

③ 苏力:《经验地理解法官的思维和行为——波斯纳〈法官如何思考〉译后》,载《北方法学》2009 年第 1 期。

当的激励,那么,法律决策的成功与否则取决于制度激励是否能够导致决策者做出正确的选择。在制度激励下,法官所追求的目标是最大化自身效用,法官效用目标与裁判公正目标的错位或冲突则会导致司法决策的偏差。

基于此,美国大法官霍姆斯曾经提出著名的"坏人"理论,在他看来,必须像"坏人"一样观察法律,才能合理地预测法律的运行。理解法律的最好方式就是站在一个坏人的立场,因为坏人不会受到道德的约束,故而可以准确测定法律的边界,并据此确定自己的行为方式。① 同理,要准确预测并合理控制法官的决策行为,同样应当将法官预设为"坏人"。唯有如此,才能合理控制效用驱动下的法官决策行为,防范因法官自利行为而带来的道德风险和制度风险。这就需要在"理性经济人"的人性预设前提下理解法官的决策行为,并根据法官的人性需求进行制度设计,从而对法官决策的行为偏差进行合理防控。②

在"经济人"的人性预设下,法官是理性选择的主体,法官会对其各种偏好或风险做出理性反应。波斯纳则进一步将法官设定为"劳动力市场参与者"的角色,会受到成本和收益的激励和约束,而这会通过货币化或非货币化的形式呈现出来。在波斯纳看来,法官并非圣人、超人,而是非常人性化的,其行为受欲望驱动,追求诸如收入、权力、名誉、尊重、自尊以及闲暇等他人同样追求的善品,因受工作条件和劳动力市场的影响。③ 法官作为劳动力市场的参与者,就会在决策中追求对自己有利或者至少能够确保其职业安全的结果。一方面,法官在司法决策中必然具有"自利

---

① See Oliver Wendell Holmes, *The Path of the Law*, Harvard Law Review, Vol. 10:8, p. 457-478(1897).

② 出于对法官的角色期待,人们在道德情感上往往很难接受"理性经济人"的概念,但经济学中的"理性人"或"经济人"概念只具有统计意义,并不具有规范意义,即经验表明法官在大多数情况下这样,而非法官应该如此。现代经济学理论对"经济人"的人性预设已经从"完备理性"修正为"有限理性",但是,这并没有否定人性中"趋利避害"的理性特征,因此,"经济人"假设对于理解法官决策行为仍具有强劲的解释力。关于经济人假设,参见[美]凯斯·R. 桑斯坦:《行为法律经济学》,涂永前、成凡、康娜译,北京大学出版社 2006 年版,第 17~19 页。

③ See Richard Posner, *How Judges Think*, Cambridge: Harvard University Press, 2008, p. 12-13.

性动机”,法官自身的个体偏好或风险厌恶会影响其决策行为,法官个体所追求的自我表现、闲暇、晋升机会、社会声誉等因素就应纳入到影响司法决策的变量之中。另一方面,法官在司法决策中的“交互性动机”值得关注,司法决策往往是在特定制度背景下的群体决策行为,法官群体内部的同僚关系和法院与其他机构之间的博弈关系均会影响司法决策的结果,合议庭的成员构成、避免异议的行为倾向、被上级法院发回或者推翻,以及被其他机构提起监督的风险厌恶等因素都应当作为影响司法决策结果的具体变量。

在“经济人”的人性预设下,法官在决策中对裁判后果的判断必然受到制度环境的影响,受正式制度或非正式制度的约束,法官的决策在人与制度的互动与博弈中完成,其决策结果势必受功利因素影响,那么,结果导向的司法决策有可能以对法官有利的结果为目标,这样,就有必要考察影响法官决策后果的制度变量。在中国的制度语境下,在法官工作时间有限的约束条件下,可将法官的工作负担分为司法性负担和非司法性负担,而这些工作负担将会作为法官业绩转化为工作效用。前者主要是法官围绕司法程序产生的工作量;后者则主要是指司法程序之外所形成的工作量,这包括课题调研、党建、普法宣传等工作。当然,职务升迁、薪金收入、社会声誉甚至是领导印象等都是法官所追求的效用,但这些影响法官效用的变量基本上为目前法院管理制度中的司法责任制度和绩效考核制度所吸收,故错案风险和绩效业绩构成了法官在司法决策中考量的基本效用。如果说错案风险代表了法官决策行为的负效用(消极功利),那么,绩效业绩则代表了法官决策行为的正效用(积极功利)。为此,根据中国审判管理中的正式制度和非正式制度,结合影响法官决策行为的两大基本变量,可以揭示法官效用与决策后果偏差之间的因果关系,可以解释法官在效用驱动下的策略行为。

(二)法官决策的消极效用及其策略行为

1998 年,最高人民法院发布《人民法院审判人员违法审判责任追究办法(试行)》和《人民法院审判纪律处分办法(试行)》(已失效)两个文件,正式将错案追究制作为法官惩戒制度。2015 年,最高人民法院又发布《关于完善人民法院司法责任制的若干意见》,进一步完善了司法责任制。在正式的司法文件中,最高人民法院将应予以"错案追究"的违法审判行为与法官违反职业伦理的违法违纪行为区分开来,将其规定为"法官在审判工作中,故意违反法律法规的,或者重大过失导致裁判错误并造成严重后果"的行为。尽管最高人民法院通过限制性条款规定了"不应予以错案追究"的情形,但是,对于何为"裁判错误",这在正式文件中并没有提出明确标准。各个地方法院往往根据自己的理解来界定错案,这导致"错案"界定的模糊化和扩大化,从而加剧了法官在判案中的错案风险,如何规避错案风险成为影响法官决策的重要因素。2020 年,最高人民法院印发《关于深化司法责任制综合配套改革的实施意见》,该意见的实施深化了错案追究制改革,明显缓解了上述困境。在追究错案责任时,不仅关注裁判结果,更强调主观故意或重大过失,以及在证据调查、程序组织等环节中是否履职,这在很大程度上弱化了"结果论"的倾向,保护了法官的独立裁判权。尽管该意见搭建了更完善的制度框架,但在实际执行中仍存在一些隐忧。

首先,错案标准的扩大化提高了法官在决策中的惩戒风险,为规避错案追究的风险,法官往往在决策中回避错案追究带来的不利后果,这极大地约束了法官在司法决策中的能动性和创造性。在法律运行的过程中,法律的不确定性会导致人们对法律出现不同的理解,证据信息的有限性会导致人们对案件事实的认识出现偏差,这属于法律解释和事实认定中的正常现象,对此,现代法治往往通过正当法律程序予以矫正。因此,在法理意义上,二审法院因对法律的理解不同而对一审判决进行改判,或者在二审程序中因出现新的证据而改判,这些情形都不应该被界定为错案。这一法理共识已经被最高人民法院的司法文件所吸收,最高人民法院《关于完善人民法院司法责任制的若干意见》第 28 条第 1、2 项明确规定,因下列情形之一,导致案件按照审判监督程序提起再审后被改判的,不得作为错案进行责任追究:(1)对法律、法规、规章、司法解释具体条文的理解和认识不一致,在专业认知范围内能够予以合理说明的;(2)对案件基本事实的判断存在争议或者疑问,根据证据规则能够予以合理说明的。但是,实践中的认识往往与理论有所出入。在地方的司法实践中,往往将“法官专业技能不足”和“法官行为失范”作为影响案件质量的因素,通过绩效考核制度和责任追究制度对法官进行奖惩,这势必导致法官在决策中趋利避害。这一制度背后实际上隐含着错误的理论逻辑,对案件质量的分级评价实际上是以“法律存在唯一正解”为前提的,这忽视了案件事实与法律规范之间的不对称所导致的法律解释多解的可能性,无疑在某种程度上否定了法官所应拥有的法律解释权。

由此,法条主义对法官而言往往是风险最小的决策方案,在面对质疑时,法条主义是“依法裁判”、逃避裁判责任的“另一托辞”。对于一些法律解释上有疑难的案件,部分法官倾向于选择紧扣法条的方式规避案例创新的风险,错案追究的风险从而转化为自由裁量的风险。自由裁量权本来属审判权应有之义,错案的防范需要法官运用自由裁量权对法律做出正确解释,从而防止因僵化司法而带来的错误裁判。然而,错案风险的异化导致对法官行为的逆向激励,这致使法官在决策中尽量规避自由裁量,即使在具有充分说理能力的条件下仍然会作出“法条主义”的裁判,因为法条主义裁判往往是对法官最为有利或者最为安全的裁判,说理越是充分,案件质量存在隐患的可能性也就越大。这意味着,很多法条主义的裁判表面上是“规则导向”的,而事实上是法官为追求自利或自保的“策略型后果主义”。因此,法条主义实际上是为规避审判风险、追求自利后果而采取的普遍策略,这种隐性的“后果主义”审判将导致机械司法且不利于个案正义的实现。我国刑事审判中如天津赵春华摆射击摊被判非法持枪案、郑州大学生掏鸟窝被判十年半的案件、内蒙古农民王力军无证收购玉米被判非法经营案、深圳王鹏养售鹦鹉被判非法出售珍贵濒危野生动物案等,这些判决都是过度紧扣法条“字眼”,机械司法的结果。

其次,司法责任制本意旨在平衡公、检、法各方的责任与权力,在实践中却因错案追究引发部门之间的利益博弈。2024 年修订的《人民检察院司法责任追究条例》第 9 条明确指出,如果因法律法规修改、司法解释调整、证据变化、技术原因等客观情形而导致改变案件定性、撤回起诉、判决无罪,检察人员不承担责任。这一规定意在保护检察机关依法行使监督与抗诉权,同时也为法院提供了相应的制度缓冲。然而,在部门之间的利益博弈中,这条规定反而成为一种制度工具,使检方能够在人为怀疑程序合法性、证据充分性的外部压力下,将无罪判决风险转嫁到法院。再者,在刑事诉讼实践中,无罪判决率长期被视为衡量公诉质量的重要指标。一旦法院宣告无罪,检察机关便可能为规避因无罪判决带来的"错案"责任而提出抗诉。这种趋势使法官在裁判中面临隐形的外部压力,使无罪判决成为"高风险裁判",法官在程序上难以获得实质保护,导致倾向于谨慎保守,甚至宁可作出有罪判决,也不愿承担无罪判决带来的"不利后果"。更进一步看,即便该条例为无罪判决设定了免责情形,但这些情形的"合理说明"界限在实践中并不清晰,这导致检察人员对于无罪判决仍倾向于抗诉。这便形成了一个恶性循环:检方通过"合理怀疑"施加压力,法官为避免潜在的追责与职业风险,更倾向于回避自由裁量,不敢在证据不足时判无罪。这种策略性的行为不仅削弱了法官的依法独立性,也违背了刑事诉讼法所提倡的"疑罪从无"和保障被告人基本权利的原则。由此可见,尽管制度设计上保留了保护检察人员与程序正义的条款,实际结果却未能完全改善法院在无罪判决上的顾虑。要真正平衡权责与信赖机制,需要明确制度界限:一方面,应通过司法解释或指导意见明确"免责条款"适用范围,提高执行透明度;另一方面,应为法官裁量和无罪判决提供配套保障,如完善抗诉准入机制、强化程序性免责标准、加大对"合理怀疑"反向审查的约束,以消解错案追究带来的部门博弈压力,使法官能够在事实与法律之间依法自由行使裁判权,而非屈从于"制度恐惧"。

再次,在错案追究的实践中,地方法院倾向于根据裁判后果对错案进行审查,因为裁判后果往往具有外显特征而容易确定,而法律解释的正确性和法律程序运行的公正性往往不容易作出评判。因此,地方法院为执行最高人民法院的司法文件,出台了一些具体的操作办法,有不少地方加上了"造成严重后果的""导致裁判错误的""作出错误裁判的""致人重伤或死亡的"等强调实体结果的限定语句。[①] 在地方的司法实践中，上诉率、改判率等指标往往会成为界定错案或者对案件质量进行评查的标准，当事人的机会主义行为（如上诉、信访甚至闹访等非理性行为）成为影响错案追究的重要因素。这些做法导致在错案追究制的实施中，出现"实体公正重于程序公正"的运行偏差。在法理意义上，实体公正难以确定，法官判案很难让诉讼两造都满意，因为人们正义观念的差异，即使一个公正的司法裁判也可能面临来自社会舆论的批评。错案追究完全以实体结果作为审查标准，实际上加大了法官决策的外部压力，这导致法官为避免某种实体结果的出现而进行决策，这难免出现决策的失误与偏差。

最后，错案风险的存在会滋生规避风险的"隐性程序"，从而导致法律程序的失灵。法官寻求制度渠道分散决策压力实际上体现了人与制度的互动与博弈，不仅会放大既有的制度效用，而且在人与制度的博弈中会催生一些分散决策风险的新制度或非正式制度。在司法裁判过程中，法官倾向于通过群体决策来分散风险，或者通过法院内部的案件审批制度来降低风险，或者是在审判过程中与二审法院沟通来降低改判风险，法官的这些策略行为不仅会使裁判后果出现偏差，还会导致"隐性程序"代替正式程序。[②] 这实际上架空了二审程序甚至是审判监督程序，变相剥夺了当事人的上诉权。

错案追究制的本义是为纠正法官裁判行为的偏差，通过司法惩戒确立裁判中的纠错机制，从而通过程序公正来维护司法公正。但是，错案追究制的运行过于强调法官的主观过错而非行为偏差，过于强调实体结果而非程序公正，这导致部分法官为了规避错案风险会选择对自己最为安全的裁判结论，从而出现结果导向的策略行为，本应纠正法官行为偏差的错案追究制反而激励了法官的偏差行为，甚至催生了真正的"错案"。因

---

① 参见魏胜强：《错案追究何去何从？——关于我国法官责任追究制度的思考》，载《法学》2012 年第 9 期。

② 关于法官风险或压力分担与审判制度因果关系的分析，参见《法院的审判制度与行政管理》，载苏力：《送法下乡：中国基层司法制度研究》，中国政法大学出版社 2000 年版，第 61 ~ 87 页。

此,错案追究制出现制度运行的异化,导致对法官行为的逆向激励,制度运行的效果背离了制度设计的初衷。

(三)法官决策的积极效用及其策略行为

在司法改革过程中,建立科学的法官管理制度被作为法院改革的目标之一,在这一背景下,最高人民法院发布了《关于开展案件质量评估工作的指导意见(试行)》,提出了完整的指标考核体系。这一评估指标体系划分为审判公正、审判效率、审判效果 3 个二级指标。二级指标由 33 个三级指标组成,各级人民法院可以根据实际情况增加或者减少指标。(见表 5-1)

表 5-1　最高人民法院评估指标体系

评估指标体系																																
审判公正指标(11个)											审判效率指标(11个)											审判效果指标(11个)										
立案变更率	一审陪审率	一审上诉改判率	一审上诉发回重审率	生效案件改判率	生效案件发回重审率	二审开庭率	执行中止终结率	违法审判率	违法执行率	裁判文书质量	法定期限内立案率	法院年人均结案数	法官年人均结案数	结案率	结案均衡度	一审简易程序适用率	当庭裁判率	平均审理时间与审限比	平均执行时间与执行期限比	平均未审结持续时间与审限比	平均未执结持续时间与执行期限比	上诉率	申诉率	调解率	撤诉率	信访投诉率	重复信访率	实际执行率	执行标的的到位率	裁判主动履行率	一审裁判息诉率	公众满意度

在量化绩效考核的推进过程中,各地法院对量化指标进行了精细化探索,常见的考核指标包括结案率、上诉率、二审发回重审改判率、申诉率、调解率、撤诉率、信访投诉率、重复信访率、裁判主动履行率等。部分地方法院与软件公司合作,细化出多达上百项的考核指标。[①] 整体来看,我国地方法院在法官业绩的量化考核指标中具有“同构性”,各地法院的

① 参见刘炜:《法官绩效考核之忧》,载《民主与法制时报》2012 年 6 月 11 日,第 4 版。

“审判质量评估指标”主要分为办案数量、审判质量、审判效力和审判技能四个方面。[①] 地方法院往往通过量化的积分制度对法官进行考评，将法官岗位业绩考核结果与法官薪酬制度衔接起来。在“数目字管理”的体制下，各种量化指标关系到法官切身利益，这导致法官参照绩效考核的指标来对决策结果进行评估，从而强化了法官在司法决策中策略化的功利行为。绩效考核激励下的法官策略行为主要表现为以下三个方面。

首先，调解率、撤诉率等指标强化了法官决策中息讼的目标，这导致部分法官为追求“案结事了”而采取策略行为。在社会转型期，法院被赋予“维稳”的社会治理职能，“和谐司法”成为全局性的办案背景，“案结事了”成为评查案件质量的标准。民事案件的调解率往往作为法官业绩考核的重要指标。在法院内部，“调解率”“撤诉率”“和解率”等意在调和矛盾、化解司法压力的指标已经是各级、各地法院考核法官工作能力和绩效的重要参考，基层法院尤甚。在此绩效考评的压力下，面对是裁判结案还是调撤结案，实践中部分法官的理性选择是不遗余力地争取调撤结案，但其实际后果不仅架空了民诉法上的“调解自愿”原则，更极大损害了当事人的程序控制权和参与权。[②] 在绩效考核指标的激励下，部分法官在司法决策中为追求对个人业绩有利的后果，往往采取“以劝促调”等策略行为，这不仅极大损害了当事人的诉讼权益，而且异化了法律程序而导致司法公信力降低。

其次，结案率等指标对法官工作量的考核，导致部分法官片面追求案件审结而影响审判质量。法院的信息化管理使案件裁判成为流水化作业，从立案到结案，法院通过信息管理模式对法官工作量进行数字化计量，并作为法官业绩考核的评价依据。根据笔者的调查，在“案多人少”的背景下，对法官工作计量的“数目字管理”模式导致部分法官为片面追求结案率，简化裁判说理，降低了审判质量。在繁重的工作量压力之下，

---

① 参见艾佳慧：《中国法院绩效考评制度研究——“同构性”和“双轨制”的逻辑及其问题》，载《法制与社会发展》2008 年第 5 期。

② 参见艾佳慧：《制度环境、诉讼策略与民事上诉率变迁——理论模型与初步检验》，载《法制与社会发展》2017 年第 5 期。

“法条主义”往往成为法官规避工作量的策略，为了避免因说理带来更为繁重的工作量，法条主义裁判不仅可以节省法官的时间和精力，而且可以避免因“说理充分”带来的来自当事人或者其他机构的争议。波斯纳据此指出，“在关于法官行为的劳动力市场模型中，法条主义也是法官现实主义司法裁判的一种类型。这一模型强调的是法官的工作压力。”[①]为了追求结案率或者规避工作量，法官“法条主义”的策略行为对于裁判质量都造成了极大隐患，从而有损司法公正。

最后，从各地绩效考核的指标来看，“判决是否让人民满意”被量化为申诉率、信访率等指标，这些考核指标强化了法官决策的外部压力，滋生了法官为缓解压力而采取的策略行为。为了降低申诉率、信访率，部分法官可能会迎合申诉者或者信访者的诉求；为了降低上诉率和改判率，有些法官可能会以调解代判决，运用案件请示制度来转移裁判风险。[②] 而在绩效考核指标的刺激下，“把事情闹大”就会成为一些当事人的诉讼策略。这导致法官对决策后果的评估受“当事人是否接受”的影响，照顾弱者，偏向缠讼者，防范投机者，这些策略行为都会导致司法决策的后果出现偏差。调查显示，职业安全成为影响法官决策的重要因素，旷日持久的缠讼闹访对于案件承办法官的精神压力和人身安全威胁不容小觑。在无法协调处理的行政赔偿、补偿案件中，有的受访法官表示将会慎重酌定赔偿补充数额，偏向于少赔或不赔，以规避渎职风险。[③]

事实上，司法决策作为一种高度智识化的活动并不完全适合量化的绩效考核方式。司法决策作为融合了实践理性和技艺理性的智识活动，是一个具有高度创造性和不确定性的过程。无论是法官对法律的认知活动，还是事实认定的过程，以及法官对决策后果的预测与评价过程，都具有高度的不确定性。这个过程难以用显性的规范形式进行描述，也难以

---

① [美]李·爱泼斯坦、威廉·M. 兰德斯、理查德·A. 波斯纳：《法官如何行为：理性选择的理论和经验研究》，黄韬译，法律出版社 2017 年版，第 51 页。

② 参见张玉洁：《错案追究终身制的发展难题——制度缺陷、逆向刺激与实用主义重构》，载《北方法学》2014 年第 5 期。

③ 参见亓晓鹏：《行政法官疑难案件审理模型的建构——一项基于扎根理论的实证研究》，载《清华法学》2018 年第 6 期。

用量化的数字指标进行考核。根据制度经济学的原理,基于"委托人"(考核者)与"代理人"(被考核者)之间信息的严重不对称,对不确定状态下的决策过程进行全程动态监督,不仅要付出高昂的信息费用,而且对难以观察的代理过程进行监控会滋生机会主义行为。"越是具有创造性、不确定性的工作,则越需要激励机制而非严厉监控或'强制'"①,因此,数目字管理式的绩效考核方式不仅无助于法官决策质量的提升,反而会因信息不对称滋生法官机会主义的功利行为,从而强化了法官管理制度对法官行为的逆向激励。

虽然各个地方法院出台诸多关于错案评判标准和业绩评价标准的细化指标,法官决策的效用考量也因地域不同而存在细微差异,但是,由于法官管理制度的相对统一性,影响法官决策行为的基本变量大致相同,中国法官决策的效用考量具有高度同构性,对法官决策的正负效用影响具有趋同性。立足描述性的研究立场,根据合理的人性判断,基于制度主义的分析视角,可以发现:部分法官在决策过程中,为最大化自身效用,更可能趋利避害而进行"理性选择",部分法官在与制度的博弈互动中会采取种种策略行为,规避错判风险,追求量化业绩,从而导致司法决策出现偏差。

四、结果导向的偏差控制

无论是基于人的因素,还是基于制度的因素,结果导向的司法决策都存在偏差的风险,法官的认知偏差会导致法官以主观感知的结果作为裁判标准,而法官的行为偏差则会导致根据自利后果进行裁判,为此,需要从裁判思维意义上对结果导向的偏差进行内部调适,在制度设计意义上对结果导向的偏差进行外部控制。

(一)裁判思维的内部调适

首先,应强化司法裁判的二阶论证。在司法裁判的整体结构中,相对于作为一阶论证的演绎推理,后果论证具有二阶论证的逻辑地位。演绎

---

① 吴元元:《基于声誉机制的法官激励制度构造》,载《法学》2018 年第 12 期。

推理作为一阶论证是裁判论证结构中的核心部分,它保证裁判结论从法律前提中推导出来,从而维护"依法裁判"的底线伦理。但是,演绎推理无法保障裁判的实质合理性与社会可接受性,这依赖于作为二阶证成的后果论证。因此,在裁判思维意义上对结果导向进行防控,关键在于强化司法裁判的二阶证成。一方面,要限定后果论证的适用条件,将后果论证建立在解释规则充分运用的基础之上,将后果论证作为对解释性推论的补强论证方式和矫正论证方式;另一方面,无论是对裁判后果的预测与判断,还是对裁判后果的分析与评价,都必须立足法教义学的立场,根据法律内部的规范标准进行,形成教义分析与后果考量的适度平衡,防范径行超越法律甚至严重违背法律的"后果考量"。对于法律效果与社会效果的冲突难题,应当通过强化二阶论证的方式,加大法官在后果裁判中的论证负担,增强后果判断和评价的正当性和可欲性,排除不合理因素对裁判后果的影响,从而既化解法教义学的"后果难题",又对能动司法的实用主义后果论进行有效规制。

其次,应限定法外因素对裁判后果的影响。道德、民意、舆论等法外因素往往对司法裁判的社会效果具有深刻影响,若对法外因素处理不当,则会形成"社会效果论"的异化而形成司法裁判的"后果"难题,滋生工具主义的裁判行为和机会主义的诉讼行为。为此,既不能完全否定法外因素对裁判的可能影响,又必须限定法外因素影响裁判的条件。以公众意见为例,在常规案件中,公众意见作为一种准用的辅助性依据,可以通过弱的裁量成为合理化判决结论的说明性事实。在遇有法律漏洞的疑难案件中,与社会性主张相一致的公众意见,如果耦合法律体系中的法律原则或基本权利规范,可以借由强的裁量充当个案推理的运作性依据,成为非常情形中正当化个案规则创制的立法性事实。① 公众意见、道德理由等法外因素作为"一阶理由"具有指引价值判断的功能,法官在裁判中无法完全排除法外因素的影响,然而,一阶理由并不能直接作为裁判理由而决定司法裁判的结果。为此,对于公众意见、道德理由等法外因素,法官不

① 参见陈林林:《公众意见在裁判结构中的地位》,载《法学研究》2012 年第 1 期。

能将之视为洪水猛兽而“谈虎色变”，而应当通过合理疏导使之理性表达，并通过严谨说理使之转化为裁判依据。尽管民意舆论的情绪化表达和集体无意识会导致法官在后果判断上出现决策偏差，但是，对公众意见进行合理疏导，则可能形成法官公正裁判的外部监督力量。法官应根据法外因素作为行动理由的性质对其进行识别，并根据法律内部的规范标准运用法律论证的方法将之进行转化，从而证成结果导向的司法裁判。

最后，应明确后果裁判的思维规则。司法裁判作为通过法官理解和解释法律来实现的事业，天生具有恣意的冲动；裁判后果的不确定性、影响因素的多元性、法官认知的主观性以及法官行为的偏差性等种种因素，则会加剧后果主义审判中法官恣意的可能性。因此，在后果主义审判中，“依法裁判”的基本目标必须坚持，法律安定性的底线价值必须坚守，这不仅仅需要显性的法律规范和行为规范对法官思维和行为进行约束，还需要隐性的思维规则指导和规制法官的运思过程。在某种意义上，裁判思维规则是指引法官裁判的“隐性法典”，因为法治并非仅仅“规则之治”，还是“法律人之治”和“法律方法之治”。在后果主义审判中，如何根据裁判后果来证立裁判，这需要明确后果考量的法源依据及其发现规则，结果导向法律解释的操作规则，证立裁判后果的法律论证规则，以及事实认定中的后果权衡规则。通过完善裁判思维规则，有效约束法官因后果之名可能带来的恣意，从而防止法官在裁判思维的运作中出现认识偏差。

整体来看，裁判思维不仅具有指引法官如何作出正确裁判的规范性功能，还具有评估裁判质量的批判性功能，因此，通过发展并完善后果主义审判的方法论，对于矫正结果导向司法决策的可能偏差具有重大意义。

（二）审判制度的外部控制

首先，应优化法官依法独立决策的制度环境。法官独立决策是法官正确决策的基本前提，亦是当下司法改革的基本方向。但是，在司法改革的过程中，因新制度对旧制度的路径依赖，我国尚未完全形成法官依法独立决策的制度环境。尽管随着员额制等改革举措的实施，法官决策的自主性和独立性日渐提高,但是,“双规制”的法官管理模式使法官决策处于科层体制与审判制度的夹缝之中,法官决策仍然受制于无形的科层压力。绩效考评制度则强化了这种科层压力,在“绩效换升迁”的行政化逻辑之下,绩效考评成为对法官进行控制的组织化手段。为了迎合考评指标和规避职业风险,久而久之就会消减依法独立决策的动力。因此,应逐渐取消“双规制”的管理模式,落实法官等级制度,将法官的职业等级与科层等级完全脱钩,实现法官人事管理的“去科层化”,“让法官真正成为法官”,减少科层压力对法官决策的不当影响。

其次,应改革功利导向的审判管理制度。无论是绩效考核还是错案追究,实际上都是通过功利导向的管理制度约束法官的审判行为。但是,功利导向的管理制度只能强化法官的功利行为,形成法官规避不利后果或追求利己后果的逆向激励,从而造成法官决策中的行为偏差。为防范法官决策中的行为偏差,必须从根本上改变法官评价制度的激励方式。一方面,应改革错案追究制度。在错案认定上,取消行政化的案件评查制度,明确错案认定的法律标准,将错案追究纳入法律程序的轨道,通过法律程序而不是科层管理形成对法官决策的有效监督,将错案追究的重心从惩戒法官主观过错转移到矫正法官不当行为上来。在责任追究上,应将错案追究制与责任豁免制相结合,明确司法责任豁免的法定情形,为法官独立决策提供制度保障,提升法官的职业安全,最大限度地激励法官发挥司法智识。另一方面,应改革法官业绩评价制度。在业绩评价上,将裁判技能与职业操守严格区分开来,通过法官职业伦理委员会或惩戒委员会对法官失范行为进行纠正和惩戒,杜绝将法律运行不确定所带来的后果作为评价法官业绩的标准;维护法官的专业权威,尊重裁判的技艺理性,将法律标准与政治标准隔离开来,实现从政治组织权威为动力的绩效考核到法官专业性激励的转型,通过树立法官自身的专业权威性来保障法官决策的自主性。①

---

① 参见李拥军、周芳芳:《我国判决说理激励机制适用问题之探讨》,载《法制与社会发展》2018 年第 3 期。

最后，应确立法官正确决策的制度激励。一方面，应实现裁判说理的制度化。结果导向作为一种裁判思维，为法官发挥自由裁量提供开阔的思维空间，但是，法官决策的运思过程不能隐藏在神秘的"思维黑箱"之中，这需要为法官的裁判说理提供恰当的制度平台。通过完善裁判说理制度，赋予法官裁判说理的制度空间，为结果导向司法裁判的分析评估提供制度保障，从而使结果导向的司法决策趋于合理化；推动裁判文书公开制度，使裁判说理经受公共理性的检验和批判；确立科学的裁判文书评价制度，实现裁判文书说理的常态化和机制化；强化裁判文书说理的激励制度，树立法官的专业权威，使法官的裁判说理由外在激励转化为内在驱动，让法官在裁判中不仅敢于说理，而且要积极说理。另一方面，应构建基于声誉机制的法官激励制度。效用导向的法官评价制度滋生功利化的司法行为，导致法官职业群体的自我认同程度和公共认同程度严重降低。基于此，有必要将法官的激励制度从效用导向转型为声誉导向。从功能上看，声誉就是一种区分机制，将不同的主体、群体以社会公认的理性标准区隔开来，并附之以不同的社会标签，以便于人们在社会交往/交易中做出选择。对于享有更多声誉资产者，自然更容易在社会交往中获得青睐、信任和便利，更容易扩大自身的社会关系网络，具有更为广阔的社会关系"结构洞"。①

这需要从制度上赋予法官声誉资本，并对之积极保护，强化法官的道德理性，提升法官的公共认同。为此，这需要从裁判技术角度确立法官的声誉机制，如赋予法官对裁判文书的著作权予以"产权激励"，通过考察判决文书的援引情况确立法官说理的声誉激励，从而激励法官充分说理提升司法决策质量；同时，需要从职业伦理角度确立法官的声誉机制，通过职业伦理准则塑造法官共同的法律信仰和职业操守，从而打造共享职业尊荣的法律职业共同体。

五、小结

从宏观角度来看，后果主义审判的困境来自法律工具主义潜移默化

① See Ronald Burt, *Structure Holes*, Harvard University Press, 1992, p. 8 – 13.

地影响与支配,以及“社会效果论”治理思维在实践中的变形与异化;从微观角度来看,后果主义审判的偏差来自法官的认知偏差和行为偏差。为此,需要通过发展并完善法学方法论对法官的裁判思维进行内部调适;通过改革并优化审判制度对法官的决策行为进行外部控制,从而才能真正摆脱后果主义审判的“陷阱”。

结　论

后果主义审判作为依据裁判后果证立裁判的思维范式或决策方式,因裁判后果的不确定性会形成去法治化的风险,这导致后果主义审判饱受法条主义者的诟病和批判;后果主义审判因追求最佳的裁判结果而关注裁判对社会所形成的系统性影响,而备受社科法学所推崇,但后果考量的扩大化容易导致法外因素以"后果"之名侵入司法裁判中,从而会加剧法官裁判的恣意。因此,为了协调"规则至上"与"后果考量",本书主张一种规则后果主义的裁判立场,在裁判目标上力图兼顾"合法的裁判"、"正当的裁判"与"可欲的裁判"。具体而言,本书结论如下。

首先,法官在裁判中追求最佳结果,乃法律作为实践理性的必然要求,但是,后果主义在伦理学上具有背离道义的可能,在裁判思维上具有颠覆规则的风险,因此,法官对可欲后果的追求必须受到法律教义和法律精神的约束,这必须通过对"裁判后果"进行规范性的厘定,在法教义学的框架内进行后果考量,从而使教义学思维与后果论思维相兼容。

其次,在整个裁判结构中,后果主义法律论证具有二阶论证的逻辑地位,与作为一阶论证的涵摄模式共同构成了完整的法律论证。作为外部证成,后果论证关系到法律推论前提的证立,适用于对推论前提有争议或分歧的疑难案件,从而弥补涵摄模式的不足,矫正形式正义的局限,与涵摄模式相互支持而非相互替代,其成立仍然要受到逻辑一致性的制约。作为可废止性的论证型式,后果主义法律论证需要通过批判性思维进行分析和评估,从而在批判性讨论中展开其复合式的论证结构。根据批判性讨论的验证,后果主义法律论证必须满足系统性、客观性、融贯性等限制性条件。

再次,作为普遍的裁判立场,结果导向存在于法律适用的各个环节之中;作为可操作的裁判方法,结果导向则体现为具体的法律思维规则。这主要包括:基于后果考量进行法律发现,将政策、道德、习惯等间接法源或法外因素通过裁判程序与裁判技术转化为"法内理由",从而支持裁判后果的证立;根据后果主义的立场进行法律解释,则需要明确结果导向法律解释的场景及其操作规则,从而有效约束法官的法律解释权,通过裁判思维规则的规范化将"后果考量"纳入法教义学的框架中来。

复次,在信息有限的约束条件下,法官在裁判中对真相的追求无法独立于对后果的考量。基于后果主义的立场,采取法经济学的分析路径,可以为法官在真相探求与后果考量之间确定一个最优的交换值,从而实现裁判精确性与效益性的协调。这需要借助法经济学中的成本比较思维,来对诉讼中的证明方法与证明标准进行反思性重构。法经济学作为后果考量的精致版本,往往以法律的不确定性作为适用前提,这也恰恰证明了后果考量与法教义学存在理论上的兼容。

最后,法官以结果为导向进行司法决策,在不确定的备选方案中选择最优的决策方案,这难以避免裁判的偏差。受主体因素和情境因素的影响,法官会根据主观认知的裁判后果进行裁判,从而导致后果主义审判出现认知偏差;受制度条件的约束与激励,法官会根据对自己有利的结果进行裁判,从而导致后果主义审判出现行为偏差。为此,这需要通过裁判思维的内部调适和审判制度的外部控制,对后果主义审判的偏差进行矫正,从而防范后果主义审判中"社会效果论"的异化和法律工具主义的危险。

参考文献

一、图书

[1][印度]阿马蒂亚·森著、应奇编:《后果评价与实践理性》,东方出版社2006年版。

[2][印度]阿马蒂亚·森:《正义的理念》,王磊、李航译,中国人民大学出版社2012年版。

[3][美]埃德加·博登海默:《法理学——法律哲学和方法》,张智仁译,上海人民出版社1992年版。

[4][意]贝卡里亚:《论犯罪与刑罚》,黄风译,中国大百科全书出版社1993年版。

[5][英]边沁:《道德与立法原理导论》,时殷弘译,商务印书馆2000年版。

[6][美]理查德·A.波斯纳:《法理学问题》,苏力译,中国政法大学出版社1994年版。

[7][美]理查德·A.波斯纳:《法律的经济分析》,蒋兆康译,中国大百科全书出版社1997年版。

[8][英]弗里德利希·冯·哈耶克:《自由秩序原理》,邓正来译,三联书店1997年版。

[9][美]理查德·A.波斯纳:《道德和法律理论的疑问》,苏力译,中国政法大学出版社2001年版。

[10][美]理查德·A. 波斯纳:《超越法律》,苏力译,中国政法大学出版社 2001 年版。

[11][美]理查德·A. 波斯纳:《证据法的经济分析》,徐昕、徐昀译,中国法制出版社 2004 年版。

[12][美]理查德·A. 波斯纳:《法律、实用主义与民主》,凌斌、李国庆译,中国政法大学出版社 2005 年版。

[13][美]理查德·A. 波斯纳:《法官如何思考》,苏力译,北京大学出版社 2009 年版。

[14][美]理察·波斯纳:《法官如何思考》,李忠谦译,台北,商周出版 2010 年版。

[15][美]茱莉亚·德莱夫:《后果主义》,余露译,华夏出版社 2016 年版。

[16][美]朱尔斯·L. 科尔曼:《原则的实践》,丁海俊译,法律出版社 2006 年版。

[17][英]A. W. 布莱恩·辛普森:《同类相食与普通法》,韩阳译,商务印书馆 2012 年版。

[18]陈林林:《裁判的进路与方法——司法论证理论导论》,中国政法大学出版社 2007 年版。

[19]陈兴良:《罪刑法定主义》,中国法制出版社 2010 年版。

[20]城仲模:《行政法之一般法律原则》,台北,三民书局 1999 年版。

[21][美]戴维·M. 奥布赖恩:《风暴眼:美国政治中的最高法院》,胡晓进译,上海人民出版社 2010 年版。

[22][以]康纳曼:《快思慢想》,洪兰译,台北,天下远见出版股份有限公司 2012 年版。

[23][美]德沃金:《法律帝国》,李冠宜译,台北,时英出版社 2002 年版。

[24][美]罗纳德·德沃金:《身披法袍的正义》,周林刚、翟志勇译,北京大学出版社 2010 年版。

[25][美]弗兰克·克罗斯:《美国联邦上诉法院的裁判之道》,曹斐

译,北京大学出版社 2011 年版。

[26][美]弗兰克纳:《伦理学》,关键译,三联书店 1987 年版。

[27][德]弗里德里希·温格瑞尔、汉斯 - 尤格·施密特:《认知语言学导论》,彭利贞、许国萍、赵微译,复旦大学出版社 2013 年版。

[28][德]英格博格·普珀:《法学思维小学堂:法律人的 6 堂思维训练课》,蔡圣伟译,北京大学出版社 2011 年版。

[29][美]H. W. 佩里:《择案而审——美国最高法院案件受理议程表的形成》,傅郁林、韩玉婷、高娜译,中国政法大学出版社 2010 年版。

[30][德]汉斯·普维庭:《现代证明责任问题》,吴越译,法律出版社 2000 年版。

[31][美]基思·E. 惠廷顿:《宪法解释:文本含义,原初意图与司法审查》,杜强强、刘国、柳建龙译,中国人民大学出版社 2006 年版。

[32][澳]斯马特、[英]威廉斯:《功利主义:赞成与反对》,牟斌译,中国社会科学出版社 1992 年版。

[33][德]汉斯 - 格奥尔格·加达默尔:《哲学解释学》,夏镇平、宋建平译,上海译文出版社 2004 年版。

[34][美]杰弗瑞·A. 西格尔、哈罗德·J. 斯皮斯、莎拉·C. 蓓娜莎:《美国司法体系中的最高法院》,刘哲玮、杨微波译,北京大学出版社 2011 年版。

[35][美]杰弗瑞·A. 西格尔、哈罗德·J. 斯皮斯:《正义背后的意识形态:最高法院与态度模型》,刘哲玮译,北京大学出版社 2012 年版。

[36][德]卡尔·拉伦茨:《法学方法论》,陈爱娥译,台北,五南图书出版有限公司 1999 年版。

[37][德]卡尔 - 奥托·阿佩尔:《哲学的改造》,孙周兴、陆兴华译,上海译文出版社 1997 年版。

[38][美]卡斯·桑斯坦:《选择的价值》,贺京同等译,中信出版集团股份有限公司 2017 年版。

[39][美]凯利·詹姆斯·克拉克:《重返理性》,唐安译,北京大学出版社 2004 年版。

[40][美]凯斯·R.桑斯坦:《行为法律经济学》,涂永前、成凡、康娜译,北京大学出版社2006年版。

[41][德]康德:《道德形而上学原理》,苗力田译,上海人民出版社2002年版。

[42]张维迎:《信息、信任与法律》,三联书店2003年版。

[43]孔祥俊:《法官如何裁判》,中国法制出版社2017年版。

[44][德]G.拉德布鲁赫:《法学导论》,米健、朱林译,中国大百科全书出版社1997年版。

[45][德]G.拉德布鲁赫:《法哲学》,王朴译,法律出版社2005年版。

[46][德]莱奥·罗森贝克:《证明责任论》,庄敬华译,中国法制出版社2002年版。

[47]李浩:《民事证明责任研究》,法律出版社2003年版。

[48]张青波:《理性实践法律:当代德国的法之适用理论》,法律出版社2012年版。

[49][德]罗伯特·阿列克西:《法律论证理论:作为法律证立理论的理性论辩理论》,舒国滢译,中国法制出版社2002年版。

[50][德]罗伯特·阿列克西:《法　理性　商谈:法哲学研究》,朱光、雷磊译,中国法制出版社2011年版。

[51][美]罗伯托·曼戈贝拉·昂格尔:《法律分析应当为何?》,李诚予译,中国政法大学出版社2007年版。

[52][英]罗纳德·R. H.科斯:《社会成本问题》,刘守英等译,三联书店1994年版。

[53][英]尼尔·麦考密克:《修辞与法治——一种法律推理理论》,程朝阳、孙光宁译,北京大学出版社2014年版。

[54][英]尼尔·麦考密克:《法律推理与法律理论》,姜峰译,法律出版社2005年版。

[55][英]约翰·密尔:《论自由》,顾肃译,上海译林出版社1999年版。

[56][英]约翰·穆勒:《功利主义》,徐大建译,商务印书馆2014年版。

[57][美]布鲁克·诺埃尔·摩尔、理查德·帕克:《批判性思维:带你走出思维的误区》,朱素梅译,机械工业出版社2012年版。

[58][英]尼古拉斯·布宁、余纪元编著:《西方哲学英汉对照辞典》,王柯平等译,人民出版社2001年版。

[59][美]帕深思、莫顿等:《现代社会学结构功能论选读》,黄瑞祺编译,台北,巨流图书公司1981年版。

[60][美]萨伯:《洞穴奇案》,陈福勇、张世泰译,三联书店2009年版。

[61][美]罗伯特·S.萨默斯:《美国实用工具主义法学》,柯华庆译,中国法制出版社2010年版。

[62][德]弗里德里希·卡尔·冯·萨维尼:《论立法与法学的当代使命》,中国法制出版社2001年版。

[63][美]那格尔编著:《政策研究百科全书》,林明、龚裕、鲍克、韩春立等译,科学技术文献出版社1990年版。

[64]史尚宽:《宪法论丛》,台北,荣泰印书馆1973年版。

[65][德]施塔姆勒:《正义法的理论》,夏彦才译,商务印书馆2012年版。

[66]苏力:《送法下乡:中国基层司法制度研究》,中国政法大学出版社2000年版。

[67][美]布赖恩·Z.塔玛纳哈:《法律工具主义:对法治的危害》,陈虎、杨洁译,北京大学出版社2016年版。

[68]谈火生:《民主审议与政治合法性》,法律出版社2007年版。

[69][美]唐纳德·帕尔玛:《为什么做个好人很难?——伦理学导论》,黄少婷译,上海社会科学院出版社2010年版。

[70][美]弗兰克·梯利:《伦理学导论》,何意译,广西师范大学出版社2002年版。

[71][美]汤姆·雷根:《动物权利研究》,李曦译,北京大学出版社

2010 年版。

[72][德]魏德士:《法理学》,丁晓春、吴越译,法律出版社 2005 年版。

[73][日]我妻荣:《债权在近代法中的优越地位》,王书江、张雷译,中国大百科全书出版社 1999 年版。

[74]武宏志:《论证型式》,中国社会科学出版社 2013 年版。

[75][英]西季威克:《伦理学方法》,廖申白译,中国社会科学出版社 1993 年版。

[76][美]休·拉福莱特主编:《伦理学理论》,龚群主译,中国人民大学出版社 2008 年版。

[77][美]约瑟夫·熊彼特:《资本主义、社会主义与民主》,吴良健译,商务印书馆 2002 年版。

[78]许宗力:《宪法与法治国行政》,台北,元照出版有限公司 2007 年版。

[79][美]雅克·P. 蒂洛、基思·W. 克拉斯曼:《伦理学与生活》(第 9 版),程立显、刘建等译,世界图书出版公司 2008 年版。

[80]颜厥安:《法与实践理性》,中国政法大学出版社 2003 年版。

[81]杨仁寿:《法学方法论》,台北,三民书局 1987 年版。

[82][荷]伊芙琳·T. 菲特丽丝:《法律论证原理:司法裁决之证立理论概览》,张其山、焦宝乾、夏贞鹏译,商务印书馆 2005 年版。

[83]张志铭:《法律解释操作分析》,中国政法大学出版社 1999 年版。

[84]张志铭:《法律解释学》,中国人民大学出版社 2015 年版。

[85]沈冠伶:《民事证据法与武器平等原则》,2007 年自版发行。

[86]梁慧星:《裁判的方法》,法律出版社 2003 年版。

[87][德]奥特马·尧厄尼希:《民事诉讼法》,周翠译,法律出版社 2003 年版。

[88]齐树洁主编:《英国证据法》,厦门大学出版社 2002 年版。

[89][英]卡尔·波普尔:《猜想与反驳:科学知识的增长》,傅季重、

纪树立、周昌忠、蒋弋为译,上海译文出版社 2015 年版。

[90][法]保罗·利科尔:《解释学与人文科学》,陶远华、袁耀东、冯俊、郝祥等译,河北人民出版社 1987 年版。

[91][德]康德:《法的形而上学原理——权利的科学》,沈叔平译,商务印书馆 1991 年版。

[92][美]加里·S. 贝克尔:《人类行为的经济分析》,王业宇、陈琪译,格致出版社、上海三联书店、上海人民出版社 2008 年版。

[93]涂纪亮编:《皮尔斯文选》,涂纪亮、周兆平译,社会科学文献出版社 2006 年版。

[94][美]约翰·杜威:《哲学的改造》,张颖译,陕西人民出版社 2004 年版。

[95]袁刚、孙家祥、任丙强编:《民治主义与现代社会——杜威在华讲演集》,北京大学出版社 2004 年版。

[96][美]欧文·M. 柯匹、卡尔·科恩:《逻辑学导论》,张建军、潘天群等译,中国人民大学出版社 2007 年版。

[97][英]庇古:《福利经济学》,金镝译,华夏出版社 2007 年版。

[98]李秋零主编:《康德著作全集》(第 6 卷),中国人民大学出版社 2007 年版。

[99]童德华:《刑法中的期待可能性论》,中国政法大学出版社 2004 年版。

[100][印度]阿玛蒂亚·森、[美]玛莎·努斯鲍姆主编:《生活质量》,龚群译,社会科学文献出版社 2008 年版。

[101][英]P. S. 阿蒂亚:《英国法中的实用主义与理论》,刘承韪、刘毅译,清华大学出版社 2008 年版。

[102][美]赫施:《解释的有效性》,王才勇译,三联书店 1991 年版。

[103][英]蒂莫西·A. O. 恩迪科特:《法律中的模糊性》,程朝阳译,北京大学出版社 2010 年版。

[104] M. Golding, *Legal Reasoning*, New York: Knopf, 1984.

[105] Michael H. Graham, *Federal Rules of Evidence*, St. Paul:

West Group, 1996.

[106] Oliver Wendell Holmes, *The Common Law*, New York: Little Brown and Company, 1948.

[107] Richard A. Posner, *Problem of Jurisprudence*, Cambridge: Harvard University Press, 1993.

[108] R. Alexy, *A Theory of Legal Argumentation: The Theory of Rational Discourse as Theory of Legal Jusitification*, Oxford: Clarendon Press, Oxford University Press, 1989.

[109] R. G. Frey, *The Fear of a Slippery Slope*, *Euthanasia and Physician-Assisted Suicide*, Cambridge: Cambridge University Press, 1998.

[110] Richard. A. Posner, *Reflections on Judging*, Cambridge: Harvard University Press, 2013.

[111] Richard A. Posner, *How Judges Think*, Cambridge: Harvard University Press, 2008.

[112] Robert S. Summers, *Instrumentalism and American Legal Theory* , New York: Cornell University Press, 1982.

[113] David W. Rohde, Harold J. Spaeth, *Supreme Court Decision Making*, San Francisco: W. H. Freeman and Company, 1976.

[114] Ronald S. Burt, *Structural Holes*, Cambridge: Harvard University Press, 1992.

[115] Walter F. Murphy, *Elements of Judicial Strategy*, Chicago: University of Chicago Press, 1964.

[116] William Blackstone, *Commentaries on the Laws of England* , Chicago: The University of Chicago Press, 1979.

[117] D. Neil MacComick, Robert S. Summers, *Interpreting statutes*, Aldershot etc. : Dartmouth, 1991.

[118] John Finnis, *Natural Law and Natural Rights*, Oxford: Clarendon Press, 1980.

[119] Adrian Vermeule, *Judging under Uncertainty: An Institutional*,

Cambridge: Harvard University Press, 2006.

[120] Andrew D. Martin, *Decision Making on the Supreme Court and the Separation of Powers*, Washington: Washington University, 2000.

[121] Cornell W. Clayton & Howard Gillman, *Supreme Court Decision-Making: New Institutionalist Approaches*, Chicago: The University of Chicago Press, 1999.

[122] Douglas N. Walton, *Argumentation Schemes for Presumptive Reasoning*, New Jersey: Erlbaum, 1996.

[123] Douglas N. Walton, Chris Reed & Fabrizio Macagno, *Argumentation Schemes*, New York: Cambridge University Press, 2008.

[124] Glen Weissenberger, James J. Duane, *Federal Rules of Evidence: Rules, Legislative History, Commentary and Authority*, Lexis, 2009.

[125] Hare, *The Language of Morals*, Oxford: Oxford University Press, 1964.

[126] Wilson Huhn, *The Five Types of Legal Argument*, 2nd edition, Carolina: Carolina Academic Press, 2008.

[127] Robert Alexy, *A Theory of ConsitutionalRights*, trans. by Julian Rivers, Oxford University Press, 2002.

[128] Richad A. Posner, *Economic Analysis of Law*, Little, Brown and Company, 1992.

[129] Harold J. Berman & Samir N. Saliba, *The Nature and Functions of Law*, New York: Foundation Press, 2009.

[130] Hugo Meynell, *Freud, Marx and Morals*, New Jersey: Barnes & Noble, 1981.

[131] James Q. Whitman, *The Origins of Reaonable Doubt: Theological Roots of the Criminal Trial*, Connecticut: Yale University Press, 2008.

[132] Jon Elster, *Rational Choice*, New York: New York University

Press, 1986.

[133] John Rawls, *A Theory of Justice*, Cambridge: Harvard University Press, 1971.

[134] Joseph Raz, *The Authority of Law: Essays on Law and Morality*, Oxford: Oxford University Press, 1979.

[135] Joseph Raz, *From Normativity to Responsibility*, Oxford: Oxford University Press, 2011.

[136] Joseph Raz, *Practical Reason and Norms*, Oxford: Oxford University Press, 1999.

[137] Joseph Raz, *Engaging Reason: On the Theory of Value and Action*, Oxford: Oxford University Press, 1999.

[138] Kloosterhuis, H. T. M., *Reconstructing Interpretative Argumentation in Legal Decisions, A Pragma-Dialectical Approach*, Amsterdam: SicSat/Rozenberg Publishers, 2006.

[139] Eemeren F. H. van & R. Grootendorst, *Argumentation, Communication and Fallies: A Pragma-Dialectical Perspective*, Mahwh N. J.: Lawrence Erllbum, 1992.

[140] Frans H. van Eemeren, Bart Garssen, Erik C. W. Krabbe, A. Francisca Snoeck Henkemans, Bart Verheij, Jean H. M. Wagemans, *Handbook of Argumentation Theory*, Springer, 2014.

[141] Larry Laudan, *Truth, Error and Criminal Law: An Essay in Legal Epistemology*, Cambridge: Cambridge University Press, 2006.

[142] Lee Epstein & Jack Knight, *The Choices Justices Make*, New York: CQ Press, 1998.

[143] Groake Leo, *Good Reasoning Matters: A Constructive Approach to Critical Thinking*, Toronto, New York: Oxford University Press, 1997.

[144] Govier Trudy, *A Practical Study of Argument*, Belmont, CA: Cengage Learning, 2010.

[145] Douglas Walton, *Slippery SlopeArguments*, Clarendon

Press, 1992.

[146] Wayne Overbeck, *Major Principles of Media Law*, Harcourt Brace College Publishers, 1997.

[147] Karl R. Popper, *Conjectures and Refutations*, London and Henley Routledge and Kegan Paul, 1963.

二、学位论文

陈美伶:《人工生殖之立法规范》,台湾政治大学法律学研究所 1994 年版,第 6 期。

三、专著中析出的文献

[1]苏永钦:《结果取向的宪法解释》,载苏永钦:《合宪性控制的理论与实际》,台北,月旦出版社股份有限公司 1994 年版,第 253 页。

[2]许宗力:《宪法与政治》,载许宗力:《宪法与法治国行政》,台北,元照出版公司 2007 年版,第 23 页。

[3][美]戴维·布林科:《法律解释、客观性和道德》,载[美]布赖恩·莱特编:《法律和道德领域的客观性》,高中等译,中国政法大学出版社 2007 年版,第 33 页。

[4][英]布拉德·胡克:《规则后果主义》,载徐向东编:《后果主义与义务论》,浙江大学出版社 2011 年版,第 147 页。

[5]徐向东:《编者导言》,载徐向东编:《后果主义与义务论》,浙江大学出版社 2011 年版,第 9 页。

[6][美]戴维·索萨:《后果主义的后果》,载徐向东编:《后果主义与义务论》,浙江大学出版社 2011 年版,第 48 页。

[7][德]乌尔里希·施罗特:《哲学诠释学与法律诠释学》,载[德]阿图尔·考夫曼、温弗里德·哈斯默尔主编:《当代法哲学和法律理论导论》,郑永流译,法律出版社 2002 年版,第 384 页。

[8]郑戈:《法律解释的社会构造》,载梁治平编:《法律解释问题》,法律出版社 1998 年版,第 75 页。

[9] Cornell W. Clayton, *The Supreme Court and Political Jurisprudence: New and Old Institutionalisms*, in Cornell W. Clayton & Howard Gillman eds., Supreme Court Decision-Making: New Institutionalist Approaches, Chicago: The University of Chicago Press, 1999.

[10] Devid M. Godden & Douglas N. Walton, *Advances in the Theory of Argumentation Schemes and Critical Questions*, in Robert C. Pinto ed., Argument, Inference and Dialectic: Collected Papers on Informal Logic, Berlin: Springer, 2013.

[11] John Bell, *Policy Arguments and Legal Reasoning*, in Zenon Bankowski eds., Informatics and the Foundations of Legal Reasoning, Massachusetts: Kluwer Academic Publishers Norwell, 1995, p. 73 - 97.

[12] E. R. Smith, J. DeCoster, *Assocaitive and Rule-Based Processing: A Connectionist Interpretation of Dual-Process Models*, in S. Chaiken, Y. Trope eds., Dual Process Therories in Social Psychology, New York: Guilford Press, 1999.

[13] H. L. A. Hart, *American Jurisprudence through English Eyes: The Nightmare and the Noble Dream*, in H. L. A. Hart ed., Essays in Jurisprudence and Philosophy, Oxford University Press, 1983.

[14] Jerzy WrOblewski, *Legal Decision and Its Justification*, in H. Hubien ed., Le Raisonnement Juridique, Akten des Weltkongress fur Rethchs-und Sozialphilosophie, Bruylant, 1971, p. 412.

[15] Sir Matthew Hale, *Sir Matthew Hale's Criticism on Hobbes's Dialogue of the Common Laws*, In Sir William Holdsworth, a History of English law, London: Methuen, Vol. 1956 - 1972: 504.

四、期刊中析出的文献

[1]艾佳慧:《中国法院绩效考评制度研究——“同构性”和“双轨制”的逻辑及其问题》,载《法制与社会发展》2008 年第 5 期。

[2]艾佳慧:《制度环境、诉讼策略与民事上诉率变迁——理论模型

与初步检验》,载《法制与社会发展》2017 年第 5 期。

[3]白斌:《论法教义学:源流、特征及其功能》,载《环球法律评论》2010 年第 3 期。

[4][英]彼得·豪尔、罗斯玛丽·泰勒:《政治科学与三个新制度主义》,何俊智译,载《经济社会体制比较》2003 年第 5 期。

[5]蔡琳:《法律论证中的融贯论》,载《法制与社会发展》2006 年第 2 期。

[6]陈林林:《公众意见在裁判结构中的地位》,载《法学研究》2012 年第 1 期。

[7]陈林林、杨桦:《基于"态度"的司法决策》,载《浙江大学学报(人文社会科学版)》2014 年第 3 期。

[8]陈林林:《公众意见影响法官决策的理论和实验分析》,载《法学研究》2018 年第 1 期。

[9]陈坤:《疑难案件、司法判决与实质权衡》,载《法律科学(西北政法大学学报)》2012 年第 1 期。

[10]陈坤:《"开放结构"与法律的客观性》,载《法制与社会发展》2016 年第 1 期。

[11]陈永生:《排除合理怀疑及其在西方面临的挑战》,载《中国法学》2003 年第 2 期。

[12]丁利:《新制度理论简说:政治学法学理论的新发展》,载《北大法律评论》第 3 卷·第 2 辑。

[13]冯珏:《汉德公式的解读与反思》,载《中外法学》2008 年第 4 期。

[14]何海波:《举证责任分配:一个价值衡量的方法》,载《中外法学》2003 年第 2 期。

[15]洪良友:《论司法的社会效果——由张明宝案引发的思考》,载《成都理工大学学报(社会科学版)》2010 年第 3 期。

[16]侯猛:《社科法学的传统与挑战》,载《法商研究》2014 年第 5 期。

[17]侯猛:《不确定状况下的法官决策——从“3Q”案切入》,载《法学》2015 年第 12 期。

[18]黄卉:《论法学通说(又名:法条主义者宣言)》,载《北大法律评论》第 12 卷 · 第 2 辑。

[19]黄汇:《商标法中的公共利益及其保护——以“微信”商标案为对象的逻辑分析与法理展开》,载《法学》2015 年第 10 期。

[20]黄士元:《刑事错案形成的心理原因》,载《法学研究》2014 年第 3 期。

[21]季涛:《论疑难案件的界定标准》,载《浙江社会科学》2004 年第 5 期。

[22]纪格非:《品格证据在性骚扰民事案件中的运用——美国的立法、判例及启示》,载《环球法律评论》2012 年第 4 期。

[23]江平、季卫东:《对谈:现代法治的精神》,载《交大法学》2010 年第 1 期。

[24]姜涛:《刑法解释的刑事政策化》,载《刑事法评论》2012 年第 1 期。

[25]姜涛:《后果考察与刑法目的解释》,载《政法论坛》2014 年第 4 期。

[26]孔祥俊:《论裁判的逻辑标准与政策标准——以知识产权法律适用问题为例》,载《法律适用》2007 年第 9 期。

[27]雷磊:《法律论证何以可能——与桑本谦先生商榷法律论证理论的基本问题》,载《政法论坛》2008 年第 4 期。

[28]雷磊:《法教义学的基本立场》,载《中外法学》2015 年第 1 期。

[29]李安:《司法过程的直觉及其偏差控制》,载《中国社会科学》2013 年第 5 期。

[30]李松锋:《女王诉杜德利和斯蒂芬斯案》,载《苏州大学学报(法学版)》2014 年第 1 期。

[31]李拥军、周芳芳:《我国判决说理激励机制适用问题之探讨》,载《法制与社会发展》2018 年第 3 期。

[32]梁根林:《现代法治语境中的刑事政策》,载《国家检察官学院学报》2008 年第 4 期。

[33]刘飞:《宪法解释的规则综合模式与结果取向——以德国联邦宪法法院为中心的宪法解释方法考察》,载《中国法学》2011 年第 2 期。

[34]刘国:《结果取向解释方法的正当性探究——以宪法解释为例的一种分析》,载《甘肃政法学院学报》2010 年第 2 期。

[35]万佑启:《论公共利益与私有财产权保护》,载《法学论坛》2006 年第 6 期。

[36]南京市中级人民法院课题组、胡道才:《法官业绩考核评价制度研究》,载《中国应用法学》2018 年第 1 期。

[37]亓晓鹏:《行政法官疑难案件审理模型的建构——一项基于扎根理论的实证研究》,载《清华法学》2018 年第 6 期。

[38]强世功:《司法审查的迷雾——马伯里诉麦迪逊案的政治哲学意涵》,载《环球法律评论》2004 年第 4 期。

[39]桑本谦:《过错责任背后的经济—伦理问题——对一起医疗事故赔偿纠纷案的分析》,载《法学》2003 年第 8 期。

[40]桑本谦:《法律解释的困境》,载《法学研究》2004 年第 5 期。

[41]桑本谦:《疑案判决的经济学原则分析》,载《中国社会科学》2008 年第 4 期。

[42]桑本谦:《法理学主题的经济学重述》,载《法商研究》2011 年第 2 期。

[43]桑本谦:《利他主义救助的法律干预》,载《中国社会科学》2012 年第 10 期。

[44]桑本谦:《“法律人思维”是怎样形成的——一个生态竞争的视角》,载《法律和社会科学》第 13 卷第 1 辑。

[45]桑本谦、戴昕:《真相、后果与“排除合理怀疑”——以“复旦投毒案”为例》,载《法律科学(西北政法大学学报)》2017 年第 3 期。

[46]桑本谦:《传统刑法学理论的尴尬——面对许霆案》,载《广东商学院学报》2009 年第 5 期。

[47]宋亚辉:《经济政策对法院裁判思路的影响研究——以涉外贴牌生产案件为素材》,载《法制与社会发展》2013 年第 5 期。

[48]宋亚辉:《追求裁判的社会效果:1983—2012》,载《法学研究》2017 年第 5 期。

[49]苏力:《解释的难题:对几种法律文本解释方法的追问》,载《中国社会科学》1997 年第 4 期。

[50]苏力:《语境论——一种法律制度研究的进路与方法》,载《中外法学》2000 年第 1 期。

[51]苏力:《司法解释、公共政策和最高法院——从最高法院有关"奸淫幼女"的司法解释切入》,载《法学》2003 年第 8 期。

[52]苏力:《"海瑞定理"的经济学解读》,载《中国社会科学》2006 年第 6 期。

[53]苏力:《法条主义、民意与难办案件》,载《中外法学》2009 年第 1 期。

[54]苏力:《经验地理解法官的思维和行为——波斯纳〈法官如何思考〉译后》,载《北方法学》2009 年第 1 期。

[55]苏力:《法律人思维?》,载《北大法律评论》第 14 卷·第 2 辑。

[56]苏力:《中国法学研究格局的流变》,载《法商研究》2014 年第 5 期。

[57]孙海波:《"后果考量"与"法条主义"的较量——穿行于法律方法的噩梦与美梦之间》,载《法制与社会发展》2015 年第 2 期。

[58]孙海波:《通过裁判后果论证裁判——法律推理新论》,载《法律科学(西北政法大学学报)》2015 年第 3 期。

[59]孙海波:《法条主义如何穿越错综复杂》,载《法律科学(西北政法大学学报)》2018 年第 1 期。

[60]孙笑侠:《公案的民意、主题与信息对称》,载《中国法学》2010 年第 3 期。

[61]孙笑侠:《法律人思维的二元论兼与苏力商榷》,载《中外法学》2013 年第 6 期。

[62]汤啸天:《经营者场所安全责任的合理边界》,载《法律科学(西北政法学院学报)》2004 年第 3 期。

[63]田雷:《法官如何决策?——司法行为研究的文献综述》,载《法律方法》第 8 卷。

[64]王彬:《民间法如何走进司法判决——兼论“顶盆继承案”中的法律方法》,载《民间法》第 7 卷。

[65]王彬:《司法裁决中的“顺推法”与“逆推法”》,载《法制与社会发展》2014 年第 1 期。

[66]王彬:《法律论证的伦理学立场——以代孕纠纷案为中心》,载《法商研究》2016 年第 1 期。

[67]王彬、刘巧巧:《法官为何如此决策?——关于法官行为策略模型的文献综述》,载《法律方法》2016 年第 2 期。

[68]王彬:《法官的人性预设与司法改革》,载《中国法治文化》总第 23 辑。

[69]王国龙:《捍卫法条主义》,载《法律科学(西北政法大学学报)》2011 年第 4 期。

[70]王琳:《后果主义裁判立场批判》,载《西部法学评论》2016 年第 6 期。

[71]王强军:《论刑事裁判中的结果导向及其控制》,载《法学》2014 年第 12 期。

[72]魏胜强:《错案追究何去何从?——关于我国法官责任追究制度的思考》,载《法学》2012 年第 9 期。

[73]吴元元:《基于声誉机制的法官激励制度构造》,载《法学》2018 年第 12 期。

[74]相鹏、徐富明等:《决策评估中的结果偏差》,载《心理科学进展》2013 年第 8 期。

[75]熊丙万:《法律的形式与功能——以“知假买假”案为分析范例》,载《中外法学》2017 年第 2 期。

[76]熊秉元:《论社科法学与教义法学之争》,载《华东政法大学学

报》2014 年第 6 期。

[77]许德风:《论法教义学与价值判断——以民法方法为重点》,载《中外法学》2008 年第 2 期。

[78]颜厥安:《法、理性、论证——Robert Alexy 的法论证理论》,载《政大法学评论》1995 年第 25 期。

[79]杨彪:《司法认知偏差与量化裁判中的锚定效应》,载《中国法学》2017 年第 6 期。

[80]杨群、邱江、张庆林:《演绎推理的认知和脑机制研究述评》,载《心理科学》2009 年第 3 期。

[81]杨知文:《司法裁决的后果主义论证》,载《法律科学(西北政法大学学报)》2009 年第 3 期。

[82]杨知文:《基于后果评价的法律适用方法》,载《现代法学》2014 年第 4 期。

[83]杨知文:《后果取向法律解释的运用及其方法》,载《法制与社会发展》2016 年第 3 期。

[84]杨知文:《社会学解释方法的司法运用及其限度》,载《法商研究》2017 年第 3 期。

[85]殷杰:《论"语用学转向"及其意义》,载《中国社会科学》2003 年第 3 期。

[86]应飞虎:《权利倾斜性配置研究》,载《中国社会科学》2006 年第 3 期。

[87]赵廷光:《论定罪、法定刑与量刑》,载《法学评论》1995 年第 1 期。

[88]赵希:《德国司法裁判中的"法感情"理论——以米夏埃尔·比勒的法感情理论为核心》,载《比较法研究》2017 年第 3 期。

[89]张超:《能动司法与实用主义后果论——基于"法治"理念的一个检讨》,载《法律科学(西北政法大学学报)》2012 年第 5 期。

[90]张嘉尹:《论"价值秩序"作为宪法学的基本概念》,载《台大法学论丛》2001 年第 30 期。

[91]张玉洁:《错案追究终身制的发展难题——制度缺陷、逆向刺激与实用主义重构》,载《北方法学》2014 年第 5 期。

[92]郑晓剑:《组织过错理论与受害人保护》,载《法制与社会发展》2013 年第 6 期。

[93]周安平:《舆论挟持司法的效应与原因——基于典型案例的分析》,载《学术界》2012 年第 10 期。

[94]朱德米:《当代西方政治科学最新进展——行为主义、理性选择理论和新制度主义》,载《江西社会科学》2004 年第 4 期。

[95]朱苏力:《从药家鑫案看刑罚的殃及效果和罪责自负——纪念〈法学〉复刊 30 周年 · 名家论坛(一)》,载《法学》2011 年第 6 期。

[96]朱春华:《论推定的效力——一个法经济学的初步分析》,载《法商研究》2007 年第 5 期。

[97]朱景文:《中国诉讼分流的数据分析》,载《中国社会科学》2008 年第 3 期。

[98]谢晖:《民间法与裁判规范》,载《法学研究》2011 年第 2 期。

[99][德]Ralf Poscher:《裁判理论的普遍谬误:为法教义学辩护》,隋愿译,载《清华法学》2012 年第 4 期。

[100][德]乌尔弗里德 · 诺伊曼:《法律教义学在德国法文化中的意义》,郑永流译,载《法哲学与法社会学论丛(五)》。

[101]王旭:《伦理学立场、法律论证与法认识论——以"智障女被切除子宫案"为思考契机》,载《原法》第 1 卷。

[102]周翠:《从事实推定走向表见证明》,载《现代法学》2014 年第 6 期。

[103]胡学军:《表见证明理论批判》,载《法律科学》2014 年第 4 期。

[104]褚福民:《事实推定的客观存在及其正当性质疑》,载《中外法学》2010 年第 5 期。

[105]黄少安、李振宇:《悬赏广告的法经济学分析》,载《经济研究》2002 年第 5 期。

[106][美]罗纳德 · J. 艾伦:《证据法、诉讼法和实体法的关系?》,张

保生、张月波、汪诸豪译，载《证据科学》2010 年第 6 期。

[107]戴昕、张永健：《比例原则还是成本收益分析法学方法的批判性重构》，载《中外法学》2018 年第 6 期。

[108]桑本谦等：《中国需要什么样的法理学》，载《中国法律评论》2006 年第 3 期。

[109]桑本谦：《法律控制的成本分析——以对通奸和黄色短信的法律控制为例》，载《现代法学》2007 年第 5 期。

[110]郭春镇、王云清：《作为法律实用主义的“权利话语”——以一起“难办”案件的“能动司法”为切入点》，载《法制与社会发展》2012 年第 4 期。

[111]张会永：《论一种康德式的至善后果主义》，载《哲学研究》2018 年第 6 期。

[112]杨佳元：《由玻璃娃娃案诸判决论侵权行为损害赔偿责任》，载《月旦裁判时报》2010 年第 12 期。

[113]简资修：《经济分析作为法律科学》，载《中国法律评论》2019 年第 2 期。

[114] Henry Prakken, Giovanni Sartor, *The Three Faces of Defeasibility in the Law*, Ratio Juris, Vol. 17:1, p. 118 – 139(2004).

[115] Hutcheson, Joseph C., *The Judgment Intuitive: The Function of the "Hunch" in Judicial Decision*, Cornell Law Quarterly, Vol. 14:3, p. 274 – 288(1929).

[116] Jack Knight, James Johnson, *The Priority of Democracy: A Pragmatist Approach to Political-economic Institutions and the Burden of Justification*, American Political Science Review, 2007(4):47 – 129.

[117] John Donohue, Steven D. Levitt, *The Impact of Legalized Abortion on Crime*, Quarterly Journal of Economics, 2001(2): 379 – 420.

[118] John E. Simonett, *The Use of the Term "result-oriented" to Characterize Appellate Decisions*, William Mitchell Law Review, 1984(2): 187 – 212.

[119] John Kaplan, *Decision Theory and the Factfinding Process*, Stanford Law Review,1968(6): 1065 - 1092.

[120] Larry Laudan, *The Rules of Trial, Political Morality, and the Costs of Error: Or, Is Proof Beyond a Reasonable Doubt Doing More Harm than Good?*, Oxford Studies in Philosophy of Law,2011(1): 195 - 227.

[121] Laurence H. Tribe, *Trial by Mathematics: Precision and Ritual in the Legal Process*, Harvard Law Review,1971(6): 1329 - 1393.

[122] Lee Epstein, Jack Knight, Andrew D. Martin, *The Supreme Court as a Strategic National Policymaker*, Emory Law Journal,2001(2): 583 - 612.

[123] Louis Kaplow, *Information and the Aim of Adjudication: Truth or Consequences*, Stanford Law Review,2015(6):1303 - 1372.

[124] MacCormick, *On Legal Decisions and their Consequences: From Dewey to Dworkin*, New York University Law Review, 1983(5): 239 - 251.

[125] Oliver Wendell Holmes, *The Path of the Law*, Harvard Law Review,1897(8): 457 - 478.

[126] Pamela Laufer-Ukeles, *Approaching Surrogate Motherhood: Reconsidering Difference*, Vermont Law Review Winter,2002(2):407 - 450.

[127] Paul J. Wahlbeck, *Strategy and Constraints on Supreme Court Opinion Assignment*, University of Pennsylvania Law Review, 2006(6): 1729 - 1756.

[128] Frans H. van Eemeren, *Argumentation Theory: A Pragma-Dialectical Perspective*, Springer,2018(4):609 - 614.

[129] Richard A. Posner, *An Economic Approach to Legal Procedure and Judicial Administration*, The Journal of Legal Studies,1973(2):399 - 458.

[130] Ronald H. Coase, *The Problem of Social Cost*, Journal of Law and Economics,1960(3):1 - 44.

[131] Rosch, Mervis, *Family Resemblances: Studies in the Internal Structure of Categories*, Cognitive Psychology, 1975(4): 573 – 605.

[132] Saul Brenner, *Strategic Choice and Opinion Assignment on the U. S. Supreme Court: A Reexamination* , The Western Political Quarterly, 1982(2):204 – 211.

[133] Shari Seidman, Marry R. Rose, Beth Murphy et al., *Damage Anchors on Real Juries*, Journal of Empirical Legal Studies, 2011(8):148 – 178.

[134] Susan Haack, *On logic in the law: "something, but not all"*, Ratio Juris, 2007(1):1 – 31.

[135] E. R. Smith, J. DeCoster, *Dual-Process models in social and cognitive psychology: Conceptual integration and links to underlying memory systems*, Personality and Social Psychology Review, 2000(2):108 – 131.

[136] Wim De Neys, *Bias and Conflict: A Case for Logical Intuitions*, Pespectives on Psychological Science, 2012(1): 28 – 38.

[137] Flavia Carbonell, *Reasoning by Consequences: Applying Different Argumentation Structures to the Analysis of Consequentialist Reasoning in Judicial Decisions*, Cogency: Journal of Reasoning and Argumentation, 2011(2):81 – 104.

[138] Richard A. Posner, *Judge's Writing Styles (and do they matter?)*, The University of Chicago Law Review, 1995 (4): 1421 – 1429.

[139] Arthur Claude Hastings, *A Reformulation of the Modes of Reasoning in Argumentation*, Northerwest University, 1962:13 – 15.

[140] William M. Landes, Richard A. Posner, *Trademark Law: An Economic Perspective*, Journal of Law and Economics, 1987(30):265.

[141] A. Mitchell Polinsky, *Economic Analysis as a Potentially Defective Product: A Buyers Guide to Posner's "Economic Analysis of Law"*, Harvard Law Review, 1974(87): 1655.

[142] Richard A. Posner, *An Economic Theory of the Criminal Law* , Colombia Law Review, 1985(85): 1204 – 1214.

[143] Karl N. Llewellyn, *Remarks on the Theory of Appellate Decision*, Vanderbilt Law Review, 1950(3): 395 - 406.

[144] Kenneth S. Bowers, Glenn Regehr, Claude Balthazard, Kevin Parker, *Intuition in the Context of Discovery*, Cognitive Psychology, 1990(1):72 - 110.

[145] Aleksander Peczník, *A Theory of Legal Doctrine*, Ratio Juris, 2001(1): 75 - 105.

[146] Bruce L. Hay, *Allocating the Burden of Proof*, Indiana Law Journal, 1997(3): 651 - 680.

[147] David W. Rohde, *Policy Goals, Strategic Choice and Majority Opinion Assignments in the U. S. Supreme Court*, Midwest Journal of Political Science, 1972(4): 652 - 682.

[148] Evan H. Caminker, *Sincere and Strategic Voting Norms on Multimember Courts*, Michigan Law Review, 1999(8): 2297 - 2380.

[149] Eveline T. Feteris, *Prototypical Argumentative Patterns in a Legal Context: The Role of Pragmatic Argumentation in the Justification of Judicial Decisions*, Argumentation, 2015(1):61 - 79.

[150] Amartya Sen, *Markets and Freedoms: Achievements and Limitations of the Market Mechanism in Promoting Individual Freedoms*, Oxford Economic Papers, Vol. 45, 1993(4): 521.

[151] Robert Alexy, *Formal Principles: Some Replies to Critics*, International Journal of Constitional Law, 2014(3):517.

[152] Forrest Maltzman, Paul J. Wahlbeck, *Strategic Policy Considerations and Voting Fluidity on the Burger Court*, The American Political Science Review, 1996(3):581 - 592.

[153] Frank B. Cross, Blake J. Nelson, *Strategic Institutional Effects on Supreme Court Decisionmaking*, Northwestern University Law Review, 2001(4): 1437 - 1494.

[154] Donald L. Drakeman, *Consequentialism and the limits of*

interpretation: Do the ends justify the meanings?, Jurisprudence, 2018(2): 300 – 318.

[155] Richard Posener, *The Concept of Corrective Justice in Recent Theories of Tort Law*, Journal of Legal Studies, 1981(10): 187 – 206.

[156] Frank B. Cross, *The Justices of Strategy*, Duke Law Journal, 1998(3): 511 – 570.

[157] Richard Posner, *Judicial Behavior and Performance: An Economic Approach*, Florida State University Law Review, 2005 (32): 1259 – 1279.

[158] George Priest, *The Common Law Process and the Selection of Efficency Rules*, Journal of Legal Studies, 1977(6):65 – 82.

[159] Miranda McGowan, *Do As I Do, not as I Say: An Empirical Investigation of Justice Scalia's Ordinary Meaning Meathod of Statutory Interpretation*, Mississippi Law Jounal, 2008(78): 129 – 198.

[160] Nicholas S. Zeppos, *The Use of Authority in Statutory Interpretaion: An Empirical Analysis*, Texas Law Revies, 1992 (70): 1073 – 1144.

[161] Alexander I. Platt, *Debiasing Statutory Interpretation*, Ohio North University Law Review, 2012 (39): 275.

[162] Frederick Schauer, *Formalism*, The Yale Law Journal, 1988 (4): 509 – 548.

[163] H. L. A. Hart, *The Ascription of Reponsibility and Rights*, Proceedings of the Aristotelian Society New Series, 1948(49): 171 – 194.

[164] Henry A Diamond, *The Reasonable Doubt: to Define or not to Define*, Colum. L, 1990(6): 1716 – 1736.

五、报纸中析出的文献

[1]陈兴良:《许霆案的法理分析》,载《人民法院报》2018 年 4 月 1 日,第 5 版。

[2]《法院审理药家鑫案向旁听者征量刑意见引争议》,载《北京晚报》2011 年 4 月 14 日。

[3]刘炜:《法官绩效考核之忧》,载《民主与法制时报》2012 年 6 月 11 日,A4 版。

六、电子文献

[1]2014 年《世界品牌 500 强》排行榜 [EB/OL]. [2018 - 12 - 25]. http://www. worldbrandlab. com/world/2014/ten. htm.

[2]常德女子代孕引发夺子大战,法院判决代孕协议有效[EB/OL]. 人民网[2019 - 01 - 21]. http://unn. people. com. cn/GB/14778/21707/12468135. html.

[3]E. Feteris, *The role of arguments from consequences in practical argumentation in a legal context*, In H. Hansen et al, argumentation and its applications [CD]. Windsor, ON: Ontario Society for the Study of Argumentation (2002b).

[4] Eveline T. Feteris, *Arguments from Unacceptable Consequences and a Reasonable Application of law* [CD]. In J. A. Blair, D. Farr, H. V. Hansen, R. H. Johnson and C. W. Tindale (eds.), InformalLogic@25. Windsor, ON: OSSA, 2004.

[5] *Restatement (Third) of Torts: Liability for Physical and Emothional Harm (Proposed Final Draft)*, Chapter 3, Reporter's Note Comment i. [EB/OL]. [2019 - 01 - 21]. https://home. heinonline. org/titles/American-Law-Institute-Library/Restatement-Third-Torts-Liability-for-Physical-and-Emotional-Harm/.

后　记

当完成这本书稿时，阿姆斯特丹的春天已经到来了，窗外的世界春意盎然，草长莺飞，想必郁金香也在悄悄地绽放。此时，正是一个阳光明媚的午后，阳光从窗外透射进来，让房间异常明亮，我的心情随着这美好的天气渐渐舒展开来，沐浴在这明媚的春光中，梳理着自己的思绪，写作该书的心路历程慢慢浮现出来。

自从立志以学术为业以来，我一直致力于法律方法研究，习惯以法官立场思考裁判理论问题。在攻读博士学位阶段，我以法律解释学为研究方向，以哲学解释学和语言哲学为分析框架完成了博士论文，希冀为法官从事法律解释工作提供智识支持。但是，长期的思考和研究让我逐渐认识到，司法的过程并非仅仅是法官读取法律文本意义的解释过程，而是法官综合法内法外各种因素作出判断的决策过程；相对于追求所谓客观的文本意图或者立法意图，追求可欲的裁判后果可能更为重要，这也更符合裁判实践中的法官思维与法官行为。这样，结果导向的司法决策就逐渐进入我的研究视野，如何让法官在裁判过程中平衡“解释之真”与“解释之效”,如何让法官在裁判目标上兼顾“正确的裁判”与“可欲的裁判”,就成为我从事裁判理论研究的基本问题意识。

一旦确立了问题意识,我开始在后果主义的“学术海洋”中自由徜徉,通过广泛涉猎,我似乎发现了一座学术富矿。因为“结果导向”的思维方式其实存在于伦理学、逻辑学、经济学、心理学乃至政治学等各个学科之中,而这些学科都能够为司法决策研究提供丰厚的智识资源。在司法决策的过程中,无论是法律解释还是事实认定,无论是法律发现还是法律论证,后果论思维都普遍而又真实地存在,来自不同学科的分析视角均可应用于司法决策的各个过程。因此,如何实现学术话语的整合,如何实现研究方法的穿越,成为本书写作过程中的努力方向,将不同学科的理论融入司法裁判研究中,成为我写作该书的最大收获。正因如此,这本书的写作可能仅仅只是一个开始,毕竟该书涉及学科众多,研究视角多元,而每个学科的研究都需要深厚的学养,每种分析视角的运用都需要持久的历练。要打破学科之间的壁垒,真正实现融会贯通,这绝非一日之功!“路漫漫其修远兮,吾将上下而求索。”学海无涯,前路漫漫,我要在裁判理论研究的学术之途继续历练、努力求索!

我之所以钟情于裁判理论研究,是因为研究司法裁判可窥睹法律思维之堂奥,钦蹈法律教义之明规,为法教义学之研习提供训练场域,使法律研习者体验法律思维的严谨之美;同时,裁判理论研究能整合各种理论资源而开阔学术视野,使法学研究者领略知识贯通的恢弘之美。诚如日本学者渡边洋三所云,法律乃凭借语言所形成的逻辑体系的产物。故此,裁判者应游刃有余地运用逻辑和语言,在判决中进行丝丝入扣地解释、推理和论证,但是,司法裁判不仅需要周密的法律解释和严谨的逻辑推演,还需要裁判者对行为正当性进行伦理学意义上的证成,甚至需要对裁判后果的可欲性进行经济学意义上的考量。参悟到此,我一直矢志不移地专注于裁判研究,以多学科视野聚焦裁判理论,力求通观达识、思辨融贯;以全景式视角观察裁判实践,力图微宏并蓄、学以致用。但是,我才疏学浅,往往力有不逮,学问贵在上学下问,故在此真诚恳请方家不吝赐教。

掩卷伫笔,回首十年来负笈而行的学术历程。出于课题、职称的压力，我一直勤于写作，笔耕不辍，这已经是我独立出版的第三本专著。随着人生阅历的积累，出版专著的兴奋与喜悦已逐渐淡去，甚至随着职业倦怠感的增强，为何写作的困惑却时常萦绕心头。在现有体制下，一旦选择以学术为业，意味着要通过写作谋取功利，这在某种程度上冲淡了著书立说的道德意义和智识愉悦。在这个“不发表，就出局”的年代，写作对于我来说，还是一种谋生手段。我自然没有古人张载一样的豪情，敢于宣称那广为人知的“横渠四句”。在这个商业化的时代，将著书立说作为“稻粱之谋”，却又不是理性选择，毕竟回报太低。但是，我并没有因此放弃写作。在写作过程中，我经常因文思困顿而愁眉不展，甚至因陷入沉思而夜不能寐，写作的迷惘与困惑，让人百感交集，唯寸心知。但是，豁然开朗的领悟，茅塞顿开的欣喜，下笔千言的充盈，都成为写作带给我的美好精神体验。尽管做学问是一种孤独的事业，写作实际上是一个人的独白，但是，学术让意义通过文字而传承，写作让人生因思考而厚重。“古之学者为己，今之学者为人。”孤独的写作因为发表而产生传播的意义，个体的思考因为表达而产生交流的价值，从而给创作者和阅读者都带来美好的精神体验，其社会价值在任何时代都难以否定。因此，我依然会继续这种“孤独但不寂寞”的生活方式，在孤独的思考中实现自足，在学术的修行中追求圆融，不累于生活，不迷失自我，不忘初心，砥砺前行！

该书主要是在阿姆斯特丹大学访学期间完成的，在访学期间，晨钟暮鼓，青灯苦读，生活虽然枯燥乏味，但因写作而紧张充实。因此，要感谢国家留学基金委的资助，给予我在国外“闭关清修”的充分时间，让我能够高效完成写作任务。感谢伊芙琳·菲特丽丝教授的邀请，让我获得在阿姆斯特丹大学访学的机会。在访学期间，范·爱默伦教授每周与我定期会面，为我无私传道授业解惑，感谢先生的倾囊相授；先生已年过古稀，但仍兢兢业业，勤勉致知，感谢先生的精神感染。感谢于诗洋博士、侯璐莎硕士为我生活上提供的便利与帮助，让我初到国外就能适应当地生活，迅速进入工作状态。感谢我的学生王梅竹、董焱焱，这两位同学为本书的后期校对做了很多工作，这使本书避免了很多错误，感谢两位同学的辛苦付出。在本书的写作过程中，很多章节都已独立成篇并陆续发表，分别发表于《法律科学》《法商研究》《法制与社会发展》《法律适用》《南开学报》《暨南学报》《济南大学学报》《东岳论丛》《内蒙古社会科学》等刊物，特别感谢杨建军、王虹霞、侯学宾、周维明、韩召颖、李晶晶、傅强、李亚东、郭俊等主编或责任编辑的提携和厚爱，感谢他们对论文的精心修改和辛苦编校。感谢我所供职单位南开大学法学院的资助，得益于学院出版基金的资助，拙著终于得以付梓面世！

在访学期间，国外旅居的生活异常孤独，我在写作过程中饱受思乡之苦，与儿子的视频通话时间，成为我每天最快乐的时光。在闲暇之时，看儿子的照片或视频总能让我会心地微笑，让我忘却旅居国外的清苦与烦恼。谢谢你，我的宝贝！谢谢你带给我简单而又真诚的快乐，谢谢你给予我努力工作的动力，也请你原谅我这一年没有陪伴你快乐成长。感谢我的妻子唐娜女士，感谢她一如既往的全力支持，感谢她不断给予我思想启迪。她已担任法官多年，而从事身披法袍的职业却是我无法实现的夙愿，与她的日常交流往往能弥补我在实务中的缺憾。“琴瑟在御，莫不静好。”她从事审判工作，我从事裁判研究，志趣相投让我们精神共鸣，茶余饭后我时常收获写作灵感。最后，要感谢我的父母，是他们承担了所有家务，让我在异国他乡心无旁骛、专心写作，感谢二老对我的倾心付出、无私奉献，但愿能以学术上的点滴成绩以报厚恩，惟愿二老身体康健、福寿绵延。

王彬于阿姆斯特丹

完成于 2019 年 2 月 26 日

修订于 2024 年 12 月 12 日